ISBN: 9781313588041

Published by:
HardPress Publishing
8345 NW 66TH ST #2561
MIAMI FL 33166-2626

Email: info@hardpress.net
Web: http://www.hardpress.net

LE VIOLIER

DES

HISTOIRES ROMAINES

Paris, imprimé par GUIRAUDET et JOUAUST, 338, rue S.-Honoré,
avec les caractères elzeviriens de P. JANNET.

LE VIOLIER

DES

HISTOIRES ROMAINES

Ancienne traduction françoise

DES

GESTA ROMANORUM

Nouvelle édition, revue et annotée

PAR

M. G. BRUNET

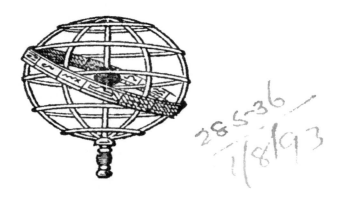

A PARIS

Chez P. Jannet, Libraire

—

MDCCCLVIII

INTRODUCTION.

La Bibliothèque elzevirienne s'est proposé de remettre en lumière les productions littéraires qui ont eu le plus de vogue au moyen âge, et qui, délaissées depuis plusieurs siècles, n'existent plus que sous la forme d'éditions antiques devenues très rares, très chères, et inaccessibles au public.

En parcourant cette carrière, où elle a recueilli de vives et honorables sympathies, elle ne pouvoit laisser de côté une composition qui a charmé les loisirs de nos ancêtres et dont la vogue fut européenne. Les *Gesta Romanorum* reflètent admirablement les idées qui dominoient dans les siècles qui ont précédé la Renaissance; on y retrouve cette crédulité naïve qui n'est pas sans charme, et ce goût pour les fictions qui ne meurt jamais, mais qui change de forme à mesure que la civilisation se développe.

Nous espérons qu'on nous saura quelque gré d'avoir retiré d'un oubli injuste la plus ancienne traduction françoise de ce recueil curieux; nous la reproduisons textuellement, sans rien supprimer aux longues *Moralisations* qui accompagnent chaque récit, et qui montrent ce qu'a d'édifiant, au point de vue religieux, un des traits de la vie d'un empereur romain qui la plupart du temps n'a jamais existé ou n'a rien fait de ce qu'on lui prête.

Nous tenons à surcharger le moins possible le texte que

nous présentons; notre introduction se bornera à indiquer
rapidement ce qu'il faut savoir à l'égard de la rédaction de
l'œuvre qui nous occupe, et à mentionner les éditions
et traductions qu'elle a produites, les travaux dont
elle a été l'objet. Des notes succinctes signaleront les
sources ou imitations de chaque récit. Il eût été facile
de porter notre préface à plus de deux cents pages et
d'étendre considérablement les notes en les surchar-
geant de citations; mais nous sommes bien convaincu
que cet appareil d'érudition n'auroit rien ajouté au
mérite de l'édition nouvelle, et nous nous renfermons
dans les limites les plus étroites. Dans un travail de ce
genre, il faut, avant tout, s'efforcer d'être bref; et, si
cette méthode est préférable, elle est peut-être moins
aisée. Le titre de *Gesta Romanorum*, ou de *Nobles
gestes et faictz vertueulx des Romains* [1], vient de ce que,
surtout au commencement de ce recueil, ce sont des
empereurs romains qui sont presque toujours les héros des anecdotes relatées; quelques-uns de ces empereurs sont pris parmi les douze Césars; Titus, Ves-
pasien, Claude, s'y montrent; Pompée et César sont
mis sans façon au nombre des empereurs. De vérité
historique il n'y a pas la moindre trace; la chronolo-
gie est violée de la façon la plus audacieuse; le chapitre 59 nous offre la réunion de Socrate, d'Alexandre et d'un empereur romain; le chapitre 89 nous
apprend que, vingt-deux ans après la fondation de
Rome, une statue fut, au milieu du Forum, élevée en
l'honneur de Jules César. Dans la rédaction latine, les

---

1. Le mot *gestes* avoit alors une acception qu'il a perdue.
On sait quel rôle jouent dans la littérature du moyen âge les
Chansons de geste. Un compilateur du commencement du
XVIIe siècle, Jacques Bongars, a rassemblé diverses relations
relatives aux croisades, en deux volumes, fort recherchés aujourd'hui, qu'il a intitulés : *Gesta Dei per Francos ;* un auteur anglois, frappé des nombreux actes de barbarie commis
par les croisés, a proposé une variante significative dans le
titre : il met *Gesta diaboli.*

noms des empereurs sont conformes aux notions histo-
riques ; mais les traducteurs ont forgé à plaisir une
foule de potentats imaginaires, et la rédaction angloise
nous fait connoître les empereurs Merelaus, Sole-
mius, Bononius, Betoldus, Ciclades, Lamartinus, et
bien d'autres dont nulle biographie universelle n'a jamais fait mention, et pour cause.

Avant d'entrer en matière, et pour fournir quelques
renseignements nécessaires à ceux qui désireroient étu-
dier à fond la question que nous ne faisons qu'indiquer, il n'est pas superflu de signaler les travaux des
savants modernes que nous avons consultés. Ces travaux sont surtout :

L'introduction courte, mais substantielle, que le savant conservateur des manuscrits du Musée britannique, sir Frédéric Madden, a placée en tête de son
édition de l'ancienne traduction angloise des *Gesta*
(Londres, 1838) ;

La dissertation que le docteur Graesse, de Dresde, a
mise à la fin du second volume de sa traduction allemande (1843, 2 vol. in-12) ;

La dissertation de Warton, insérée dans l'*History
of english poetry* ;

Celle que l'on doit à la plume d'un archéologue anglois, zélé et instruit, Francis Douce : elle a paru
dans le curieux ouvrage qu'il a mis au jour sous le titre
d'*Illustrations of Shakespeare*, p. 333-428 et 519 de
la seconde édition (1839).

Ces érudits ont discuté longuement une question
que nous nous bornerons à résumer : à quelle époque
et en quel pays a été formé le recueil des *Gesta?* quel
est l'écrivain qui l'a rédigé ?

Faute de données positives, il a fallu chercher à
arriver par voie de conjecture à la solution de ce
problème, qui n'est pas sans intérêt pour l'histoire littéraire.

Un habile critique anglois, Tyrwhitt, dans les notes
qu'il a jointes à son édition de Chaucer (1775, 5 vol.

in-8 , ou 1798, 2 vol. in-4), émet l'opinion que ·les
Gesta ont été rédigés à la fin du douzième ou au commencement du treizième siècle ; mais cette opinion a
trouvé bien des contradicteurs. Warton et Douce ont
pensé avec plus de vraisemblance que cet ·ouvrage
avoit été composé dans la première moitié du quatorzième siècle. Il fut sans doute connu de Boccace, qui
écrivit son *Décameron* au milieu de ce même siècle, et
qui a plusieurs fois traité les mêmes sujets.

On a d'ailleurs la preuve que notre recueil étoit rédigé avant l'an 1350 : car Robert Holkot, dominicain
célèbre à cette époque, et mort en 1349, a inséré
presque textuellement dans ses *Moralitates* plusieurs
des récits que présentent les *Gesta*. Son ouvrage , imprimé à Venise en 1505, sous le titre de *Moralitates
pulchræ in usum Prædicatorum*, se compose de qua-
rante-sept histoires, accompagnées de moralités, et le
tout est complétement dans le genre de l'ouvrage que
nous cherchons à faire connoître.

Il est bien difficile de déterminer·l'auteur qui, prenant de côté et d'autre et utilisant ses lectures, fort
étendues pour l'époque, a compilé la collection qui est
venue jusqu'à nous.

Quelques bibliographes sont tombés, à cet égard,
dans de fâcheuses méprises : Barbier avance dans son
Dictionnaire ⁺des Anonymes que l'auteur du *Dialogus
Creaturarum moralisatus* 1 attribue les *Gesta* à Héli-

1. Ces dialogues ont joui d'une grande vogue au moyen
âge. Ce sont des apologues en prose, offrant chacun un sens
moral ; ils furent composés par Nicolas de Pergame. L'édition de 1480 (Gouda , Gérard Leeu) est la plus ancienne
que l'on connoisse ; elle fut suivie de plusieurs autres : Cologne, 1481 ; Stockholm, 1483 ; Anvers , 1486 et 1491, etc.
L'ouvrage reparut en 1500 (Genève) sous le titre de : *De-
structorium viticrum ex similitudinum creaturarum exemplorum
appropriatione per modum dialogi*.
Quant à la traduction françoise, le *Manuel du Libraire* en
cite deux éditions : l'une datée de 1500, sans indication de

nand; mais dans ce dialogue, chap. 68, l'ouvrage indiqué comme étant sorti de la plume d'Hélinand est assurément la *Chronique* composée par cet auteur, et non le livre des *Gesta*. On pourroit citer quelques exemples d'écrivains du moyen âge qui, en mentionnant les *Gestes des Romains*, ont entendu parler de quelque abrégé de l'*Histoire romaine*, et non du recueil de contes qui nous occupe. Barbier n'a point échappé à une autre erreur où il avoit été précédé par Panzer, par Warton et par le rédacteur du catalogue en huit volumes du *Musée britannique*, lorsqu'il a avancé que Robert Gaguin avoit donné une traduction françoise des *Gesta*. C'est une méprise causée par une similitude de titre : l'ouvrage de Gaguin, intitulé les *Gestes romaines*, est une traduction de la troisième décade de Tite-Live; elle a été imprimée à Paris vers 1504, in-fol., et en 1515.

L'opinion la plus répandue est celle qui fait honneur de la composition des *Gesta* à Pierre Bercheure, prieur du couvent des Bénédictins de Saint-Eloi, à Paris, mort en 1362 [1].

---

lieu (Genève) ; l'autre de Lyon, Claude Nourry, 1509. Cette dernière est un volume de 68 feuillets, signé A.-R. Un exemplaire s'est adjugé 160 fr., vente Cailhava, en 1846, n° 521. Une autre édition, publiée également à Lyon par Cl. Nourry, 1511, in-4, s'est payée 130 fr., vente Coste, n° 952. L'ouvrage fut mis en françois par Colard Mansion, sous le titre de *Dyalogue des creatures moraligié*, Goüwe (Gouda), 1482. La Bibliothèque impériale possède le seul exemplaire connu de ce volume. D'autres éditions françoises (Lyon, 1483, et Paris, 1505) sont d'une grande rareté. Il existe aussi d'anciennes éditions flamandes et angloises dont nous n'avons pas à nous occuper ici.

M. Edelestand du Méril, dans son *Histoire de la fable ésopique* (Paris, 1854, p. 152), transcrit deux des fables du *Dialogus* d'après un manuscrit de la Bibliothèque impériale.

1. V., au sujet de ce laborieux polygraphe, Fabricius, *Bibliotheca latina mediæ ætatis;* Dupin, *Bibliothèque des auteurs ecclésiastiques ;* A. Gautier, *Notice* insérée dans les

Salomon Glassius, dans sa *Philologia sacra*, composée vers 1623, lui attribue expressément ce recueil, et cite (édition d'Amsterdam, 1680, p. 200) l'anecdote de saint Bernard et du joueur (chap. 170 de l'édition latine et chap. 138 de la nôtre).

On ignore sur quelle autorité Glassius a établi une assertion aussi formelle ; mais, si l'on prend la peine de parcourir les ouvrages de Bercheure, on est tout disposé à lui attribuer les *Gesta*. Les auteurs que cite le prieur de Saint-Eloi sont également ceux qui sont mentionnés dans ces contes. Pline, Senèque, Valère Maxime, les légendaires, sont de même les autorités qu'il invoque ; une grande ressemblance de style et d'idées se reconnoît au premier coup d'œil. Quelques coïncidences dignes de remarque frapperont sans peine un lecteur attentif : c'est ainsi que le récit étrange relatif à un éléphant indomptable tué par deux vierges, qui lui coupent la tête et qui font de la pourpre avec son sang (chap. 75 de l'édition latine), se retrouve dans le *Dictionarium* de Bercheure, au mot *Adulatio* (t. 3, p. 109). Les *Gesta*, chap. 160, rapportent une légende concernant une possédée qui habitoit dans le diocèse de Valence en Dauphiné ; le *Reductorium morale* présente (l. 14, chap. 44) une anecdote relative à un château infesté par des esprits et situé dans les mêmes parages.

Douce a insisté pour que les *Gesta* fussent attribués à un rédacteur allemand ; mais ses arguments se réduisent à dire que dans le chapitre 142 il se trouve des noms allemands donnés à des chiens, et que dans

Actes de l'Académie de Bordeaux, 1844, p. 495-519. Le plus important des ouvrages de Bercheure est divisé en trois parties, sous le titre de : *Reductorium, Repertorium et Dictionnarium morale utriusque Testamenti.* C'est une sorte d'encyclopédie qui renferme tout ce qu'on savoit au XIVe siècle. Depuis l'an 1474 jusqu'en 1691, on compte plus de vingt éditions partielles ou complètes de cette œuvre du savant religieux.

le chapitre 144 on rencontre un proverbe allemand.
De judicieux critiques n'ont vu là que quelques additions faites par un scribe ou par un éditeur germanique.

L'écrivain le plus moderne dont les *Gesta* invoquent
le témoignage (chap. 145) est Albert de Stade, qui acheva sa chronique avant l'époque où mourut Bercheu ·
re. Cette circonstance a été signalée avec raison. Une
objection a été mise en avant : le prieur bénédictin ,
dont l'érudition étoit étendue et solide pour son époque , n'auroit pas commis les inexcusables erreurs
chronologiques qu'on rencontre dans les *Gesta* ; il n'auroit pas à ce point défiguré l'histoire , et il n'auroit
pas introduit dans son recueil bien des contes absurdes. A cela on peut répondre que Bercheure avoit réuni , et non composé lui-même , les anecdotes qui circuloient alors, et que la rédaction primitive des *Gesta*
(le fait est hors de doute) a été modifiée dans le cours
du quinzième siècle. Les prodiges qui choquent le
lecteur moderne sont empruntés aux auteurs anciens
ou à des voyageurs, à des géographes du temps; ils
se retrouvent dans tous les auteurs du moyen âge, et
pas un ne les révoque en doute.

On a relevé dans le texte latin des *Gesta* des gallicismes incontestables ; nous n'en citerons qu'un petit nombre : *Quando prius dixisti* (chap. 6) ; *Per brachium eam accepit* (chap. 54); *Fredericus unam portam
marmoream construxit* (chap. 56); *Solidus* (chap. 76);
Super mensam posuit (chap. 80); *Ad Deum vos recommendo* (chap. 118).

Il est vrai que d'autres critiques ont signalé également dans cette latinité, bien peu cicéronienne, des anglicismes et des germanismes. Quelques traits empruntés à l'histoire germanique, l'autorité de divers anciens
auteurs allemands invoquée , tels sont les faits qui ont
paru à des critiques d'outre-Rhin suffisants pour revendiquer le rédacteur des *Gesta* comme un de leurs
compatriotes. Des Anglois en ont dit autant de leur

côté. Nous croyons plus sage de regarder la question comme insoluble, puisque nul manuscrit ne porte un nom d'auteur, puisque nul témoignage contemporain ne vient jeter quelque jour sur la question, et nous regarderons les *Gesta* comme une œuvre dont le plan primitif fut bientôt bouleversé, et dont on peut faire honneur au quatorzième siècle tout entier, la France, l'Allemagne et l'Angleterre apportant chacune leur contingent dans ce recueil, qui, publié en entier et en réunissant ce que fournit chaque traduction particulière, seroit d'une étendue bien considérable.

La composition des *Gesta*, nous venons de le dire, ne nous est point parvenue telle qu'elle sortit des mains de son rédacteur; elle subit des changements, et des additions parfois assez longues, qui brisent l'unité de son plan.

Il n'est pas douteux que la longue histoire d'Apollonius-de Tyr (chap. 153 de l'édition latine, et chap. 125 de la nôtre) n'a jamais formé une partie de la rédaction originale, et il est très vraisemblable que la légende de saint Alexis (chap. 15 de l'édition latine et de la nôtre), que celle du pape Grégoire (chap. 81 et 79), et plusieurs autres, ont été ajoutées à la collection à l'époque où elle fut imprimée, ou peu de temps auparavant. Un critique éclairé, Schmidt, regarde toutes les histoires depuis le chapitre 133e jusqu'au 181e comme ayant été intercalées après l'époque où écrivoit Herolt, c'est-à-dire après 1418.

On sait que les copistes du moyen âge prenoient beaucoup de liberté avec les textes qu'ils transcrivoient. Un livre tel que les *Gesta*, formé de récits presque tous fort courts et indépendants les uns des autres, offroit, sous ce rapport, un libre champ à l'arbitraire; aussi on trouve sans cesse, dans les copies antérieures à l'invention de l'imprimerie et dans les éditions les plus anciennes, les plus grandes différences dans le nombre, le choix et l'ordre des récits qui forment le recueil en question.

Les manuscrits latins des *Gesta* ne sont pas rares. Montfaucon en mentionne un comme se trouvant au Vatican parmi les manuscrits de la reine de Suède, n. 172. Un manuscrit de la Bibliothèque impériale à Vienne, n. CLXVIII, renferme vingt-huit histoires, dont vingt-quatre sont dans les éditions latines. Grimm (*Haus-Maerchen*, t. 3, page 376) signale un autre manuscrit comme étant aussi à Vienne, et il lui emprunte l'histoire d'un roi qui avoit un cheval noir, un chien noir, un faucon noir et un cor noir, récit qui n'est point dans les éditions latines, mais qui se rencontre dans l'édition allemande de 1489, chap. 34. · Un manuscrit de la Bibliothèque impériale de Paris (6244, A, quinzième siècle) renferme quarante histoires, qui se retrouvent presque toutes dans les textes latins. Schmidt cite à diverses reprises un manuscrit qui est conservé à la bibliothèque de Ratisbonne, et qui présente diverses histoires dont on chercheroit en vain la reproduction dans les éditions.

Les traductions allemandes des *Gesta* fournissent d'utiles données sur l'état où se trouvoit cette collection avant qu'elle fût livrée à l'impression.. L'édition d'Augsbourg, 1489, renferme quatre-vingt-treize histoires; plusieurs ne sont pas dans le texte latin, d'autres sont des épisodes empruntés au *Roman des sept Sages*. Des manuscrits de cette version germanique se trouvent dans les bibliothèques de Berlin, de Dresde et d'autres villes; ils diffèrent grandement les uns des autres dans le nombre et dans l'arrangement des récits. Un manuscrit de Zurich, qui paroît du quinzième siècle, contient cent histoires; Bodmer en choisit douze et les inséra dans la collection d'anciens apologues qu'il mit au jour en 1757 : *Fabeln aus den Zeiten der Minnessinger*, Zurich, petit in-8. Un autre manuscrit, qui avoit appartenu au célèbre bibliophile Richard Heber, est entré au Musée britannique; il porte la date de 1420 et renferme cent vingt-quatre chapitres : quatre-vingt-dix sont conformes au texte latin; quatorze sont empruntés au *Roman des sept Sages* et sont placés entre les chapitres 43 et 58; deux sont pris à la *Disciplina clericalis* et n'ont point passé dans la rédaction latine; huit se trouvent dans le manuscrit anglo-latin; dix proviennent de sources difficiles à déterminer.

Il y a tout lieu de croire que l'éditeur de la première édition allemande des *Gesta* fit un choix dans les copies qu'il avoit sous les yeux, ou bien qu'il se servit d'un manuscrit qui n'étoit pas complet; il y ajouta des histoires qui, très vraisemblablement, ne faisoient point partie de l'œuvre primitive.

M. Madden est entré dans quelques détails sur ce qu'il appelle les *Gesta anglo-latins*. Ce travail paroît avoir été exécuté sous le règne de Richard II. Les manuscrits n'en sont pas très rares dans les bibliothèques britanniques; il en a été signalé plus de vingt-cinq. L'œuvre ressemble aux *Gesta* latins; bon nombre d'histoires sont au fond les mêmes, mais les détails varient, le récit diffère, les noms propres sont généralement changés, et les moralisations ont toujours été refaites. On compte en tout cent quatre histoires dans cette rédaction (quelques manuscrits n'en donnent que cent une ou cent deux); trente ne sont pas dans le texte latin ordinaire, et quatre récits présentent des différences assez grandes pour qu'on puisse les regarder comme des productions nouvelles. Le texte, dans les divers manuscrits anglo-latins, n'offre guère de différence; mais l'ordre dans lequel les histoires sont placées est tout à fait différent. Tyrwhitt et Warton n'avoient pas saisi la différence entre cette rédaction anglaise et le texte ordinaire; Douce les reprend avec raison à cet égard, et il conjecture que ce travail pourroit bien être sorti de la plume d'un théologien anglois, John Bromyard, qui vivoit à la fin du quatorzième siècle, et qui a laissé un long ouvrage intitulé : *Summa Predicantium*; c'est une collection d'anecdotes et de récits puisés de toutes parts et rangés sous

divers titres coordonnés alphabétiquement. Ce réper-
toire, destiné aux prédicateurs, fut imprimé à Nuremberg en 1485, in-folio, et obtint d'assez nombreuses
éditions. Bromyard connoissoit fort bien les *Gesta*,
et il reproduit fréquemment leurs narrations; nous en
citerons des exemples.

L'influence des *Gesta* anglo-latins fut des plus marquées sur la littérature de la Grande-Bretagne; les
poëtes du temps, Gower, Chaucer, Occleve, Lydgate,
s'en inspirèrent, et leurs écrits reproduisent parfois
les mêmes sujets.

Le théologien Felton cita souvent les *Gesta* dans les
Sermones dominicales qu'il compila à Oxford en 1431,
et qui existent en manuscrit dans diverses bibliothèques britanniques.

Une partie des sources d'où proviennent les récits
contenus dans les *Gesta* est facile à reconnoître; l'auteur
les signale lui-même : Valère Maxime, Pline, Sénèque,
Cicéron, Aulu-Gelle, Macrobe, tels sont les auteurs
dont il invoque parfois expressément le témoignage,
et que d'autres fois il a mis à contribution sans les
nommer. Il lui arrive d'ailleurs assez souvent de se
tromper dans l'indication des autorités dont il fait usage; il avance un fait d'après le témoignage de Josèphe ou d'un auteur latin, et ni cet auteur ni Josèphe
ne renferment rien de semblable.

Les contes orientaux, qui s'étoient répandus en Europe à la suite des croisades, ne lui étoient point in-
connus, et ils laissent en maint endroit sentir une
influence des plus marquées; les récits fabuleux relatifs
à Alexandre le Grand et à Virgile transformé en enchanteur ont fourni leur contingent, ainsi que la vie
des saints, et surtout la fameuse *Légende dorée* de
Jacques de Voragine, si chère aux lecteurs du moyen
âge.

Vers la fin de la collection, on reconnoît plus que
jamais l'œuvre de diverses mains. L'auteur des *Otia*

imperialia, le crédule Gervais de Tilbury 1, fournit la
matière de plusieurs chapitres, et un assemblage confus
de récits un peu hétérogènes ne s'harmonise plus avec
le début de l'œuvre, où il n'étoit guère question que
d'épisodes empruntés à l'histoire de Rome, à l'histoire telle qu'elle circuloit au moyen âge bien entendu ; elle ne ressemble pas toujours à celle de Tite-
Live, et elle n'a aucun rapport avec celle de Niebuhr
et de la critique moderne.

Il est un assez grand nombre de récits dont on ne
sauroit retrouver aujourd'hui les sources ; plusieurs
proviennent, sans doute, de traditions défigurées ou
de faits plus ou moins apocryphes et dénaturés ; il en
est aussi dont on peut vraisemblablement faire honneur
à l'imagination du rédacteur du recueil qui nous occupe ou à celle de quelques-uns de ses contemporains.

Un certain nombre des récits contenus dans les
Gesta se retrouvent dans diverses productions du
moyen âge ; il seroit impossible aujourd'hui de déterminer bien exactement quel est l'auteur qui a fait des
emprunts à l'autre, et il a dû arriver souvent que, sans
se connoître peut-être, ils auront puisé à la même
source.

Nous signalerons dans nos notes les coïncidences
qu'offrent certains chapitres soit avec divers fabliaux,
soit avec des recueils d'anecdotes instructives et d'his-

---

1. Son ouvrage est une description du monde, composée
pour charmer les loisirs de l'empereur Othon IV. Elle est remplie de fables et de légendes populaires qui offrent un intérêt réel pour l'étude des idées au Moyen-Age. Elle a été publiée pour la première fois par Leibnitz dans la collection
des *Scriptores rerum Brunswicensium* (Hanovre, 1707-1711,
3 vol. in-fol., t. 1, p. 811). Un savant allemand, M. de Liebrecht, a publié récemment un extrait de ces *Otia*, en y joignant des notes (Leipzig, 1855, in-8). On peut consulter,
sur Gervais de Tilbury, l'*Histoire littéraire de la France*,
t. 17, p. 81.

toires morales, telles que la *Disciplina clericalis* de Pierre Alphonse 1, le *Comte Lucanor* de Juan Manuel 2, les *Cento novelle antiche* 3, et certains conteurs italiens.

1. Nous n'avons pas besoin de parler en détail de cette production singulière, écrite en latin vers le commencement du XIe siècle. Pierre-Alphonse est le nom qu'un juif converti, Rabbi-Moïse Sephandi, né en 1062, dans l'Aragon, et mort en 1110, reçut de son parrain, le roi Alphonse VI. La *Discipline de clergie* renferme les instructions qu'un père donne à son fils, et, selon la méthode des auteurs de l'Orient, les conseils de la morale prennent la forme de la narration et de l'apologue. Nous avons fait usage de l'excellente édition donnée à Berlin, en 1827, par M. W. V. Schmidt, petit in-4, d'après un manuscrit de la bibliothèque de Breslau, avec une préface et des notes en allemand; nous avons également consulté la traduction en vers françois faite au XIVe siècle et dont il a été donné en 1824, à Paris, aux frais de la Société des bibliophiles françois, une jolie édition, tirée à 200 exemplaires seulement, et précédée d'une notice de M. Labouderie. Consulter, pour plus amples détails sur cette production, un article de M. Raynouard dans le *Journal des Savants*, mars 1824, p. 178-185; l'*Histoire littéraire de la France*, t. 19; la *Revue française*, numéro du 15 février 1838, t. 5, p. 143; l'*Analecta biblion*, de M. Du Roure, 1836, t. 1, p. 96.

2. V. Le *Comte Lucanor, apologues et fabliaux du XIVe siècle, traduits pour la première fois de l'espagnol* par M. Ad. de Puibusque, Paris, 1854, in-8. Juan Manuel, mort en 1362, fut un des hommes d'Etat et des écrivains les plus distingués de l'Espagne au XIVe siècle. *Le Comte Lucanor* est un recueil de quarante-neuf historiettes ou apologues moraux, accompagnés d'une sentence morale en vers. Il en existe deux éditions, devenues rares (Séville, 1575, et Madrid, 1642. V. Ticknor, *History of spanish litterature*, t. 1, p. 61-75; de Puibusque, *Histoire comparée des littératures françoise et espagnole*, t. 1, p. 69 et 401; Bouterweck, *Histoire de la littérature espagnole*, t. 1, p. 94, etc.). Deux traductions allemandes (Berlin, 1840, in-12, et Leipzig, 1843, in-8) avoient précédé celle que le public françois doit à M. de Puibusque, et dont il a été rendu compte avec de justes éloges dans divers journaux (*Bibliothèque de l'Ecole des Chartes*, 4e série, t. 1, p. 81; *Athenæum françois*, 9 juin 1855).

3. La première édition datée de ces *Cent Nouvelles*, dont

Violier.   *b*

Parmi les ouvrages orientaux, celui dont on retrouve le plus souvent la trace, c'est le recueil d'apologues connu sous le nom de Bidpay ou Pilpay, et qui, primitivement composé en sanscrit, a passé en diverses langues de l'Orient et de l'Europe, sous le titre de *Calila et Dimna*[1].

l'auteur est resté inconnu, parut à Bologne en 1525; elle avoit été précédée d'une autre qui ne porte point de date. Elles sont toutes deux fort rares, et, en 1847, à la vente Libri, elles furent payées, l'une 379 fr., l'autre 451 fr. Des renseignements développés sur ce recueil curieux et sur les anciennes éditions se trouvent dans le Catalogue Libri, no 2335, dans le *Manuel du Libraire*, t. 1, p. 611, et la *Bibliotheca Grenviliana*, Londres, 1842, p. 496. En fait d'éditions plus récentes, on peut citer celles de Florence, 1572, 1724, 1728; Turin, 1801; Milan, 1825.

1. M. Kosegarten a publié le texte sanscrit. M. Silvestre de Sacy a mis au jour, en 1816, la version arabe, en y joignant un savant mémoire sur l'origine de ce recueil. Le *Manuel du Libraire* (t. 1, p. 351) donne d'amples détails bibliographiques sur ce recueil, dont nous n'avons pas à nous occuper ici. M. Loiseleur-Deslongchamps, dans son *Essai sur les fables indiennes* (Paris, 1838), a signalé les divers récits qui, dérivant de cette source, se sont répandus chez tous les peuples de l'Europe.

En fait de productions orientales qui offrent parfois des anecdotes semblables à celle des *Gesta*, nous signalerons l'*Hitopadésa*, recueil d'apologues et de contes traduits du sanscrit, dont M. Lancereau a donné en 1855 une excellente traduction, accompagnée de notes instructives, et faisant partie de la Bibliothèque elzevirienne. Nous ne devons pas oublier le poème persan d'Hussein Vaez Kashefy : *Anvari Soheily*, publié à Calcutta en 1805 et en 1816; il en existe aussi une édition lithographiée à Bombay et très rare en Europe. Voir sur cet ouvrage Loiseleur-Deslongchamps, p. 14 et 70, et Silvestre de Sacy, *Notices et extraits des manuscrits*, t. 10.

Les recueils de fictions arabes si connus sous le titre de *Mille et une Nuits* et de *Mille et un Jours* présentent à plusieurs reprises des traits que les rédacteurs des *Gesta* ont mis en œuvre de leur côté; nous avons signalé ces coïncidences. Observons en passant que les traductions en langues euro-

La vogue qu'obtinrent les *Gesta* n'a rien qui doive nous surprendre. Rien de plus ordinaire dans les productions du moyen âge, rien de plus goûté du public d'alors que des recueils d'historiettes et d'anecdotes accompagnées de réflexions édifiantes.

Dans les anciennes éditions de la *Légende dorée*, la vie de chaque saint est suivie de longues considérations pieuses, complétement dans le genre des *moralisations* qui viennent à la suite de chacun des chapitres des *Gesta*. C'étoit, en effet, le meilleur moyen d'exercer quelque influence sur les esprits peu éclairés.

Dans le *Miroir historial* de Vincent de Beauvais, on trouve une fable d'Esope intercalée au milieu d'un sermon, et des exemples semblables sont loin d'être rares. On en trouveroit bien d'autres en feuilletant les vieux sermonnaires manuscrits ou imprimés que l'oubli dévore au fond des grands dépôts publics, et parmi lesquels viennent s'offrir à notre plume les noms d'Hérold (*Sermones discipuli*, Hagenoæ, 1512, in-fol.), de Jean Bromyard, professeur de théologie à Cambridge, que nous avons déjà mentionné; d'Etienne Baron, Anglois de l'ordre des Minimes à la fin du XVe siècle, et de bien d'autres que nous laissons de côté, sans même nous arrêter à des prédicateurs bien plus connus, à Menot, à Barlette, à Raulin, à saint Vincent Ferrier 1.

péennes des contes arabes dont il s'agit ne conservent nullement, et pour cause, la physionomie de l'original. Un cinquième de l'ouvrage est absolument intraduisible, et l'orientaliste le plus audacieux n'oseroit rendre littéralement les trois quarts du reste. On y voit les dames de la plus haute société de Bagdad donner l'exemple de la plus scandaleuse immoralité; on rencontre à chaque instant des images à côté desquelles les épigrammes de Martial sont un modèle de réserve.

1. La Monnoie a glissé, dans le *Glossaire* qu'il a joint à ses piquants noëls bourguignons, l'extrait d'un sermon de saint Vincent Ferrier sur le devoir conjugal, morceau qui a beaucoup d'affinité avec un des contes de La

Pendant longtemps un pareil usage a prévalu en
chaire ; il subsistoit encore en Italie au siècle dernier,
selon le témoignage de Grosley, qui affirme avoir entendu, à Venise, un jacobin raconter dans un sermon
une foule d'histoires ridicules, entre autres celle d'un
voleur de grand chemin qui fut tué par un voleur qu'il
avoit attaqué, et qui mourut sans confession. Son
corps, dont l'âme ne se détacha pas, fut enseveli au
pied d'un chêne. Quelque temps après, saint Domini-
que passe par-là ; il appelle le bandit, qui, malgré ses
crimes, avoit chaque jour récité le Rosaire ; il le ressuscite, le confesse, l'absout et lui ouvre l'entrée du
paradis.

Les *Gesta* parurent, sous ce rapport, offrir à l'é-
loquence de la chaire un secours des plus précieux,
et Erasme atteste, dans son *Eloge de la folie* (Basileæ,
1780, p. 261), l'usage qu'on en faisoit.

Schelhorn (*Amænit. litter.*, t. 1, p. 807) dit avoir
en sa possession un manuscrit des *Gesta* qui portoit
en marge l'indication des historiettes que ses anciens
possesseurs avoient utilisées dans leurs sermons.

A côté des *Gesta* on pourroit placer un assez grand
nombre d'ouvrages qui n'ont pas eu, il s'en faut, autant de vogue, mais qui, conçus d'après un plan tout
semblable, présentent de même une série d'anecdotes
plus ou moins controuvées, prises de côté et d'autre
dans les auteurs classiques, chez les légendaires, dans
les chroniques, et toujours accompagnées de réflexions
édifiantes.

Parmi quelques-unes de ces productions, qui furent
alors lues avec avidité, et qui sont depuis longtemps
reléguées dans la classe si nombreuse des livres que
personne n'ouvre, nous mentionnerons :

L'*Apiarius*, de Thomas de Cantimpré, composé au

Fontaine, le *Calendrier des Vieillards*, et qui, selon la remarque de la *Biographie universelle,* est un monument précieux de l'innocence de l'orateur et de la simplicité du
temps.

XIIIe siècle, réimprimé plusieurs fois jusqu'en 1647, traduit en hollandois et en françois, et qui, représentant l'Eglise sous la forme de ruches d'abeilles, appuie ses réflexions morales par des contes nombreux.

Le *Formicarius* de Jean Nyder (Cologne, in-fol., sans date; Strasbourg, 1517; Douay, 1602, etc.), ouvrage dont le but est d'inspirer l'amour de toutes les vertus chrétiennes par l'exemple des fourmis; il fait l'histoire naturelle de ces insectes, et à chaque chapitre il ajoute des anecdotes et de pieuses considérations;

Les *Moralisationes historiarum*, de Robert Holcot, Paris, 1510;

Le *Brutarium* ou les *Parabolæ* d'Hugues ou Odo de Ceriton, moine de Cîteaux, qui vivoit en Angleterre à la fin du XIIe siècle, et dont les ouvrages sont restés manuscrits, à l'exception de ses *Homiliæ de sanctis*, Paris, 1520, in-fol. ;

Le recueil anonyme intitulé : *Speculum exemplorum ex diversis libris in unum laboriose collectum*, Daventriæ, 1481, in-fol., Hagenhoæ, 1509, in-fol. Outre ces deux éditions on en compte cinq ou six autres.

On moralisa divers auteurs latins, et notamment Ovide, auquel Thomas Walleys ou de Valois rendit ce service au milieu du XIVe siècle [1]. Cette production, imprimée en 1509, à Paris, sous le titre de *Metamorphosis Ovidiana moraliter explicata*, fut si bien accueillie du public qu'il fallut en donner deux éditions nouvelles en 1515 et en 1521. Il en avoit déjà paru une traduction françoise, sous le titre de : *Métamorphose d'Ovide moralisée;* elle forme un très rare et bien précieux volume, mis au jour à Bruges en 1484; Colart Mansion en fut le traducteur et l'imprimeur.

Les poëmes du moyen âge, les romans de cheva-

---

1. V., sur cet auteur, l'*Histoire littéraire de la France*, t. 19, p. 177-184 ; la *Biographie universelle*, t. 45 ; un travail de M. de Bormans, dans les *Mémoires de l'Académie de Belgique*, t. 19, 1852, seconde partie, p. 132-159.

lerie n'échappèrent point à la manie de tout allégoriser. On interpréta une composition fort profane, le *Roman de la Rose*, en montrant que la rose étoit la sagesse divine, l'état de grâce, la Jérusalem céleste, et, en 1577, une édition françoise d'Amadis fut précédée d'une préface développant les trésors d'instruction cachés sous le voile de ces récits, et totalement inaperçus des lecteurs ordinaires 1.

Un court exposé de ce qui concerne la bibliographie des *Gesta* et leurs traductions doit ici trouver sa place.

L'édition que divers bibliographes regardent comme la première est un in-fol. de 169 feuillets, sans lieu ni date, où l'on reconnoît les caractères d'Ulric Zell, qui imprimoit à Cologne vers 1472. Ce volume est intitulé : *Ex gestis Romanorum hystorie notabiles de vitiis virtutibusque tractantes cum applicationibus moralizatis et misticis*. Il contient cent quatre-vingt-une histoires, et il est d'une grande rareté.

Une autre édition in-folio, de 125 feuillets, sans lieu ni date, ne renferme que cent cinquante-une histoires, et peut-être a-t-elle devancé celle d'Ulric Zell. Les caractères sont semblables à ceux de N. Ketelaer et de Gérard de Leempt, qui imprimoient à Utrecht en 1473. Ce volume est décrit dans la *Bibliotheca Grenviliana*, Londres, 1842, p. 273.

On ne trouve également que cent cinquante-un chapitres dans une autre édition, de 118 feuillets, imprimée avec les caractères de Terhoernen de Cologne; mais les cent quatre-vingt-une histoires se montrent de rechef

---

1. A des époques plus récentes on a voulu également donner un cachet de moralité à quelques poètes latins par trop vifs. Nous avons vu en ce genre un livre curieux, œuvre d'un naïf et laborieux Allemand, Jean Burmeister, *Martialis parodiæ sacræ*, Goslar, 1612. Parfois, l'arrangeur substitue à des mots qui bravent l'honnêteté les noms les plus justement vénérés, et, pour que rien ne manque au ridicule de son œuvre, il imprime les épigrammes licencieuses du poète latin à côté de ses pieuses parodies.

dans quatre ou cinq autres éditions sans lieu ni date, qui paroissent avoir été exécutées dans les Pays-Bas ou dans les provinces rhénanes. Un volume in-4 porte la souscription de Jean de Westphalie à Louvain, mais il n'est point daté.

La première édition qui porte une date est un in-folio exécuté à Gouda par Gérard de Leeu en 1480; puis viennent une édition donnée à Hasselt en 1481, et une autre datée de 1489 et n'ayant point de nom de ville ni d'imprimeur. Elles contiennent l'une et l'autre 181 chapitres.

Arrivent ensuite d'autres volumes, datés de 1493, in-fol.; 1494, in-fol.; 1494, in-4 (Nuremberg); 1497, in-4; 1497, in-4 (Strasbourg); 1499, (Paris), in-4; 1500, in-8.

De 1506 à 1558 on compte seize éditions, publiées à Paris, Lyon, Venise, etc. Il faut ensuite franchir un intervalle de près de trois siècles pour arriver à l'édition de M. Adelbert Keller. C'est un volume in-8 de 307 pages, publié à Stuttgart en 1842; il contient 181 chapitres, et il reproduit, sans une ligne d'introduction et sans une seule note, le texte de l'édition regardée comme l'édition princeps. M. Keller se réservoit de discuter toutes les questions relatives à l'histoire littéraire des *Gesta*, de signaler les sources de ces récits et d'en rechercher les imitations, dans un travail spécial et étendu, qui, nous le croyons, n'a point encore vu le jour, et dont les amis de l'étude doivent désirer vivement l'apparition, car il répandra une clarté vive et nouvelle sur bien des points peu connus de l'histoire de la fiction au moyen âge.

Après avoir circulé quelque temps en manuscrit, une traduction françoise des *Gesta* fut enfin imprimée; elle a pour titre :

Le Violier des histoires romaines moraliseez, sur les nobles gestes, faictz vertueulx et anciennes cronicques des Rommains, fort recreatif et moral, nouvellement trans-

laté de latin en françois, et imprimé pour Jehan de La Garde, Paris, 1521, petit in-fol.

Deux autres éditions ne tardèrent pas à suivre celle-là; elles furent, l'une et l'autre, mises au jour à Paris, par Philippe Le Noir, actif éditeur de romans chevaleresques; l'une n'a point de date, l'autre porte celle du 20 septembre 1525. C'est un volume in-4, en caractères gothiques, avec des figures sur bois (4 et 140 feuillets, sig. A.-G).

Citons aussi l'édition de Denis Janot, Paris, 1529, petit in-4, caractères gothiques, 4 feuillets préliminaires et 140 feuillets chiffrés; un bel exemplaire de ce volume rare a été adjugé au prix de 142 fr. à la vente de M. Armand Bertin, n° 1155.

En voyant ce recueil quatre fois sous presse dans une période de dix ans, on reconnoît toute l'étendue de la vogue dont il entra en possession; mais elle fut suivie d'un long oubli, et plus de trois siècles devoient s'écouler avant que le retour de l'attention publique vers les productions du passé vînt rendre nécessaire une édition nouvelle du *Violier des histoires romaines*.

Cette traduction n'a point reproduit tous les récits de l'édition originale; elle s'est bornée à en translater cent quarante-neuf [1]. Il est permis de croire que le désir de ne point faire un volume trop épais a décidé le choix d'une des éditions les moins complètes comme devant servir de guide. La version est d'ailleurs fidèle; les *moralisations*, parfois abrégées dans quelques-unes des éditions latines, ont été reproduites dans tous

---

1. Les chapitres que le traducteur françois a supprimés, sans qu'il soit possible de connoître aujourd'hui les motifs qui l'ont conduit, portent dans l'édition latine les numéros suivants: 27, 53, 87, 88, 91, 92, 93, 95, 98, 104, 105, 108, 109, 117, 118, 126, 130, 133, 134, 138, 142, 143, 144, 145, 152, 157, 161, 169, 173, 178, 179, 180. On peut supposer d'ailleurs que le rédacteur du *Violier* a pris pour guide soit une édition complète, soit un manuscrit.

leurs développements; ils ne fatiguoient nullement alors l'attention de lecteurs qui vouloient être édifiés.

Nous croyons à propos de placer ici les titres des histoires qui figurent dans le texte latin et qui ne sont point comprises dans notre *Violier*. Nous y joignons quelques indications succinctes.

Ch. 27. De la rémunération équitable (paroît dû à l'imagination du rédacteur). Ce récit fait partie de tous les textes anglois qu'a énumérés M. Madden; voir ch. 36, p. 118, et ch. 9, p. 295, ainsi que le ch. 18 de l'édition de Winkyn de Worde. Une histoire semblable, où figure le roi Arthur, se trouve dans l'ouvrage de Roberts, *Cambrian popular Antiquities*, 1815, p. 94.

Ch. 53. Qu'il ne faut point changer les bons gouverneurs (emprunté à Valère-Maxime, liv. 6, ch. 2). Cette histoire manque dans les rédactions angloises, ainsi que celles des ch. 88, 92, 93, 95, 98, 118, 133, 138, 142, 143, 144, 145, 152, 167, 161, 169.

Ch. 87. Comment Jésus-Christ s'est exposé à la mort pour nous. (C'est l'anecdote bien connue relative à Auguste et à un soldat qui avoit combattu à Actium.)

Ch. 88. De la ruse du diable qui conduit beaucoup d'hommes à leur perte (de l'invention du rédacteur).

Ch. 91. De la torpeur et de la paresse (même observation). Cette anecdote fait partie du texte anglois publié par Madden, ch. 56, p. 191. Elle forme le chap. 21 de l'édition de Winkyn de Worde; elle est citée dans les *Moralitates* d'Holcot, dans les *Sermones* de Felton, dans la *Summa Predicantium* de Bromyard. Un récit analogue a trouvé place dans les *Haus-Mærchen* de Grimm, qui l'a emprunté au recueil de Pauly: *Schimpf und Ernst*, ch. 243.

Ch. 92. Jésus-Christ a voulu mourir pour nous donner la vie. (On y distingue quelques indices d'une origine orientale.)

Ch. 93. De l'héritage et de la joie de l'âme fidèle (légende monastique).

Ch. 95. Jésus-Christ nous a rendu l'héritage de la patrie céleste (récit peu exact des causes de la guerre entre Constantin et Maxence).

Ch. 98. Que Dieu peut être apaisé en cette vie (usage prétendu attribué aux Romains).

Ch. 104. De la mémoire des bienfaits. (Histoire d'Androclès et du lion qu'il avoit sauvé; elle est prise d'Aulu-Gelle, *Nuits attiques*, l. 5, ch. 14, lequel a suivi un auteur grec nommé Appion, contemporain de Tibère, mais qui n'étoit pas très digne de foi. Le rédacteur des *Gesta* est plus simple dans son récit que l'écrivain latin, et il paroît avoir puisé dans quelque source orientale.)

Ch. 105. De la vicissitude de toute bonne chose, et spécialement d'un jugement droit. (Voir Madden, ch. 7, p. 16.) Il s'agit d un serpent qui apporte une pierre précieuse, au moyen de laquelle un empereur recouvre la vue. Pareils récits ne sont pas rares chez les écrivaiens du moyen âge. (Voir Schmidt, notes jointes à la traduction allemande d'un choix de nouvelles de Straparole, 1817, p. 281.) Le fond de cette histoire est emprunté à une chronique allemande de Charlemagne, et le fait est indiqué comme s'étant passé à Zurich. (Consultez Scheuchzer, *Itineraria Alpina*, t. 3, p. 381, et Grimm, *Deutsche Sagen*, t. 2, n° 453, t. 2, p. 155, ainsi que la traduction françoise intitulée *Veillées allemandes*.) Voir aussi les *Cento Novelle antiche*, nov. 49, p. 69; Turin, 1802.

Ch. 108. De la constance fidèle dans les promesses. (C'est l'histoire de Damon et de Pythias, racontée par Valère Maxime, l. 4, ch. 7, et par Cicéron, *Tusculanes*, V. 22 et *Offices*, III, 10.)

Ch. 109. Que le diable trompe finalement et précipite dans l'enfer ceux qu'il enrichit par l'avarice. (Ce récit, emprunté à l'histoire de Barlaam et de Josaphat, a passé dans le *Miroir historial* de Vincent de

Beauvais, l. 14; dans le *Décaméron* de Boccace, jour. 10, nov. 1; dans les *Cento Novelle antiche*, nº 65, etc.)

Ch. 117. Des obstinés qui ne veulent pas se convertir, et du châtiment que leur infligera la sentence définitive. (Ce récit, relatif à une loi obligeant le séducteur d'une jeune fille à l'épouser, ne paroît pas avoir une base historique réelle. Il fait partie du texte anglois édité par Madden, ch. 49, p. 172, et il forme le 43e chapitre de l'édition de Winkyn de Worde.)

Ch. 118. De la tromperie et de la ruse. (Ce conte, d'origine orientale, se trouve, avec peu de changements, dans les *Mélanges de littérature orientale* de Cardonne, t. 1, p. 62, et sous le titre du *Dépositaire infidèle* dans les *Mille et un Jours*, édit. de Loiseleur Deslongchamp, p. 652. On le rencontre aussi dans la *Disciplina clericalis* de Pierre Alphonse, ch. 16 (t. 1, p. 16, de l'édition de Paris; voir encore les notes de Schmidt, p. 137); dans les *Fabliaux* recueillis par Barbazan (t. 2, p. 107) et Legrand d'Aussy (t. 3, p. 248); dans les *Cento Novelle antiche* (nov. 74, p. 48, édit. de 1802); dans le *Décaméron* de Boccace, (journ. 8, nov. 10).

Ch. 130. Que l'homme sage l'emporte sur l'homme fort. (Récit qui semble dû à l'imagination du conteur. Il a passé dans les deux rédactions angloises publiées par Madden, ch. 16, p. 46, et ch. 5, p. 285; mais il n'a pas été admis dans l'édition de Winkyn de Worde.)

Ch. 133. De l'amitié spirituelle (une anecdote semblable se trouve dans le *Comte Lucanor*, p. 210 de la traduction de M. de Puibusque. L'auteur espagnol substitue deux chevaux aux deux chiens dont il est question dans le texte latin.)

Ch. 134. De l'innocence de la mort de Jésus-Christ. (Cette histoire repose sur une loi signalée d'après l'autorité de Sénèque; mais de fait il n'y a rien de pareil dans les écrits de ce philosophe. Le texte anglois (voir Madden, ch. 5, p. 9, et l'édition de Winkyn de Worde, ch. 7) mentionne cette anecdote sans invoquer Sénèque.)

Ch. 138. De ceux dont nous triomphons par la bonté, lorsque nous ne pouvons les vaincre par la sévérité. (Paroît emprunté à un trait de la vie d'Alcibiade, et peut-être aussi à quelque source orientale.)

Ch. 142. Des filets du diable dans lesquels il s'efforce de nous enfermer. (Historiette mystique et morale.)

Ch. 143. De la crainte du jugement dernier. (Récit emprunté à l'histoire de Barlaam et de Josaphat ; de là il a passé dans le *Miroir historial* de Vincent de Beauvais, dans la *Confessio Amantis* de Gower, dans *Golden Legende* de Caxton.) Swan (t. 2, p. 458) a transcrit les passages de ces deux auteurs anglois.

Ch. 144. De l'état actuel du monde. (Anecdote morale dont nous ne retrouvons pas la source.)

Ch. 145. De la voie du salut que le Seigneur Dieu a ouverte par son fils. (L'auteur s'appuie sur l'autorité d'Albert. On trouve en effet quelque chose d'analogue dans Albert le Grand, *De Animalibus*, l. 35.)

Ch. 152. Que Jésus-Christ nous a délivrés des périls éternels et des assauts des démons. (Ce récit paroît avoir été inspiré par un trait relatif à Clonymus, fils de Cléomène, roi de Sparte.)

Ch. 157. De la peine des pécheurs qui ne font pas en cette vie satisfaction de leurs fautes. (Nous retrouvons ce récit dans la *Disciplina clericalis* de Pierre Alphonse, ch. 8 (voir les notes de Schmidt, p. 120), et dans les *Cento Novelle antiche*, nov. 50, p. 76 de l'édition de 1802.)

Ch. 161. Qu'il faut toujours rendre grâce à Dieu de ses bienfaits (emprunté à Gervais de Tilbury, *Otia imperialia*, l. 3, ch. 60).

Ch. 169 Des douze lois et de la façon de vivre. (L'histoire de Solon a servi de base à ce récit.)

Ch. 173. Des fardeaux et des embarras du monde,

et des joies du ciel (récit mystique qu'on peut rapprocher d'un passage de Matthieu Paris, p. 927, édition de Watt, 1684, in-folio).

Ch. 178. De la providence, mère de toutes les richesses. (On ne retrouve pas la source de ce récit, où un monarque reçoit une leçon de morale en contemplant les images tracées sur une tapisserie.)

Ch. 179. De la gourmandise et de l'ivrognerie. (Déclamation contre ces deux vices, d'après l'autorité de Césaire, auteur d'instructions religieuses et morales fort répandues au moyen âge.)

Ch. 180. De la fidélité. (L'auteur cite Paul le Lombard, c'est-à-dire Paul le Diacre, qui, dans son *Historia Longobardorum*, l. 5, ch. 2, rapporte en effet un trait semblable.) Les noms des personnages ne sont pas les mêmes que ceux qu'indiquent les *Gesta*.

Les *Gesta* trouvèrent en Allemagne et dans la Grande-Bretagne un accueil tout aussi favorable qu'en France. On s'empressa de les mettre à la portée du public, qui ne connoissoit que l'idiome national.

En fait de traductions angloises, nous citerons d'abord celle que Winkyn de Worde imprima à Londres, in-4 gothique, sans date. Ce volume, de 164 pages (signatures A-O), ne contient que 43 histoires. Il est tellement rare qu'il avoit échappé aux recherches des bibliographes anglois les plus zélés, tels que Herbert, Dibdin et Douce; ce dernier avoit même douté que cette édition existât. Le fait est qu'on n'en connoît qu'un seul exemplaire, conservé à Cambridge, dans la bibliothèque du collége de Saint-Jean.

J. Johnson (*Typographia*, Londres, 1824, t. 1, p. 386) en a transcrit un chapitre [1]. M. Madden l'a décrit

---

1. Le *Retrospective Review*, Londres, 1820, t. 2, p. 327, a consacré un très court article à ce volume; il en reproduit également une des histoires, la 5e, laquelle ne se trouve point dans les autres rédactions angloises, mais qui fait partie de notre *Violier*.

(préface, p. xv); le livre fut imprimé de 1510 à 1515;
il eut pour base les anciennes rédactions angloses manuscrites, mais le style fut rajeuni et des
changements considérables eurent lieu. Sur les quarante-cinq histoires qu'il renferme, trente-cinq se
trouvent dans les deux manuscrits que Madden regarde
comme les meilleurs, et cet érudit a placé les huit autres récits p. 486-503 de son édition. Ces huit chapitres portent dans le volume de Winkyn de Worde
les nos 1, 2, 3, 4, 5, 19, 28, 37.

On connoît des éditions de 1577 [1], 1595, 1648,
1663, 1668, 1672, 1682, 1689 et 1703, et deux sans
date; elles ne renferment que 43 ou 44 histoires [2], et
elles suivent toutes la rédaction angloise; le style
est revu et rendu plus moderne à mesure qu'on se
rapproche de notre époque.

En 1703 on imprima à Londres une traduction de
quarante-cinq histoires, d'après le texte latin et d'après une édition de 1514. Ce travail devoit être continué; il ne le fut pas [3], mais il reparut vers 1710, en

1. Cette traduction fut publiée par un fécond écrivain,
Richard Robinson, dont les ouvrages sont aujourd'hui oubliés. D'après une note de la main de cet auteur (manuscrits
du Musée Britannique), on apprend que sa version fut réimprimée sept fois; il dédia la septième édition au docteur
Watson, évêque de Chichester, qui lui témoigna sa reconnoissance par le don de deux shellings (2 fr. 50). Détruits
par un long usage, les exemplaires de ces diverses éditions
sont devenus très rares.

2. Cette quarante-quatrième histoire, qu'on trouve dans
quelques-uns de ces volumes anglois, est le 16e chapitre
des éditions latines (*De vita exemplari*) et de notre *Violier;*
on ne la rencontre pas dans le texte anglo-latin. Swan, qui
parle de cette traduction, t. 1, p. 68, a cru devoir reproduire
six des histoires qu'elle renferme : ce sont les chapitres 1, 2,
18, 21, 27 et 32.

3. Swan signale en détail, dans son introduction, p. LIX-
CXXXII, le contenu de ce volume. Il transcrit en entier les
douze chapitres. L'un d'eux, le 21e, est l'histoire du roi Léar,

un volume sans date, qui contient quatorze autres histoires étrangères aux véritables *Gesta*. En 1721, une autre édition reproduisit ces cinquante-neuf histoires dans un style rajeuni. On cite également des éditions d'Aberdeen, 1715, et de Glasgow, 1753; elles rentrent dans la classe des livres populaires. On voit ainsi qu'oubliés en France au dix-septième et au commencement du dix-huitième siècle, les *Gesta* continuoient d'avoir en Angleterre de nombreux lecteurs. Ils furent à leur tour délaissés pendant long-temps; mais, en 1824, Charles Swan publia en deux volumes petit in-8 une traduction du texte latin; elle comprend 180 histoires, et elle est précédée d'une Introduction de plus de 140 pages, où se trouvent de longs extraits des *Gesta* anglois. Le traducteur a joint des notes assez nombreuses et instructives.

Voyons maintenant, en fait de versions des *Gesta*, ce que nous offre l'Allemagne.

En 1498, l'imprimeur Hans Schobser fit paroître à Augsbourg une version des *Gesta* : elle forme un volume in-folio de 4 et 128 feuillets; il est devenu fort

---

si connue par la tragédie de Shakespeare. Elle est mise sous le nom de l'empereur Théodose. Le chap. 25 se compose d'une série de questions adressées par l'empereur Andronic à un chevalier. Le moyen âge offre divers exemples de productions analogues, mais d'une étendue bien plus considérable; nous nous bornerons à en citer deux : 1º *les Mil IIII vingt et quatre demandes, avec les solutions et responses à tous propoz, selon le sage Sidrac*, ouvrage imprimé plusieurs fois à la fin du 15e et au commencement du 16e siècle (voir Delandine, *Manuscrits de la bibliothèque de Lyon*, t. 2, p. 129; P. Paris, *Manuscrits françois de la bibliothèque du roi*, t. 6, p. 24; Du Roure, *Analecta-biblion*, t. 1, p. 232; le *Bulletin du Bibliophile*, 1836, p. 436, et 1846, p. 612); 2º *L'Enfant saige à troys ans, interrogé par Adrians, empereur de Romme*, opuscule imprimé vers 1500, et qui a reparu récemment à Epinal avec quelques changements. V. Charles Nisard, *Hist. des livres populaires*, t. 2, p. 17.

rare et ne contient que 93 chapitres. Une autre édition, Strasbourg, J. Kammerlander, 1538, in-folio,
présente un texte notablement modifié par des suppressions nombreuses et des changements considérables.

. Un moment avant de donner le texte latin, M. A.
Keller publioit, en 1841, un ancien texte allemand
des *Gesta*, d'après un manuscrit de Munich. Ce volume renferme cent onze histoires, et il forme le vingt-
deuxième volume de la collection publiée par le libraire Basse : *Bibliothèque de la littérature nationale allemande.*

L'année suivante, un des plus laborieux érudits de
l'Allemagne, le docteur J. G. Th. Graesse, mettoit
au jour à Dresde une traduction allemande des *Gesta*,
faite d'après le texte latin (2 vol. in-12 ; viij et 287,
315 pages). Il y joignit quelques notes succinctes, une
dissertation sur l'origine et les éditions des *Gesta*, et
deux suppléments.

Le premier renferme tout au long trente récits qui ne
font point partie de la rédaction latine des *Gesta*, mais
qui se trouvent soit dans l'ancienne édition allemande,
soit dans le manuscrit de Grimm. Ils ont été, à l'exception de huit, insérés dans l'édition allemande des
Gesta due au zèle de M. A. Keller. Il n'est donc pas
inutile de signaler les sujets de ces diverses narrations.

I. Alexandre et Diogène. Cette anecdote est racontée d'après l'autorité du philosophe Saturne (chap. 18,
Keller).

II. Histoire de quatre ermites (chap. 26, Keller).

III. Histoire de deux frères (chap. 30, Keller).

IV. Histoire du grand Alexandre (chap. 38, Keller).

V. Histoire de Josias, l'empereur de Rome (chap.
37, Keller).

VI. Histoire d'un noble romain.

VII. Histoire d'un homme qui n'avoit qu'un fils.

VIII. Histoire de l'empereur Octavien.

IX. Histoire du roi Hérode qui avoit une fille fort
belle.

X. Histoire de l'empereur Lucius.

XI. Histoire de Gallien, l'empereur romain.

XII. Histoire d'un habile negromancien.

XIII. Une belle histoire de Dioclétien, fils de Domitien. (Ce récit, beaucoup plus long que les autres, est un remaniement de l'ouvrage bien connu au moyen âge sous le titre du *Roman des Sept Sages de Rome* 1. Il renferme treize contes divers ; six d'entre eux se retrouvent dans l'édition de Keller, chap. 72, 73, 74, 75, 76, 78.)

XIV. Histoire d'un sacrifice offert par le grand Alexandre.

XV. Histoire d'un tableau, d'un homme et de l'empire du monde. (Récit d'une des merveilles opérées par l'enchanteur Virgile ; chap. 21, Keller.)

XVI. Histoire d'un forestier et de son fils qui vouloit tuer un empereur (chap. 26, Keller).

XVII. Histoire d'un enfant, d'un chevreuil et d'un loup (chap. 50, Keller).

XVIII. Histoire d'un cheval noir (chap. 53, Keller).

XIX. Histoire d'une femme, d'un dragon et d'un lion au temps d'Antonin (chap. 55, Keller).

XX. Histoire d'une ville située sur les bords de la mer et du martyre de Notre Seigneur (chap. 67, Keller).

---

1. Renvoyons aux détails que fournit le *Manuel du Libraire,* t. 3, p. 258, sur les diverses éditions en différentes langues de cette production longtemps célèbre. M. Keller a publié à Tubingue, en 1836, le texte en vers françois du XIIIe siècle, et il l'a fait précéder d'une longue et savante préface. Une vieille traduction en prose a été mise au jour en 1838, à Paris, à la suite de l'*Essai sur les Fables indiennes et sur leur introduction en Europe*, par M. Loiseleur-Deslongchamps. Plusieurs des histoires contenues dans le *Roman des sept Sages* sont placées dans une des œuvres d'imagination les plus remarquables qu'offre le Moyen—Age, *Li Romans de Dolopathos*. Une édition, la première qui puisse revendiquer le titre de complète, a paru en 1856 dans la Bibliothèque elzevirienne.

Violier. c

XXI. Histoire d'Octavien et d'une tour avec des images (chap. 100, Keller).

XXII. Histoire du roi qui vouloit prendre par force saint Pierre et saint Paul (chap. 76, Keller).

XXIII. Histoire de Saint Daniel qui vit une colonne (chap. 87, Keller).

XXIV. Histoire d'une colonne qui étoit à Jérusalem (chap. 91, Keller).

XXV. Histoire de deux frères qui étoient grandement en guerre l'un contre l'autre (chap. 94, Keller).

XXVI. Histoire d'un pont et des bêtes féroces qui le gardoient (chap. 96, Keller).

XXVII. Histoire des sources qui sont miraculeuses (chap. 97, Keller).

XXVIII. Histoire de sept arbres et des sept péchés mortels (chap. 99, Keller).

XXIX. Histoire d'un empereur qui avoit puni une femme, laquelle fut sauvée par sa fille (chap. 101, Keller).

XXX. Histoire de trois sirènes qui ont fait périr beaucoup de voyageurs.

Le deuxième supplément qui accompagne la version du docteur Graesse fait connoître dix-sept récits qu'offre la rédaction angloise des *Gesta* et qui s'écartent du texte latin.

Un érudit qui s'est placé, dans la Grande-Bretagne, au premier rang des explorateurs de la littérature du moyen âge, sir Frédéric Madden, a mis au jour, en 1838, une traduction angloise des *Gesta*, jusqu'alors restée inédite. Ce beau volume in-4, de XXII et 530 pages, tiré à fort petit nombre pour le Roxburghe-Club, n'a point été mis dans le commerce. Il n'en existe sans doute en France qu'un seul exemplaire, celui qui appartient à la Bibliothèque impériale et que nous avons longtemps eu sous les yeux. Voici son contenu :

Pages i—xxiv, introduction.

Pages 1—268, soixante-dix histoires, d'après un

manuscrit conservé au Musée britannique (fonds Har-leyen, n. 7333).

Pages 269—485, quatre-vingt-seize histoires, d'a-près un manuscrit appartenant au même Musée (additional, n. 9066).

Pages 486-503, histoires empruntées à l'édition de Winkyn de Worde.

Pages 505-530, notes.

Quarante-neuf des récits contenus dans les éditions latines sont reproduits parfois avec des changements assez sensibles dans le texte du manuscrit Harleyen; les noms des empereurs sont presque toujours modi-fiés ; trente-six des récits latins sont reproduits dans le second manuscrit publié par M. Madden.

Le premier de ces manuscrits renferme dix-sept chapitres 1 qui ne sont point dans le texte latin. Huit chapitres 2 du second manuscrit provoquent pareille observation; plusieurs chapitres de celui-ci (45, 48, 50, 51, 52, etc.) sont des apologues étrangers à la rédaction habituelle des *Gesta*, et qu'on attribue à Odo de Ceriton, écrivain du quatorzième siècle.

On chercheroit en vain dans le premier manuscrit quinze des histoires 3 que présente le second ; mais en revanche trente-huit chapitres du premier manuscrit ne figurent point dans le second.

Si nous examinons l'édition de Winkyn de Worde, dont nous avons parlé, nous constaterons qu'elle con-tient vingt-neuf histoires qui se retrouvent dans l'édi-tion latine. Elle en renferme par contre un certain nom-bre (chap. 1, 2, 3, 14, 23, 25, 29, 30, 35, 36, 39, 40, 41) qui ne font point partie du texte latin publié

1. Ce sont les chap. 12, 15, 18, 19, 21, 25, 26, 29, 38, 39, 40, 60, 62, 63, 64, 69 et 70.
2. Chap. 16, 18, 19, 24, 27, 32, 36, 79. Les chap. 27, 104, 109 et 130 de l'édition latine de Keller, correspondant aux chap. 9, 17, 15 et 5 de ce second manuscrit anglois, ne font point partie du texte du *Violier*.
3. Chap. 17, 18, 19, 21, 22, 23, 24, 25, 27, 32, 33, 34, 35, 39 et 46.

par M. Keller, mais qui se trouvent toutes dans le texte anglo-latin.

M. Madden a également collationné un manuscrit conservé à la bibliothèque de Cambridge, et notamment trente-deux histoires; elles se retrouvent toutes dans l'un ou l'autre des deux manuscrits du Musée britannique, et, à l'exception de quatre (chap. 21, 22, 24 et 29), elles se rencontrent aussi dans le texte latin.

On remarque dans l'ancienne rédaction angloise, qui forme la seconde partie de la publication de Madden (chap. LXXVIII, p. 446), l'histoire de la reine Sibille, fille de l'empereur Constantin et femme de Charles, roi de France, faussement accusée par un chevalier félon nommé Macaire, et défendue par un autre chevalier, Aubri de Montdidier. Ce récit rappelle immédiatement l'anecdote célèbre du chien de Montargis. La trace la plus ancienne que l'on ait retrouvée de ce trait est dans Plutarque (*De solertia animalium gesta*), et se rapporte à une histoire relative à Pyrrhus, et qui a passé, avec quelques changements, dans un *Bestiaire* latin conservé en manuscrit au Musée britannique.

Un moine de l'abbaye des Trois-Fontaines, ordre de Cîteaux, Alberic, dans sa chronique, qui se termine à l'an 1241, mentionne l'histoire des *Gesta* comme étant également arrivée à la reine Sibille, épouse de Charlemagne. Bercheure en fait mention de son côté dans son *Dictionarium*, au mot *Canis*, et il dit qu'elle se trouve dans l'histoire de Charlemagne (*ut in Gestis Caroli magni*). Cet épisode fait le sujet d'un poëme dont M. Guessard a découvert le manuscrit à Venise, et qui formera l'un des volumes d'épopées carlovingiennes qui doivent faire partie de la *Bibliothèque elzevirienne;* mais il n'est pas douteux qu'il n'ait fait partie des récits des trouvères; Alberic l'affirme expressément (*a cantoribus Gallicis pulcherrima contexta est fabula*); et de là il a passé dans la littérature espagnole, où, en se développant, il a fourni matière à un livre fort peu connu : *Hystoria de la reyna Sabilla.* M. Ferdinand Wolf, de Vienne, en a donné une analyse, p. 124-158 d'un ouvrage fort intéressant : « Essai (en allemand) sur les travaux des François relatifs à la publication de leurs anciennes épopées héroïques (Vienne, 1833, in-8.) » Aujourd'hui, grâce aux efforts de divers érudits, parmi lesquels il faut remarquer surtout l'infatigable Francisque-Michel, cet essai seroit susceptible de recevoir des développe - ments bien considérables.

On peut, d'ailleurs, recourir, au sujet de l'histoire que raconte la rédaction angloise des *Gesta*, à la disser- tation de Bullet *sur le Chien de Montargis,* insérée dans ses *Dissertations sur la mythologie françoise,* 1771, p. 64-92, et à la *Collection de dissertations sur l'His- toire de France* mise au jour par M. Leber, t. XVIII, p. 162. Wlson de la Colombière ne l'a point oubliée dans son *Vray Theâtre d'honneur et de chevalerie,* 1648, in-folio.

A la fin du quinzième siècle, les lecteurs des Pays- Bas eurent de leur côté les moyens de s'instruire et de s'édifier en lisant les *Gesta.* On connoît trois anciennes éditions d'une vieille traduction flamande ; elles sont toutes devenues fort rares. La première, publiée à Gouda, chez Gerard Leeu., est un in-folio de 240 feuillets ; elle renferme 181 chapitres, de même que l'édition primitive latine, d'après laquelle elle a été faite. On peut observer que, si le dernier chapitre est numéroté 182, c'est le résultat d'une erreur qui a placé le chapitre 181 après 179, en sautant 180. Les autres éditions virent le jour à Zwolle, chez P. Van Os, en 1484, in-folio, et à Anvers, chez H. Eckert, en 1512, in-folio.

En Espagne et en Italie, on ne trouve point de tra- ductions entières des *Gesta ;* mais la littérature de ces deux pays a reproduit assez souvent l'empreinte des récits qui forment notre collection. Nous aurons l'oc-

casion de faire remarquer que les conteurs italiens,
Boccace à leur tête, ont plusieurs fois narré des
anecdotes qui se retrouveront ici. Trois volumes au
moins eussent été nécessaires si, à la suite du texte de
notre *Violier*, nous avions voulu offrir les nombreuses
histoires du même genre que présentent les rédactions
latines, allemandes et angloises des *Gesta*. Tel n'étoit
point notre plan, et nous croyons avoir donné à
notre travail une étendue bien suffisante pour qu'on
ait une idée complète d'une des productions les plus
goûtées des lecteurs du Moyen-Age.

PROLOGUE CAPITAL

Adressant à trèsnoble, trèsillustre et trèsvertueuse
dame Madame Loyse, mère du très chrestien
roy de France François premier
de ce nom.

A trèsnoble, trèshonorée dame madame Loyse,
mère du trèschrestien roy de France François
premier de ce nom, salut, honneur, felicité et
joye. Pensant en moy et premeditant à qui je
pourrois ce present livre dedier et adresser, ma trèschière
Dame, l'œil de juste raison a regardé la resplendeur des
vertus qui en vous sont infuses si habondantement que toutes autres transpassent et excedent, tant soit la fleur de leur
honneur et gloire pullulante sus le germe de l'accroisse-
ment de tous incomparez merites, tout ainsi que le verd
therebinte plus amplement sur tous arbres ses branches et
rainceaulx dilate. Parquoy ces choses longuement consi-
derées, l'audace de mon petit couraige, combien qu'à moy
soit temerité plus que prudence vous adresser livre si mal
digeste, compillé et traduit, a prins ce desir que cestuy
volume seroit illustré, paré et anobly de la magnificence
de vostre nom. Car tant soit mal couché le langaige creu
et agreste sans illumination et beaulté d'orature, toutesfois, bien me semble que si le doulx et non desdaigné recueil de vostre nom le prend à gré, qui sera prisé, estimé
et loué, à cause que la clemence de vostre vertueux cou-

*raige, et toutes faultes sans reprehencion corriger et amen-
der. Ce livre donc accepterez, nommé le Violer des hys-
toires rommaines, à cause qu'il contient maintes gestes
et propos divers des faictz des Rommains, qui moult sont
plaisantes et delectables, et encor plus prouffitables à cause
des sens moraulx spirituelz desquels elles sont fructueuse-
ment revestues pour le nouvel parement, edification et in-
terieure beaulté de toutes bonnes meurs et conditions, en
tant que toute vertus se peult dedans considerer et mirer,
par consideracion des nobles faictz d'aultruy qui en la lecture de ce livre sont contenus et reluysent trèssinguliere-
ment à l'introduction de tous lecteurs, comprehencion de
bonnes meurs, refloriture de fraiz memoire. Les princes
pourront dedans veoir le regissement de leurs antecesseurs,
maintes prouesses et vaillances, parquoy ilz seront stimu-
lez de la poicture de leurs immortelles vertus par l'imitation de leurs faictz, gloire et excellences, qui les exciteront
à tout honneur acquerre. Donnez donc à ce present œuvre
faveur, et le recevez acceptablement, et il vous pourra donner recreation de vos labeurs, defastiguer et adoulcir le
pesant faix de vos sollicitudes, et refreschir l'entendement
de vostre florissant memoire.*

VIOLIER

DES

HISTOIRES ROMAINES

Des pensées des femmes variables.
CHAPITRE I[1].

Pompée, empereur, regna grandement
riche, lequel avoit une moult belle
fille, laquelle tendrement il aymoit, en
telle manière qu'il ordonna et establist
cinq chevaliers pour la garder, à celle fin que on
ne peust parler à elle pour la seduyre, sur peine
de grant peril et dangier mortel. Les chevaliers

1. Chap. 1 de l'édit. de Keller. Swan, t. 1, p. 1.—Un récit
semblable se trouve dans l'ancienne rédaction angloise des
Gesta publiée par Madden, chap. 32, p. 104. La fille
de Pompée y porte le nom d'Aglaé. Elle n'est point nommée
dans notre texte, qui suit la leçon habituelle des manuscrits
latins ; dans quelques-uns elle est appelée Rosimunde. On
remarquera l'introduction des habitudes de la féodalité dans
une histoire dont Pompée est le héros ; la fin du récit témoi-
gne d'une origine orientale.

Violier.   1

qui l'avoient en garde la gardoient songneusement, estant armez nuyt et jour, et ordonnèrent
une lampe qui ardoit toute nuyt devant l'huys de
la chambre, affin que aucun n'allast parler à elle
quant ilz dormoient. Au surplus, ilz avoient ung
petit chien bien abayant pour les exciter à veiller. Ceste noble fille, par le vouloir de son père,
delicatement, pompeusement et solennellement
estoit nourrye, par quoy elle desiroit en son affection et délicat courage veoir les spectacles du
monde. Comme ung jour elle regardast hors de
son palais, aucun duc survint, lequel impudicque-
ment la regarda et fut de son amour et royalle
beaulté feru et navré ; car elle estoit belle singulièrement et aux yeulx de tous gracieuse, par
habondant seulle fille de l'empereur, venant par
droit à la succession de l'empire paternel, après
la mort de son père. Cestuy duc, en parlant à
elle, luy fist moult de grandes choses promesses,
affin qu'elle se consentist à sa voulenté. La fille,
esperant les choses promises, se consentit à sa
voulenté incontinent, tua le chien, estaignit la
lampe, puis en fin suyvit ce duc au lieu où il la
mena. Le lendemain fut faicte grande admiration de la fuyte de la fille de l'empereur ; chascun
queroit de toutes pars qu'elle estoit devenue.
Leans au palais du roy estoyt ung vaillant champion qui tousjours pour la justice de l'empire
magnanimement et vertueusement avoit bataillé,
lequel, oyant que la dicte fille s'en estoit allée,
legièrement courut après, et tellement qu'il a-
consuyvit le duc qui la menoit. Icelluy duc,
voyant acourir un chevalier tout armé après luy,
combatit contre luy, mais le champion le sur-

monta, puis après luy trancha la teste. Ce fait, ramena au palais la pucelle, laquelle de long temps ne vit la face de son père, mais incessamment rendoit gros soupirs et larges. Cela oyant aucun grant seigneur et sage qui tousjours avoit esté constitué mediateur entre l'empereur et les autres, tant fist que la fille reconcilia à son père ; puis luy, remply de charité, la fist donner à un grant seigneur en mariage. Cela fait, son père luy donna dons variables, mesmement une robbe precieuse, longue jusques aux talons et de diverses couleurs semée, qui estoit bordée de descriptures telles ou semblables : « Je t'ay pardonnée ton offence, garde toy de plus offencer. » D'ung roy elle receut une courone d'or d'ung tel dicton engravée : « Ta dignité de moy sort et emane du vaillant champion. » Elle eut ung bel anneau portant en escript : « Je t'ay aymée, pource apprens à aymer. » Du sage mediateur elle obtint ung autre riche anneau escript en telle forme : « Qu'ay je fait, combien et pourquoy ? » Du filz du roy elle eut semblablement ung anneau de tel enseignement : « Tu es noble, ne contempne ta noblesse. » De son frère germain ung autre qui disoit : « Viens à moy, ton frère suis, et pourtant ne crainctz point. » De son espoux elle receut ung signet d'or par lequel l'héritage de son espoux luy estoit confermé, portant tel escript et sentence : « Tu es jà espouse, pourtant ne veuille plus errer. » Ceste belle pucelle tout le temps de sa vie garda ces choses songneusement et fut de tous aymée, puis enfin expira et rendit ses jours en bonne paix.

Moralisation sur l'histoire de Pompée et de sa fille.

Très chers seigneurs et dames, pour parler mora-
lement et aorner ce livre de nouvel sens fructueux
et spirituel, cest empereur est notre Dieu et père celeste, qui a appellé les siens par la mort de son precieux enfant, et rachaptez des gouffres infernaux;
c'est le roy des roys et le seigneur des seigneurs,
dominans comme il est dit au XXXIIe de Deutero-
nome : « Mais est ce pas celluy qui t'a possedé, qui t'a
fait et creé ? » La fille qui est unique, spirituellement
est l'ame raisonnable, qui est baillée pour garder a
cinq chevaliers, ce sont les cinq cens de nature, les
quels sont armez par les vertus que l'homme reçoit au
baptesme. Les cinq cens sont deputez pour garder
l'ame contre le monde, la chair et le dyable. La
lampe qui art est la voulenté à Dieu en toutes choses
subjecte, qui tousjours doit ardre par frequent desir en
toutes bonnes operations affin qu'à peché ne consente.
Le petit chien bien abbayant est la conscience, qui a
debatre contre les pechez ; mais l'ame qui desire
veoir les pompes seculières, qui est douleur, sort dehors, et toutesfois et quantes qu'elle fait contre les divins commandemens, subitement est par le duc infernal
rapteur et cruel volontairement renyer, tellement que
la lampe des bonnes operations est estaincte, le
chien de conscience tué, et lors l'ame servant le mauvais esperit et la nuyt de peché. Par cela a esté chose
necessaire que le vaillant champion, qui est Jesuchrist,
vray fils de Dieu, qui pour nous virillement a bataillé, soit descendu pour combattre le dyable, tellement qu'il l'a vaincu, et enfin en paradis, qui est la
maison du roy et empereur eternel, l'ame ramenée. Le
sage mediateur est Jesuchrist fait homme, comme dit
l'apotre saint. « *Unus est mediator Dei et hominum homo
Jesus christus.* » Le fils du roy est Jesuchrist, comme dit
David : « *Filius meus es tu ; ego hodie genui te.* » Il est

nostre frère, comme chante le XXXVIIe de Genèse :
Frater noster est. Il est espoux de l'ame, comme dit sus
son second, Osée : « *Sponsabo te michi in fide* », je te
espouseray en la foy, et de rechief : « *Sponsus sangui-*
num tu michi eris. » Par luy nous sommes reconciliez
au père celeste : c'est nostre paix qui a fait une chose
seulle de diverses. De luy nous avons plusieurs dons :
Premierement, la longe robbe, c'est assavoir sa saincte
peau, qui est polimitique, c'est à dire de diverses
couleurs, car elle fut descrachée, blessée, sallie, finablement dilacerée. L'escripture qui dessus etoit disoit :
« Je t'ay pardonné, car je t'ai rachaptée ; ne faits plus
de mal : c'est la tunicque de Joseph, au sang des bestes taincte. Le bon Jesus nostre roy nous a la couronne glorieuse donnée quant il a voulu voluntairement estre couronné pour nous, et là nous trouvons
en escript que la dignité de l'ame procède de luy.
De ceste couronne parle sainct Jehan, quant il dit :
« *Exivit Jesus portans coronam spineam.* » Jesus aussi
est nostre champion, qui nous a donné une bel anneau,
c'est le pertuys de sa main dextre sur le quel pouvons
lire : Je t'ay aymée tendrement ; apprens à aymer. Il
est dit en l'Apocalipse, premier chap. « *Dilexit nos et*
lavit nos a peccatis nostris in sanguine suo. » Jesus en
tant que mediateur nous a donné ung autre bel anneau, c'est le pertuys de la main senestre, sur le quel
devons lyre : « Que t'ay-je fait ? combien et pourquoi ?
que t'ai je fait ? moy mesme me suis adnichillé, prenant
la forme d'ung serviteur, combien que je suis Dieu et
homme, pour te rachapter, toy, ame perdue. » De ces
trois choses, dit Zacharie, XXIIIIe chapitre : « *Quæ*
sunt istæ plagæ in medio manuum tuarum ? » Quelles
sont ces playes au meillieu de tes mains ? Et Jesus respond : « Ce sont les playes les quelles j'ay prinses es
maisons de ceulx qui m'ont aymé. » Jesuchrist en tant
que nostre frère, fils de Dieu eternel, nous a donné le
tiers anneau, c'est à exposer le pertuys du pied dextre; la dessus est escript : « Tu es noble, ne mets en

oubli ta noblesse. » Semblablement, Jésus est nostre frère germain, et quant à cela il nous a fait collation du quart anneau ; c'est le pertuys du pied senestre, sur le quel est escript : « Viens hardiment et point ne doubtes ; ton frère suis. » Jesuchrist, quant à ce qu'il est espoux de nos ames, nous a fait donnaison d'ung signet d'or par le quel l'heritage paternel et infiny est confermé. Ce signet d'or charitable nous signifie l'apérition et la playe de son precieux costé percé de la furieuse lance ; la dessus est insculpté et mis par escript de recent mémoire : « Tu es ja espousée, voyre par misericorde ; ne vueilles donc plus pecher. » Doncques, seigneurs et dames du sang baptismal regenerez, estudions si bien à ces dons precieux conserver que nous puissions dire : « Seigneurs, tu nous as donné cinq talens, et en ce faisant pourrons sans doubte parvenir au giron de l'heritage celeste, le quel nous octroye le Père, le Fils et le benoist Saint Esprit. Amen.

De misericorde, sus l'hystoire de Titus.
CHAPITRE II [1].

Titus, filz de Vaspasien empereur, regna, qui establist pour loy, sur peine de mourir, que les enfans alimentassent et nourrissent leurs pères en vieillesse. Le cas advint que deux frères estoient d'ung seul père, desquelz l'ung avoit ung filz, qui vit son oncle souffreteux et indigent, pourquoy tout incontinent le secourut et nourist, selon l'intention de la loy et contre la voulenté de son père, parquoy son père l'expulsa de sa compaignie ; toutefois point ne laissa à secourir aux affaires

1. Chap. 2 de l'édit. de Keller. Swan, t. 2, p. 9.

de son oncle, luy administrant tout ce qu'il luy estoit convenable. Après ces choses consumées, son oncle fut fait riche grandement et son père fut povre. L'enfant, cecy voyant, secourut à son père contre le vouloyr de son oncle, qui luy avoit deffendu, et pour la cause fut de la société de son oncle totalement expulsé, chassé et banni, lequel luy dist : « Mon cher nepveu, te sou-viengne que j'ay esté povre par aucun temps, et contre la ,voulenté de ton père, mon frère, tu m'as tous mes affaires ministrez, et pour la cause je t'ay fait et ordonné mon heritier, comme si tu estoys mon propre filz naturel ; parquoy, selon le vouloyr des loyx, tu doys estre de mes biens frustré, car l'enfant ingrat ne parvient point à l'héritage ; mais le filz adoptif, comme toy, qui as ton père nourry contre mon commandement, parquoy point n'obtiendras ne possederas mon heritage. » Lors le nepveu respondit à l'oncle : « Mon oncle, dist il, aucun ne doyt estre pugny pource que la loy contrainct et ordonne ; mais la loy naturelle non seulement, mais aussi la loy escripte commande les enfans alimenter leurs pères quant ilz ont necessité, mesmement les honorer ; parquoy, cela bien excogité et pensé, selon le droit, point ne doist estre chassé du droit heritaige. »

L'exposition sur l'hystoire precedente et ordonnance de Titus.

Ces deux frères sont Dieu et le monde, c'est à noter la seconde personne de la Trinité et ce siècle present, lesquelz sont tous deux d'ung père celeste procedez : le filz de Dieu par eternelle generation et le monde par creation. Entre ces deux, dès le commencement, est discorde semée, tellement que qui est amy de l'ung est ennemy de l'autre, selon sainct Jacques, disant en son quart : « *Quicumque voluerit esse amicus hujus seculi, inimicus constituetur Dei.* » Un chascun chrestien est le filz de Jesuschrist, car il luy adhère par foy catholicque. Donc nous ne devons pas nourrir le monde par orgueil, par avarice, par luxure, par deception et autres pechez, si nous voulons estre filz de Dieu. Et si nous faisons le contraire, nous sommes de Dieu et de la societé de Jesuschrist expulsez quant à l'heritage celeste ; si nous voulons nourrir Jesuschrist par les œuvres de charité, bonté et pitié, le monde nous aura en haine. Toutesfois mieux vault aquerir du peuple la haine que le royaulme celeste perdre.

De juste jugement sus le peché d'adultère.
CHAPITRE III[1].

Aucun empereur régna à Rome qui constitua par loy si aucune femme estoyt trouvée par les sentes de peché en adultère, qu'elle devoit estre precipitée du hault d'une montaigne contre terre. Le cas advint qu'aucune fut en adultère trouvée, par quoy elle fut mise sur la montaigne ; mais, en descendent, si doulcement coulla qu'elle ne se fist oncques mal ne ne fut blessée. Cela congneu,

---

1. Chap. 3 de l'édit. de Keller. Swan, t. 1, p. 12. — Cette histoire est une de celles qui n'ont pas trouvé place dans les anciennes rédactions angloises, mais qui figurent dans le texte que Madden appelle anglo-latin, et que donne un manuscrit du Musée britannique. Elle y forme le chap. 86.

elle fut en jugement ramenée, là où le juge, sans luy faire misericorde, de rechief luy assigna mortelle sentence, la commandant encore laisser trebuscher du sommet de la montaigne. La povre femme commença à parler et deist au juge : « Monseigneur le modereur de toute chose politicque, vous faictes contre la conception de la loy, car la loy veult que on ne soit pugny que une fois pour ung peché, et si j'ay eté trebuschée, selon la loy et en ensuyvant vostre sentence, du haut de la montagne jusques en bas, et Dieu n'ait pas permys par son divin miracle me tollir la vie ; saulves les honneurs des assistans, il me semble que je dois être sauvée, veu que je n'avoys que une fois adulteré, et Dieu n'a pas voulu souffrir ma pugnition en monstrant son miracle. » Le juge, ce voyant, fut constant et lui dit : « M'amye, tu as prudentement respondu, va en paix. » Et en tel moyen fut sans martyre sauvée.

Moralisation sur l'hystoire de adultère.

Très chers enfans, cest empereur est nostre Dieu, qui a faicte telle loy que si aucune creature laissant son vray espoux Jesus par foy, et adultère par pollution de son ame, mesmement avec le dyable par peché mortel, doit estre getté de la haulte montaigne du ciel comme fut le premier homme Adam, père de toute gent ; mais Dieu le père, par la passion de son chier enfant, nous a sauvés, car dès quant l'homme pèche, Dieu, par sa bonté, douleur et mansuetude, ne nous pugnit, ains, par son infinie grace, nous attend à conversion et penitence, si que ne tombons en enfer.

De la justice et ordonnance de Cesar.
CHAPITRE IV[1].

Cesar regna à Romme, le quel ordonna en son temps que si aucun ravissoit et prenoit femme par force, qu'il fust en la juridiction des femmes soubmys, pour sçavoir s'il mourroit ou se il la prendroit en mariage sans douaire. Le cas advint que aucun, de nuyt, ravit deux femmes ensemblement, desquelles l'une demanda la mort du rapteur et l'autre sa delivrance par mariage. Le ravisseur fut prins et mené devant le juge, affin qu'il respondist aux deux femmes. La première fit sa requeste que il mourust selon la loy, et l'autre dist qu'elle le vouloit à mary. Et elle dist à la première femme : « Vray est que la loy dist que tu doys obtenir ta petition, et en semblable manière celle mesme loy pour mon fait le declare; mais pource que ma petition est maindre, toutesfois plus caritative, bien m'est advis que le juge pour moy jugera. » Chascune d'icelles se lamentoit fort et demandoit, par continue postulation, le benefice de la loy. Enfin le juge leur conceda que la seconde femme eust l'homme ravisseur par mariage, et ainsi fut fait.

Moralisation sur le propos.

Cest empereur est nostre Seigneur Jesuschrist. Le ravisseur est chascun pecheur qui ravist et violle

1 Chap. 4 de l'édit. de Keller. Swan, t. 2, p. 14.

deux femmes, c'est assavoir justice pareillement misericorde, que toutes deux sont fillesde Dieu. Le ravisseur est devant le divin tribunal convoqué quant l'ame par mort est du corps separée. La première, qui est justice, contre le transgresseur instamment allègue que il doit mourir de mort eternelle selon la loy de justice. Mais l'autre, qui est misericorde divine, tout a l'opposite dict que par le sacrement de penitence doit le pecheur avoir pardon, et estre joinct à elle, tellement que par cela est le pecheur à la grace de Dieu assemblé.

De vraye fidelité. — CHAPITRE V[1].

Aucun empereur regna, en l'empire duquel estoit ung marchant qui avoit ung jeune enfant, lequel il envoya sur mer en marchandise, qui par les piratres et larrons de mer fut detenu prisonnier, lequel rescripvit à son père pour sa redemption. Le père ne le voulut oncques rachepter, tellement que le povre captif par long temps estoit tout debile, maceré et gasté. Celluy qui le tenoit ès liens en chartre de prison avoit une moult belle fille, qui estoit à tous gracieuse pour sa beaulté, et estoit leans en sa maison delicatement nourrie jusques qu'elle eust vingt ans consummez. Ceste fille souvent alloit visiter celluy prisonnier et le

1. Chap. 5 de l'édit. de Keller. Swan, t. 1, p. 16.— Cette historiette se trouve dans la rédaction angloise des *Gestes* (Madden, chap. 67, p. 246). Elle forme le 34e ch. de l'édition de Winkyn de Worde. L'empereur y porte le nom d'Antonin; la délivrance du jeune homme rappelle un incident de la 236e des *Mille et une nuits*.

consoloit; toutesfois tant estoit desolé qu'il ne pouvoit aucune consolation recevoir, ains gettoit et faisoit de son affligé courage gros, merveilleux et continuels soupirs. Ung jour advint que la pucelle parloit à lui, et il luy respondit : « Ma chière dame, pleust à Dieu que vostre voulenté fust de me delivrer hors de ceste prison. » La dicte pucelle luy respondit : « Comment pourroit cecy estre, veu que ton propre père qui t'a engendré ne le veult faire ? Moi qui suis à toy estrangière, comment pourroys je cecy penser ? Et se je te delivroys, tu scez bien qu'en l'indignation de mon père pourrois encourir, car ta redemption il perdroit du tout en tout ; toutesfois, concède moy une chose que je te veulx requerir, et je te delivreray. » Lors le prisonnier luy dist : « O bonne pucelle ! demande ce qu'il te plaira, et, s'il est possible, je te l'accorderay.» La pucelle dist alors : « Je ne quiers autre chose pour ta delivrance fors que tu me veuilles prendre à femme et espouse quand temps opportun sera.» La quelle chose le prisonnier luy promist. Cela fait, tout incontinent la fille le delia et en son pays avec luy s'en alla. Quand le prisonnier fut devant son père, il luy dist : « Mais dy moy qu'est ceste pucelle qui avec toy est venue ? » Et il respondit: « Mon père, dit-il, elle est fille de roy, et l'ay en mariage prinse. » Lors le père dit au fils : « Je veulx que, sur peine de perdition d'heritage, que la laisses. » O mon père ! dist l'enfant, que dictes-vous ? Plus suis tenu à elle que à vous, car j'ay esté en prison et pas ne m'avez delivré, et ceste fille l'a fait, non pourtant que je vous escriptz de mon estat. Celle non seulement m'a delivré de chartre, mais plus fort de captivité et de mort, parquoy c'est la raison qu'en mariage je la doyve prendre. » Lors le père dist : « Mon filz, je te dis que tu ne te doys en elle fier, et par consequent en mariage la prendre, car elle a deceu son père[1] quant elle t'a delivré sans son congé, si qu'il a perdu ta rançon, qui montoit grant argent ; l'autre raison est que, nonobstant qu'elle t'aye delivré, si ne la doys tu prendre en mariage, car cela elle a fait pour sa lubricité et pour sa luxure ; pour vray a esté cause de ta delivrance, pas ne semble juste chose qu'elle doyve estre ta femme. » La pucelle, cela oyant, respondit au père : « Quant à ce que tu me dis que j'ay mon père deceu, il n'est pas vray : celluy est deceu qui en aucun bien se laisse diminuer ; mais mon père tant et tant est riche qu'il n'a besoing d'aucun ayde mortel ; pourquoy, quand j'ay cela advisé, cest enfant ay voulu delivrer, esperant que mon père, par sa delivrance, n'eust de guières son bien augmenté, et toutesfois, pour bailler sa rançon, tu eusses esté plus povre, parquoy en ce fait l'ay saulvé, et à mon père point n'ay injure commise. Quant à l'autre raison que tu dis que je l'ay faict par luxure, je respondz que cela ne se peult ainsi faire, car lubricité est pour beaulté ou pour richesses, ou pour honneurs ou pour force, cela est vrai ; et toutes fois ton fils n'a l'une de ces choses, car sa beaulté est par la prison desformée ; riche n'a pas esté, veu qu'il

---

1. L'idée exprimée ici, puisqu'elle a trompé son père elle peut bien te tromper aussi, se trouve expressément dans l'*Othello* de Shakespeare (acte 1, sc. 3) : « She has deceived her father and may thee. »

n'avoit un seul denier pour se rachepter; pas n'a esté fort, car sa force, par l'affliction des lyens, a esté annihilée : donc, seulle pitié m'a à cecy esmeue. » Cela entendu, le père derechef ne povoit son filz arguer; pourquoy en grande solemnité furent faictes les nopces, et puis finablement mourut et perdit la lumière de ce monde.

L'exposition moralle sus l'hystoire precedente.

Cest enfant prins par les larrons de mer estoit tout le genre d'humaine nature, detenu par le peché des premiers parens, et mis fermé et relié ès prisons de la puissance du dyable. Le père qui point ne le voulut ayder est ce present monde, qui cela n'avoit en puissance ni en volunté. La fille qui en prison le visita est la divinité à l'ame conjointe, qui des humains eut compassion, et descendit ès bas enfers et les delivra de la diabolique puissance, pour la divinité des cieulx, descendit nous visitant en doulceur et pitié quant il print notre chair et substance, ne requerant autre chose fors qu'el fust à l'homme conjoincte par foy et mariage spirituel, selon Osée, qui dit en son second : « *Desponsatio te michi in fide.* » Toutes fois nostre père charnel, le monde, toujours contre tous murmure, car il est impossible servir Dieu et au monde; mais il vault mieulx contempner le monde que la societé de Dieu perdre, comme dit sainct Mathieu : « Qui delaissera son père, mère, frère, sa femme, ses champs et heritages pour l'amour de moy, la vie qui est eternelle possedera, la quelle nous veuille conceder Jesuschrist filz de Dieu le vivant, qui avecques le Père tout puissant et le Sainct Esperit tout clement vit et règne lassus ès siècles des siècles pardurablement.

De la prosécution de raison. — CHAPITRE VI[1].

Ung empereur estoit puissant, mais cruel et tyrant, le quel espousa la fille d'ung roy moult fort de beauté informée. Lors, après les espousailles, eulx deux firent paction que si aucun d'eulx mouroit, l'autre survivant se tueroit luy mesmes. Advint ung jour que cest empereur alla en loingtaines parties, et voulant esprouver son espouse, vers elle transmist aucun messagier luy disant que son mary estoit mort. L'emperière luy oyant, pour craincte de ne violer ce qu'elle avoit ·promis à son dit mary, d'une haulte montaigne se trebuscha pour mourir ; toutesfois elle ne mourut pas, ains fut par médecins secourue. Derechief se vouloit trebuscher. Ce voyant, son père luy commanda que à son mary n'obeyst ; mais elle

1. Chap. 6 de l'édit. de Keller. Swan, t. 1, p. 21. — Ce récit forme le chap. 89 du texte anglo-latin dont nous avons déjà parlé à l'occasion du chap. 3 ; mais nous ne le rencontrons dans aucune des autres rédactions angloises. On y voit une allusion à l'usage répandu dans l'Inde et qui prescrivoit à une femme de se brûler avec le cadavre de son mari. Cet usage remonte à une très haute antiquité, quoiqu'il ne soit point prescrit par le plus ancien code des Hindous, par les lois de Manou. V. Diodore de Sicile, l. XIX, 33 ; Solin, chap. 17 ; Bohlen, *Das Alte Indien* (Kœnigsberg, 1830, 2 vol.), t. 1, p. 293 ; Colebrooke, *Asiatic Researches*, t. 4, p. 209-219. Il seroit possible que ce ne fût pas sur les bords du Gange, mais chez les peuples du nord de l'Europe, que le rédacteur des *Gestes* eût été prendre une idée semblable ; chez les Hérules, chez les anciens Polonois et chez les Danois, le suicide étoit un devoir pour les veuves. V. l'*Histoire de la poésie scandinave,* par M. Ed. du Méril, p. 116.

ne vouloyt à ce consentir ; parquoy le père dist :
« Puisque à mes commandemens ne veulx obtem-
pérer, separe toy de ma royalle compagnie. »
Lors dist la dame : « Et, mon seigneur, pas n'est
raison, et je te le prouve. Quant aucun est ab-
strainct de jurement, il est tenu de venir à la
consummation. Donc, si je veulx mon jurement
accomplir, pourtant point ne dois estre de ta
compaignie séparée. Pour le surplus, aucun ne
doist estre pugny pour chose qui est commandable ; mais comme ainsi soit que l'homme soit
et la femme seullement une mesme chose, bien
est commandable que la femme, pour son espoux, commandablement meure. Pour mieulx
dilater mon propos et renforcier, en Judée telle
loy estoit par aucun temps, que la femme se
devoit brusler après la mort de son mary, en
signe d'amour et de douleur, ou elle toute vive
se devoit, avec le sien espoux, en sépulture
mettre. Pourtant, point ne delinque, mon père,
si pour l'amour de mon espoux veulx, de ma
propre main, tirer mon esperit de mon corps. »
Le roy, voyant la constance de sa fille, luy dist :
« Quant à l'obligation de ton jurement, cela ne
veulx, car il pretend à mauvaise fin , c'est assavoir à la mort. Tout jurement doit estre raisonnable. Pour la cause, le tien est de nulle valeur.
Quant à l'autre raison, que tu dis qu'il est chose
commandable que la femme meure pour son
espoux, cela n'est pas bon : car jaçoit que les
deux ne soient qu'ung en un corps par affection
charnelle , toutesfois en l'âme sont deux qui
viallement diffèrent, et pour mes raisons, tes
allégations frivolles et de nul effect. La femme,

ce considerant, ne sçavoit en oultre que alleguer, ains à son père consentit, et de rechief ne se voulut trebuscher ne tuer pour son mary.

L'exposition moralle sus l'hystoire devant alleguée.

Ce roy empereur est le dyable, la pucelle fille de roy est l'ame tout gracieuse, qui est à la similitude de Dieu créée, laquelle si est par peché espouse du dyable. Quant ilz sont assemblez, ilz font tel appointement que l'ung pour l'autre prengne mort. Lors le dyable s'en va loing là bas en enfer, et veult que son espouse spirituelle par peché se trebusche du ciel en enfer, qui est la haulte montaigne comme il estoit fait devant l'incarnation. Mais Jesuschrist par sa passion de cecy fut la guerison. Toutesfois encor l'ame s'esforce de se trebuscher toutesfois et quantes qu'elle fait contre le divin commandement. Mais Dieu son père ne veult qu'elle se perde, mais par contriction et confession se convertisse, la tenant avec luy lassus en gloire.

De l'envie des mauvais contre les bons.
CHAPITRE VII[1]

iocletian regna jadis, en l'empire du quel estoit aucun excellent chevalier, le quel avoit deux enfans, lesquelz il aymoit singulièrement. Le jeune, con-

1. Chap. 7 de l'édit. de Keller. Swan, t. 1, p. 25. — Ce récit rappelle la parabole de l'enfant prodigue (Evangile selon saint Luc, chap. 15); il ne se trouve dans aucune des anciennes rédactions angloises, mais il fait partie de l'édition de Winkyn de Worde (chap. 37, reproduit par Madden, 502).

Violier.   2

tre le desir de son père, print une paillarde follement à femme. Quant le père cela congneut,
grandement en fut doloreux, et chassa son filz
de sa société et famille. Cestuy expulsé fut en
grant misère; toutesfois, de sa femme paillarde
conceut et eut ung bel enfant, et si parvint en
grande povreté. Le povre, considerant sa necessité, manda à son père qu'il luy pleust le consoler et ayder à vivre. Le dit père, voyant de
son filz la necessité, fut frappé aux entrailles
d'une saveur de miséricorde, tellement que son
filz ainsi povre reconcilia à son amour. Puis,
luy reconcilié, recommanda son enfant de sa
femme paillarde conceu à son père, si que le
père le fist traicter comme son propre enfant,
pourquoy le plus ancien fut tristement dolent et
marry, et luy indigné dist au père : « Mon père,
tu es fol; et cela te prouveray par raison. Celluy
est fol qui prent à heritiers et nourrist ung sien
enfant qui luy a fait injure ; mais mon frère, qui
a ung enfant engendré d'une paillarde public-
quement, a fait trop grande portion d'injure
quant, contre ton commandement, a espousé
une paillarde publique ; pourquoy il semble que
tu es grandement fol, veu que tu nourris son enfant et luy as ta paix donnée. » Le père respondit :
« Mon enfant, ton frère germain est à moy reconcilié par grande contriction, et pour les longues prières des autres, et pour la cause raison me contrainct aymer son enfant plus que
toy. Par ceste raison tu m'as plus que lui offencé,
et si tu ne m'as pas à toy reconcilié, car point
n'as recogneu ta coulpe par ton orgueil et superbité ; et tu es jà ingrat à ton frère, le désirant

de mon paternel soulas et amour du tout debou-
ter, ce que deusses pour vray empescher. Tu te
deusses esjouyr pour sa reconcilation, et tu sè-
mes en ton cueur maling toute poison d'ingratitude ; pourquoy considère que point ne viendras
à la succession de mon heritage : car ce que tu
devoys posseder occupera ton frère. » Et ainsi
fut fait.

Moralisation sus le propos.

Par cestuy sage père, nous entendons Dieu le père,
et par les deux frères angelique nature et humaine,
l'humaine jadis à la paillarde conjoincte, c'est assavoir
à iniquité, quant de la pomme prohibée contre le divin
commandement et decret gousta, pourquoy elle fut de
la celeste maison expulsée. L'enfant de la paillarde
spirituellement est tout le genre des humains, qui par
le premier peché pery estoit ; cest enfant fut fait malade, car après son peché il fut mis en ceste vallée de
larmes et douleurs, comme dit ce tiers chapitre de
Genèse parlant : « *In sudore vultus tui vesceris pane
tuo.* » Semblablement, par les suffrages des saincts et
oraisons au ciel respendues pour l'humain genre
comme dit le Psalmiste : « *Desiderium eorum est oratio
eorum* », leur desir est leur oraison. Mais l'autre
frère, qui est le diable, nous impugne murmurant contre notre reconciliation par son ingratitude, voulant
alleguer que, pour notre transgression, point ne devons venir à l'heritage des cieulx ; mais son allegation
ne nous nuyra si nous vivons sainctement, mais aurons le lieu et heritage qu'il a perdu lassus ès cieulx.

De vaine gloire. — CHAPITRE VIII[1].

Leon regna, en la fleur de son temps, qui grandement se delectoit à veoir et regarder belles femmes, parquoy il feist en ung temple faire trois statues et ymages stables, et si commanda à tous de son empire que ils les adorassent. Le premier ymage tenoit la main au peuple directement estendue, portant un anneau d'or en l'ung des doigtz, qui avoit ung tel escripteau et superscription : « Je suis au doigt noble. » Le second ymage despainct avoit la barbe d'or et estoit en son fronc escript : « Je suis barbu, et pourtant, si aucun est chaulve, viengne vers moy et il prendra de mon poil. » Le tiers ymage portoit ung manteau d'or precieux et riche par excellence de pris, et une belle robbe de pourpre vermeil, et sus son estomach estoit escript en caractères d'or : « Je suis qui ne doubte personne. » Ces trois ymages par dedans

---

1. Chap. 8 de l'édit. de Keller. Swan, t. 1, p. 28. — Ce récit rappelle quelques traits relatifs au célèbre tyran de Syracuse, Denys. Voir Valère-Maxime, l. 1, chap. 1 ; Elien, *Var. histor.*, l. 1, et Cicéron, *De natura Deorum*, l. 3. Il forme le chap. 68 (p. 249, édit. de Madden) de la rédaction angloise des *Gesta*, et 2e partie, chap. 26, p. 363 ; l'empereur y porte le nom de Donat. V. aussi le chap. 38 de Winkyn de Worde. Bromyard, dans sa *Summa predicantium*, au mot *Rapina*, raconte le même trait, en disant expressément où il l'a pris : *Sicut in antiquis continetur Gestis.* Gower, dans sa *Confessio amantis*, l. 5 (f. 122, édit. 1554), le rapporte également, avec quelques changements, et Swan a transcrit dans une de ses notes (t. 1, p. 283-294) les vers de ce vieux poète.

estoient de pierre. Quand les statues furent par-
faictes selon la voulenté de l'empereur, il decreta
par loy que quiconques osteroit aux ymages l'annel, le mantel ou la barbe, il le feroit mourir de
cruelle mort. Il advint qu'aucun tyrant par aucun temps entra en ce temple dedié, et voyant
le premier ymage, tout incontinent son anneau
ravist. Ainsi feit aux autres deux : il emporta la
barbe d'or de la seconde, puis de la tierce le
manteau, et incontinent saillit hors du temple.
Dès aussitost que le peuple cela congneut, il le
denonça à l'Empereur. Quant l'empereur sceut
le cas des ymages, il fut grandement courroucé
et marry; si feit incontinent appeler et venir le tyrant devant luy et l'interrogua de son larrecin
fait contre son commandement. Le tyrant respondit : « Sire, vous plaise que je vous responde
s'il est licite. — Respondez, dit l'empereur, je
le permetz. » Lors dit le tyrant : « Quant je suis
au temple sainct entré, j'ay apperceu la première
ymage qui me tendoit la main et me montroit
son anneau comme s'elle vouloit dire que je le
prinsse. Toutefois point ne l'ay voulu prendre
jusques à ce que j'ay apperceu l'escripteau disant
et proferant : « Je suis noble. » Et lors je prins
l'annel de la main, premeditant que c'estoit sa
propre voulenté, selon le signe que il faisoit et
le dicton qu'il proferoit. Secondement, le second
ymage je congneuz, et quant j'euz bien sa barbe
d'or apperceue et regardée, longtemps en moy
pensay et dis : « Le père de cest ymage jamais
n'eut si belle barbe ne si riche, bien le sçay, car
je l'ay congneu ; et que le filz soit plus riche, plus
puissant et plus hault en dignité que le père,

raison pas ne le consent, parquoy il est bon et
expedient luy oster ceste barbe. Toutesfois cela
ne vouluz faire jusques à ce que je vis et apper-
ceuz la superscription qui disoit : « Je porte
barbe. Pourtant qui n'en aura et sera sans
poil comme chaulve, si viengne vers moy et
prengne et se pare de mon poil. » Et comme vous
pouvez bien veoir et appercevoir, je suis chaulve.
Parquoy, selon ses deux pointz et raisons, j'ay la
barbe prinse et ravie. Le premier point est affin
que l'ymage feust à son père semblable, si que il
ne feust en orgueil de sa barbe dorée [1] ; l'aultre
point si feust pour subvenir à ma teste, qui est
chaulve. Tiercement, au tiers ymage suis aussi
circonvenu, qui avoit le manteau d'or. Le manteau ay prins et ravy pour la cause que je vous
diray, car à moy mesmes regarday que en yver
l'or est froict naturellement et l'ymage de pierre
est aussi froide pareillement ; et pourtant, si cest
ymage lapidaire, plaine de froict, estoit de manteau d'or vestue, ce seroit adjouster frigidité sur
frigidité, qui seroit à l'ymage chose griefve ; et
qui plus est, si l'ymage portoit en esté manteau,
trop luy seroit chose pesante ; toutesfois, pour ces
choses encore ne luy eusse le manteau ravy ne
osté si je n'eusse leu l'escripture de son fronc, qui
proferoit : « Je suis qui ne crains personne. »
Quand j'eus cela veu, je pensay que pour oster

---

1. Notre auteur s'est évidemment inspiré d'un trait rap-
porté par Valère-Maxime, écrivain qui lui est très familier
et qui raconte (l. 1, ch. 1) que Denys le tyran fit enlever
une barbe d'or qu'avoit une statue d'Esculape, en disant
qu'il n'étoit pas convenable que le fils d'un dieu imberbe, tel
qu'Apollon, fût barbu.

l'orgueil de cest ymage bon estoit de luy oster la cause de qui l'orgueil lui causoit, et pourtant le manteau j'ay prins. » L'empereur luy respondit : « Vien ça : la loy estoit elle pas ordonnée que aucun ne despouillast les ymages ? si estoit, et estoit la dicte loy publiée sur peine de mort ; pourtant que tu as faict ce que pas ne te estoit decent, je te condampne que aujourd'huy soyes pendu et honteusement mis à mort. » Et ainsi fut fait et acomply.

L'exposition moralle sus l'hystoire devant dicte.

Cest empereur est nostre sauveur Jesuschrist. Les trois images sont trois genres du monde present, esquelz Dieu se delecte selon l'escript : « *Deliciæ meæ sunt esse cum filiis hominum.* » Si nous vivons justement, Dieu demourera avec nous. Par le premier image qui a la main estendue devons les povres et simples entendre, qui ont la main ouverte pour donner dons et promesses aux juges, pourquoy il est dit que les dons aveuglent les juges. Si l'on demande au juge : Pourquoi as tu prins les pecunes ? il respondra : Puis-je pas bien avec bonne conscience prendre ce qu'on me baille de bon cueur ? Par le second ymage nous entendons les riches du monde par la grace de Dieu aux richesses exaltez, pourquoy dit le Psalmiste : « *De stercore erigens pauperem.* » Ceulx cy sont des envieulx qui disent de l'homme riche : Cestuy cy a la barbe d'or, c'est assavoir plusieurs richesses et plus que son père n'a eu : il le fault opprimer *per fas et per nefas.* Ceulx cy oppriment le riche disant : Nous sommes chaulves, c'est à dire privez de biens, pourquoy il est bon que cestuy rusticque bourgeoys et citoyen nous deporte de ses biens : aucunesfois on en estrangle pour en avoir. Cupidité est la racine de tous maulx. Par le tiers ymage vestu du manteau devons entendre les hommes en dignité constituez, come les prelatz d'église; les juges aussi de la terre, qui ont la garde de la loy à inferer les vertus et extirper par les vices : ceulx qui ne sont humbles conspirent contre leurs prelatz, pour autant qu'ilz ne veulent souffrir le jouc de discipline, disant : `Nous ne voulons pas ceulx cy regner dessus nous. Les Juifz ne voulurent obeir à Jesuschrist en ceste forme par leur orgueil. Telz conspirateurs de malle mort mourront et leurs semblables. Estudions doncques nostre vie corriger affin que puissons estre saulvez.

De naturelle malice par mansuétude qui retourne à bénignité. — CHAPITRE IX [1].

Alexandre regna, qui fut grandement sage, lequel print à femme la fille du roy de Sirie, qui luy engendra un très bel enfant. L'enfant creut, et comme en l'aage legitime fust parvenu, tousjours estoit mauvais envers son père, luy desobeissant en toutes choses et pourchassant sa mort. L'empereur de ce s'esmerveilloit, et vint à l'emperière, luy disant : « Ma très chière amie, je te prie qu'il te plaise me dire le secret de ton cueur et me faire l'ouverture de tes gestes passées. Dy moy si tu as eté pollue d'aultre que de moy? » L'emperière respondit : « Sire, pourquoy de ce me viens tu parler? » L'empereur respondit : « Je te demande pource que ton filz de jour en jour demande la persecution de mon corps et la mort

1. Chap. 9 de l'édit. de Keller. Swan, t. 1, p. 34; chap. 4, p. 177 de l'édit. de Madden. L'empereur y porte le nom de César, ainsi qu'au chap. 30 de la 2e partie, p. 371.

aussi. S'il estoit mon filz, il me semble que cela
point n'atempteroit. » L'emperière respondit :
« Dieu sçait et congnoit que jamais à autre qu'à
toy ne me soubmis, et cela prouveray par toute
voye. Cestuy est ton vray enfant, mais la cause
pour laquelle persecuter te veult je ne puis sçavoir. » Comme le roy cecy entendist, doulcement à son enfant parla et dist : « O mon bon
enfant, je suis ton père, par moy tu es entré au
monde present et seras mon heritier, et toutesfois tu me menasses de mort ; pourquoy le fais tu ?
Respons moy, delaisse toy de ceste sorte d'iniquité, et tout ce qui est à moy c'est à toy. Laisse
moy vivre pacifiquement et ne me vueilles point
tuer. » Le filz, ne consentant au père, de jour en
jour s'esforçoit et publiquement et privément de
le tuer. Le père, cela voyant, un jour mena son
filz en un desert, l'espée toute nue, puis luy dist :
« Mon filz, prens maintenant ce glaive mortel et
me tue sans presence de gent, affin qu'il n'en
soit aucun scandale. » L'enfant, ce voyant, fut incontinent frappé au cœur de compassion, et, en
gettant le cousteau, luy flexé contre terre, dist
au père, luy postulant misericorde : « O mon
père ! j'ay griefvement peché envers toy et fait
offense grande ; je ne suis digne d'estre ton enfant nommé ; je te prie, donne moy pardon, an-
nunce moy, et de rechief seray ton enfant par
dilection comme par generation, te servant en
toutes choses selon ta voulenté. » Le père,
voyant de son enfant la contriction, tomba sus
son col, l'embrassa et luy dist : « Soyes desormais mon enfant cordial et fidèle, sans tromperie, deception et barat, je te seray père gracieux.»

Et cela dit, le vestit le père de vestemens precieux, fist grans bancquetz, festes et convis, et en son demaine l'entretint gracieusement. Cela fait, vesquit quelque peu de temps, et enfin donna son corps à la mort.

L'exposition morale sur le propos.

Cest empereur est nostre Seigneur Jesuchrist, filz de Dieu. L'enfant qui le poursuyt est le mauvais chrestien, qui est le filz de Dieu par la vertu de baptesme. La mère de l'enfant est l'eglise militante qui nous baille le baptesme. Cest enfant quiert et cherche la mort de son père, toutesfois et quantes qu'il fait contre ses commandemens. Le père Jesus mène son filz au desert de ce monde, voulant mourir pour luy, tellement qu'il est mort, davantage plus que ne dit l'hystoire de Alexandre. Dieu donne le cousteau au chrestien pour le tuer : cest assavoir, son liberal arbitre de le laisser quant à son amour et sa grace spirituellement ou de le prendre ; mais il doit faire comme le filz d'Alexandre : getter le glaive d'iniquité et malice qui Jesus persecute, se reconcillier à Dieu son père, demander pardon, et avec luy par grace se tenir ; et si ainsi le fait, enfin se tiendra en Paradis avec toute la court celeste de ses anges.

De la dispense de l'ame fidelle. — CHAPITRE XI.

Aspasien regna longtemps sans lignée ; finablement, par l'oppinion et conseil des sages, print à compaigne quelque jeune pucelle de loingtaine region qui

1. Chap. 10 de l'édit. de Keller. Swan, t. 1, p. 41.—Cette

moult estoit belle. Demoura longtemps en estrange pays avecques elle, tellement qu'il eut lignée d'elle. Cela fait, l'empereur s'en voulut aller en son empire pour disposer de ses royalles negoces, mais sa femme ne le vouloit consentir, ains disoit : « Si tu t'en vas, je me mettray à mort et contraindray mon ame se souiller de la laydure de mon meurtrier sang, lequel je tireray de mes veines et artères. » Quant l'empereur cecy congneut, fist faire deux beaulx anneaulx et y fit enchasser deux pierres precieuses, que aucuns jugent que naturellement ou magicquement avoient efficace, vertu et puissance, l'une de memoire tousjours avoir et l'autre d'oublyance. Les anneaux fermez et fais, celluy qui portoit nature d'oblivion laissa à l'emperière sa femme, l'autre de recordation porta avecques luy. Dès aussi tost que l'emperière print l'anneau, l'amour de son espoux mist en oubly. L'empereur, ce voyant, subitement en son empire se transporta, et plus avecques sa femme ne retourna, et ainsi en paix ses jours fina.

histoire se retrouve, avec quelques changements, dans la rédaction angloise des *Gesta*, chap. 41, p. 179, édit. de Madden, et 2e partie, chap 31, p. 373. Elle est mentionnée par Bercheure (*Reductor. Moral.*, l. 14, ch. 71), et elle est peut-être prise de l'*Historia scholastica* de Pierre Comestor (Exode, chap. 6), d'après lequel Vincent de Beauvais l'a citée (*Speculum historiale*, l. 2, chap. 2). Elle paroît avoir été une tradition rabbinique relative à Moïse, après son mariage avec la fille du roi d'Ethiopie. Quant à la vertu merveilleuse prêtée à certaines pierres, c'étoit une idée très répandue au Moyen Age, et Psellus (*De lapidibus*, chap. 7) confirme l'opinion de l'auteur des *Gesta*.

Moralisation sur l'hystoire de Vaspasien.

Par cest empereur devons entendre l'ame, laquelle tendre convient à son propre pays, qui est le royaulme des cieux. La femme de l'empereur est nostre chair, qui l'ame detient en moult de delectations, par lesquelles elle ne peut passer pour aller en paradis, là où est la conversation des ames, tout son soulas et empire pardurable. Pourquoy ne permet la chair l'ame passer, pource que l'ung contre l'autre convoite. Fais doncques, toy, comme fist l'empereur, deux anneaulx, l'un d'oblivion et l'autre de memoire. Ces deux anneaulx sont : *oraison* et *jeusne.* L'oraison est l'anneau de memoire qui fait en Dieu penser ; l'apostre dit : « Priez sans intermission. » Jeusne peult estre dit l'anneau d'oblivion, car il retrait et fuyt la volupté de la chair, si qu'il n'empesche l'usage de raison et œuvre meritoire par lesquelz on tend à Dieu. Estudions donc ces anneaulx porter avec nous, si que nous puissions la vie des bienheureux posseder.

Du venin de peché duquel cothidiennement sommes nourris.
CHAPITRE XII.

Alexandre de Macedoine regna grandement riche, qui avoit pour son maistre docteur le grant et introduyt Aristote, l'enseignant en toute doctrine. Cecy oyant, la royne d'Acquillon fist sa fille nourrir

1. Chap. 11 de l'édit. de Keller. Swan, t. 1, p. 44 ; Madden, 2e partie, chap. 22, p. 348. — Warton observe que le trait dont il s'agit ici est emprunté au *Secretum secretorum* (Paris, 1529, f. 15, chap. 28, *De puella nutrita veneno*) : « C'est un ouvrage rempli de sottises, et que le Moyen Age

de venin, depuis l'heure de sa nativité. Et comme
elle fust en l'aage legitime parvenue, tant estoit
belle, que c'estoit merveilles ; tant trescendoit en
beaulté, que plusieurs en furent infectz et folz.
La royne sa mère l'envoya au roy Alexandre
pour en faire sa concubine. Dès quant il l'eut
veue, soubdainement il fut prins et navré de son
amour et vouloit dormir avec elle ; mais Aristote,
ce cognoissant, luy dist : « Ne faictes ces choses,
empereur, car se vous le faictes, des aussi tost
vous mourrez et expirerez vos jours, pour ce
qu'elle a esté tout le temps de sa vie de poison
alimentée. Je le veulx prouver, dit Aristote :
cy près est aucun malfaicteur qui doit mourir, selon la loy, pour offence par luy commise ;
ordonnez qu'il dorme, s'il vous plaist, avec elle,
pour voir s'il est vray que elle soit empoisonnée. »
Cela fut fait. Le malfaicteur baisa la fille devant

attribua sans scrupule à Aristote. » Des écrivains anciens,
parmi lesquels il suffit de citer Pline (*Hist. nat.*, l. 25, 3)
et Aulu-Gelle (l. 17, 16), rapportent au sujet de Mithri-
date une anecdote semblable. Le voyageur Mandeville parle
de peuples qui se nourrissent exclusivement de substances
vénéneuses. Les *Gesta* font à plusieurs reprises (chap. 31)
des emprunts à l'histoire fabuleuse d'Alexandre le Grand,
si répandue au Moyen Age. Nous nous écarterions complétement de notre sujet en abordant les questions relatives à
ces traditions bien curieuses ; nous renverrons, entre autres
travaux qui discutent amplement cette matière, à un mémoire de M. Berger de Xivrey sur le pseudo-Callisthène (*Notices et extraits des manuscrits de la Bibliothèque du roi*, t. 13,
2e partie, p. 162-306), et aux recherches de M. Guillaume
Favre sur l'*Histoire fabuleuse d'Alexandre*, insérées en partie
dans la *Bibliothèque universelle de Genève* (1818), et reproduites avec des développements considérables dans ses *Mélanges d'histoire littéraire*, Genève, 1856, in-8, t. 2, p.
1-184.

tous et incontinent cheut mort et opprimé. Cela
veu, Alexandre collauda plus que devant son
maistre, qui de mort l'avoit delivré, et renvoya
à la mère la fille.

L'exposition moralle sus l'hystoire de Alexandre.

Cestuy Alexandre puissant peult estre dit chascun
chrestien bon, fort et puissant par les vertus qu'il
a au baptesme prinses. La reine d'Acquillon est habondance de biens, qui quiert à tuer l'homme spirituellement aucunesfois, et autresfois corporellement. La pucelle qui est empoisonnée peult estre luxure, nourrie
de viandes délicates, ou gloutonnie, qui sont les venins
de l'ame. Le grant Aristote constant est raison ou
conscience, qui tousjours contredit ou murmure contre
les choses qui sont à l'ame nuysantes. Le malfaicteur
est l'homme pervers, à Dieu inobédient, qui plus suyt
les delices de la chair que les divins commandemens.
Tel dort en peché nuyt et jour, baisant et attouchant
sa gloutonnie, pareillement sa luxure, par lesquelz bai-
semens et attouchemens soubdainement est mis à mort;
parquoy dit le sage : « *Qui tangit picem inquinabitur
ab ea.* » Donc donnons nous bien garde de tel cas, si
nous voulons aller en paradis.

———

De mauvais exemple. — CHAPITRE XII[1].

L'empereur Otto regna, en l'empire du
quel estoit un prestre fort luxurieux,
parquoy plusieurs en estoient fort scan-
dalisez, mesmement ses subjectz, tellement que aucun de ses paroissiens ne vouloit

1. Chap. 12 de l'édit. de Keller. Swan, t. I, p. 47.

aller à la celebration de sa messe. Le cas advint que aucun jour de feste cheminoit le dict
paroissien parmy un champ, et tant eut grand
soif que c'estoit merveille, tellement que il luy
estoit advis que il mourroit s'il ne beuvoit. Il
vint à ung ruisseau de clère fontaine, là où il
beut ; mais tant plus il beuvoit, tant plus grant
soif il avoit, et s'en esmerveilloit, disant : « Dea,
qu'est cecy ? disoit il ; il me convient querir la fontaine de ce ruissel affin que j'en boyve. » Comme
il cheminoit pour trouver la fontaine, d'adventure va rencontrer ung homme fort ancien et
beau qui luy dist : « Où vas tu, mon amy ? »
« Je voys, dist il, pour trouver la fontaine, je
suis si pressé de soif que je deffaulx quasi en la
voye. J'ay trouvé un ruissel d'eau, mais tant
plus en ay beu, de tant plus ay eu soif. Pourtant
il me faut trouver la source pour veoir si je me
pourray rassasier. » Le dit vieillart luy dist : « Mon
amy, ici est la fontaine de ce ruissel et la vraye
source ; mais dy moy pourquoy c'est que tu
n'es aujourd'huy entré en l'eglise pour ouyr
messe comme les autres. « Certes, monseigneur,
dist il, nostre curé est tant exécrable et de mauvaise conversation et de vie lubrique qu'il m'est
advis que ses messes ne sont à Dieu plaisantes. »
Adoncque dist le vieillart : « Soit ainsi que tu
dis, regarde la fontaine de laquelle tant grande
doulceur et suavité d'eau procède du ruyssel de
laquelle tu as beu. » Lors le paroissien regarda
et veit que la source de l'eau procédoit de la
gueulle d'ung chien tout puant et pourry, parquoy il fut estonné et quasi par manière de dire
mouroit de soif et n'osoit boire. « N'ayes paour,

dist le vieillart, tu as beu de cette liqueur et du
ruyssel de ceste source, toutesfois point ne te
grèvera ; boy hardiment. » Il beut de ce fons et
s'en saoulla, puis dit : « O mon Seigneur ! jamais
si doulce chose ne⋅ beu. « Voy, dit le vieillart,
comment cette liqueur d'eau n'a point mué sa
liqueur ne sa couleur ; non pourtant qu'elle procède d'ung chien tout puant, infect, point n'en
est l'eaue polue. Pareillement est il de la messe
d'ung mauvais prestre tout indigne ; nonobstant
que la vie du mauvais prestre te desplaise, pourtant n'en laisse d'ouyr sa messe. » Cela dist, le
vieillart s'esvanouit de luy, et cela revela aux
autres le paroissien, et ouyt desormais les messes ;
puis enfin mourut et fut saulvé en paradis.

Moralisation sus l'hystoire du prestre luxurieux.

C est empereur est nostre saulveur Jesuchrist, en l'empire duquel, cest assavoir au monde present, est ung
prestre lubrique, qui est le mauvais chrestien ; car, en
la sorte que le prestre doit les âmes garder, pareillement le chrestien les vertus de l'âme prinses aux fons
de baptesme, si qu'ilz ne soient pollués. Cestuy mauvais prestre pert plusieurs par son mauvais exemple.
Parquoy dit saint Gregoire que autant qu'ils com-
mettent de mauvais exemples, autant ilz tuent d'âmes.
Si tu es tel, fais comme le paroissien, chemine par les
champs, c'est à noter par les royaulmes, jusques que
tu parviengnes à celluy que ton âme tant ayme, c'est
à Jesuchrist, par l'ancien representé. Tu le trouveras
par les œuvres de misericorde ; mais premierement il
te fault boire du ruyssel, nonobstant que point n'estai-
gnes ta soif. Ce ruyssel est le baptesme, qui seullement ta soif d'originel peché estainct ; mais si derechief
tu pèches, plus par luy ne seras estainct, jusques que

tu procèdes à ceste fontaine dont vient le ruyssel, qui
est Jesuchrist, comme luy-mesme le dit : « Je suis la
fontaine de eaue vive, saillant à la vie d'eternité. » Les
ruysseauls ou vaines de ceste savoureuse fontaine sont
les parolles de l'escripture saincte qui saillent et de-
coullent par la bouche du chien puant, qui est le mauvais prestre predicateur.

De l'amour mal ordonnée. — CHAPITRE XIII [1].

adis estoit ung empereur ayant une
belle femme, laquelle fort il aymoit.
L'an premier de ses nopces elle conceut ung bel enfant que tendrement
elle allaicta, tellement qu'elle le mettoit toutes
les nuictz avec elle coucher. Quand il fut en la
fleur de trois ans venu, l'empereur mourut et
expira, de la mort duquel saillit grande lamentation. La royne ne se pouvoit saouller de plorer et gemir. Après les obsèques et funerailles
de l'empereur, la royne demoura en aucun
chasteau, toute par elle gouvernant son enfant
et le faisant tousjours avec elle coucher, tant
l'aymoit. Quant il vint en l'aage de dix huyt ans,
le dyable decepteur et mauvais tant et tant sollicita l'enfant et la mère que charnellement se
congneurent, et conceupt la mère de son propre
filz naturel. Quant l'enfant congneut son erreur
et celluy de sa mère, de grand douleur qu'il eut

1. Chap. 13 de l'édit. de Keller. Swan, t. 1, p. 54.— Ce
récit présente quelque ressemblance avec l'histoire d'Œdipe;
une narration analogue se rencontre dans le *Miroir historial*
de Vincent de Beauvais, l. VII, chap. 93.
    Violier.   3

s'en alla en lointaine contrée ; puis, quant vint l'heure de la royne, d'ung beau filz fut delivrée, laquelle le voyant, lui couppa la gorge pour se celer, et en luy couppant aucunes gouttes de sang luy tombèrent en la main senestre, tellement qu'elles furent faictes quatre cercles rondz en ceste forme qui s'ensuit O O O O. La royne ne les peut oncques oster, en manière que ce feust, parquoy elle portoit tousjours ung gand en celle main où estoient les cercles de honte que elle avoit. Ceste dame moult fort estoit à Nostre Dame devote. Toutesfois, tant estoit honteuse de son cas, que jamais n'osa son mal fait confesser, et, toutesfois, de quinze jours en quinze jours les autres pechez confessoit. Cette dame faisoit larges aumosnes pour l'honneur de Nostre Dame, tellement que chascun la reputoit de bonne sorte. Le cas advint que ung jour, comme son confesseur disoit cinq *Ave Maria* auprès de son lit, Notre-Dame s'apparut à luy et luy dist : « Je suis la Vierge Marie, je te veux dire quelque secret. » Le confesseur fut grandement resjoui et dist : « Ma très chère dame, dis à ton serviteur ce qu'il te plaira. » Lors dist la royne des Vierges : « La royne de ce royaulme se confesse souvent à toy ; toutesfois soyez avertis qu'elle a un crime sus le cueur qu'elle n'ose nullement manifester par la chose qu'elle a. Demain vers toy viendra pour se confesser : dis luy, de par moy que les oraisons et aumosnes sont à mon filz presentées et très acceptables. Dis luy aussi que je luy commande qu'elle se confesse entièrement du cas et crime lequel elle a commis secrettement en sa chambre, son enfant occis et

conceu de son autre filz. J'ay prié pour elle;
pourtant si elle veult son cas confesser, son peché luy est effacé. Si elle ne te veult obtempe-
rer, prie la qu'elle oste son gand de la main, et
tu verras en sa paulme son peché escript non
confessé; mais si elle ne veult son gand oster,
tire le par force. » Cela dist, la glorieuse Vierge
se disparut [1]. Le lendemain la royne se confessa,
excepté de ce peché secret. Le prestre, voyant
que point elle ne s'en confessoit, luy dist : « Ma
dame, plusieurs de maintes choses parlent,
pourquoy esse que vous portez ce gand en la
main incessamment? Montrez le moy hardiment,
affin que je voye si aucune chose là est mucée
qui à Dieu soit desagréable. » La royne luy repondit : « Mon père, ma main blessée n'est pas
encore guerie, pour la cause pas ne la verrez. »
Cela oyant, le prestre la print par la main et à
force luy osta son gand et luy dist : « Dame, ne
crains point : Nostre Dame, qui t'ayme, cela m'a
commandé. » Quant sa main fut ouverte, le prestre veit quatre sercles rondz et sanguins. Au premier cercle quatre *c c c c* estoient imprimés, au
second quatre *dddd*, au tiers quatre *mmmm* et
au quart quatre *rrrr*. Autour des cercles, en la
manière d'ung signet, estoit telle superscription
rouge : « Les quatre *cccc* signifient : *Casu cecidi
carne ceca*, c'est-à-dire : Je suis par cas tumbée

---

1. Nous ne nous souvenons pas d'avoir rencontré ce récit
parmi les nombreux *Miracles de Notre-Dame* racontés par
Gautier de Coinsy et par d'autres auteurs du moyen-âge;
on trouvera la longue énumération de ces prodiges dans l'ouvrage de M. Paulin Paris sur les *Manuscrits de la bibliothèque
du Roi,* t. IV, p. 1; t. VI, p. 311.

de chair aveuglée. Les quatre *dddd, Demon dedi
dona donata :* Je donne au dyable les dons donnés. Les *mmmm* signifioient : *Monstrat magnifeste
manus maculata :* La main maculée demontre
manifestement. Par les *rrrr* estoit entendu : *Re-
cedit rubigo regina rogata,* c'est à noter : Rouillure
s'est separée quant la royne si a esté priée.
Quant la royne cela veit, aux pieds du confesseur humblement tumba et son peché confessa.
La remission et absolution donnée, puis la pénitence faicte, lors après peu de jours dormit en
Nostre Seigneur la royne, de la mort de laquelle fut fait moult grant deuil en la cité.

L'exposition sur l'hystoire devant dicte.

Celle royne peult signifier humaine nature qui estoit
au premier homme plantée; la quelle conceupt de
son enfant, c'est-à-dire de la delectation charnelle,
quant elle mangea de la pomme. Lors elle tua son enfant, qui est tout l'humain genre. Pourquoy le sang de
nostre playe, c'est à veoir nostre peché, estoit si no-
toire, que on ne l'a peu celer fors que par ung gand,
qui est nostre fragilité et dyabolique deception, et jamais ne se pouvoit effacer fors que par la passion de
Jesuchrist; et comment, voycy la voye : Le confesseur,
qui est le Sainct Esprit, visita la vierge Marie, duquel
elle conceut ung enfant, c'est assavoir Jesuchrist, filz
de Dieu, par le quel nous sommes saulvez. L'humaine
nature fut en son peché de quatre cercles signée. C'est
de cogitation, qui precède le peché, c'est de delectation, c'est de consentement, et c'est de l'acte de peché. Au premier cercle sont quatre CCCC. Le premier signifie le Cas du dyable qui nous seduyt; le second signe, la Cheuste dedans enfer; le tiers la Char-
nalité dénote, qui nous feist en infirmité inconstant,
et le quart nous fait mention de la Cecité et aveugle-

ment qu'avons eu en pechant ; car Adam estoit en honneur au beau paradis de delices et il ignora tout cela. Au second sont quatre DDDD. Le premier signifie le Don qu'avons donné au dyable : nous luy avons donné noz âmes ; le second signifie que les Dons que luy avons donnez nous estoient donnez de Dieu ; le tiers note que c'est à Démon, le dyable, ce que avons donné, et le quart fait mention que avons Donné. Les MMMM denotent autre chose : La première denote qu'elle Monstre nostre cas ; la seconde signe que c'est Manifestement qu'elle monstre l'estat où nous sommes mys ; la tierce denote la Main d'Adam et de nous estre maculée, c'est à veoir noz operations, tant feussent-elles dignes ; car sans la mort de Jesuchrist ne povions estre rachaptez, et la quarte fait Memoire de celle main par le dyable conduicte pour prendre le fruict deffendu. Au quart cercle sont les RRRR. La première fait mention de la Rouillure de peché ; la seconde dit qu'elle a fait Recession ; la tierce chante que c'est par le moyen d'une Royne ; puis la quarte note que c'est à cause qu'elle a entendu noz Rogations et prières, car sans elle jamais n'eust Adam esté purgé de son peché. C'est celle que devons prier en toutes noz tribulations et affaires, misères et calamitez, pour parvenir à l'eternelle beatitude, laquelle nous doint le Père, le Filz, le benoist Sainct Esprit, *Amen.*

De l'honneur qu'on doit aux parens faire.
CHAPITRE XIV[1].

orotheus regna, qui constitua pour loy et decret que les enfans nourrissent et alimentassent leurs parens. Il y avoit ung chevalier en la court de l'empire,

1. Chap. 14 de l'édit de Keller. Swan, t. 1, p. 60.— Cette

qui avoit prins nouvelle femme, fort belle creature, de laquelle possedoit ung bel enfant. Le
dict chevalier s'en alla voyager, et en faisant son
pelerinage fut prins au chemin et lyé estroicte-
ment ; lequel escripvit à son filz et à sa femme,
pour sa redemption. La princesse, ce voyant,
tant et tant plora, gemit et se dolorosa, qu'elle
devint aveugle. L'enfant dist à la mère : « Je
veulx aller vers mon père, pour le rachapter des
lyens de captivité. » La mère respondit : « Tu
ne yras pas, car tu es mon enfant seul et unicque, ma joye totallement et la moytié de mon
âme [1]. Par adventure te pourroit il advenir
comme à ton père. Quoy ! aimeroys tu mieux
ton père, qui est absent, rachapter, que ta mère,
privée de lumière, substanter et nourrir, qui
avecques toy est presente ? Je concluds que tu
ne doys, selon raison, de moy te separer pour
ton père visiter. » L'enfant lors respondit et
moult sagement : « Non pourtant que ton filz
je sois, toutesfois mon père generatif est cause
principalle de ma generation. Il est agent, et tu
es le patient ; il est lyé, et tu es à ta liberté et
te tiens à ton privé. Il est entre les mains de ses
ennemys, et toy au meillieu de tes federez et
amys. Il est vray que tu es aveugle ; toutesfois
il ne voyt lumière qui soit, pour les tenèbres des
prisons, fors seullement ses lyens, grosses chaî-

histoire se retrouve sous le nom de l'empereur Prothée
dans la rédaction angloise des *Gesta* (Madden, chap. 52,
p. 181).

1. *Animæ dimidium meæ.* Cette expression se rencontre
parfois dans les *Gesta*. Notre auteur ne l'a-t-il pas empruntée
à Horace, qui en a fait usage dans sa troisième ode ?

nes, playes et misères, et pour la cause je le veulx aller rachapter. » Et ainsi fut fait, tellement que chascun prisa l'enfant, pour le labour de son père desagraver et donner à repos.

L'exposition sur le propos.

Cestuy empereur est nostre Père celeste, qui a pour toy ordonné que les enfans nourrissent leurs parens, et speciallement les pères; mais le monde deceptif est nostre mère. Quant l'enfant transgresse le commandement du père, durement est par son père corrigé, navré et flagellé; mais la mère le traicte doulcement, tendrement et savoureusement. Nostre Saulveur Jesuchrist nous permet flageller pour noz deffaulx, car c'est nostre Père celeste; mais nostre mère ¹e monde nous adoulcist et donne choses delectables. Jesus, nostre Père, s'en va loing voyager, comme dit le pseaulme : « *Extraneus factus sum fratribus meis.* » Il est prins prisonnier, non pas en sa personne, mais en ses membres, qui sont les chrestiens : car qui est en peché mortel, il est en la prison du dyable. Parquoy Dieu veult estre rachapté. Il peult estre dit rachapté quant ses membres ne sont plus des lyens de peché lyez; mais le monde, nostre decepvante mère, cela ne veut permettre : car elle veult que nous soyons avec elle, sans nous amender et faire penitence, nous monstrant ses delectations, blandisses et lyesses, et est aveugle par son effect, car elle rend et faict les autres aveugles sans veoir les choses futures, les joyes de paradis et les peines d'enfer. Mais ne la croyons pas; faisons comme le bon enfant qui dist à sa mère : « Mon père, pour vray, est cause principalle de ma generation; c'est assaveoir de l'âme. Parquoy tout ce que j'ay est à luy, et ma mère, le monde, n'est que la cause secondaire, qui est le patient ; c'est assavoir les richesses, honneurs et lyesses mondaines. » Ne la croyons pas, celle mère;

faisons penitence cependant que le temps nous dure ;
n'attendons pas à la vieillesse ; disposons-nous simplement et vivons selon Dieu, et nous aurons paradis.
C'est comment on rachapte son père quant à ses membres.

De saint Alexis, fils d'Eufemian, empereur.
CHAPITRE XVI.

ucun empereur estoit en l'empire de
Romme, du vivant du quel estoit ung
jeune filz nommé Alexis, lequel estoit
filz d'ung très noble citoyen rommain
appelé Eufemian, le quel estoit en la court de

1. Chap. 15 de l'édit. de Keller. Swan, t. 1, p. 65.— La
légende de saint Alexis fut très répandue au Moyen Age ;
on en rencontre plusieurs rédactions dans les *Acta sanctorum*, réunis par le jésuite Bolland et par ses continuateurs
(t. 4 de juillet, p. 238-262) ; Vincent de Beauvais l'a racontée (*Miroir historial*, l. XVIII, chap. 43), et on peut consulter les divers hagiographes, ainsi que la *Légende dorée*,
notamment la traduction françoise, 1833, t. 1, p. 156, et
la version angloise de Caxton, 1479, p. 158 (réimprimée
dans Swan, t. 1, p. 300-311) ; cette narration fut mise en
vers anglois : V. Warton, *Hist. of english poetry*, t. 1, p.
146. Un petit poème latin, en 145 strophes rimées, a été
inséré par Hoffmann dans un recueil consacré à reproduire
d'anciens écrits composés en Allemagne (*Altdeutsche Blaet-
ter*, t. 2, p. 273-287). Conrad de Wurzbourg fit, au treizième siècle, de saint Alexis, le héros d'un poème assez long ;
Oberlin (*Diatriba de Conrado Herbipolensi*, 1786) en publia
quelques fragments ; cette production fut mise au jour en
entier dans la collection de Meyer (*Sammlung altdeutscher
Dichtungen*, Quedlinburg, 1833). Mone, dans son travail sur
la littérature populaire dans les Pays-Bas, cite (p. 193) un
cantique flamand sur le même sujet.
Parmi les livrets que le colportage répand en France, on

l'empire fort aymé. Devant le dit empereur avoit trois mille jeunes enfans vestus de soye et ceintz de bauldriers d'or, les quelz luy administroient tout ce qui luy appartenoit. Entre iceulx Rommains estoit Eufemian fort misericordieulx envers les povres, tellement que tous les jours preparoit trois tables pour les povres orphelins, pelerins, veufves et pupilles, les quelz cordiallement servoit; et luy, environ l'heure de nonne, prenoit son repas avecque les gens religieux en la craincte de Dieu. Sa femme, nommée par son nom Abael, estoit de mesme religion et propoz. Comme au commencement point n'eussent d'enfans, tant prièrent Dieu que il leur en donna ung; puis se vouèrent et confermèrent vivre chastement.

L'enfant Alexis fut baillé aux escolles pour introduyre selon les sept ars liberaulx et philosophicques. Quant Alexis, le doulx enfant, fut en

rencontre le *Cantique* et la *Vie* de saint Alexis. Des extraits de cette production font partie de l'*Histoire de la littérature populaire*, par M. Ch. Nisard, t. 2, p. 182. Swan, t. 1, p. 298, a donné des extraits d'un cantique anglois sur le même sujet. Des poètes dramatiques s'inspirèrent de cette légende. Desfontaines fit paroître, en 1645, *Saint Alexis ou l'Illustre Olimpie*, tragédie où il n'y a pas un vers, pas une scène digne d'une citation. On eut plus tard l'*Alexius*, en vers latins, par C. de Lignières, Paris, 1665. Nous avons rencontré un *Auto de santo Aleixo*, Evora, 1749, in-4, et la *Vida de san Alejo* fait partie d'un recueil précieux et presque impossible à trouver complet : *Comedias nuevas escogidas de los mejores ingenios de Espana*, 1652-1704, 48 vol. in-4. La bibliothèque publique de Bordeaux possède une tragédie manuscrite intitulée : *Le Charmant Alexis*, tragédie de Louis de Massip : elle est datée de 1655. Une *Historia et vita di santo Alesso*, sans lieu ni date, in-4, figure au catalogue Libri (Paris, Jannet, 1847, n. 1231).

aage de marier, l'on luy esleut une belle damoiselle de la maison imperialle, qui luy fut en mariage baillée. Quant la nuyt des nopces fut venue,
que les deux espousez furent seulz ensemble,
parlant l'ung à l'autre, saint Alexis commença
à dire que c'estoit une chose moult utile que de
garder chasteté ; et, en cela disant, provocquoit
sa femme en la craincte de Dieu et en l'estat de
chaste conversation. Il luy bailla son annel d'or
et son bauldrier à garder, luy disant : « M'amye,
tenez ces choses et les gardez jusques à ce que à
Dieu plaira, ie quel soit entre toy et moy.» Cela
fait, il print sa substance quant à aucune portion, et secrettement s'en alla sus mer jusques à
la province de Laodocie, là où il applicqua et
vint. Depuis chemina ou nagea vers Edisse, cité
de Syrie, auquel lieu estoit ung ymage de Nostre
Seigneur Jesuchrist faicte sans ouvrage manuel,
et estoit en un blanc linge. Là, tout ce que il
avoit apporté aux povres distribua, et se vestit
de salles habillemens et simples pour se seoir
avec les povres en aucun lieu de quelque chappelle qui estoit dediée pour la mère de Dieu ; et
là vivoit de ses aulmosnes et du residu qui luy
estoit ; de peu se contentant, aux povres moult
distribuoit. Son père remplissoit l'air de ses gemissemens et tenoit ses complainctes en son
cueur, en grant dueil et tristesse pour l'absence
de Alexis son enfant, le quel fist courir maintz
serviteurs de lieu en lieu, querans le dit Alexis.
Aucuns des messagiers vindrent en Edisse, la
cité là où il estoit, et point ne le congneurent ;
mais il les congneut bien, sans en faire mention,
et luy donnèrent comme aux autres povres l'au--

mosne, la quelle sans semblant receut, Dieu
regraciant de ce qu'il prenoit de ses serviteurs
mescongnoissans. Les messagiers, au père retournez, nuncèrent qu'il n'estoit possible de le trouver. Sa mère, dès l'heure de son departement,
avoit mis un sac et preparé sus le pavé de sa
chambre. Là dessus se tenoit en la compaignie
de gros souspirs, pleurs et gemissemens, et disoit
tousjours : « Icy demoureray jusques à ce que
mon enfant je revoye. » La bonne femme de Alexis
estoit avec elle, qui luy disoit : « Ma mère, jusques à tant que j'auray de mon bon et doulx
espoux nouvelles, à la manière d'une forte tour
et stable, d'avecque toy ne partiray. » Comme
ainsi doncques sainct Alexis, par l'espace de
dix sept ans, au service de Dieu demourast, finablement l'ymage de l'eglise parla au secrettain
et garde de leans et dist : « Fais entrer le serviteur de Dieu, car il est digne du royaulme des
cieulx, et sus luy repose l'esperit de Dieu, et si
est son oraison comme l'encens devant Dieu
montée. » Comme cela ignorast le secretain ou
portier, et Alexis ne congneut point, de rechief
luy dist la mère de Dieu : « Celluy qui se sied dehors aux galleries est celluy que je demande. »
Le secretain le congneut et le fist entrer en l'e-
glise. Quant Alexis fut leans et congneut la
gloire que luy faisoit le peuple par l'exortation
du portier, qu'on le nonçoit estre divin, incontinent s'en saillit et monta en navire, convoitant
venir en Tharce de Sicille; mais, par la divine
dispense, la nave fut au contraire poulsée par
les ventz de Dieu envoyez, tellement qu'elle vint
et applicqua au port de Romme, ce que voyant,

Alexis dist : « Puisque ainsi plaist à Dieu, en la
maison de mon père, sans bailler de moy cognoissance, demoureray et ne seray à aucun de
sa famille nuysant. » Comme il passoit par la
cité de Romme, son père rencontra qui venoit
du palais, de grans seigneurs tout au tour environné, et luy dist : « Chier seigneur, serviteur
de Dieu, je te prie qu'il te plaise me laisser en
ta maison heberger, et là me nourrir des miettes
de ta table. Je suis ung povre pelerin. Si tu le
fais, je prieray Dieu pour toy. » Cela oyant, le
père de sainct Alexis, pour l'amour de son enfant,
qu'il cuydoit avoir perdu, le fist mener en sa
maison, et commanda qu'il eust à boire et à manger des meilleurs metz de sa table ; puis luy ordonna serviteur propre pour luy administrer.
Alexis tous les jours en oraisons perseveroit, et
son corps en la maison de son père, pleine de
biens, maceroit à force de jeusner et soy abstenir
de morceaulx. Les servans, auxquelz il ennuyoit,
souvent, en signe de derrision, luy gettoient
l'eaue de la cuisine sur la teste. Mais il estoit en
toutes choses pacient et doulx. Alexis, par l'espace de douze ans, incongneu à la maison de
son père demoura. Voyant, le doulx et bon Alexis,
que Dieu vouloit avoir son âme, fist requeste
d'avoir du papier et de l'ancre, puis mist et re-
digea par escript tout l'ordre de sa souffreteuse
vie. Le dimenche d'après, après les solemnitez
des messes, vint une voix tonnante, qui proce-
doit du sainctuaire, disant : « Venez tous qui
labourez et estes chargez, et vous serez à repos. »
Tous ceulx qui cela ouyrent cheurent sur leurs
faces. Et secondement vint la voix, qui dist :

« Querez l'homme de Dieu, affin qu'il prie Dieu pour Romme. » L'on alla partout, mais on ne sçavoit que trouver. Lors retourna la voix en disant : « En la maison d'Eufemian querez l'homme de Dieu. » Eufemian, requis sus cest affaire, respondit qu'il ne congnoissoit en sa maison personne pour ce cas. Lors les empereurs Archadius et Honorius, avecques le pape dit Innocent, vindrent en la maison de Eufemian ; et l'ung des ministres du dit Eufemian dist à son maistre : « Seigneur, regardez si ce pelerin, qui tant est pacient, est point celluy qu'on quiert pour estre de Dieu approuvé. » Le bon père d'Alexis courut en sa maison, mais il trouva son filz Alexis mort, et avoit le visage cler comme ung ange, lequel estoit soubz l'eschielle de la maison, selon aucuns, ou en autre lieu, comme povre. Le père luy voulut oster le papier escript ou la carthe qu'il avoit entre les mains ; mais il ne peut oncques. Le père, cela voyant, saillit au devant des empereurs et du pape, leur comptant le cas. Et eulx devant le corps mort entrez, dist le pape : « Nonobstant que soyons pecheurs, toutesfois, par la vertu que nostre Seigneur Dieu nous depute comme pasteur des âmes, nous te venons adjurer que ceste cedule tu nous monstres, affin de sçavoir que c'est que contient l'escripture.» Alors le pape se approcha du corps, et print la cedulle, puis la fit lire devant tous. Quant le bon Eufemian veit que c'estoit son filz, tumba à terre comme mort, et, quant il fut revenu en son cueur, parla et dist en trenchant ses vestemens et arrachant ses cheveulx et se couchant dessus le corps de son filz : « Helas ! mon enfant, pourquoy me as tu ainsi blessé de douleur si vehemente ? Pourquoy m'as tu par si longtemps, en me cellant ta congnoissance, mis en affliction si dure ? Suis je pas bien miserable ! » disoit le bon homme. Puis vint la bonne dame sa mère, laquelle, comme leonne toute furieuse qui veult rompre le reth, en rompant et dechirant ses vestemens, arrachant ses cheveulx et en levant les yeulx en l'air contre le ciel, disoit, pour ce qu'elle ne pouvoit aucunement approcher du corps mort de son chier enfant, pour la grande multitude du peuple qui là affluoit : « Baillez moy mon enfant, faictes moy entrée, si que je puisse veoir la consolation de ma povre âme qui a mes mammelles succées. » Comme elle fut venue jusques au corps, elle se laissa tumber dessus et dist : « Helas ! mon enfant, la lumière de mes yeulx, pourquoy nous as tu cecy fait ? Pourquoy si povrement et justement avec nous as tu vescu, sans te monstrer par cognoissance ? Tu voyois ton père piteulx pour ton depart, et moy, ta mère, larmoyant de jour en jour, et tu n'en faisois compte ! Tes serviteurs te donnoyent injure, et tu prenois tout en simplesse ! » De rechief se mettoit sus le corps de son enfant et l'arrousoit de ses larmes, puis le baisoit en son beau visage, semblant d'ung ange lumineulx, et l'applaudissoit de ses mains ; puis disoit : « Plorez avecques moy, tous ceulx qui estes present, et me prestez les ruysseaulx de voz yeulx, pour monstrer que je suis la mère de celluy qui, par l'espace de dix et sept ans, a esté en ce lieu mussé sans se faire congnoistre. Il a esté de noz serviteurs souvent injurié, et mot ne sonnoit ! Il ne

mangeoit comme point, et vivoit ! Il voyoit sa
femme, mot ne luy disoit ; son père congnoissoit
et moy sa mère, qui pour luy gemissions, et il
n'en faisoit compte ! Dieu ! helas ! qui me donnera ung cueur nouvel qui soit plain de larmes
et de pleurs, affin que jour et nuyt je plore la
douleur de mon âme ! » Quant sa femme sceut le
cas, elle fut vestue d'ung mantel adriaticque,
puis fit ses lamentations comme la mère, disant :
« Helas ! je plus que miserable, je suis au jour-
d'huy la desolée ! veufve je suis devenue ! plus
n'ay en qui je regarde ! Mon miroer est rompu,
mon esperance s'est de moy mocquée ; j'ay une
douleur nouvelle commencée qui jamais n'aura
fin. » Le peuple, ce voyant, ploroit sans cesse.
Cependant le pape, les empereurs et tous ceulx
de la noblesse mirent le corps en la bière, le
menant au meillieu de la cité, et fut au peuple
denoncé que l'homme de Dieu estoit trouvé, tellement que chascun couroyt au devant du corps.
Et ceulx qui estoient malades, par l'attouche-
ment du corps sainct estoient gueris et sanez.
Les aveugles recevoyent lumière, les demonia-
cles avoyent convalescence par santé, et generallement tous ceulx qui estoient opprimez de
quelque maladie que ce fust. Les empereurs, ce
voyant, voulurent eulx mesmes, avecques nostre
sainct père le pape, le tumbel porter, affin qu'ilz
feussent par le corps sanctifiez. Pour le porter à
l'eglise, tant estoit la place plaine de peuple, que
les empereurs furent contrainctz de faire getter
par les chemins force d'or et d'argent pour occuper le peuple qui couroyt au tour du corps pour
le toucher, affin qu'on le portast plus pompeu-

sement à l'eglise. Mais le peuple ne s'amusoit que à toucher le sainct corps glorieulx. Parquoy, avec grant peine, fut ledit corps au temple Sainct Boniface conduit et porté, et là par l'espace de sept jours en laudes et canticques persista le peuple; puis fut le monument de sainct Alexis ouvré dignement et couvert de gemmes et pierres precieuses, qui estoit d'or, et enfin fut mis le digne corps reposer avecques grande reverence. De ce tombel et monument sailloyt si grande odeur, qu'il sembloyt qu'il fust tout plain de choses aromaticques. Il mourut environ l'an de nostre Seigneur trois cens vingthuyt.

L'exposition moralle sur la vie saint Alexis.

Cestuy Eufemian peult estre dict l'homme mondain qui a ung enfant qu'il ayme tendrement. Il luy donne femme, c'est assavoir la verité du monde, pour se delecter comme l'espoulx avecques l'espouse. La mère peult estre ce monde qui tant ayme ses enfans mondains; mais le bon enfant, comme sainct Alexis, mieulx ayme Dieu servir que pè e ne que mère. Pas ne se tient aux vanitez seculières; cest enfant monte sus une navire : c'est l'Eglise, là où il entre pour aller vers paradis; et doit l'enfant bon chrestien laisser ses vestemens des pompes mondaines et se vestir comme povre, resident ou les humbles par dict et par fait. Le secretain ou portier qui le conduit en l'eglise peult estre le discret confesseur qui doit le pecheur instruire. Mais aucunes fois le vent se lève de temptation dyabolicque, qui mène le chrestien en son pays, comme sainct Alexis, le destournant de son propos et œuvre saincte. Doncques, si tu te sens frappé d'aucune temptation, fais comme sainct Alexis : prendz la table de pelerin, c'est à dire force de vertu, si que tu ne sois de ton père congneu, c'est assavoir du monde , fors que tu soyes homme de Dieu. Mais aucuns sont qui se deullent quant leurs enfans font penitence, contempnant le monde, les richesses et les biens caducques, et prenant povreté pour l'amour de Dieu. Demande doncques la cedulle qui est la testification de conscience, prouvant que Dieu fidellement tu as ministré. Lors viendra le grand pape Jesuchrist avec les empereurs, qui sont les anges, et meneront ton âme lassus en l'esglise Sainct Boniface, c'est à dire à la vie des bienheureux, où est toute joye, soulas et felicité. Ainsi soit il.

De la vie qui est exemplaire. — CHAPITRE XVI [1].

L'on lit d'ung empereur qui fist une chappelle construire qui moult estoit belle ; comme il creusoit aux fondemens de son palays, il trouva ung cercueil d'or environné de trois cercles, et sus le dit cercueil estoit escrit : « J'ay expendu, j'ay donné, j'ay gardé, j'ay eu, j'ay perdu ; je suis pugny. » Comme l'empereur eust cecy veu, il appela ses satrapes et leur dist : « Allez et congnoissez que ceste superscription signifie. » Les princes luy dirent : « Sire, c'est telle chose : Devant toy estoit ung autre seigneur en l'empire, qui vouloit aux autres donner exemple, lequel escripvit ce que tu vois par escript : « J'ai expendu ma vie, jugeant droictement, veillant les autres, moymesmes selon rayson me chastiant ; j'ay donné aux chevaliers les choses necessaires , aux

1. Chap. 6 de l'edit. de Keller. Swan, t. i, p. 80. — On remarquera, dans ce récit, le mélange de fictions orientales et d'idées chrétiennes.

Violier. 4

povres leur vie, puis à moymesmes, selon les
merites ; j'ay gardé en toutes choses justice.
Sus les indigens j'ay fait misericorde ; j'ay eu le
cueur large pour distribuer à mes servans ; j'ay
eu la main pour chastier et deffendre chascun, et à
pugnir ; j'ay perdu follye ; j'ay perdu l'amytié de
mes ennemis et la luxure de la chair. Je suis jà
pugny en enfer, car à ung Dieu n'ay pas creu ;
je suis pugny, helas ! car en enfer n'est aucune
redemption. » Quant l'Empereur eut cecy entendu, de plus en plus fut sage, veillant les autres selon raison, et en paix finit ses jours.

Moralisation sus l'hystoire devant dicte.

Celluy empereur est chascun bon chrestien, qui
doit edifier une chappelle, c'est son cueur, à Dieu,
pour faire sa volunté, et le creuser par la voye de contrition, et ainsi il pourra trouver le cercueil d'or, c'est
à veoir, son âme parée de vertus, avecques trois cercles
d'or : c'est foy, charité et esperance, qui l'environnent.
Puis il trouve l'Escripture, qui a dit : « J'ay expendu,
et quoy ? au service de Dieu, mon corps et mon âme. »
Puis est escript : « J'ay gardé, quoy ? le cueur contrict
et humilié pour à Dieu plaire. » Puis il y a : « J'ay donné, et quoy ? delection à Dieu de tout mon vouloir et
amour à mon proesme. J'ay eu, et quoy ? vie miserable, car en peché conceu et né en peché. J'ay eu, et
quoy ? baptesme, pour estre fait de Dieu chevalier,
moy qui estoys serf du dyable. J'ay perdu, et quoy ?
la grâce de Dieu. Je suis pugny, pourquoy ? pourceque
par mes delictz mon esperit est affligé, et souffre ma
chair penitence. J'ay despendu, et quoy ? mon temps
ès œuvres de misericorde par la grace que Dieu m'a
donnée. » Finablement, est et doit estre par escript sur
le cueur de l'homme : « J'ay ce que j'ay donné. » Et

qu'as-tu donné, chrestien? «J'ay donné tout le temps de ma vie conseil, consentement et bon propos de vivre; vers mes prelatz obedience de bon cueur, et à Dieu service. Par quoy j'ay eu paradis, inextimable joye qui est tout.» Voilà que le chrestien doit lire dessus son cueur, et il en aura le bien eternel.

De la parfection de vie. — CHAPITRE XVII[1].

Fut aucun empereur qui ordonna que qui le vouldroit servir à gré, il obtiendroit de luy grande dignité, moyennant qu'il frappast trois coups au portail du palays pour congnoystre qu'il vouloit servir. Le cas advint qu'en la cité de Romme lors estoit ung povre nommé Guyon, qui pensoit entre soy de l'edict de l'empereur et disoit : « Je suis povre, bien faict et né et produyt de sang non noble. Parquoy, si je veulx estre riche, servir me convient.» Il s'en alla au palais, et, selon la loy, frappa trois fois. Le portier le laissa entrer, lequel salue l'empereur à deux genoulx, qui luy demanda : «Que quiers tu, mon amy?» Et il luy dist : « Je suis deliberé de vous servir se il vous vient à cueur.» Lors l'empereur l'interrogua de quel service le pourroit bien servir, et il luy dist qu'il sçavoit six choses faire. La première estoit : « Je sçay, dist il, bien garder le corps d'ung grant prince, comme fait ung homme d'armes, et acoustrer son lict, abiller à manger, et lui laver

---

1. Chap. 17 de l'édit. de Keller. Swan, t. 1, p. 83. — Ce récit se retrouve dans la rédaction angloise des *Gesta* (Madden, chap. 28, p. 91); l'empereur porte le nom d'Eufémien.

ses pieds ; le second est que je sçay bien veiller
quant les autres dorment, et dormir quant ilz
veillent ; le tiers, je congnoys bien le goust de
bon vin, et selon le goust juger chascun breu-
vage ; le quart, je sçay bien inviter les hommes
aux convis pour l'honneur de l'invitant ; le quint,
je fais bien le feu sans fumée ; le sixiesme, j'en-
seigne bien aux hommes la voye d'aller vers la
terre saincte sans dangier. » Lors l'empereur luy
dist : « Voicy beaulx mistères et utiles. Avecques
moy tu demoureras, et premierement je te veulx
experimenter de mon corps : tu garderas mon
corps ceste saison et tout le cours de l'année. »
« Monseigneur, dist Guyon, je veulx faire toute
vostre volunté. » Lors Guyon assez honnestement para le lict de son seigneur, lava le linge,
puis tout armé coucha devant l'huys de la chambre du roy; et avoit ung chien pour l'esveiller se
d'adventure se fust endormy, et pour abbayer
contre ceulx qui eussent peu venir. Il lavoit les
piedz de l'empereur, et si sagement faisoit son
affaire que on ne le pouvoit reprendre. Parquoy
l'empereur le loua moult fort. L'an finy et com-
plect, le roy le feit son senechal pour sçavoir
s'il sçavoit bien veiller. Guyon, ainsi institué,
laboura tout l'esté, veilloit et faisoit toute provision pour l'yver, affin que, quant l'yver vien-
droit, il se reposast quant les autres travailleroient,
et dormist quant ilz veilleroient. Ainsi parfit son
office deuement. Quant l'empereur vit sa prudence, moult fut fort esjouy, et appella son bou-
teillier, et luy dist qu'il apportast du vin pour veoir
si son grant serviteur le congnoistroit bien.
« Metz, dist-il, en mon calice du vin, du moust

et du vinaigre, puis baille cela à Guyon à boire.»
Cela fut fait en la sorte commandée. Quant Guyon
eut beu, il va dire : « Cecy a esté bon, il est
bon et sera bon; c'est assavoir le moust sera
bon, le vin est bon et le vinaigre a esté bon. »
Quant l'empereur congneust de Guyon la prudence, dire luy va : « Cher serviteur, va t'en
par tous les royaulmes et chasteaulx, et invite
tous mes amys à disner avecques moy, car la
feste de la Nativité s'approche fort. » Guyon feist
le commandement de son seigneur; il s'en alla
par tous pays et invita tous les ennemys de son
seigneur, et non point ses amys, tellement que
au jour de Noel la salle de l'empereur fut plaine
de ses ennemys. Quant l'empereur vit ces choses, il eut paour et fut esmeu ès entrailles, et
dist à Guyon : « Vien ça, Guyon ; pourquoy as
tu mes ennemys invitez? Je t'avois dit que tu
invitasses mes amys, et non autres. — Il est
vray, dist Guyon ; mais, monseigneur, escoutez,
s'il vous plaist. En quelque temps de l'année, tes
amys te viendront veoir, tu les recevras en joye ;
mais non pas ceulx cy, les ennemys. Pourquoy je les ay amenez en ta court, affin que par
ton beau visage, doulceur et convy que tu penses faire, tu les attrayes à amour, et soient faictz
de tes ennemys tes amys. » Et ainsi fut faict,
car avant le convy furent ses grans amys, de
quoy l'empereur fut moult joyeulx. Pour le quint
mistère de Guyon, l'empereur voulut faire du
feu sans fumée, comme Guyon luy avoit dit.
Guyon eut de ce le commandement, et fit du
feu de bois si sec qu'il ne fuma oncques, car
l'esté il avoit fait seicher du bois à l'ardeur du

soleil, comme sage. L'empereur, esmeu de soulas, dist à Guyon : « Il reste encore faire ton
dernier office. — Je le feray, dist Guyon; qui
vouldra avec moy venir en la saincte terre me
suyve sans danger et peril, et nous yrons par
mer. » Plusieurs hommes et femmes, petis enfans de tout aage, ce voyant, suivirent Guyon, et
estoient quasi en nombre que on n'eust sceu
discerner. Quant ilz furent sur mer, Guyon dist
à celle belle compagnie : « Voyez vous ce que
je voy? » Et ilz dirent : « Non, non, ne sçavons
que c'est. — Levez, dist il, les yeulx en l'air,
et voyez une grande roche. — Nous la voyons
bien, dirent ilz; mais pourquoy cela vous nous
dictes ne sçavons. » Guyon dist : « En celle
roche gist continuellement ung oyseau en son
nid, et a tousjours sept œufz soubz luy, esquels il se delecte grandement. La nature de
cest oyseau est telle que, tant qu'il est en ce
nid, la mer est paisible; mais, s'il advient
que l'oyseau laisse son nid, la mer se trouble
toute, tellement que, si aucun passe sur l'eau,
il est sans remède submergé, et point n'est en
danger tant que l'oysel est en son nid. Ainsi yra
et reviendra seurement. Lors dirent les passans :
« Et comment pourrons nous sçavoir quant l'oyseau est en son nid ou non? » Guyon leur dist :
« L'oyseau y est tousjours, et jamais son nid ne
delaisse fors que pour une cause. Notez qu'il y a
ung autre grant oyseau qui est de cestuy ennemy
mortel, lequel continuellement, nuyt et jour, la-
boure de vouloir violer les œufz de cestuy cy et
entrer en son nid. Quant cest oyseau voit son
nid maculé, de douleur qu'il a il s'envole. Lors

la mer est troublée tellement que les ventz l'ung l'autre combatent, et personne ne doit en mer nager, en bateau ou autrement.» Lors dirent les assistans : « Helas! seigneur, comment est il possible qu'on puisse garder cest oyseau ennemy de l'autre s'approcher de son nid, affin que passons seurement? » Lors dist le sage Guyon : « Ce que plus a en horreur et en hayne cest oysel est le sang d'ung aignel. Prenez de ce sang et en arrousez le nid par dedans et par dehors, et, tant qu'il y aura goutte du dict sang, jamais l'oyseau ennemy ne s'approchera de l'autre pour le nid infester. Par ce moyen, vous yrez à seureté en la saincte terre de Hierusalem, et retournerez en santé. » Tout ainsi fut fait comme Guyon avoit dit: prindrent du sang d'aigneau et en aspergèrent le nid, et furent en Hierusalem et retournèrent en santé. Quant l'empereur veit le sage moyen de son serviteur, il le constitua et fist des plus grans de sa court.

L'exposition morale sus l'ystoire devant dicte.

Cest empereur est nostre Père celeste, qui a fait la loy que qui frappera troys coupz, c'est assavoir jeusnera, fera oraison et aulmosne sus la porte de son chasteau, qui est l'eglise, sera son chevalier et aura le royaulme des cieux. Guyon le povre peult estre dict l'homme tout nud, saillant du ventre de sa mère, qui frappe trois grans coupz en la porte de l'eglise, quant il demande baptesme, là où il promet à Dieu de le servir de six choses. Le premier est de bien garder le corps du prince Jesuchrist, comme fist Guyon; il doit estre de bonnes vertus armé, si qu'aucune temptation n'entre point en la chambre du cueur,

qui est la salle de Jesus, et n'offence nostre Seigneur,
et doit avoir ung bon chien abayant : c'est conscience,
qui tousjours doit contre les vices murmurer. Le second est qu'il doit bien preparer le lict de son seigneur, qui est son cueur, et par les œuvres de misericorde muer le linge, c'est à dire les vices en vertus,
et laver les macules de peché par l'eaue de contrition et
la chambre de son cueur garder par mundicité, si
qu'il n'y ait aucune chose qui les yeux de son seigneur
scandalise, qui est le precieulx corps de Jesuchrist. Puis
il doit deux fois en la sepmaine laver les piedz de son
maistre par confession et satisfation, et luy plaire par
bonne affection. Le tiers mistère de service que devons
à Dieu faire, c'est assavoir gouster et congnoistre le
bon vin : ce vin est penitence, voire penitence de se
macter ou penitence de martire. Le vinaigre bon a
esté en son temps : c'est la persecution des benoistz,
glorieulx et saintcz martirs ou autres, qui ont fait penitence ; ce leur a esté amer autresfois comme le vinaigre, mais maintenant il leur est bien doulx lassus en
paradis. Le vin est bon, c'est à dire penitence qui est
patientement faicte. Le moust sera bon quant la chair
avec l'esperit, au jour du jugement, ressuscitera pour en
paradis aller. Dieu a une bonne taverne de bon vin,
qui est joye celeste de paradis, et le beau signe devant
la boutique, qui est la croix saincte. Le quart mistère,
c'est bien inviter les gens qui sont ennemys. Il fault
inviter les ennemys de Dieu à son convy, qui sont les
pecheurs, selon l'Escripture : « *Non veni vocare justos sed
peccatores ad penitentiam.* » Tu dois par bons exemples
et instructions les pecheurs à Dieu reconcilier et re-
voquer de leur propos mauvais. Le quint service
qu'on doit faire sagement, est faire le feu sans fumée,
c'est assavoir charité sans la fumée de rancune, mauvaistié et ire ; ceulx qui ayment par semblant de parolles, et non de cœur, font feu qui rend la fumée du
peché d'ire, cela n'est pas une charité ; gectons toute
manière d'ire si nous voulons bien eschauffer Dieu le

createur par notre charité. Le dernier mistère de bien
servir est enseigner les gens à aller sans dangier en
la terre sainte, qui est le ciel; mais pour y aller il
convient passer par la mer. La mer est ce monde
perilleux, pour les vents de peché qui y ventent, et
pour autres similitudes que je laisse pour le present.
Il fault monter en la navire qui veult la mer passer.
La nef est l'ame sainte, de la quelle les marchandises
sont les œuvres de charité, les cordes les divins
commandemens, le mast pascience, le voille perseverance; foy est l'ancre, l'aviron charité, le gouver-
neur le sainct esperit; les nautonniers menant la nef,
les exemples des saincts; de ceste nef est dit au proverbe : *Facta est quasi navis institoris de longe portans
panem suum.* Une navire porte toutes choses : les
pommes qu'elle porte sont les œuvres qui bon sentent
devant Dieu, les quelles sont données à manger après
disner en delectation et soulas. La fruiction de noz
œuvres nous sera au ciel donnée lors après ceste presente vie. Laissons les autres choses de la nef et venons à
la roche de Guyon. En la mer de ce monde perilleux est
une grande roche: c'est le corps humain, composé de
quatre gros elemens. En ce corps est ung nid, c'est
nostre cueur, auquel est le bel oyseau, le Sainct Esperit, qui tousjours y reside par la vertu du baptesme.
Cest oysel a sept œufz, ce sont les sept dons de sa
grace neupmatique. Tant qu'il est en ce nid, nous povons seurement passer, aller et venir, et au contraire
non; mais s'il advient que cest oysel saille de ce nid
cordial, pour vray, la mer se troublera et y viendront
les ventz, ce sont les dyables, ta propre chair et les
mondaines cupiditez qui en la mer de ce monde ventent et confluent. Jamais le Sainct Esperit ne sort par
grace de ce cueur, fors que par le moyen d'ung autre
mauvais oyseau son ennemy, ort et infame, qui est le
dyable, plain de malice, voulant nuyt et jour faire
saillir le Sainct Esperit de nostre cueur, par la poyson
et infestation de peste. Mais il fault asperger et arrou-

ser le nid de ton cueur de sang de l'aigneau, c'est
assavoir, du memoire de la passion de Jesus. Par ce
moyen, l'oyseau ennemy, le dyable, ne s'approchera
point de ce cueur et n'y entrera jamais, et ainsi pourrons aller en la saincte terre de promission, qui est
paradis aux bons promis. Voilà qu'il fault faire comme
Guyon fist, qui veult aller seurement.

De commettre homicide sans y penser. D'un chevalier
nommé Julian qui tua son père et sa mère.
CHAPITRE XVIII[1].

Maintenant avons à parler de sainct
Julian, qui ignorentement ses parens
tua et occist. Comme ung jour sainct Julian alla à la chasse, trouva ung cerf
lequel il suivit longuement. Le cerf parla et dist
à Julian : « Tu me suis, toy qui seras occiseur
de ton père, semblablement de ta mère. » Lors,

1. Chap. 18 de l'édit. de Keller. Swan, t. 1, p. 92. —
On peut consulter, au sujet de saint Julien l'Hospitalier, les
Acta sanctorum, t. 2 de janvier, p. 974, la *Légende dorée*,
et un travail de Chastelain dans ses notes sur le Martyrologe,
recueillies par les bollandistes. Quant à la tradition relative
à ce saint, elle a trouvé place dans Boccace (*Décaméron*,
journée 1re, nouv. 2), et elle a fourni un conte fort connu à
La Fontaine (l. II, conte 5). Le vieux poète allemand Hans
Sachs a fait un récit semblable (*Werke*, t. 1, p. 357) ; une
pièce de théâtre, due à trois poètes renommés en Angleterre,
Johnson, Fletcher et Middleton, et intitulée *la veuve* (*the
Widow*), roule sur le même sujet.
　　Une histoire semblable, dont la scène est dans l'Inde, se
trouve, traduite en anglois, dans l'*Asiatick Miscellany* (t. 2,
p. 462), et en françois, dans l'édition des *Mille et un jours*
donnée par M. Loiseleur Deslongchamps (Paris, 1838, p.
643). La fin du récit, tel qu'il se trouve dans notre texte, rappelle la légende de saint Christophe.

quand Julian eust ceste voix ouye, moult fust esbahy, et craignoit fort que cela lui advint que le cerf luy avoit miraculeusement predict. Julian laissa toutes choses et secrettement s'en partit, et parvint en une loingtaine region où il fist tant que il eut avec aucun grant prince habitude. Si bien et si vaillantement se conduyt en la court du dit prince que il le fist chevalier et luy donna pour espouse quelque dame vefve chastelaine, si qu'il eut son chasteau par douaire de mariage. Lors les parens de Julian, vacabuns par le pays, le queroient en menant grand deuil pour sa perdition et absence de son pays. Incessamment alloient de lieu en lieu pour le cuyder trouver. Finablement le père de Julian et sa mère vindrent au logis où estoit Julian espousé, et comme la femme de Julian les interroguoit de leur voye, sentier et chemin, ils luy comptèrent toute leur fortune, tellement que la chastelaine congneut qu'ils estoient bien parens de son mary, pour ce que par adventure son dit mary lui avoit compté qu'il les avoit laissez sans prendre congé. Julian n'estoit pas au pays pour l'heure. La dame les receut amoureusement pour l'amour de son espoux Julian, et les fist manger, puis reposer au propre lict de son espoux et d'elle, pour tousjours leur monstrer plus grande portion d'amour. Le matin venu, la chastellaine s'en alla à l'eglise. Ce pendant vint arriver Julian, et entra en la chambre pour esveiller son espouse, pensant qu'elle dormist encore ; et luy estimant de ses parens que ce fussent quelque paillard et adultère qui fust avec sa femme venu coucher ce pendant qu'il n'y estoit pas, tira son espée secrettement et son père tua, ensemblement sa mère. Julian, puis après, saillit hors de la maison et veit sa femme qui venoit de l'église, qui luy fut en admiration grande, car il la cuydoit avoir tuée, comme il est dit, avec l'adultère soupçonné. Quant elle fut arrivée devant l'huys, il l'interrogua qui estoient ceulx qui reposoient en son lict, et elle luy dist : « Mon amy, c'est vostre père qui vous est venu voir, et aussi vostre mère. » Quand Julian entendit la voix de son espouse, quasi qu'il ne cheut comme mort sans avoir plus d'esperit, et dist : « O miserable que je suis ! ô traystre ! tu es bien mauldit quant tu as tes parens occis ! O moy povre, que dois-je faire ? Las ! las ! maintenant me recorde de la prophetie du cerf, qui me dist bien le cas advenu. Helas ! ce que je fuyois m'est advenu. De mon pays, où estoit mon père, semblablement ma mère, m'estois separé, si que je n'eusse pas occasion de les tuer ; encore m'est la malediction sus moy tombée. » Cela dit, il print de sa femme congé, disant : « Adieu, ma seur, m'amye, je m'en vois à l'adventure ; jamais ne cesseray de cheminer jusques à tant que je congnoisse se Dieu aura accepté ma pénitence. » Lors la povre dame, qui en ses douleurs participoit et mesloit ses larmes avecques les siennes, luy respondit : « A ! monseigneur, jamais Dieu ne parmette que sans moy te dispares ! quelque part que tu soyes je seray, et à la mort et à la vie ; c'est bien raison que je, qui ay prins avec toy souvent joye, maintenant avec toy prengne labeur et tristesse.» Julian et sa femme s'en allèrent et enfin arrivèrent à ung grant fleuve là où plusieurs perilloient et se noyoient, et là firent quelque grand hospital pour substanter les povres, et tous ceulx qui vouloient passer delà l'eaue les passoient incessamment en faisant penitence. Lors après longtemps, à l'heure de minuyt, comme Julian, tout lassé, se reposoit, et faisoit gelée, vint une voix lamentable qui dist à Julian qu'il le passast. Julian se leva soubdainement et trouva aucun personnage quasi mort de froit, le print et le mena en sa maison et le fist approcher du feu, mais oncques ne le peut eschauffer. Et lors, craignant Julian qu'il ne mourust en la place, tant fist qu'il le mist en son lit et le couvrit diligentement. Après peu de temps, celluy povre, qui paravant ressembloit comme ladre tout reluysant, monta aux cieulx et dist à Julian son hoste : « Julian, Dieu m'a vers toy transmis, et te mande qu'il accepte ta penitence, parquoy toy et ta femme monterez en paradis, et en brief. » Puys celluy là se disparut, et après peu de temps Julian et sa femme bien heureusement moururent en Nostre Seigneur, pleins de bonnes oppérations et aulmosnes qui en paradis les conduirent. Ainsi soit il de nous.

L'exposition moralle sur l'hystoire de Julian.

Le chevalier Julian peult estre dit chascun bon chrestien et prelat, qui doit virilement contre les trois ennemys, le monde, la chair et le dyable, debeller et combattre par manière de chasse, comme sainct Julian, et se mesler de prendre les bestes ès forestz, c'est assavoir acquerir les ames, et suyvir le cerf Jesuchrist. Si ainsi est que le vray prelat ou chrestien ensuyt Jesuchrist, il doit tuer ses parens, c'est à dire, selon l'Escripture, delaisser pour l'amour de Dieu,

selon ce que dit l'Escripture : *Qui diviserit patrem, ma-
trem etc.* Julian s'en alla en region loingtaine ; pareillement doit le bon chrestien fuyr loing du monde, c'est
à dire que point ne doit mettre son cueur, ains l'es-
loingner des choses mondaines. Quant Dieu te verra
ainsi triompher en laissant le monde, deliberera te donner la chastellaine, c'est assavoir sa grace, qui sera
l'ame de ton cordial chasteau le gardant. Mais il advient souvent que les parens charnelz et vanitez du
monde suyvent le bon chrestien, le persuadant à mal
par temptation, et sont mys en ton propre lict de
cueur comme en celluy de Julian. Mais tu les dois
tuer par le couteau de resistante penitence, puis fuyr
au fleuve de l'Escripture saincte, là, dresser la maison
de salut, c'est assavoir oraisons, jeusnes et aulmosnes
faire ; par ce moyen tu pourras trouver Dieu en ton
lict et en ton cueur et parvenir lassus ès cieulx.

Du peché d'orgueil. — CHAPITRE XIX[1].

n lict ès Gestes rommaines qu'il y avoit
jadis ung prince des Rommains nommé
Pompée qui estoit associé de la fille de
Cesar par droit de mariage. Ces deux
seigneurs convindrent en ung conseil ensemble,
tellement qu'il estoit conclud entre les deux que
tout le domaine du monde seroit à eulx mys et
adjousté à l'empire. Le cas fut que Pompée trans-

---

1. Chap. 19 de l'édit. de Keller. Swan , t. 1, p. 97.— Ce
récit paroît avoir été inspiré par un passage bien connu de
la *Pharsale* de Lucain (l. I, v. 182) :

    Ut ventum est parvi Rubiconis ad undam
    Ingens visa duci patris trepidantis imago...

mit Cesar à combattre diverses regions, pource
qu'il estoit jeune ; pourtant le vouloit au labeur
apprendre. Pompée voulut demourer à Romme,
gardant les regions, et si donna à Cesar terme
dedans cinq ans, laquelle chose s'il ne la faisoit,
privé devoit estre de son droit perpetuellement.
Cesar assembla grande exercite, cheminant ès
parties à luy ordonnées, esquelles il trouva gens
fort belliqueulx, lesquelz il ne peut pas en si
peu de temps superer et surmonter, mieulx aymant Pompée lors offenser que laisser la bataille,
parquoy Pompée l'aliena de son droit et luy deffendit la cité de Rome, tellement qu'il estoit
sans oser s'approcher, comme interdict de Pompée. Quant la bataille de Cesar fut finie, ledit
Cesar voulut retourner à Romme. Pour y venir secrettement, il luy fallut passer par le fleuve Ru-
bicon, et là luy apparut ung ymage sur l'eaue,
grant à merveille, lequel parla du meillieu de
l'eaue, et dist : « Cesar, si tu viens pour la rom-
maine prosperité, il t'est permis venir jusques
icy ; sinon, ne presume plus avant passer et venir
sus ce fleuve. » Lors dist Cesar : « J'ay tousjours
pour le proffit rommain travaillé et suis encores
prest à souffrir les labeurs pour la chose publique
multiplier, et les dieux, lesquels tousjours adore,
m'en soyent tesmoings. » Cela dit, l'ymage disparut. Après cela incontinent Cesar frappa son
destrier, passa le fleuve, puis dist, au contraire
de ses premières paroles, qu'il relinquoit et laissoit les droits rommains, et que jamais ne cesse-
roit de persécuter son sire Pompée. Cela fist,
car de ce jour en avant s'esforçoit de le destruire.

L'exposition morale sus l'hystoire devant dicte.

Par cestuy Pompée, qui estoit ancien, entendons Dieu, le createur de tous, qui a esté dès le commencement et tousjours sera. Par Cesar entendons Adam, qui fut prince de tous les hommes, duquel la fille fut à Dieu par foy espousée, qui est l'ame. Dieu doncques, voulant prouver Adam comme Pompée César, le mist en paradis terrestre pour le cultiver et garder, lequel, tout incontinent, de son estat si digne se glorifiant et voulant à sa femme plaire, pour obeyr au dyable, viola ung seul commandement que Dieu luy avoit baillé; pour la cause Dieu le chassa de paradis, non seulement terrestre, mais aussi de l'empire celeste. Toutesfois Adam, esperant en son animé courage ce qu'il avoit perdu et obmis recuperer, tant qu'il peust continuellement laboura. Mais il ne povoit toutesfois en son predict estat revenir jusques à l'advenement de nostre seigneur Jesuchrist, le vray ymage de Dieu son père, qui sur les eaues de nostre redemption apparut à son baptesme, qui nous dist à tous voulant retourner en gloire : *Nisi quis regeneratus fuerit ex aqua et spiritu sancto, etc.* « Qui ne sera regeneré de l'eau, et du Sainct Esperit, ne peult aller en paradis, la cité capitalle d'amour et de joye. » Plusieurs sont qui viennent à ce fleuve, promettant assez devant les tesmoings par procureurs, qui sont leurs parrins, servir Dieu et virilement contre le dyable combattre pour la cité de paradis, comme Cesar pour la cité de Romme; mais quant ils ont fait leur veu, de leur promesse s'oublient et contempnent les commandemens de Dieu, comme fist Absalon après qu'il fut à son père reconcilié. Dieu nous garde de faire selon cest exemple.

De tribulation et misere. — CHAPITRE XXI.

'empereur Cesar Conrad regna, en l'empire duquel estoit un conte nommé Leopaldus, le quel, craignant l'ire du roy, s'en fust et s'en alla en une forest luy et sa femme. Là se mussoit en ung petit tugurion devant la fureur du Roy. En la quelle forest rememorée, quant le dit empereur Cesar Conrad chassoit, de nuyt fut contrainct de demourer et en ce tugurion loger. La femme du dit conte Leopaldus, qui estoit preste de faire son enfant, luy administra ce que il luy estoit necessaire, tout au moins mal qu'el peust. Celle mesme nuyt, elle enfanta, et César entendit une voix disant : « Prendz! prendz! prendz ! » Luy; tout estonné de paour, dist en soy mesme : « Que peult estre cecy? » Il pensoit en celle voix significative sans cesse, tellement qu'il s'endormit sus cela. Et voicy secondement la voix qui dist :

1. Chap. 20 de l'édit. de Keller. Swan, t. 1, p. 100.— Il s'agit d'événements fabuleux de la vie de l'empereur Henri III. Grimm, dans ses *Deutsche Sagen*, t. 2, no 480 (*Veillées allemandes*, t. 2, p. 210), en parle d'après la *Chronique* de Godefroy de Viterbe. La *Légende dorée* raconte longuement, à propos de la vie du pape Pélage, des détails du même genre. Voir la *Golden Legende* de Caxton, fol. 397.

Ajoutons que ce récit se trouve dans l'ancienne rédaction angloise des *Gesta* (chap. 48, p. 164, édit. de Madden), ainsi que dans la 2e partie (chap. 39, p. 363); il forme le chap. 42 de l'édition de Winkyn de Worde.

L'ancienne rédaction allemande donne beaucoup plus d'étendue à ce chapitre. Voir l'édition allemande de Græsse, t. 2, p. 198-206.

Violier. 5

« Rendz ! rendz ! rendz ! » Cesar incontinent
s'esveilla, et, en grand paour detenu, disoit à
part luy : « Que signifie cecy ? Premièrement je
oys : Prendz ! et puis secondement : Rendz ! Que
dois je rendre, quant je n'ay chose prinse ? »
Cesar, sus la cogitation de cela, de rechief s'endormit. Tiercement retourna la voix disant :
« Fuys ! fuys ! fuys ! car cest enfant premier engendré sera ton gendre. » Cesar tousjours de
plus fort en plus fort s'esmerveilloit. Et le lendemain appella deux de ses secretaires hommes
d'armes et leur dist : « Allez et viollentement arrachez de celle femme son enfant, et puis le met-
tes en deux parties et m'en apportez le cueur. »
Les secretaires, bien contrictz de l'execution
qu'ilz devoient faire, prindrent l'enfant des
mains de la mère ; mais quant ilz le veirent si
bien formé, point ne le mirent à mort, ains sus
une branche d'arbre tout au plus·hault, pour
paour que les bestes sauvages ne le devorassent,
le mussèrent, et puis prindrent ung lièvre et le
mirent en deux et à Cesar en portèrent le cueur.
Le mesme jour, comme quelque duc par là passast et entendist l'enfant crier, privement le print
et le mist en son giron, sans que on le veist ; et
comme il n'eust point d'enfans, le bailla à sa
femme, qui le nourrist et fist nourrir ; puis fai-
gnoient estre de leur generation et semence, lesquelz le firent baptiser et appeler Henry. Quant
l'enfant fust grand, il estoit moult beau et de
corps bien formé, bien parlant et à tous gracieux ;
lequel voyant Cesar si beau, le demanda à son
père putatif. le duc, et le fit demourer en sa court.
Mais quant il vit l'enfant si gracieux à tous, et

qu'il estoit moult fort prisé, et de tous honoré, le dit Cesar fort se doubta que il pourroit après luy régner, et que par adventure pouvoit estre celluy qu'il avoit commandé à ses secretaires à mort mettre. Voulant de cecy estre bien seur, des lettres à sa femme manda, de sa main es-criptes, et en telle forme : « Tant que tu aymes ta vie, dès aussi tost que ces lettres tu auras leues, tue cest enfant que tu scez... » Comme ainsi fust que le messagier aux lettres fust logé dedans quelque lieu sainct et sacré, et se repo-sast sus ung banc, dormant, la bource dedans la quelle lors estoient les lettres de la mort de l'en-fant du conte Leopaldus pendoit contre bas ; parquoy ung prestre qui cela vit, par curiosité regarda dedans et leut les lettres, et ayant en horreur le cas du meurtre qui devoit estre fait subtillement, rasa cest article : « Tue l'enfant », et y mist en lieu : « Donne nostre fille le plus tost que tu pourras à ce bel enfant. » Comme ainsi fust que la royne leut les lettres, et les voyant du signet de l'empereur approuvées, les princes appella, et les nopces fist de l'enfant et de sa fille. La feste des dictes nopces fut à Aigregain celebrée. Quant Cesar Conrad congneut les nopces de sa fille, bien fut estonné. Mais les deux secretaires et le prestre luy comptèrent le cas tel qu'il estoit advenu. Les secretaires luy dirent que c'estoit celluy que pas n'avoient tué, ains l'avoient mis sur ung arbre. Le duc qui l'avoit trouvé en la forest dist qu'il n'estoit pas son filz, et le prestre confessa qu'il avoit contre-fait le mandement contenant la mort de l'en-fant. Parquoy Cesar vit bien qu'il estoit impos-

sible contre le divin vouloir résister, parquoy il
approuva les nopces de l'enfant estre miraculeusement ordonnées, et fist après luy regner son
gendre.

Moralisation sus le propos.

Cestuy empereur est Dieu le père, qui, pour le
premier peché des parens, fut courroucé et gecta
Adam dehors du paradis terrestre, comme Cesar
Conrad le conte de Romme. Le premier homme,
voyant sa transgression, s'enfuyt en la forest de ce
monde. Mais Dieu, voulant vener vers les ames, transmist son enfant en ceste forest, quant il print chair
humaine de la glorieuse Vierge Marie sacrée; ce fut
l'Enfant glorieux qui nasquit à minuyt de la contesse
de Paradis. Le roy qui ouyt la voix disant: « Prendz!
prendz! prendz! » peult estre chacun de nous, qui
deust estre roy de soy mesmes pour se gouverner selon Dieu et son salut procurer. A chascun de nous
est ceste voix proferée: « Prendz! » Par la première
voix: « Prendz! » est denoté que nous avons prins
l'ainé de Dieu le createur à sa semblance formé. Par
le second cry, que nous avons prins nostre corps avecques les cinq sens de nature. Par le tiers cry et voix
qui a dit: « Prendz! » que nous prendrons le royaulme des cieulx si nous vivons selon raison, comme fist
l'Enfant l'empire de Romme. La seconde voix, que
l'empereur ouyt par trois fois disant: « Rendz! rendz!
rendz! » signifie que nous devons à Dieu rendre l'ame
nette par la purgation de son precieulx sang espandu
et diffuz pour nous purifier; cela est le premier « rendz ».
Par le second est entendu que nous devons rendre les
divins commandemens à Dieu en payant les décimes
oblations et nous exerceant en tout le vouloir de Dieu,
disant ce que dit le Psalmiste: *Reddam tibi vota qua
distinxerunt labia mea.* Par le tiers « rendz! » est signi-
fié que devons à Dieu rendre nostre corps prest et

appareillé pour le servir, et tollerer, souffrir et endurer toutes les tribulations, peines et labeurs pour son
nom. La tierce voix ouyt Cesar, qui dist trois fois :
« Fuys! fuys! fuys! car cest enfant primogenite sera
ton gendre. » Par le premier commandement de fuyr
est entendu que devons le dyable fuyr par les œuvres
de misericorde, le monde par povreté et la chair par
chasteté et par jeusne ; par le second fuyr est noté
qu'on doit eviter de toute sa force sa propre voulenté,
vanité, peché et le consort des maulvais ; et par le
tiers fuyr l'on doit noter la fuyte d'enfer et de ses peines
par contriction, confession et satisfation : car ung enfant nous est né qui a son empire sur ses espaulles, c'est
assavoir Jesuchrist, qui a eu la croix sur son dos en
signe de victoire contre le dyable. La croix est le
vray empire de Jesus. Cest enfant plusieurs persecutent, et, par leurs concupiscences mettent de rechef
à mort. Mais les deux hommes d'armes et secretaires,
grace de Dieu et puissance divine, ravissent l'enfant Jesus et le mettent en l'arbre, c'est en l'Eglise, là où
le bon duc, qui est le prelat, le trouve par œuvres meritoires et le nourrit purement et dignement. Mais l'homme de peché le prent à l'autel sans craincte, sans
amour et sans grace. Si tu veulx sagement besongner,
prendz ung lièvre, c'est ta chair, et la tue par ta mor-
tification des affections terriennes, par oraisons et par
jeusnes et aulmosnes, et puis tire ton cueur comme
celluy du lièvre de ces charnelles affections, si que
l'enfant Jesus soit saulvé et puisse demourer avecques
toy et espouser ta fille, qui est ton ame. Mais il advient souvent que l'homme recidive, c'est recheoir en
peché. Parquoy il est dit escripre de sa propre main
une lettre à sa propre femme l'emperière du monde,
qui est la propre chair d'icelluy, pour mal perpetrer
et occire l'enfant Jesus. Ces lettres, escriptes de la
main du pecheur, sont les propres agitations salles et
mauvaises qui mandent à la chair l'enfant Jesus occire
par luxures charnelles, crapulles et gloutonnies. Mais

le prestre, discret confesseur ou predicateur, doit ouvrir la lettre de l'Escripture saincte par correption et demonstrance; puis en cela faisant muer la lettre qui dit : « Occy cest enfant », c'est à dire en grace; cela se fait par penitence. Lors Jesus le filz de la Vierge ton ame sans doubter espousera, à laquelle desponsation les princes, qui sont les vertus cardinalles, seront convocquez, et pourras avec Jesus regner lassus en gloire.

De fraude, dol et conspiration, et de la coutelle sur les choses contraire. — CHAPITRE XXI ı.

Justin refère que les citoyens de Lacedemone feirent conspiration contre leur roy, et eulx prevalans, le chassèrent hors de sa cité et de tout son royaulme. Le cas advint qu'en celle fleur de temps que le roy de Perse mallissoit en son courage destruyre celle cité et avecques grande caterve de gent armée l'assiegea, le roy expulsé d'icelle toutesfois ne pouvoit hayr son peuple qui l'avoit expulsé, mais luy voulut subvenir. Après qu'il eut connu toute la machination du roy persien contre sa cité de Lacedemone, qui pas n'estoit en son obeyssance, sagement cogita et pensa comment il pourroit intimer aux Lacedemoniens ce que le roy de Perse faisoit contre leur party. Il print des tablettes et dedans escript toute la machination des dictz Persiens, et l'information de resister à leur entreprinse pour leur cité deffendre. Lorsqu'il eut tout escript ce

1. Chap. 21 de l'édit. de Keller. Swan, t. 1, p. 105. — V. Justin l. 2, chap. 10, qui rapporte ce trait à l'égard de Démarate, roi de Sparte.

qu'il voulut, son escripture couvert de cire qu'il mist dessus, et son messagier choisy digne de foy, adressa ses lettres aux magnates et principaulx de la cité. Mais quant les lettres furent par les Lacedemoniens veues et ouvertes, nulle lettre là apparut, ains tant seullement la plaine cire. La question fut faicte des tables escriptes, et chascun des satrapes fut semont à dire son conseil et oppinion qu'on devoit faire des tablettes; mais on ne trouva personne qui peust selon celle rescription ouvrir son entendement. Il advint que la seur de ce roy de celle cité chassé, voyant l'ignorance de ces lettres, demanda congé de les veoir; laquelle les veit, et lors, par astuce feminine, leva, petit à petit, la cire qui couvroit l'escripture, tellement que la lettre fut en forme de lire, car de tant plus elle eslevoit la cire, de tant plus la lettre se manifestoit, si qu'on povoit lire tout le contenu. Les satrapes, ce voyant, furent grandement joyeulx, firent le conseil de ces lettres, et se deffendirent si bien que leur cité fut sauvée.

L'exposition moralle sus le propos.

Par cestuy roy je entens le roy omnipotent, qui a esté de sa cité, qui est l'humaine societé, expulsé quant les premiers parens transgresserent en paradis terrestre, quasi disant qu'ilz ne vouloient point de Dieu que eulx-mesmes : *Eritis sicut Dii scientes bonum et malum.* Toutesfois|, Nostre Seigneur Jesuchrist ceste predicte cité tousjours a aymée, car il nous a aymez, comme ainsi fust que nous fussions ses ennemys, comme dit l'apostre : *Cum inimici essemus reconciliati sumus Deo per mortem filii ejus.* Cestuy roy Jesus, congnoissant que le roy de Perse, le dyable d'enfer, roy

sur tous les enfans d'orgueil, vouloit sa cité et ses citoyens destruire par ses machinations de peché, print
des tablettes esquelles la loy de Moyses il escript,
contenant ses dix commandemens de la loy, qui est
l'information de salut, et de se preserver de la machination et trahyson du dyable, puis les envoya par son
messagier Moyses aux citoyens de sa cité du monde.
Mais ceste manière d'escripture fut et estoit tellement
obfusquée de cire, c'est à noter de cerimonies, que les
lois moralles ne peurent entendre quant à la totalité et
plain mistère dedans contenu, jusques que vint la seur
du roy, la glorieuse Vierge Marie, tant sage, bonne,
doulce, sans amer, et la pucelle qui osta la cire de dessus, c'est l'ombre, c'est la couverture prophetique, c'est
la cerimonie de la loy escripte. Pour cecy oster, la
Vierge Marie s'approcha par sa purté de feu et charité de son enfant, et là fist couller celle cire par l'in-
telligence des loix divines, tellement qu'on congnoist
à present ce que le roy mande : ce sont les commman-
demens que devons observer pour nostre cité super-
nelle pacifier. Il a esté necessaire que ceste cire soit
coulée par la chaleur de son enfant, qui est le vray filz
de Dieu, du feu de charité eschauffé. Et cela fut à sa
purification, quant elle se voulut offrir à tenir les cerimonies de la loy, nonobstant qu'elle n'y estoit subjecte.
Par ce moyen nous a delivré de la captivité du dyable
d'enfer.

De crainte mondaine. — CHAPITRE XXII[1].

ainct Augustin narre que quant les
Egyptiens vouloient jadis déifier leur
deesse, qu'on nommoit Isis, et Serapis,
leur Dieu, procedoient en cette ma-

1. Chap. 22 de l'édit. de Keller. Swan, t. 1, p. 108.—
V. saint Augustin, Cité de Dieu, l. 18, chap. 5.

nière : Premièrement establirent pour loy que quiconques les disoit estre de la lignée des hommes, non eulx seulement, mais tous ceulx de leur genealogie pugnis devoient estre, c'est assavoir avoir le chief trenché ; secondement firent mettre dedans tous les temples esquelz leurs ymages estoient honorez un petit ydolle qui avoit le doy en la bouche[1], si qu'il fist par cela signe de silence, c'est assavoir aux entrans es ditz temples, et en celle façon verité devoit estre celée.

Moralisation sur le propos.

Les mondains font ces choses, qui sont tenebreux oppresseurs de verité et les subverseurs de l'estat ecclesiastique, quant ilz veulent deifier et glorifier eulx-mesmes aux autres semblables. Ils mettent incontinent aucun ydolle devant les yeulx des prelatz, faisant signe de silence, tout affin que aucun ne les ose redarguer, ne de leurs faictz dire la verité.

De medecine spirituelle. — CHAPITRE XXIII[2].

Monsieur saint Augustin recite que l'ancienne coustume lors estoit que les corps des empereurs devoient estre bruslez après leur mort et les cendres devoient estre gardées en lieu eminent. Il ad-

1. Les Romains empruntèrent à cet usage des Egyptiens l'habitude de représenter le dieu du silence, Harpocration, faisant un geste semblable. V. l'article de M. Alfred Maury, relatif à ce dieu, dans le *Complément* de l'*Encyclopédie moderne*, Paris, Firmin Didot, t. 5, 1857.
2. Chap. 23 de l'édit. Keller. Swan, t. 1, p. 109. — Le

vint que aulcun mourut duquel le cueur ne pouvoit estre bruslé. Chacun de ce s'esmerveilloit,
parquoy les sages furent priez pour en donner
leur raison, lesquelz finablement dirent que l'empereur mort avoit esté empoisonné, et que pour
le mussé poison ne pouvoit le cueur estre bruslé!
Lors le peuple tira le cueur du feu et mist dessus
du triacle. Par ce moyen fut le poison chassé,
et dès aussitost que de rechief le cueur fut mis
au feu, il fut bruslé.

L'exposition moralle sur le propos.

Quant à parler morallement, les cueurs des pecheurs de peché mortel empoisonnez ne peuvent
estre du feu du Sainct Esperit esprins et illuminez, fors
que par le triacle, qui est penitence.

De la subgestion du Dyable par les choses temporelles.
CHAPITRE XXIV [1].

Il est escript d'ung enchanteur qui avoit
ung vergier si beau et plain de toutes
choses fructueuses qu'il estoit delec-
table merveilleusement. Cest enchan-
teur ne le vouloit monstrer fors à ses ennemys et
aux folz, et quant ilz furent dedans introduitz
fort s'esmerveilloient de la plaisance du lieu

traducteur allemand des *Gesta*, le docteur Græsse, dit avoir
en vain cherché dans les œuvres du célèbre évêque d'Hip-
pone le passage mentionné ici.
   Pline, liv. 29, c. 4, raconte quelque chose d'analogue au
sujet des vertus de la thériaque.
   1. Chap. 24 de l'édit. de Keller. Swan, t. 1, p. 3. — Le
traducteur anglois cite le témoignage du voyageur Mandeville, comme garant de l'authenticité de faits de ce genre.

somp'tueulx, demandant instantement que leans peussent à jamais demourer Cest enchanteur ne le consentoit fors à ceulx qui luy promettoient leur heritage, parquoy les folz, estimant que ce fust paradis où ilz devoient à jamais demourer, donnerent tout leur bien pour ce verger. L'enchanteur se levoyt de nuyt, et en les trouvant dormant les mettoit à mort, et par ce verger ainsi fist maulx infiniz et perpetrables.

Moralisation sur le propos.

Cest enchanteur avecques son jardin est ce monde caducque avecques ses richesses et sa gloire. Dict est enchanteur, pourceque par ses illusions il nous abuse comme font ces jongleurs qui faignent mettre de l'argent ès mains des regardans, et ilz n'y trouvent chose qui soit. Ainsi est-il du monde : quant nous cuydons trouver les biens, ilz sont caducques. Le monde nous monstre des honneurs, offices, benefices, et nous les convoitons contre le salut de noz ames et en cuydant estre plus riches; mais en la fin ouvrons la main, et nous ne trouverons chose que soit. C'est ce que dit le Psalmiste : *Nihil invenerunt omnes viri divitiarum in manibus suis.* Ne faisons pas ainsi : contempnons le monde pour avoir paradis.

De l'oubliance des benefices et du mal d'ingratitude.
CHAPITRE XXV I.

Jadis estoit une noble dame qui moult d'injures souffroit de aucun tyrant luy degastant sa terre. La dame, ce voyant, en grande perplexité et douleur fut, et

1. Chap. 25 de l'édit. de Keller. Swan, t. 1, p. 113.— On ne retrouve pas la source où a été prise cette historiette.

ne cessoit de plorer. Le cas advint que quelc'un pelerin passa par le lieu où elle demouroit, lequel la voyant ainsi desolée, luy, esmeu de pitié et compassion, luy promist qu'il la vengeroit du tyrant et feroit pour elle contre luy bataille, moyennant que s'il mouroit en bataille, qu'elle auroit à jamais et mettroit son bourdon et sa mallette dedans sa chambre pour remembrance de luy et luy seroit aggreable. Cela luy promist, et, la bataille faicte, vainquit le pellerin le tyrant; toutefois il fut blessé jusques à la mort. La dame pucelle, congneue sa mort, fist ce qu'elle luy avoit promis, pendit son bourdon et sa mallette devant son lict. Le bruyt et renommée volla par tous les royaumes que ceste dame jà avoit son pays recouvert, parquoy trois nobles roys la vindrent visiter pour l'avoir à femme. La dame, ce voyant, se para honestement et pense en soy qu'il luy seroit en deshonneur si ces roys trouvoient en sa chambre le bourdon et la mallette du pellerin, parquoy elle les fist oster sans plus les remettre; par cela mit en oubly son chevalier et fut ingrate de sa grâce.

L'exposition moralle sur l'histoire devant dicte.

Ceste dame pour vray est l'ame pecheresse. Le tyrant est le dyable, qui l'a privée de son heritage celeste par long temps. Parquoy elle gemissoit longuement, et non sans cause, jusqu'à ce que Jesuchrist vint en ce monde comme pelerin; sa mallette qu'il portoit estoit sa pure chair, en laquelle mussée lors estoit la divinité. Le bourdon ou baston est le boys de la croix, auquel il pendit pour l'ame, faisant le sixième jour du tyrant victoire pour restaurer les choses de l'ame perdues. La victoire faicte, le pelerin veult que l'ame continuellement aye dedans la chambre de son cueur le bourdon et mallette, c'est la memoire recente de sa passion. Les trois roys estranges sont le dyable, la chair et le monde, qui viennent à l'ame suggerant, delectant et consentant. Parquoy l'ame les voyant et ne pensant aux choses futures, se pare des vices et con-cupiscences, et leur accourt par consentement de pe-ché, et ainsi oste le bourdon et memoire de Jesuchrist, son vray chevalier; ce qu'il ne fault pas faire, mais du tout retenir sans estre trouvé ingrat.

De la vertu d'humilité. — CHAPITRE XXVII.

Il estoit aucune noble royne qui de son serviteur rustique conceut. L'enfant vesquit vicieusement et se porta mal devant son père putatif. Le prince mary de la royne demanda ung jour à la royne se il estoit son filz, laquelle enfin luy congneut que il n'estoit pas à luy. Toutesfoys pas ne le voulut de son règne priver. Il luy donna son royaulme, mais il voulut que il feist ses veste-mens de deux couleurs et de deux genres de drapz, tellement que l'une moytié seroit de drap precieux et l'autre moytié de vil et detesté, affin que quant il verroit la noble partie, qu'il fust discret en ses gestes, et qu'il ne se voulust point orgueillir quant il verroit l'autre qui seroit ville.

Moralisation sur le propos.

Par ceste royne nous pouvons entendre nostre chair, qui conçoit de son serviteur rustique, qui

1. Chap. 26 de l'édit. de Keller. Swan, t. 1, p. 115.

est la terre. L'enfant est charnel, et pourtant il n'aymé point son père spirituel Jesuchrist : *Qui de terra est de terra loquitur.* Non, pourtant, Dieu ne le veult pas desheriter; son père luy fait robe de deux condicions, affin qu'il pense de son estat. Il a robe de mesme son pere rustique, c'est assavoir terrestre, si qu'il ne se glorifie point, pensant qu'il est de terre venu et qu'en terre retournera. Et a aussi, quant à l'autre partie, robe de noblesse, si qu'il pense qu'il est en estat qu'il ne doit laisser perdre.

De l'execrable fraulde des vieilles.

CHAPITRE XXVII[1].

adis estoit une dame qui estoit emperière. Dedans son empire demouroit ung chevallier qui avoit une noble femme fort chaste, craignant Dieu et moult belle. Le cas advint que le dit chevallier s'en alla et dist à sa femme devant que par-

1. Ce chapitre, le 28e de l'édit. de Keller, porte, dans les rédactions latines, le titre suivant : *De inexecrabili dolo vetularum.* (Swan, t. 1, p. 120.) Une histoire analogue se trouve aussi dans la *Disciplina clericalis* de Pierre Alphonse (chap. 14, p. 51, de l'édit. de Schmidt, et chap. 11, t. 1, p. 75, de l'édit. de Paris, 1824), et dans Boccace (journée 5, nouv. 8). Le récit tout entier, à l'exception de la fin, qui est changée, se retrouve dans le *Syntipas*, publié en grec par M. Boissonnade; Paris, 1832, p. 51. Il est fort possible que le rédacteur du *Syntipas* ait lui-même puisé chez les conteurs indiens. V. le recueil d'apologues publié sous le titre de : le *Katha sarit sagara*, en allemand et en sanscrit, par H. Brockhaus; Leipzig, 1829, in-8, p. 56. Loiseleur Deslongchamps (*Essai sur les fables indiennes*, p. 106) a signalé diverses imitations de cette historiette.

tir : « Je te laisse seulle sans aultre concierge, car tu˙ es assez sage pour te gouverner. » La sage femme vesquit saigement et chastement en attendant son espoux. Advint ung jour qu'elle fut contrainte par aucunes prières et requêtes d'aller disner en la maison d'une sienne voisine, puis s'en retourna en son logis. Quelque jeune damoisel la vit, et, la trouvant belle, la convoita, luy envoyant plusieurs messagiers pour l'inciter à son amour desordonnée ; mais la dame n'en fist compte. Luy, se voyant contempné, devint en langueur ; toutesfois souvent alloit là où estoit la dame, mais tousjours estoit refusé en toutes choses. Il advint ung jour qu'il alla à l'eglise tout dolent et triste grandement de l'imparfection de ses amours, et rencontra une vieille saincte femme reputée, laquelle luy demanda que il avoit et la cause de son triste cas. Il luy dist qu'il ne luy prouffiteroit point de son cas congnoystre. Lors dist la vieille : « Mon amy, si tu veulx que la medecine te prouffite, descouvrir te fault ta maladie; pourtant monstre moy ton dueil, et, à l'ayde de Dieu, je te donneray bons remèdes. » Lors le jeune filz luy dist qu'il estoit amoureux d'une telle dame. La vieille lors luy respondit : « Va t'en bien tost en ta maison, et en brief temps tu auras bonnes nouvelles. » L'ung et l'autre se disparurent et allèrent en leurs maisons. Ceste meschante vieille lors avoit une chienne qu'elle contraignit à jeusner par deux jours entiers, et le tiers jour luy bailla à manger du pain confit en moutarde pour la faire plorer et larmoyer tout le jour. Lors la vieille macquerelle s'en alla en la maison de la dame qu'aymoit le jeusne damoi-

sel, qui la receut honnestement, pour la cause
qu'elle estoit saincte par son semblant reputée.
Quant ensemblement furent assises, la dame regardoit la chienne qui larmoyoit et rendoit grosses gouttes d'eaues par les yeulx. La dame de ce
s'esmerveilloit grandement et demanda à la
vieille pourquoy la chienne ploroit, qui luy dist :
« O ma très chère dame, ne quiers point pourquoy ceste beste pleure, car el a si grant douleur qu'on ne le sçauroit estimer. » De plus fort
en plus fort la dame queroit la cause. Lors luy
dist la vieille : « Ceste chienne, que tu vois, estoit ma propre fille, tant plaine de chasteté et
beaulté que c'estoit merveilles. Pour sa beaulté
aucun jeune damoisel de son corps plaisant et
polly fut amoureux si fort que c'estoit merveilles ;
mais tant estoit ceste fille chaste que du compagnon n'eut cure, parquoy l'amoureux mourut
de douleur et tristesse. Pour laquelle coulpe Dieu
la mua en chienne, comme vous voyez. » Cecy
dit, commença fort la vieille lors à gemir et dire
que toutesfois et quantes que sa fille se recorde
de sa beaulté passée, de plorer ne se peult cesser,
et si exite les autres à compassion. Et lors la
dame ce voyant, commença à dire devant la
vieille : « Las ! dur helas ! semblablement aucun
jeune damoisel me veult aymer, et est pour
moy en langueur de maladie continuelle. » Quant
la vieille ce congneut et entendit, dist à la
dame : « Ne vueillez pas, ma chère dame, ne
vueillez pas ainsi faire comme ma fille, si que
ainsi qu'à elle ne t'en viengne, qui seroit ung intollerable vinaige. » Lors dist la dame : « Donnez moy sus cecy bon et meur conseil, bonne

matronne, si que point ne soye chienne [1]. » La
vieille dist : « Il faut que tu envoyes par devers
luy tout incontinent et luy mande que tu feras
sa voulenté, si qu'il ne trespasse. » La dame dist
alors : « Je prie ta saincteté que toy mesme ailles
vers luy et l'amènes en ma chambre, car si ung

1. L'origine orientale de ce récit se manifeste dans la fa-
cilité avec laquelle une femme représentée comme vertueuse
se persuade qu'elle peut être changée en un animal. Ces
métamorphoses étoient regardées en Asie comme chose des
plus simples. Sans nous arrêter aux nombreux exemples que
fournissent les contes arabes, nous mentionnerons la transfor-
mation d'un jeune homme en mulet, racontée dans l'*Evangile*
apocryphe de l'*Enfance*. Voir t. 1, p. 183, du *Codex apo-
cryphus Novi Testamenti*, de Fabricius, et p. 183 des *Evan-
gelia apocrypha*, edidit Tischendorf, Leipzig, 1853, in-8.
Consulter aussi les *Evangiles apocryphes* traduits par G. Brunet, Paris, Franck, 1849, p. 76, et la note insérée au t. 1,
col. 993, du *Dictionnaire des apocryphes*, Migne, 1856, gr.
in-8.
  Le texte latin des *Gesta* reproduit souvent mot pour mot
celui de la *Disciplina clericalis* ; dans la version françoise en
vers de ce dernier ouvrage, intitulée le *Chastoiement d'un
père à son fils* (Paris, 1824), ce récit a pour titre : *De la
male vieille qui conchia la prude femme*. Pareille anecdote se
trouve dans différents ouvrages : Voir Schmidt, *Beitræge zur
Geschichte der romantischen Poesie*, p. 66, 68, et notes sur
l'édition de la *Disciplina clericalis*, 129–136. Elle est dans
un ancien recueil d'apologues allemands, l'*Esopus* de Stainhœwel (in-fol., sans date, vers 1475), dans l'une des huit
fables latines d'Adolphus, composées vers l'an 1315, fable 6
(apud Leyser, *Historia poetarum medii ævi*, p. 2018,); dans le
poëme de Hugo von Trimberg, *le Coureur* (*Der Renner*),
Francfort, 1549, feuillet 66. Un des poètes dramatiques les
plus féconds et les plus remarquables de l'Allemagne au
seizième siècle, Hans Sachs, a fait de cette historiette le
sujet d'une de ses comédies : *La Chienne qui pleure* (*Das
weynent Hündtlein*), liv. 4, partie 3, feuillet 28, de l'édition
de 1578. Le nom du mari et de la femme, Philip Balbona
et Paulina, celui de l'amant, Félix Spini, indiquent un original italien, qu'il faudroit retrouver. La vieille, qui porte au

autre le faisoit, il en pourroit venir scandalle. »
Lors dist la vieille : « J'ay de toy pitié, je feray
ce que tu dis. » Ainsi alla la besongne, tellement
que la chaste dame eut compaignie du jouvencel,
et par le moyen de la macquerelle pire q'ung
dyable.

Moralisation sus le propos.

Cestuy chevalier est Jesuchrist; la chaste femme,
l'ame tant belle par le lavement et fart de baptesme. Dieu luy donne son liberal arbitre pour se
gouverner d'elle mesme et selon sa voulenté. L'ame
souvent est invitée pour disner avec sa voisine, la
chair, quant elle est invitée sus les concupiscences charnelles. Maintenant le jeune damoisel, qui est la vanité
du monde, l'attrait tant qu'il peult et la fait solliciter;
et si elle ne consent au premier, la maquerelle, qui est
le dyable querant qu'il devorera, sollicite l'ame de
toute sa puissance pour consentir au peché; et comme il luy monstre la chienne plorante, qui est l'esperance de longue vie, pareillement ou trop grande presumption de la divine misericorde; car, ainsi que la
chienne plore par la moustarde, semblablement l'ame
par l'esperance faulce plore, c'est assavoir est decep-
tivement affligée, si qu'elle ne congnoist la verité, tellement que elle consent au peché. Si doncques nous
voulons de l'ame la chasteté garder, nous devons fuyr
le monde quant à sa vanité, car tout ce qui y est est

côté un long chapelet, et qui est parente de la fameuse Cé-
lestine, du théâtre espagnol, prononce un monologue où elle
dit qu'elle gagnera plus comme entremetteuse que comme
fileuse de laine :

> Mit Kuplerey wil ich mehr gewinnen
> Denn daheim mit dem Wollen spinnen.

La rédaction allemande des *Gesta* a supprimé cette histoire; elle ne figure pas non plus dans les diverses rédactions
angloises.

orgueil de vie, concupiscence des yeux ou concupiscence de chair, et pourtant il fault cela eviter, si nous voulons monter lassus.

Des maulvais justiciers. — CHAPITRE XXVIII[1].

Jadis estoit aucun empereur qui ordonna sur griefve peine que le juge directement et justement jugeast, et si autrement il faisoit, point de misericorde ne trouveroit. Le cas advint, comme souvent, qu'aucun juge, par dons corrompu, faulx jugemens donna et viola justice. L'empereur, ce congnoissant, commanda qu'il fust escorché; ainsi fut faict, et fist mettre sa peau sus le siége tribunatoire sus lequel se devoit seoir le juge, pour signifier à celluy et à ceulx qui depuis devoient estre juges que faulcement ne jugeassent, sur peine d'en avoir autant. Et fist et constitua l'enfant de ce juge mort et escorché en l'office de judicature, luy disant : « Tu seras assis sur la peau de ton père pour juger. Si aucun te presente quelque don pour decliner ta droicte voye, regarde la peau de ton père, si que tu ne faces comme luy. »

Moralisation sus le propos.

Cest empereur est nostre seigneur Jesuchrist, qui a edit une loy que qui mauvaisement jugera il mourra. Le juge qui juge mal est l'homme qui n'a

1. Chap. 29 de l'édit. de Keller. Swan, t. 1, p. 125. — Ce récit est emprunté à l'histoire du roi des Perses Cambyse, fils et successeur de Cyrus.

pas à droictement se juger quant à rectitude de juste
vie, delinquant contre Dieu. S'il a offencé, il doit
estre totallement escorché, c'est assavoir de tous ses
vices par penitence deue, si qu'il puisse dire comme
Jacob. « *Pellem pro pelle : et totum quod habet homo
dabit pro anima sua.* » La peau qui est mise sus le
siege du juge pour memoire nous represente la passion
de Jesuchrist, que l'homme doit recentement avoir au
siege de son cueur, si que nous ne declinons de la
voye directe de salut et de grace, comme il est dit :
Memorare novissima et in eternum non peccabis, Memoire les choses futures et tu ne pecheras point.
Jesuchrist non seullement a pour nous baillé sa peau
au siege de la croix, mais aussi sa vie. Pourtant, si
nous sommes ses vrays enfans, nous ne le devons
jamais offencer ; et s'il nous convenoit chanceller, re-
gardons à la croix combien pour nous il endure, si
que nous nous amendons et jugeons directement ; et
par ainsi serons sauvez et aurons le pris de justifica-
tion.

De peché et jugement. — CHAPITRE XXIX 1.

Ung empereur estoit qui feist telle loy,
que à celluy qui retourneroit de la bataille victorieulx fussent fais troys honneurs et troys molestes. Le premier
honneur estoit que le peuple courust au devant
du victorien avecques lyesses ; le second, que
tous les captifz et prisonniers fussent lyez piedz
et mains derrière son chariot et l'ensuyvissent ;

1. Chap. 30 de l'édit. de Keller. Swan, t. 1, p. 127.—
Cette histoire forme une partie du chap. 45 de la rédaction
angloise (p. 146, édit. de Madden). V. aussi la seconde
partie, chap. 13, p. 108. L'empereur est appelé Folliculus.

le tiers, que luy, vestu de la robbe de Jupiter, seroit assis en son curre, lequel devoient tirer quatre chevaulx blancz, et devoit estre mené jusques au Capitolle. Mais affin qu'il n'oubliast sa ville condition par orgueil, il luy convenoit tollerer trois injures. La première, si estoit que avecques celluy estoit mys aucun de ville condition pour donner esperance sur chascun de povoir parvenir à telle portion de gloire s'il le desservoit par sa probité et vaillance. La seconde moleste si estoit que celluy de ville condition le batoit et collaphisoit, si que il ne se glorifiast trop, et disoit devant luy : « Congnoys toy mesmes et ne te glorifies point de si grant honneur ; regarde derrière toy et te congnoys estre mortel et homme. » La tierce moleste de deshonneur estoit qu'il estoit permys, celluy jour, dire contre la personne du triumphant tout ce que on vouldroit à son deshonneur et opprobre.

L'exposition moralle sur le propos.

Celluy empereur est le Père celeste, victeur de bataille, Jesuchrist, qui contre les dyables obtient victoire. Parquoy, le jour de Pasque flories, les Juifs trois honneurs luy feirent. Le premier honneur fut que le peuple luy acourut courant et portant des rameaulx d'olives et de palmes en chantant : *Osanna filio David ! Benedictus qui venit in nomine Domini, rex Israël.* Le second honneur fut que tous les captifs, qui sont les Juifs captifs en peché, le poursuivoient pour cognoistre son estat et pour veoir les signes que il faisoit. Le tiers honneur estoit que le victeur estoit vestu de la robe de Jupiter ; Jesuchrist fut vestu de la robe d'or de la divinité à l'humanité conjointe, que tyroient quatre blancs chevaulx, qui sont les quatre saincts

évangelistes, qui ont parlé de son humanité et de sa
divinité. Contre ces trois honneurs, trois molestes lùy
furent faictz. Ung de serville condition fut mis avecques luy : c'est assavoir le mauvais larron. Le second
moleste si estoit que ses serviteurs le collaphisoient ;
les Juifs disoient à Jesuchrist : « Prophetize qui t'a
frappé. » La tierce moleste vouloit et permettoit que
chascun l'injurioit et luy crachoit au visage.

De la rigueur de la Mort. — CHAPITRE XXXI.

On lit de la mort d'Alexandre, comme
sa sepulture se faisoit d'or, plusieurs
philosophes là s'assemblèrent, desquelz l'ung dist : « Alexandre fist hier
ung tresor d'or, et aujourd'huy, au contraire,
l'or fait de luy tresor. » L'autre dist : « Hier ne
suffisoit à Alexandre tout le monde, mais aujourd'huy trois ou quatre pas ou aulnes de drap

1. Chap. 31 de l'édit. de Keller. Swan, t. 1, p. 129.— Ce
récit est emprunté presque mot pour mot au chapitre *De
Sepultura Alexandri*, lequel termine l'ouvrage connu sous
le nom de *Liber Alexandri de præliis*. Cette production,
écrite en latin barbare, et qui a réuni des fables d'origines
diverses, se conserve dans des manuscrits assez nombreux
et différant parfois les uns des autres d'une manière sensible ;
elle a été imprimée dès le XVe siècle.
  Consulter, à son égard, les *Recherches* de M. Favre (*Mélanges*, t. 2, p. 67-77), que nous avons déjà signalées.
On trouve une histoire semblable dans la *Disciplina clericalis*
de Pierre Alphonse (chap. 38, p. 83, de l'édit. de Schmidt) ;
de là elle a passé dans le *Dialogus creaturarum*, chap. 60.
Le poëte allemand Hans Sachs, que nous avons déjà nommé,
a traité le même sujet dans une composition de peu de mérite intitulée : *Die sieben Phylosophj, ob der Leich Alexandri
magni*. Voir le 4e livre de ses Œuvres, t. 2, feuillet 105,
édit. Nuremberg, 1578.

luy suffisent. » Le tiers dist : « Hier à Alexandre le peuple donnoit honneur et luy obeyssoit, et aujourd'huy sur luy domine. » Le quart dist : « Hier Alexandre povoit plusieurs de la mort preserver, et aujourd'huy n'a sceu vaincre la darde de la mort. » L'autre dist : « Hier il pressoit la terre, mais aujourd'huy la terre le presse.» L'autre dist : « Hier il faisoit tout le monde craindre, mais chascun charoigne le repute. » L'autre disoit : « Hier avoit Alexandre plusieurs amys, et aujourd'huy pas ung. » L'autre, qui estoit dernier, disoit : « Hier menoit Alexandre grant exercice de bataille, mais aujourd'huy il est mené à sepulture [1]. »

Moralisation sus le propos.

L'empereur Alexandre peult estre dit chascun riche de ce monde, qui a totallement ès choses mondaines labouré. Sa sepulture faite d'or est sa mondaine gloire, sus laquelle les saiges philosophes, qui sont les expositeurs de l'Escripture saincte, qui par manière de reprehension et de demonstrance luy dirent que tout est instable quant la mort vient, et que ceulx qui souloient porter honneur et estre des amys du riche plus ne le sont.

[1]. Nous observerons que l'ancienne rédaction allemande des *Gesta* renferme trois récits dont Alexandre est le héros, et qui ne se trouvent pas dans les éditions latines. En voici les titres : *Alexandre et Diogène.* C'est l'entrevue bien connue du conquérant et du cynique abrité dans son tonneau. L'auteur la raconte d'après le philosophe Saturne. V. l'édit. de M. Keller, ch. 18, et Græsse, t. 2, p. 144. — *Alexandre et Porus.* Le roi macédonien attire de son côté, par la renommée de sa générosité, les chevaliers de son adversaire (ch. 38, édit. Keller ; Græsse, t. 2, p. 146). — *Alexandre et un sacrifice.* Un adolescent placé auprès de l'autel supporte sans broncher la souffrance causée par un charbon ardent qui est

De bonne maniere d'inspiration.
CHAPITRE XXXI[1].

Senecque racompte que ès corps venimeux, pour la malice du venin et trop grande froideur, aucun ver ne peult naistre. Mais si les corps sont frapez de fouldre, puis après ilz peuvent aucuns vers produire.

Moralisation sus le propos.

Par le corps venimeux j'entens les pecheurs de peché empoisonnez. Telz pour la fragilité de peché ne peuvent le ver produire, parquoy Dieu les frappe de sa fouldre, qui est la grace par inspiration, la quelle, si pecheurs la veullent recevoir, dès aussi tost produict le ver de contriction; et pourtant il se fault contrir et faire penitence.

Du peché de jactance. — CHAPITRE XXXII[2].

Valère le Grand recite que aucun homme nommé Palatin dist à son filz en plorant, et à tous ses voisins : « Helas ! dist-il, j'ay en mon jardin ung arbre qui

tombé sur son bras (ch. 19, édit. Keller; Græsse, t. 2, p. 196).

1. Chap. 32 de l'édit. de Keller. Swan, t. 1, p. 131.— Emprunté à Sénèque, *Questions naturelles*, l. 2, chap. 32.

2. Chap. 33 de l'édit. de Keller. Swan, t. 1, p. 132.— On chercheroit en vain quelque récit de ce genre dans Valère-Maxime, mais on trouveroit le même sujet dans Cicéron (*De oratore*, II, 69). On peut aussi le rapprocher de ce que Plutarque (*Vie d'Antoine*, chap. 70) raconte de Timon.

est improspère, dedans lequel ma première femme se pendit, puis en après la seconde, finablement la tierce ; pour la cause, j'en suis dolent. » Quelc'un qui là estoit, Arrius nommé, luy dist : « Je m'esbahys de tant de larmes que tu tires de tes yeulx pour tes fortunes. Donne moy, dist-il, de cet arbre malheureux trois graphons ou vergettes, affin que je les divise entre les voisins, affin que chascun ait ung arbre de telle nature, si que sa femme là se pende. » Tout ainsi fust il fait.

L'exposition moralle sus le propos.

C'est arbre meschant reputé est la saincte croix en laquelle pendit le benoist filz de Dieu. Ceste croix doit estre plantée dedans le vergier cordial de l'homme par memoire de la passion. En cest arbre, trois femmes se pendent : orgueil de vie, concupiscence de chair et concupiscence de yeulx. L'homme qui est marié au monde maine trois femmes : l'une, fille de chair, volupté appelée ; l'autre, fille du dyable, qui est orgueil nommée ; l'autre, convoitise des yeux. Mais quant le pecheur adhère vers la grace de Dieu par penitence, ces vicieuses femmes, non point ayant leurs voluntez propres, se pendent. Cupidité se pend par la corde d'aulmosne, volupté par la corde de chasteté et de jeusne, puis orgueil, fille du grant dyable, se pend par la corde d'humilité. Celluy qui quiert les vergettes et syons est le bon chrestien, qui veult faire pendre ses voisins et ses voisines en la sorte par la semblable nature de l'arbre, pour vray est le bon chestien ; et celluy qui plore ses femmes est l'homme miserable, qui trop ayme ses voluptez sensuelles, charnelles et dissolues, plus que les emotions du sainct Esperit. Touttesfois tel homme peult estre souvent reduit, par l'information du bon chrestien, à la droicte voye pour obtenir le royaulme de paradis.

De la grande pondération de vie.
CHAPITRE XXXIII[1].

L'on lit du roy Alexandre, qui avoit le grand Aristote pour docteur et maistre, qui moult de biens conceut de sa doctrine, bien et vertu. Son disciple le roy l'interrogoit de moult de choses proffitables et à luy et aux autres, et especiallement d'aucune doctrine. Lors le maistre luy dist : « Filz, entendz diligentement, et si tu retiens mes doctrines, à grande perfection tu parviendras et honneur. De sept choses te veulx endoctriner : le premier est que tu ne passes point la balance ; le second, que tu ne nourrisses point le feu avecques le couteau ; et le tiers est : ne prendz point la couronne ; le quart est : ne mangeue point le cueur d'ung petit oyseau ; le quint : quant tu seras acheminé, ne retourne point nullement ; le sexte : ne chemine point par la voye publique ; le septiesme : ne parmetz point en ta maison garruler l'arondelle. » Le roy estudia fort en ces sept choses, et moult y prouffita.

Moralisation sus le propos.

Ceste balance peult estre la vie des hommes : les deux pendans ou balanceaulx sont l'entrée des hu-

1. Chap. 34 de l'édit. de Keller. Swan, t. 1, p. 133.—Ces détails sont empruntés au livre du pseudo-Aristote *Secretum secretorum*, que nous avons déjà mentionné au sujet du chap. 11.

mains et l'yssue. Soit mys l'homme dedans l'ung des balanceaulx, c'est assavoir en povreté où il est né et en l'autre povreté où il decedera, et il trouvera que tout sera semblable, c'est assavoir, que l'homme tout nud est au monde venu et aussi tout nud s'en retournera, comme dit l'Ecclesiastique : « *Sicut egressus est nudus de utero matris suæ, sic revertetur et nihil auffert secum de labore suo.* » Mectz le temps de penitence lors avecques le temps de peché, et garde bien que pesché ne transcende. Dis comme Zachée : « *Su aliquem defraudam, reddo quadruplum.* » Secondement, il ne fault pas le feu nourrir avec le coutteau, c'est assavoir provocquer l'homme plain d'ire par dures parolles et exasperantes. Le couteau est la dure correction : « *Lingua eorum gladius acutus.* » Tiercement, ne prenons point la couronne, c'est à dire ne reprenons point les loix. La cité en la quelle nous sommes est l'Eglise. Les loix sont les doctrines de l'Eglise, les quelles l'on ne doit reprendre. Quartement, il ne fault point manger du cueur de l'oiseau, c'est à noter qu'il ne fault avoir en son cueur tristesse des fortunes, tribulations, haynes et envies, ains lyesse, comme dit l'Escripture des apostres, qui joyeusement alloient souffrir mort pour l'honneur de Dieu : « *Ibant apostoli gaudentes, etc.* » Quintement, ne fault pas retourner quant on est acheminé, c'est à entendre quant on est osté de peché, on ne doit pas y retourner par le vomissement de reiteration : «*Fili peccasti non adjicias ultras.* » Sextement, il ne fault pas cheminer par la voye publique. La voye publique, pour vray, est la voye des pecheurs, par la quelle la plus grande portion passe, car elle est large, comme dit sainct Mathieu : « *Spaciosa est via que duxit ad perditionem et multi sunt qui ambulant per eam.* » Septiesmement, il fault ne souffrir en la maison de son cueur l'arondelle garruler : c'est peché qui contre sinderese murmure ; pourtant, ne souffrons point cest oyseau peché murmurant en nostre cueur.

De la reformation de paix et de la vengeance de ceulx qui la discipent. — CHAPITRE XXXIV[1].

O n lit aux Gestes des Rommains que telle jadis estoit la coustume, que quand on vouloit conformer la paix entre les grans seigneurs entre lesquelz estoit discorde, l'on montoit au hault d'une grande montaigne. Lors là estoit un aignel occis en leur presence ; le sang estoit respandu en signe de pacifique reformation, et en signe que qui romperoit la paix, grande pugnition seroit faicte d'icelluy, et seroit son sang espandu et diffuz.

Moralisation sus le propos.

L es deux grands seigneurs furent Dieu le père cunctipotent et l'homme. De Dieu est dit : « Magnitudinis ejus non est finis. » Et de l'homme fait à l'ymage de Dieu : « Omnia subjecisti sub pedibus ejus. » Entre ces deux estoit grande discorde. Mais la paix fut faicte depuis entre ces personnes, et pour la conformer fut mys l'aygnel sans macule sus le mont de Calvaire, pour respandre le sang en signe d'amytié en la presence des deux parties, et en signe que qui romperoit et violeroit la paction, son sang seroit respandu, et du violateur faict grande vengeance. Jesuchrist a esté l'aignel chaste mené sus le mont de Calvaire pour respandre son sang ; parquoy si ceste paix nous brisons, grande vengeance de nous sera requise.

1. Chap. 35 de l'édit. de Keller. Swan, t. 1, p. 136.

Du cours de la vie de l'homme.
CHAPITRE XXXVI.

'on lit de aucun roy qui entre toute chose desiroit à sçavoir la nature de l'homme, dedans l'empire duquel estoit quelque philosophe grandement sage qui donnoit bon conseil; le roy l'envoya querir et luy manda qu'il vint à luy sans differer. Il vint au roy et le roy lui dist : « Je veulx ouyr de toy, maistre, quelque science; dys moy au commencement que c'est que l'homme. » Le maistre respondit : « L'homme, dit il, est miserable tout le temps de sa vie; voy le commencement, le meillieu et la fin, et tu verras que tout est misère; parquoy disoit Job à ce propos : *Homo natus est de muliere, brevi vivens tempore, repletur*

1. Chap. 36 de l'édit. de Keller. Swan, t. I, p. 137.— On remarquera combien la moralisation est écourtée dans le texte françois; elle est bien plus étendue dans la rédaction latine; l'on y trouve l'histoire de Bucéphale empruntée à Solin (chap. 45), qui l'avoit prise dans Pline (*Hist. nat.*, l. 8, chap. 54). Des récits analogues se trouvent dans Arrien (*Hist. Alex.*, l. 5, chap. 19), dans Plutarque (*Vie d'Alexandre*, chap. 6), dans Aulu-Gelle (*Nuits attiques*, l. 5, ch. 2), etc. Les poètes du moyen age qui ont pris le héros macédonien pour sujet de leurs chants ont raconté à l'égard de son coursier des particularités fabuleuses :

> Oncques nus home vit beste de sa façon :
> Si a teste de buef et s'a iex de lion.
> Clos est en une tor, s'a mures environ.
> Quant on prend ci-entor traitor u laron,
> A la beste le livrent, s'en fait destruction.

V. l'*Essai* de M. E. Talbot *sur les légendes d'Alexandre dans les romans françois du XIIe siècle;* Paris, 1850, p. 77, et consulter p. 182 quant à la mort de Bucéphale.

multis miseris. Si tu regardes le commencement,
tu te trouveras tout nud et tout povre; si le meillieu, le monde qui te vient molester, et par
adventure verras desjà ton ame condamp-
née; si la fin tu concernes et regardes, tu verras
la terre qui te veult recevoir; et pourtant, monseigneur le roy, n'aye cause de trop te glorifier.»
Le roy luy dist : « Maistre, je te prie et requiers
quatre questions, lesquelles si tu absoulbz, à
grandes dignités te promouveray. La première
question est : Qu'esse que l'homme? La seconde si
est à quoy il est semblable. La tierce si est où il
est. La quarte, finablement, avecques quoy il
est. » Le philosophe, respondit à la première
question et dit : « L'homme, dist-il, est le serviteur de la mort emancipé, l'hoste du lieu et ung
viateur passant. Le serviteur est dit, car il est à
la mort subject; il est l'hoste du lieu pource qu'il
est mis en oubly; et si est le viateur passant,
car tousjours il court à la mort, soit en mangeant, dormant ou en veillant : parquoy nous
nous devons, comme les pelerins, de vivres
pourvoir, qui sont les vertus. La seconde question est à qui est l'homme semblable par sa con
dition. Il est à la glace semblable, ce dist le
maistre, qui pour la chaleur bien tost se fond et
se consumme; l'homme fait et compagé d'elemens et de terre par la chaleur d'informité est
bien tost corrompu. Quant à la tierce question,
qui est : Où est l'homme? le maistre dict qu'il est
en la bataille contre les troys ennemis. Et le
maistre dit finablement et respond à la quarte
question, qui est : Avecques qui est l'homme?
qui est: Avec sept compaignons qui continuelle-

ment le molestent : faim, soif, chaleur, froit, lassitude, mort et infirmité.

L'exposition moralle sur le propos.

Le roy qui ces choses demande pour vray est chascun de nous, qui doit sçavoir que c'est de l'homme : toute misere tend à la mort et corruption.

De l'erection de pensée vers le ciel.
CHAPITRE XXXVI[1].

Pline racompte que l'aigle volle bien hault en l'air, nidifie, faisant des petis qui sont hays d'un serpent nommé parnas, lequel serpent voyant le nid de l'aigle trop hault pour attaindre, le vent à soy tire, puis son venin respand, affin que lors l'air de son venin infect monte vers ces petis et les suffocque; mais l'aigle, par l'instinction de nature bien enseignée, fait telle cautelle : pour obvier à cela, elle porte quelque pierre que on dit agatte, la mettant en son nid du costé qui est contre vent; et ainsi, par la vertu de celle pierre, chasse le venin, si qu'il ne monte vers ses petis poussains.

1. Chap. 37 de l'édit. de Keller. Swan, t. 1, p. 143. — Les détails indiqués ici d'après l'autorité de Pline ne se trouvent pas dans cet écrivain, mais il mentionne (l. 38, chap. 10) ce que l'auteur des *Gesta* rapporte au sujet des propriétés de l'agate.

Moralisation sus le propos.

P ar ceste nature d'aigle qui hault volle, nous entendons l'homme, duquel le desir doit voller au ciel
en contemplant les choses terriennes. *Nostra conversatio
in celis est.* Nostre conversation doit au ciel estre par
affection. En ceste conversation nous devons noz
poussins, qui sont nos œuvres bonnes, mettre, car le
mauvais serpent ancien n'y attins pas si tost qu'en
bas lieu terrestre ; touteffois il boute sa puissance par
l'apposition et venin de peché mortel. Il s'efforce de
noz œuvres maculer. Le dyable s'en va, et essaye par le
vent de vaine gloire s'il pourra nos œuvres tuer et
mortifier de leur merite ; mais prenons la pierre precieuse, qui est Jesuchrist, et la mettons entre nous et
le vent de vaine gloire : par ce moyen ne serons suf-
focquez.

De la cautelle d'effacer peché.
CHAPITRE XXXVII[1].

O n list au temps de l'empereur Henri
second, que comme ainsi fust que aucune cité fut des ennemys assiegée,
devant qu'ilz entrassent en ladicte
cité, une coulombe descendit en la cité. Autour
du col de ladicte furent trouvées des lettres portant telle sentence : La generation canine vient
et sera la gent contemptieuse, contre laquelle par
toy et par autres deffendz ta loy.

1. Chap. 38 de l'édit. de Keller. Swan, t. 1, p. 145. —
Cette anecdote est consignée dans les *Deutsche Sagen* de
Grimm, t. 2, no 478 (*Veillées allemandes*, t. 2, p. 208).

·Moralisation sur le propos.

Par ceste coulombe devons entendre le Sainct Esperit, qui en espèce de coulombe sus Jhesuchrist descendit et nous apporta les lettres, et de jour en jour apporte que la gent mauvaise, c'est à veoir l'armée du dyable, nous vient assieger pour nous perdre. Donc quant nous avons les lettres et inspiration du Sainct Esperit, donnons nous garde de nostre cas et pourvoyons à resister.

De la reconciliation de Dieu et des hommes.
CHAPITRE XXXVIII[1].

On lit ès gestes rommaines que jadis estoit entre deux frères si grande discorde que l'ung degasta et perdit les terres de l'autre. Julius, imperateur, cela oyant, conceut contre celluy frère grande persecution, parquoy le frère qui tant avoit fait de mal vint à son frère, lui requerant misericorde, le priant en oultre qu'il eust par ses prières et postulations à faire la paix de l'empereur contre luy marry. Tous les circonstans dirent lors qu'il n'avoit pas la reformation de la paix desservie, mais griefve peine; mais il respondit : « Le prince, n'est pas à aymer qui est doulx en bataille comme ung aignel, et en paix comme lyon cruel; nonobstant que digne ne soye de mitiguer mon frère, touteffois je le reconcilieray si je puis. » Et ainsi fist.

1. Chap. 39 de l'édit. de Keller. Swan, t. 1, p. 146.— On ne sait où cette anecdote a été prise.

Violier. 7

Moralisation sus le propos.

Ces deux frères sont le filz de Dieu et l'homme mortel, entre lesquelz est grande discorde quant consent à peché mortel; tant persecute l'homme le filz de Dieu son frère qu'il le veult de rechief crucifier. Parquoy dit l'apostre : *Crucifigentes iterum filium Dei;* parquoy l'empereur son père se courrouce contre le mauvais enfant; mais nous devons aller à nostre frère, qui est si doulx, et luy querir misericorde par contriction de cueur, et il nous pardonnera et fera la paix envers son père. Si tu crains sa justice, fuys à sa misericorde, car elle superexalte son jugement, et est plus grande sa propiciation que nostre misere. *Misericordia ejus super omnia opera ejus.*

De la maniere de temptation et science de resister.
CHAPITRE XXXIX [1].

On lit, comme dit Macrobe, qu'il estoit ung chevalier qui estoit jaloux et souspeçonneux de sa femme, pour aucunes choses qu'il oyoit et voyoit. Il demanda à sa femme s'il estoit vray qu'elle aymast autre plus que luy; elle luy jura simplement qu'elle n'aimoit autre que lui. Le chevalier ne la creut pas. Il s'en vint à ung clerc bien sage, le priant de lui faire cognoistre la verité; lequel luy dist que cella ne pourroit faire s'il ne voyoit la femme, pareillement s'il ne confabuloit avec elle. Le chevalier luy dist : « Je te prie

1. Chap. 40 de l'édit. de Keller. Swan, t. 1, p. 148. — Rien de pareil ne se lit dans les *Saturnales* de Macrobe.

que aujourd'huy tu disnes avec moy et je te col-
loqueray avec ma femme. » Le clerc vint disner
avec le chevalier, qui le fit soir près de sa femme.
Le disner failly, le clerc commença à parler de
diverses negoces avecques la dame. Cela fait, le
clerc print le doy de la dame, luy tastant le
poulx, puis après il luy fist sermon de celluy
duquel elle estoit doubtée; parquoy le poulx de
la dame commença à se mouvoir de joye de ce
qu'elle entendit parler de celluy qu'elle aymoit
plus que son mary. Ce que voyant, le clerc se mist
à luy faire sermon de son mary, parquoy le poulx
de la dame se refroidit. Et ainsi le clerc congneut
naturellement qu'elle aymoit plus l'autre, duquel
elle etoit scandallisée, que son mary; par ce
moyen congneut le mary la verité de sa jalousie.

Moralisation sus le propos.

C'est chevalier est Jesuchrist, qui pour nous a combatu et eu contre le dyable victoire. L'ame peult
estre son espouse par le baptesme conjoincte; mais
l'ame souvent ayme plus autre que son loyal et vray
espoulx, c'est assavoir delectation charnelle, le monde,
la chair et le dyable. Cela se peult congnoistre par le
clerc et par les docteurs : quant on presche de Jesus
et de ses faitz, l'ame se refroidist et n'y prent point
de goust et d'amour; mais si l'on luy parle de la vanité du monde, son poulz, c'est à voir l'amour de son
cueur, se mouve. Qui propose delectation mondaine
devant Dieu, fait contre l'Escripture. Cela est cause
qu'on congnoist lequel est le mieulx aymé, Dieu ou le
monde : car qui ayme le monde, du monde veult ouyr
parler, et non de Dieu.

De victoire, dilection et très grande charité d'icelle.
CHAPITRE XLI.

L'empereur Codrus, des Atheniens, voulant combattre contre les Dorenses, congregea grande multitude de gens et se conseilla à la statue d'Appolo de sa fortune belliqueuse. L'ydolle luy respondit qu'il ne prospereroit pas s'il n'estoit du couteau de ses ennemys mis à mort. Codrus, ce congnoissant, mua son royal habit et courageusement entra et penetra l'ost adversaire, tellement qu'il fut frappé à mort d'ung chevalier qui luy mist une lance tout à travers le corps. Par ce moyen delivra son peuple de la main de ses ennemys, et voulut charitablement pour sa gent mourir, par quoy il fut fort plaint de chascune partie de son peuple.

L'exposition moralle sus le propos.

Codrus est nostre seigneur Jesuchrist, lequel conseilla Appolo, Dieu son père, qui luy dist que le genre des humains ne pouvoit estre delivré s'il ne mouroit en la bataille. Vint donc Jesuchrist entre les dyables virilement combatre pour son peuple ; mais luy congnoissant que il seroit congneu, mua l'habit de sa divinité quant il print mortalité ; si les Juifs eussent congneu Jesus estre vray filz de Dieu, jamais ilz

1. Chap. 41 de l'édit. de Keller. Swan, t. 1, p. 150.—Il s'agit du roi d'Athènes Codrus, dont l'histoire se trouve dans Justin, l. 2, chap. 6 et 7.

ne l'eussent crucifié. Le jour de la bataille venu, d'une lance fust frappé au costé Jesus, roy de gloire, jusques au cueur, et ainsi par sa mort tout le lignage de Adam delivra de mourir; de la mort duquel fut faicte grande lamentation de l'ung et de l'autre parti : car les dyables s'en lamentoient, voyant par sa mort son peuple delivré de leur mains; de l'autre party les apostres en furent bien dolents, et les bonnes dames, mesmement sa vierge mère. *Tristes erant apostoli nece sui domini.*

Du deffault de charité. — CHAPITRE XLI 1.

alère cite que à Romme vit en une colonne quatre lettres, desquelles chascune par trois fois estoit escripte : trois *ppp*, trois *rrr*, trois *sss* et trois *fff*. Les lettres significatives veues, dist ledit Valère : « Las! dur helas! je voy la confusion de ceste cité. » Les satrapes, ce voyant, luy dirent : « Maistre, dys de ces lettres ta conception et conseil. — L'exposition est telle, dit Valère : *Pater patrie perditur;* le père du pays sera perdu. *Sapientia secum sustolitur;* sa sapience s'en va avec lui. *Ruet regnum Rome;* les royaulmes de Rome trebuschent. *Ferro, flamma, fame;* par faim, par fer et par flamme de feu. » Ce qu'il advint depuis [2].

1. Chap. 52 de l'édit. de Keller. Swan, t. 1, p. 152. — Rien de pareil ne se rencontre dans Valère-Maxime.

2. Nous pourrions citer bien d'autres exemples de lettres majuscules auxquelles on a attaché un sens parfois laudatif et parfois satirique. On connoît les cinq voyelles qui figurent dans les armes de l'Autriche : A, E, I, O, U, et qu'on

Moralisation sus le propos.

Le père du pays est Charité, qui est la dilection de
Dieu et du monde, par laquelle chascun se devroit
regir, car, par celle, provision de tresorz infinis nous
sont congregez lassus en gloire ; mais ce père patrial
est perdu par faulte de charité en terre ; l'ung l'autre
ne se veult plus aymer, la sagesse s'en va avecques
luy : car peu sont qui se congnoissent quant à Dieu et
au monde. Puis après : *Ruunt regna Rome* , les
régnes de Romme trebuschent ; les régnes, par faulte de
charité, en diverses parties sont divisez, par fer, par
faim et par feu. Combien de princes sont par le fer de
l'espée mors en bataille ; combien de villes et chasteaulx bruslez et depopulez des habitans, et tout
pource que Charité et sagesse sont peries ! Plus ne ré-
gne que maledictions et homicides ; la sapience de ce
siecle present en l'amour n'est envers Dieu que folie.

De l'infernalle closture par la passion de Jesus-Christ et mort volontaire d'iceluy.— CHAPITRE XLII[1].

Jadis, au meillieu de la cité de Romme,
la terre s'ouvrit tellement que les enfers estoient patens. Les dieux furent
interroguez de l'adventure, qui par
leurs responses dirent que point ne se fermeroit la

explique ainsi : *Austriæ est imperare orbi universo.* Un abbé
du siècle dernier, littérateur des plus médiocres, fut désigné
par six P consécutifs, qu'on traduisit de la façon suivante :
Pierre Pellegrin, pauvre poète, puant Provençal.
1. Chap. 43 de l'édit. de Keller. Swan, t. 1, p. 154.—On
reconnoît ici sous un autre nom l'histoire de Marcus Cur-

terre se elle n'estoit de la sepulture d'ung homme vif saoullée, qui de sa franche volunté se gectast leans dedans. Le peuple fort estoit estonné, et ce voyant, ung bon patricial citoyen, Marcus Aurelius nommé, dist : « Si par ung an entier vous me voulez laisser à tout mon desir et selon toute ma volonté vivre, l'an passé, pour secourir à yceulx de la cité, je me mettray dedans la fosse que apparoist et abysme profunde. » Les Rommains, ce voyant, furent bien joyeulx et luy ouvrirent toutes les plaisances de Romme, tresors et autres choses. Il usoit des femmes plus belles qu'il pouvoit choisir, filles ou mariées, se faisant de chascun chestien adultère. Quant l'an fust finy, ledit Marcus Aurelius monta sur un legier cheval et print sa course vers la fosse d'enfer, et se gecta dedans ; et ainsi la terre se referma.

L'exposition moralle sus le propos.

Par Romme povons entendre ce monde, devant le meillieu duquel est enfer quant au centre, lequel

tius, qui, vers l'an 392 avant l'ère chrétienne, se précipita dans un gouffre, en obéissant à un sentiment de dévouement. V. Tite-Live, l. 7, chap. 6 ; Pline, l. 15, chap. 18 ; saint Augustin, *Cité de Dieu*, l. 5, chap. 18, t. 1, p. 312, de la traduction de M. Saisset, etc.)

Les critiques modernes ont rangé ce récit parmi les mythes ou légendes qui abondent dans l'histoire des premiers siècles de la république romaine. Le moyen age y ajouta une circonstance singulière qui rappelle un peu ce *droit du seigneur* à l'égard duquel M. Jules Delpit vient de faire paroître (Paris, Dumoulin, 1857, in-8, 301 pages) un curieux ouvrage destiné à combattre les opinions émises sur cette question par un journaliste bien connu (M. Veuillot). Cette historiette ne fait pas partie des rédactions angloises des *Gesta*.

estoit ouvert devant la nativité de Jesuchrist et tomboient plusieurs dedans. Mais les prophetes dirent et vaticinerent que jamais ne seroit fermé jusques quelque ung se gectast de sa propre volunté dedans. Par celluy qui dedans se gecta entendons Jesuchrist, qui premierement fist sa volunté en ce monde, jouyt de ses plaisances, revisita les ames pecheresses et à luy les atrahit et enfin les embrassa en l'arbre de la croix, puis finablement en enfer descendit et ferma l'ouverture, tellement que plus ne seroit ouverte si ce n'estoit peché mortel.

Du peché d'envie. — CHAPITRE XLIII [1].

Tibère regna, lequel estoit en son adolescence moult sage, clerc en langaige, bon et bien fortuné en bataille. Mais après qu'il fut aux honneurs imperiaulx promeu et eslevé, devint cruel et mauvais, et moult affligea le peuple Rommain. Ses propres enfans tua, plusieurs citoyens et mauvais consules Rommains mist à mort cruelle, la temperance de la cité estoufa et gasta. Devant cet empereur vint quelque grant subtil ouvrier, se vantant faire les voirres ductilles et sans corrompre. L'empereur print son voirre, puis le gecta contre la muraille, mais point ne fut cassé, seulement se creva. Le subtil ouvrier print son marteau et en façon de cuivre corrigea son œuvre,

1. Chap. 44 de l'édit. de Keller. Swan, t. 1, p. 155. — Ce trait est emprunté à Pline (*Hist. nat.*, l. 36, chap. 26); c'est d'après cet auteur qu'Isidore (*Origines*, l. 16, chap. 15) et Corneille Agrippa (*De vanitate scientiarum*, chap. 90) l'ont raconté.

qui fut tel que devant. L'empereur l'interrogua
comment cela se povoit faire. L'ouvrier lui dist
que personne n'estoit sus terre qui cet art congneust. Parquoy Tibère le fist incontinent de-
coller, disant que si cest art venoit en coustume
par l'industrie des hommes , que l'or et l'argent
ne seroient plus reputez.

Moralisation sus le propos.

Cest empereur Tibère signifie les claustriers ou
austres de basse condition, lesquelz, devant qu'ilz
soyent à quelques dignitez promeuz, sont humbles et
patiens. Mais après sont pompeux, orgueilleux et su-
perbes, tout à l'opposite. Parquoy dit le commun
proverbe que les honneurs muent les meurs : *Homo
cum in honore esset non intellexit.* L'ouvrier qui apporte le voirre fait subtillement est le povre, lequel
au riche presente ce qu'il a; mais si le don ne luy
plaist le degecte rudement, et par adventure le fait
mourir.

*Comment seullement les bons participeront au royaulme
des cieulx.* — CHAPITRE XLIV 1.

Jadis estoit ung roy très noble, puissant et sage, qui eut une femme qu'il
aymoit grandement, laquelle de la
dilection de son seigneur oubliée, trois
enfans bastardz auprès du roy engendra, les-

1. Chap. 45 de l'édit. de Keller. Swan, t. 1, p. 157.— Ce
récit est probablement d'origine orientale. On en trouve un
semblable dans les *Contes tartares* publiés par Gueullette,
1737, t. 3, p. 157. V. aussi le fabliau du *Jugement de Sa-*

quels furent tousjours au roy rebelles [1] et ne le
sembloient en façon qu'il soit. Depuis elle conçut
le quatriesme de la semence du roy, qu'elle nourrit. Le cas advint que le roy mourut à la fin et
terme de ses jours, et fut en son tombeau mis en
sepulture; lors, après la mort du roy, les enfans
de la royne commencèrent à contendre dudit
royaulme. Les enfans advisèrent de aller parler
au secretaire de leur feu père, qui estoit desjà
fort ancien, pour disposer de leur heritage. Le
secretaire chevalier leur dist :

« Escoutez mon conseil, et je vous prometz
qu'il vous sera très bien. Il vous convient tirer
le corps du roy deffunt vostre père dehors de
son monument, et chascun ait ung arc avec sa
flèche pour tirer contre luy; et celluy qui plus
profondement et plus près du cueur tirera, il
aura l'heritage. » Le conseil plut aux frères : le
corps du roy mort fut tiré du monument et attaché à ung arbre pour tirer encontre luy. Le
premier tira et le frappa par la main, et disoit
par cela que il estoit heritier unicque. Le second frère qui tira à luy mist la flesche dedans

lomon, dans les recueils de Barbazan, t. 3, p. 140, et de.
Legrand d'Aussy, t. 2, p. 429. Pareilles narrations s'offrent
à ceux qui parcourront les Summa de Bromyard, mot Filia-
tio; le Promptuarium exemplorum d'Hérold (lit. B, ex. 9),
et autres ouvrages fort oubliés aujourd'hui.

L'empereur Polemius est le héros d'une histoire pareille
dans les Gesta rédigés en anglois (chap. 42, p. 140, édit.
de Madden, et 2e partie, chap. 12, p. 305). Elle se retrouve,
mais avec quelques différences, dans la collection de Winkyn
de Worde, chap. 2 (même édit., p. 488).

1. Hérodote rapporte (l. 1) que les Perses consideroient
toujours un fils rebelle comme illégitime. La même idée se
retrouve ici.

la bouche, parquoy il fut joyeulx, et plus certainement s'attribuoit l'heritaige. Le tiers tira et le frappa au cueur tout oultre, se disant estre sans altercation le vray possesseur. Le quart, qui estoit le vray filz naturel, commença à gemir quant il s'approcha du corps de son père, disant en plorant : « Helas ! mon père, tu es bien blessé par les mains de mes frères ! A Dieu ne plaise que tu soyes par moy blessé ne contaminé. » Cela veu, tout le peuple s'escrya que il estoit vray filz, puis qu'il ne vouloit son père frapper, car le vray amour filial le demonstroit. Parquoy il fut mys, colloqué et intronisé au siége paternel du royaulme. Les autres trois bastardz furent chassez et bannis de tout le royaulme.

Moralisation sus le propos.

Ce saige roy et puissant est le roy des roys, le Dieu eternel, qui comme espouse très aymée la creature raisonnable voulut espouser et par especial privilége sotier à luy ; la quelle, de sa dignité royale se mettant en oubly, adultere de jour en jour après les dieux estranges et engendre trois mauvais enfans, c'est assavoir les payens, les Juifs et les heretiques. Desquelz le premier infidelle frappe la main du roy, quant la doctrine de Christ qui se sied à la dextre de Dieu, son père, refuse. Le second filz putatif et bastard le frappa en la bouche, quant les Juifs dirent : *Venite percuciamus eum lingua*, Venez, frappons le de la langue par impropere de honneur et subsannation, et luy donnons à boire fiel et mierre. Le tiers enfant très mauvais et heretique le frappe droit au cueur quant il s'efforce diviser la foy des chrestiens, qui n'est qu'ung cueur par credence fondé en Jesuchrist. De ceulx cy est escript : *Paraverunt sagittas suas in pha-*

retra. Le quart enfant, qui se deult et ne veult son père frapper, est le bon chrestien, qui ne le veult offencer par peché et plore ses pechez.

Des sept pechez mortels. — CHAPITRE XLVI.

Tulles racompte que au moys de may aucun s'en alla en une forest, là où estoient sept arbres plains de feuilles belles à regarder, et en cueilla tant de branches qu'il ne les seut oncques porter. Les trois portiers de la forest ou forestiers vindrent à luy et luy aydèrent, et le mirent hors de la forest, et quant il fut dehors, incontinent il cheut en une fosse, là où il se gasta pour la grande charge qu'il avoit. Item le philosophe dit, au livre des Bestes, que si aucun vouloit faire que lors après que le corbeau nidiffie en ung arbre, jamais ne puisse de ses œufz aucuns poussins produyre, mette dedans la cendre de voirre lors entre l'arbre et l'escorce, car tant que les cendres seront là boutées, jamais point n'y viendront les petis.

Moralisation sus le propos.

Ceste forest est ce monde, planté de sept arbres de peché mortel, qui semblent estre delectables aux hommes mondains. De ces sept pechez mortelz l'homme prend si grand charge qu'il ne les peult porter ne se lever seullement, c'est à dire se lever de son peché pour parvenir à la grace de Dieu; mais voicy

1. Chap. 46 de l'édit. de Keller. Swan, t. 1, p. 161. — On chercheroit en vain dans Cicéron et dans Pline les assertions consignées en ce chapitre.

trois hommes puissans qui luy aydent, ce sont les forestiers mondains, le monde, la chair et le dyable, qui le mainent hors de la forest de ce monde, c'est assavoir à l'yssue de la mort, et lors il est de ses pechez subcombé et chiet en la fosse d'enfer, qui est eternelle dampnation. Item, le corbeau est le dyable. Le nid du corbeau est l'habitation de peché qui se fait au cueur de l'homme. Par le voirre, qui est de couleurs diverses, est la chair des humains entendu. Par la cendre du voirre la memoire de la mort devons entendre, car le voirre se fait de cendre qui en cendre retourne. Tout ainsi l'homme soit doncques le memoire de la mort mys entre l'arbre de peché et l'escorce, c'est assavoir entre le corps et l'ame; par ainsi jamais le corbeau, le dyable d'enfer, n'engendrera, c'est assavoir ne produyra mauvaises operations.

Des troys roys. — CHAPITRE XLVI [1].

Le roy des Daniens avoyt grande devotion aux troys rois qui vindrent adorer Jesuchrist, et les appelloyt à son ayde. Ledict roy s'en alla à Coloigne, là où ilz sont en grant honneur gardez, et leur porta, pour son oblation, trois couronnes d'or, faites selon la mode des royaulx. Par superhabondant, plus de six mille mars d'argent donna aux eglises et aux povres. Comme il s'en retournoit, ung jour qu'il dormoit vit en son dormant les troys roys qui portoient les troys couronnes lesquelles il leur avoit données, qui moult reluy-

1. Chap. 47 de l'édit. de Keller. Swan, t. 1, p. 162. — Ce récit a été reproduit d'après les *Gesta* dans le *Dictionnaire des légendes du christianisme.* Migne, 1855, col. 1111.

soient. De luy s'approchèrent, et disoyt le premier : « Mon frère, tu es venu bien heureusement, mais plus heureusement tu t'en retournèras en ton pays. » L'autre disoit : « Tu as beaucoup donné, mais avec toy plus emporteras. » Le tiers disoit : « Mon frère, tu as montré ta foy, mais après trente ans passez, continuellement avec nous ès cieulx tu regneras. » Le premier dist, en luy offrant une plaine boite d'or : « Prendz le tresor de sapience, par laquelle justement ton peuple jugeras, car l'honneur du roy ayme justice. » Le second disoit en offrant du mierre : « Prendz du mierre de penitence, par lequel les mouvements de la chair dissolus et illecebreulx tu vainqueras, car qui bien se gouverne, bien scet regner. » Le tiers disoit devant sa reverence, luy offrant ung plain vaisseau d'encens : « Prendz l'encens de devotion et clemence, par lequel les miserables tu releveras ; car, comme la rousée vient arrouser l'herbe, si qu'elle croisse, pareillement la doulce clemence du roy eslève jusques aux estoilles. » Comme le roy s'esmerveilloit de telle vision, incontinent il s'esveilla et trouva les presens des roys auprès de luy ; et luy, retournant en son propre domaine, devotement acomplit ce qu'il avoit veu, puis, le terme descript acomply de trente trois ans, mourut et fut sauvé.

Moralisation sus le propos.

Ce roy peult estre dict chascun bon chrestien, qui est tenu offrir aux trois roys trois couronnes d'or, c'est aux trois personnes de la Trinité. Nous devons offrir à Dieu le père la couronne d'honneur, car il est tout puissant. La seconde couronne de sapience devons à Dieu le filz offrir, car il est la sapience du père. La tierce couronne de devotion et clemence devons au Sainct Esperit donner, car c'est la clemence, bonté et amour du père puissant et du filz sapient. Si ces trois choses de bon cueur nous offrons, nous obtiendrons des trois personnes de la Trinité ce qui s'ensuyt : Du père nous aurons le tresor de vertus, par lequel nous pourrons noz ames gouverner. Du fils nous obtiendrons la plaine boite de mierre : par ceste boite nous devons entendre le cueur nect de peché sans putrefaction, denoté par le mierre, qui'est nect ; ce mierre denote penitence, qui garde les ames de pourrir en peché, duquel mierre devons emplir la boîte de notre cueur. Du Sainct Esperit avons l'encens de devotion et clemence, car il est charitable. Par ce moyen, quant nous mourrons, nous aurons la vie qui est eternelle.

De la juste sequelle des mauvais.
CHAPITRE XLVIII.

Emos racompte que quant Perillus, grant ouvrier en metal et en cuivre, donna ou offrit au roy Fallaridus, tyrant et cruel, qui les Argentins depopuloit, ung veau ou thoreau nouvellement par

1. Chap. 48 de l'édit. de Keller. Swan, t. 1, p. 165. — Ce trait est emprunté à Valère Maxime, l. 9, chap. 2 (t. 2, p. 151, édit. Lemaire). On le retrouve aussi dans bien d'autres écrivains anciens (Cicéron, *In Pison. et Verrem*, V ; Ovide, *De arte amandi*, I, 653 ; *Trist.*, V, 1, 53 ; V, 12, 47 ; Pline, l. 34, 8, etc.). Lucien dit que Phalaris consacra ce taureau à Apollon, dans le temple de Delphes, et il rapporte le discours (évidemment supposé) que le tyran récita en cette circonstance. D'après Timée, les Agrigentins jetèrent dans la mer cette infernale machine. Les contradictions qu'on remarque entre les auteurs qui ont parlé du taureau de Phalaris ont autorisé des critiques modernes à conjecturer qu'il n'a jamais existé.

luy fait et forgé, et ayant à son costé latentement
ung huys pour y mettre les gens, si qu'ilz fussent dedans bruslez par martyre, ledict ouvrier
fist mettre dedans le premier pour esprouver son
ouvrage, disant : « Toy mesme esprouveras ce
que toy, plus cruel que moy mesme, m'as offert. » Ovide dit que la raison est juste quant
l'ouvrier artificiel meurt dedans son ouvrage.
Cest engin estoit fait affin que quant les hommes
qui leans en bruslans se turmentoient et cryoient
ne fussent point creuz estre voix humaines, mais
brutalles.

Moralisation sus le propos.

Cest artificiel est le seneschal cruel, soubz ung roy
tyrant constitué, qui les Argentins, c'est à noter
les justes et les simples, despouille de leur bien, et
par moult de tourmens les crucie. Le veau d'arain
est offert, c'est à dire nouvelle loy et statut, par les
quelz le juste pense bien eviter; mais par eulx sont
pugnis et leurs biens tollus, et non pourtant qui telz
soyent bruslez par amaritudes de cueur et cryent,
touteffois leur voix n'est non plus que de bestes ouye.
Mais il advient, s'il n'avient deust il advenir, que ceulx
qui ces maulx pourpensent deussent tel torment souffrir ou plus grant.

De la subtille maniere d'ilusion dyabolique.
CHAPITRE XLVIIIı.

Raoul, historian lombardicque, racompte
que Couamis, roy des Hongres, assiegea le chasteau nommé Fundac. Roseline, la duchesse, qui avoit quatre

1. Chap. 49 de l'édit. de Keller. Swan, t. 1, p. 167. —

filz et deux filles, luy escripvit occultement que s'il la vouloit à femme prendre, qu'elle luy bailleroit entre ses mains ce chasteau. Cela fut fait, et s'enfuyrent les enfans de la mauvaise dame du chasteau, et y entra Couamis, et print la duchesse, dès le premier jour, en mariage. Le second, il la bailla à douze de ses gens et serviteurs de Hongrie pour en faire tout à leur plaisir. Le tiers jour, la fit transpercer, disant : « Telle femme qui pour ses luxures et sa chair a perdu sa cité doit avoir tel espoux et mary. »

Moralisation sus le propos.

Cestuy roy Couamis est le dyable, qui assiege le chasteau, qui est le cueur humain, avecques ses vices et concupiscences. Roseline, la duchesse, par le dyable seduicte, regardant hors les murs par sa veue concupiscible, pour vray est l'ame, qui se delecte par les cinq sens naturelz à veoir les persuasions du dyable, tellement qu'elle luy baille son cueur, parquoy ses quatre beaulx enfans fuyent, ce sont les quatre vertus cardinalles, et ainsi le dyable prent le chasteau, et occupe l'ame de peché avecques ses deux filles, mauvaise delectation et inique volunté. Puis après la baille publiquement aux douze serviteurs, c'est à tous les vices, pour la democquer, et finablement la met à mort quant il la conduit en enfer.

V. Paul Diacre, *Historia Longobardorum*, l. 4, chap. 28. D'après cet historien, le roi dont il s'agit s'appeloit Cacanus, et la duchesse Rosinila.

De la louenge de ceulx qui jugent directement.
CHAPITRE XLIX [1].

Valère le Grant nous racompte que Ze-
lungus empereur fist telle loy par son
edit, que si aucun violoit aucune
vierge, que il perdroit les deux yeux.
Le cas advint que son propre filz viola la fille
d'une vefve, laquelle vefve s'en alla à l'empereur
plaindre, disant : « Sire, faictes acomplir la loy
laquelle vous avez faicte. Vostre seul filz a de-
floré ma seulle fille. » Le roy fut bien dolent jusques à la commotion de ses entrailles, et commanda que les deulx yeulx de son filz fussent
arrachez. Les seigneurs de sa court, ce voyant,
dirent à l'empereur : « Helas! sire, tu n'as que
ung seul enfant pour parvenir à ton royaulme,
ce seroit trop de dommage se il perdoit les
yeulx. — Sçavez vous pas bien, dist l'empereur,
que j'ay la loi faicte? ce me seroit injure si je la
viollois. Mon filz est le premier qui l'a offencé, ce

1. Chap. 50 de l'édit. de Keller. Swan, t. 1, p. 169. —
V. Valère-Maxime, l. 6, chap. 5 (t. 1, p. 455, édit. Lemaire), ainsi que Cicéron, *De leg.*, II, 6, et Elien, *Histoires
diverses*, XIII, 24. Le nom de Zelengus déguise ici Zaleu-
cus. Ce législateur est l'objet d'un bon article de M. Duro-
zier, dans la *Biographie universelle*, t. 52.
Bromyard (*Summa predicantium*, au mot *Lex*) a reproduit cette anecdote; elle se retrouve, attribuée à l'empereur
César, dans le chap. 41 du texte anglois, publié par Madden,
p. 138, et le poëte Occlève l'a insérée dans scn poëme *De Re-
gimine principum*, qui se conserve parmi les manuscrits du
Musée britannique.

sera aussi le premier qui en fera la penitence. »
Les sages dirent lors : « Sire, pardonnez luy, s'il
vous plaist, pour l'honneur de Dieu. » Lors
l'empereur, de leurs longues prières vaincu, dist :
« Messieurs, escoutez moy : mes yeux sont les
yeux de mon filz, et au contraire ; prenez un
ferrement et me ostez l'œil dextre, puis de mon
enfant le senestre. » Tout ainsi fut il fait : parquoy chascun loua moult le roy.

Moralisation sus le propos.

Cest empereur est nostre seigneur Jesuchrist, qui a
faicte la [loy que qui viollera l'ame sera pugny et
aura les deux yeulx ostez, c'est à dire qu'il ne verra
point la divine vision de l'eternelle gloire. L'enfant du
roy, qui a la loy du père viollée, pour vray est
l'homme, qui par peché mortel a son ame defflorée,
parquoy il est necessaire qu'il souffre paine, car
l'eglise, mère de l'ame spirituelle, crye quelle s'amende
par penitence, disent : *Emendemus nos, etc.* L'empereur mesme, Jesuchrist, a voulu perdre l'ung des
yeulx, c'est qu'il est mort corporellement pour nous,
et pourtant il nous fault oster l'austre sinistre, c'est à
noter les concupiscences de la chair, qui sont sinistres
et mauvaises, par consequent nous obtiendrons l'eternelle vie.

Des injustes exacteurs. — CHAPITRE LI.

Josephus racompte que Tibère Cesar
fut requis de dire pourquoy il tenoit si
longuement ès offices les presidens
des provinces. Il respondit par exem-

---

1. Chap. 51 de l'édit. de Keller. Swan, t. 1, p. 171. —
C'est à tort que l'autorité de Josèphe est ici invoquée.

ples : Je viz, dist il, une fois ung homme plain
de playes de la morsure des mouches, lequel je
voulois ayder et chasser les mousches de dessus
son corps, mais il ne voulut pas et me dist que
je le tourmentois doublement : « car en chassant
ces mousches, qui jà sont saoulez, dist il, tu seras
cause d'en faire venir des autres toutes affamées
qui plus que ceulx cy me mangeront. »

Moralisation sus le propos.

Par cest exemple povons entendre que les officiers
nouveaulx, qui sont affamez et povres, plus molestent et persecutent que ceulx qui jà sont saoulez et de long temps officient. De ce gardons nous si
nous sommes sages.

De grande fidelité. — CHAPITRE LII.

Valère dit que Fabius avoit rachapté tous
les captifz des Rommains par aucune
somme d'argent qu'il avoit promise ;
mais pource que le senat ne luy vou-
lut pas bailler, il vendit ung seul heritage qu'il
avoit pour payer sa promesse, voulant mieulx
perdre son patrimoine que violler sa foy et la
pacte promise.

1. Chap. 52 de l'édit de Keller. Swan, t. 1, p. 173. —
V. Valère-Maxime, l. 6, chap. 2 (t. 1, p. 430, édit. Lemaire).

Moralisation.

Cestuy Fabien est Jesuchrist, qui les captifs d'humanité voulut delivrer des prisons du dyable. Point ne donna somme d'argent, mais son propre corps voulut plustost priver de son patrimoine, qui est sa vie, que laisser en captivité l'essence de l'humain lignaige.

Du royaulme des cieulx. — CHAPITRE LII[1].

Frederich second, empereur, fist une porte de marbre par moult subtil ouvraige. Ceste porte lors estoit sus une fontaine d'eaue courant assise près de Capue la cité, en laquelle l'empereur estoit engravé, selon sa majesté, avecques deux autres juges. Au demy cercle de la teste du juge qui estoit à dextre, fist mettre par escript : *Intrent securi qui volunt vivere puri*; entrent seurement ceulx qui veullent vivre purement. Au demy cercle de la teste de l'autre juge, seant à senestre, tel verset estoit escript : « *Invidus excludi timeat vel carcere tradi*; c'est-à-dire, l'envieulx craigne d'estre forclus ou mis en chartre perpetuelle. Quant au demy cercle de la teste de l'empereur, l'escript estoit tel : *Quam miseros facio quos variare scio*; combien je fais gens miserables, quant je les cognois variables. Au

1. Chap. 54 de l'édit. de Keller. Swan, t. 1, p. 175.— La description du monument élevé par l'empereur Frédéric II est exacte.

demy cercle qui estoit sus la porte, l'escript estoit : *Cesaris imperio regni custodia fio*; je suis fait la garde du royaulme de Cesar.

Moralisation sus le propos.

L a porte marmorée peult estre l'eglise pour entrer en paradis, et est située sus la fontaine tousjours coullante, c'est à dire sus ce monde, la vie qui tousjours court comme l'eaue. L'empereur est Jesus, avecques deux juges collateraux, sainct Jehan et nostre Dame, signifiant sa misericorde proprement et sa justice. L'escript à dextre dit : Entrent seurement qui veullent vivre purement, c'est à dire les infidelles juifs et payens entrent par le bapteme seurement s'ilz veullent estre sauvez. L'autre verset à senestre dit : L'envieulx, qui est le pecheur estant en peché, doit craindre d'estre forclus de l'eglise, pour estre mis en enfer. A l'escript de l'empereur est escript que ceulx sont miserables qui ne sont veritables. L'autre verset dit que l'empire de Jesuchrist sera nostre garde, finablement nostre maison sempiternelle.

De la revocation de l'ame pecheresse de l'exil du peché par la satiffation de la messe. — CHAPITRE LIII[1].

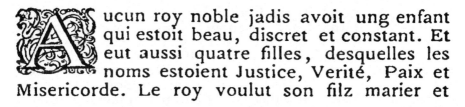

ucun roy noble jadis avoit ung enfant qui estoit beau, discret et constant. Et eut aussi quatre filles, desquelles les noms estoient Justice, Verité, Paix et Misericorde. Le roy voulut son filz marier et

1. Chap. 55 de l'édit. de Keller. Swan, t. 1, p. 177. — Une histoire semblable, sous le nom de l'empereur Agios, se lit dans la rédaction angloise des *Gesta* (Madden, ch.

destina son messager pour luy trouver une belle vierge. Finablement il trouva la fille du roy de Hierusalem, moult belle, qui fut à son enfant donnée, qui moult l'ayma. C'est enfant avoit aucun serviteur, il ordonna quelque duché pour sa femme. Le serviteur seduisit son espouse, la viola et la degasta en celle duché. Quant l'enfant du roy cela congneut, il repudia sa femme, luy bailla son libelle de repudiation et de tout son honneur la priva. Elle, tout ainsi privée, devint en si grande misère qu'elle fut quasi comme desesperée, cheminoit comme folle deçà, delà, et queroit son pain. Son espoux, ce voyant, en eut pitié, transmist vers elle son messager pour la revocquer et luy dire : « Vien, madame, seurement à ton seigneur, et il te pardonnera. » Elle respondit : « Dis à mon seigneur que voulentiers à luy retournerois, mais je ne puis. Si mon seigneur demande pourquoy je refuse, dy luy que la loy est telle, que si une femme par sa fornication de son espoux est repudiée, par la condition de son peché ne peult plus à luy retourner. » Le messagier dist à la dame : « Mon seigneur est oultre la

34, p. 112). Ce récit paroît avoir sa source dans une homélie de saint Bernard sur l'Annonciation, imprimée dans le recueil de ses œuvres, édit. de 1719, t. 1, col. 980. Saint Bonaventure reproduisit la même idée dans ses *Méditations sur la vie de Jésus-Christ* (V. les œuvres de ce Père, Mayence, 1609, t. 6, p. 533); elle reparut dans un poème françois, intitulé *le Chasteau d'amour*, attribué par quelques auteurs à l'évêque Grossetête, mort en 1253, et dont il existe une traduction angloise. Madden signale, comme se trouvant dans un des manuscrits du Musée britannique, une *Disputatio inter Misericordiam, Veritatem, Justitiam et Pacem, de restitutione hominis perditi.*

loy, pour autant qu'il l'a constituée. Pourtant tu peulx à luy venir seurement. » Lors dist la dame : « Quel signe me baillera il par lequel je pourray retourner seurement ? S'il me venoit embrasser et baiser, il m'est advis que je seroies de luy asseurée d'estre cordialement à sa grace remise. » Quant le seigneur ce congneut, il eut parlement de conseil avecques tous ses barons et satrapes. Finablement fut deliberé qu'il envoyast ung grant personnage pour la ramener, mais il n'y eut celluy qui voulust prendre ceste commission. Le seigneur espoux luy manda par son messager qu'il ne povoit trouver aucun pour la ramener. Parquoy la povre dame fut fort dolente. Quant son seigneur congneut la pitié de son espouse, vers son père s'en alla, disant : « Mon père, si c'est vostre plaisir, je m'en iray à mon espouse : j'ay d'elle pitié, je la veulx oster hors de sa misère, reconcilier à moy et ramener en vostre palays. — Va », deist le père. L'espoux luy envoya son messagier, disant : « Voicy ton espoux qui te vient querir, resjouys toy. » La seur plus ancienne de l'enfant, nommée Justice, ce voyant, courut devant son père, luy disant : « Sire, vous estes juste, je le congnois, et vostre jugement est equitable. Je suis vostre fille Justice. Vous avez directement ceste povre paillarde jugée, selon le delict, que plus ne soit l'espouse de mon frère : ne corrompez donc votre sentence, car, si vous le faictes, plus ne seray vostre fille Justice. » Cela dict, voicy venir la seconde fille du roy, Verité, qui dist : « Mon cher père, vray est que ceste malheureuse, qui le lict de nostre frère tant bon a maculé, vous avez jà jugée. Parquoy, si vous la revocquez, vous faictes contre verité, et plus ne seray vostre fille Verité. » La tierce fille du roy, Misericorde, survint, disant à son père : « Si je suis ta fille Misericorde, c'est raison que tu faces misericorde sus ceste povre pecheresse, puisqu'elle se repent et contrict de bon cueur ; si ainsi tu ne fais, je ne seray plus ta fille Misericorde. » Quant la quarte fille, dame Paix, vit si grande discorde de ses seurs, elle voulut laisser et habandonner toute la terre, prenant congé de son père. Cela fait, Verité et Justice lors apportèrent au roy un grant cousteau et dirent : « Sire, voicy l'espée de justice, prendz la et metz à mort celle meschante. » Dame Misericorde, ce voyant, ravit le cousteau de leurs furieuses mains et dist : « Vous avez assez regné, mes seurs, et votre volunté obtenue ; maintenant il est temps que je soie par doulceur exaulcée : je suis fille du roy aussi bien que vous. » Justice repondit : « Il est vray que longtemps avons regné et encores voulons et devons regner ; touteffois, pour juger nostre discorde, soit nostre frère tant sage convocqué. » Ainsi fut fait. Et lors leur frère venu dist, après qu'il eut leurs altercations ouyes : « Mes chères seurs, pour vostre deffention et noise, notre seur Paix, tant amyable, s'est de nostre père separée, laissant son royaulme, palays et domaine ; parquoy je suis fort dolent et ne puis son departement souffrir. Il est vray que mon espouse s'est forfaicte ; je suis appareillé, dès l'heure présente, souffrir la peine qu'elle a desservie. » Lors dist Justice : « Si cela tu faictz, nous en fions à toy et ne voulons à cela te contredire. » L'enfant deist après à sa seur Miseri-

corde : « Tu laboures fort pour ravoir mon espouse ; mais, dis moy, si je la ramaine ceans et de
rechef elle fornicque par peché, entendz tu
nouvellement prier et interceder pour elle ? »
Dist Misericorde : « Non, si elle mesme ne fait la
penitence de son vice. » Ce voyant, le filz fit
sa seur Paix retourner en la maison du père ;
puis, pour concorde, ses seurs l'une l'autre baiser, et cela fait, le filz descendit de son royaulme,
combatant pour son espouse, si qu'il la ramena
au royaulme de son père, finablement en paix
leur vie finirent.

Moralisation sus le propos.

Ce roy est le père celeste ; le filz tant sage, bon et
discret, est nostre saulveur Jesuchrist ; l'espouse si
est l'ame tant belle, pource qu'elle est à la semblance de
Dieu faicte. Les quatre seurs sont les quatre vertus
qui sont en Dieu, comme filles de roy pour nostre
peché altercantes. Le serviteur qui l'ame violle disons
estre le dyable, qui avec elle spirituellement adultere,
parquoy son Seigneur Jesus la repudie, luy ostant sa
grace, qui est tout son bien. *Omnia subjecisti sub pedibus ejus.* Il luy avoit une duché donnée, c'est paradis, que le dyable luy avoit fait perdre quant il l'a
fait pecher. Quant l'ame lors est ainsi traictée, pource
devient et est en grande disette : plus ne mengeust le
pain des anges, ains povrement mandie, se recordant
de sa noblesse perdue. Touteffois son bon espoux Jesuchrist en a misericorde, pitié et doulceur, et luy
transmet ung messagier pour la revocquer et luy dit :
« Lève toy, lève toy, la fille de Hierusalem, ostes les
liens de ton col, la fille de Syon captive. » L'ame refuse de venir et dist : « Je retournerois voluntiers,
mais je ne puis, car tu as dit par Hieremie que, si
l'homme prend femme qui soit adultère, chasser la

peult son mary par libelle de repudiation et ne doit plus avec luy retourner; c'est ce qui me garde de faire retour. » Quant l'ame dit telles parolles, Dieu luy respondit par Hieremie : « Ma main est elle lors plus courte que elle ne souloit pour te pardonner et embrasser ? Non, mais en tout temps et heure que tu ploreras ton peché, excès et iniquité de ton mal ne me recorderay : *Revertere, revertere Sunamitis, et ego suspiciam te.* Retourne toy donc, en te reconcilliant a Dieu le Pere, Dieu le Filz, et Dieu le Saint Esperit, et au consort des anges, lequel tu as perdu. » L'ame peult respondre qu'elle vouldroit bien avoir aulcun signe de l'amour de son treschier Seigneur ; elle peult dire que elle ne veult point d'autre signe fors que Dieu la baise, disant : *Veniat dilectus ad me, osculetur me osculo oris sui;* me baise, mon desiré amy, en signe de sa grace. Le baiser de Jesuchrist est l'amour qu'il a aux creatures. Dieu luy mande de rechief. Je pense les cogitations de la paix et non d'affliction. Nostre Seigneur eut sus cecy conseil avecques toute la court celestielle pour sçavoir lequel il envoyroit à sa dame, mais il ne trouva oncques, entre tous les anges ne les hommes, creature qui voulust venir l'ame querir. L'ange disoit : « Je suis de franche liberté et condition, et elle est de serville, parquoy je reformerois ma condition. » L'homme disoit : « Je ne suis pas digne pour souffrir pour son espouse, car je suis pecheur. » Ce voyant, nostre Seigneur mande à l'ame : « Que te feray-je ? je ne trouve personne qui te veuille sauver et qui le sceust faire. » L'ame ploroit, mais le père des consolations, engendreur des misericordes, la consoloit, disant : « Hierusalem, mon espouse, ma cité, ne plore plus, car ton salut s'approche, pourquoy te consumme-tu ? » Le filz alla devant le pere, luy disant : « Mon pere, je suis prest de souffrir pour mon espouse ; je l'ay faicte, je la porteray, je souffriray et la sauveray. »

Le père dist au filz : « Va en ta sollicitude pour l'a-

me delivrer. » Ce voyant, Justice fort allegua contre
son frere Jesuchrist. Verité survint, tenant la partie
de Justice ; mais Misericorde tint avec Jesuchrist,
son frère. La Paix, se voyant refusée, car point n'estoit entre Dieu et l'homme, s'en fuit. Justice disoit :
« Je veulx regner, car, comme Salomom dit que mon
estat de justice doit estre totallement immortel, par
quoy mon droit n'est point proscript. » Misericorde
respondit : « Vray est que tu es perpetuelle quant au
temps futur, mais non pas maintenant. Je veulx pour
elle prier, car elle fait penitence ; si tu es fille de Dieu,
si suis-je, moy, aussi bien que toy ; parquoy il me doit
entendre comme toy, selon la coustume de raison »
Jesus, voyant tant de discord entre les vertus ses
seurs, dist à Justice . « Je te veulx satisfaire, si que
Misericorde soit en oraison exaulcée. » Dist doncq-
ques Justice : « Bien me plaist. — Mais, je veulx
bien sçavoir comment, dist le filz ; je me veulx incar-
ner, cela te souffira il? » Lors dist Justice : « Pas ne
souffist. » Le filz de Dieu dist : « Je veulx estre cir-
concis, tempté, souffrir chault, fain, soif, suer sang
et estre triste ; te suffient ces choses ? — Non », deist
Justice. Dist le filz à Justice : « Je veux estre colla-
phisé, batu, craché, demoqué ; te suffiront ces choses ? — Non, dit Justice. — Je porteray la croix
et seray dedans cloué ; te souffiront ces choses ?
— Non, dist encore Justice. — Je beuvray du vinaigre meslé de fiel, je perdray tout mon sang, je
mourray en la croix, je auray le costé percé, je res-
susciteray, je monteray au ciel pour preparer le siege
de mon espouse ; cela te souffira il? » Lors dist
Justice : « Las, mon bon frère, maintenant je congnois que tu aymes plus ton espouse que toy-mesme ;
ce que tu as dit souffira. » Lors dist le filz a Misericorde : « Quant je auray fait tout cecy, et mon espouse pechera de rechief, prieras tu encores pour
elle ? — Non, dist Misericorde, si elle ne fait elle
mesme penitence. — Bien me plaist », dit le filz.

Cela dit, Jesuchrist fist appeller ses seurs les vertus divines et les feist en signe de paix entrebaiser.

Misericordia et Veritas obviaverunt sibi, Justitia et Pax osculate sunt. Lors, le filz accomplit tout ce qu'il avoit promis, et remist l'ame lassus en estat de gloire.

De la memoire de la mort. — CHAPITRE LIV [1].

Aucun prince jadis estoit qui aymoit la chasse. Le jour advint qu'il alloit à la chasse, si que, par cas de fortune, quelque marchant le suyvoit. Le marchant, le voyant bien habillé d'habillemens precieux, dist en son cueur : « Seigneur Dieu, que cest homme seigneureux est bien tenu à toy ! Il est tant plaisant et tant beau que c'est merveilles ; chacun le prise, chascun luy fait honneur ; ceulx qui sont avecques luy sont acoustrez de noble sorte. » Cela pensé, dist le marchant à l'ung des serviteurs de ce gentil homme : « Dy

1. Chap. 56 de l'édit. de Keller. Swan, t. 1, p. 183. — Ce récit est emprunté à Paul le Diacre (*Historia Longobardorum*), l. 2, chap. 28, qui donne le roi Alboin et sa femme Rosamonde comme les héros de cette tragique histoire. Elle a plusieurs fois été mise sur la scène. On connoît la tragédie de Ruccellai, *Rosimunda*, et celle de Davenant, *Albovine, King of the Lombards.* Quant à l'épreuve à laquelle la dame est soumise, elle rappelle un trait consigné dans certains auteurs du moyen âge et se reproduisant sous des formes multipliées, celui de la femme qui fut forcée de manger le cœur de son amant. Le docteur Græsse, dans son *Histoire littéraire universelle* (en allemand, t. 2, 2e sect., p. 1120), a retracé le tableau du cours de cette anecdote à travers les divers âges et les divers peuples.

moy, seigneur, quel est vostre seigneur? » Qui
luy respondit : « Il est seigneur de maintes terres,
puissant grandement en or et argent et en famille. »
Le marchant dist : « Il est bien tenu à Dieu, car
c'est le plus sage, le plus beau et constant que
je vis jamais. » Le serviteur dit à son seigneur tout
ce que le marchant disoit de luy. Quant ce vint
à l'heure de vespre, le seigneur pria le marchant de loger en sa maison, ce qu'il fist en n'o-
sant pas resister. Il s'en alla avecques le prince
dedans la cité, et quant il eut veu son palais et
chasteau si bien appareillé d'infinies richesses,
moult s'esmerveilla. Quant ce vint à l'heure du
souper, le chevalier fist soir la dame sa femme
devant le marchant et le marchant devant elle.
Le marchant, voyant la dame si belle, si gracieuse, si plaine de doulceur, fut quasi en exta-
sie ravy, et disoit en son cueur : « O mon Dieu,
que cest homme cy est heureux ! Il est riche,
beau, il a belle femme, beaulx enfans, belle famille generallement, et tout ce que son cueur
peut affecter vient et est à sa volunté. » Comme
il pensoit à ses choses, les viandes furent apo-
sées devant luy et la dame. Les viandes precieuses estoient devant la dame presentées en la
teste d'ung mort, en lieu de platz d'argent, et
touteffois les serviteurs de ceans mangeoient ès
platz d'argent. Quant le marchant veit ces choses
et eut apperceu la teste de mort devant luy, ses
entrailles commencèrent à trembler, et dist en
son courage : « Je ne suis pas bien icy, j'ay
grant paour de perdre la teste dedans ce lieu. »
Touttefois la dame le confortoit, congnoissant
qu'il ne pouvoit faire bonne chière. Quant la

nuyt fut venue, mené fut en une belle chambre
pour reposer, en laquelle lors estoit un beau lict
preparé de belles et sumptueuses courtines, et au
coing de la chambre grandes lumières estoient
posées. Quant il fut au lict, les serviteurs fermè-
rent l'huys, si que le marchant tout seul demoura. Quant il fut tout seul, il apperceut au
coing ou estoit la lumière deux hommes mors
pendans par les bras. Cela le fist doubter si fort
que sa paour estoit intollerable, tellement qu'il
ne povoit reposer. Le lendemain il se leva et
dist : « Helas ! que j'ay grant paour d'estre pendu
aujourd'hui auprès de ces deux ! » Le prince, le
voyant ainsi, le fist appeller et luy dist : « Que te
plaist il de moy? » Le marchant luy dist : « Tout
me plaist bien, mais j'ay eu grant horreur de veoir
la teste de mort et ces deux pendus, tellement que
point n'ay peu reposer; parquoy, monseigneur,
s'il vous plaist, permettez que je saille de ceans. »
Lors luy dist le prince : « Mon amy, voys tu pas ma
femme qui est si belle, qui a devant elle la teste
de mort? entendz que c'est à dire : Celluy à qui
estoit celle teste sollicita ma femme et luy pria
de coucher avecques elle, tellement qu'il y coucha et les trouvay couchez; parquoy je tranché
le chief de celluy qui estoit couché avecques ma
femme. La teste mectz devant elle pour luy re-
duyre son peché en memoire, si qu'elle en ayt
honte. L'enfant de cest homme deffunct a tué
les deux enfans que tu as veuz pendus en la
chambre, qui estoient cousins, parquoy tous les
jours je visite ces deux corps mors, si que je
soye plus esmeu à les venger de leur mort. Ces
choses sont causes que je ne suis pas à mon

ayse ; pourtant va t'en, mon amy, et de rechief ne juge point de la felicité de l'homme, jusques tu soyes bien informé mieulx que tu n'as esté de moy. » Le marchant le salua et puis il s'en retourna à sa marchandise.

Moralisation sus le propos.

Cestuy prince tant enrichy est le bon chrestien, riche par la vertu du baptesme, qui doit avoir belle famille : ce sont les sens interieux et exterieux sans maculle de peché, et doivent administrer à l'homme, le menant chasser, c'est assavoir prendre bonnes œuvres meritoires. Ce marchant est le bon prelat ou discret confesseur qui est tenu tel accompaigner, visiter la maison de son cueur et les bonnes vertus y planter. L'ame tant belle doit estre mise de costé ; le prelat ou confesseur à la table de l'Escripture saincte pour aprendre ce qui est de salut. La teste morte qui est devant le confesseur est l'amputation de peché occis par bonnes et decentes operations, instructions et bons exemples. Les deux pendus sont la dilection de Dieu et de ton prochain, que le peché des premiers parents tua, et pourtant tu les dois tenir en ta chambre cordialle, si que tu ayes memoire de persecuter celluy qui a ce meurtre commis, en aymant Dieu et ton proesme de toute ta pensée.

De la parfection de vie. — CHAPITRE LV [1].

Titus regna en la cité de Romme, qui ordonna que chascun sainctifiast le jour de la nativité de son premier filz engendré, tellement que s'on trouvoit

1. Chap. 57 de l'édit. de Celler. Swan, t. 1, p. 189.— Ce

aucun faisant quelque besongne servile, devoit estre pugny. La loy promulguée, lors il appella Virgille, luy disant : « Mon amy, j'ay faicte telle loy ; touteffois, occultement elle pourra être violée. Parquoy, afin de le congnoistre, nous te prions que tu faces quelque nouvelle manière d'invention par tes ars, comme tu scez bien faire. — Mon-

récit se retrouve dans la rédaction angloise publiée par Madden, chap. 10, p. 25, et seconde partie, chap. 3, p. 279, avec la substitution du nom d'Appolonius à celui de Titus. Il forme le chap. 12 de l'édition de Winkyn de Worde. Une histoire semblable est mentionnée par Bromyard, *Summa predicantium*, au mot *Veritas* ; il allègue l'autorité de Valère, voulant sans doute indiquer ainsi, non Valère-Maxime, mais l'ouvrage qu'un auteur anglois du XIIIe siècle, Walter Maples, écrivit, sous le nom de Valère, sur les inconvénients du mariage (*Valerius ad Rufinum, de non ducenda uxore*). M. Madden dit avoir consulté deux manuscrits de ce traité conservés au Musée britannique, sans rien avoir trouvé qui ressemble à l'anecdote insérée dans les *Gesta*. En revanche, elle se retrouve dans les *Cento novelle antiche* (nov. VI, Firenze, 1572), et elle est en partie relatée dans le *Liber festivalis*, fol. 31, édit. de Winkyn de Worde, 1496.

Quant aux légendes du moyen âge relatives au talent de Virgile comme enchanteur, on écriroit sans peine un volume à leur égard. Nous nous bornerons à mentionner le livret curieux intitulé *les Faitz merveilleux de Virgille*, imprimé à diverses reprises au XVe siècle et traduit en diverses langues. Parmi les travaux de l'érudition contemporaine, nous citerons ceux de MM. Græsse (*Beytræge zur Literatur und Sage des Mittelalters*, 1850), Francisque Michel (*Quæ vices quæque mutationes et Virgilium ipsum et ejus carmina per mediam ætatem exceperint*, 1842), et Edelestand du Méril (*De Virgile l'enchanteur*, dans ses *Mélanges archéologiques et littéraires*, Paris, 1850, p. 425–478).

Nous ne rencontrons pas dans les *Faitz merveilleux* de Virgile mention de la statue dont il est question ici, mais un poëte du XVIe siècle, qui mit sa plume au service de la réforme de Luther, Flaccius Illyricus, en parle dans un recueil qu'il a publié à Bâle en 1557, *De corrupto Ecclesiæ*

Violier.   9

seigneur, dit Virgille, je suis content. » Lors il fist
une statue [1] qu'il mist au meillieu de la cité, qui,
par art magique disoit à l'empereur tout ce qui
estoit secrètement en celluy jour commandé. Par
ce moyen, plusieurs estoient condempnez à mourir. Lors estoit en la cité ung orfevre nommé Fo-

statu. Nous trouvons dans la bouche de la Justice les paroles
suivantes :

En sic meum opus ago,
Ut Romæ fecit imago
Quam sculpsit Vergilius,
Quæ manifestare suevit
Fures sed cæsa quievit
Et os clausit digito :
Nunquam ultra dixit verbum
De perditione rerum
Palam nec in abdito.

Les auteurs du moyen âge ne parlent point, ce nous semble, de la statue que signale le compilateur des *Gesta* ; mais
quelques-uns d'entre eux racontent que Virgile en fit une
où l'on découvroit toutes les entreprises qui se tramoient
contre l'empire romain. On peut consulter à cet égard, ce
qu'avance un écrivain du VIIIe siècle, dans un passage
que M. Keller a inséré dans son édition du *Roman des sept
sages* (Tubingue, 1836, in-8), et que Jehan Mansell avoit
sous les yeux lorsque, dans la première moitié du XVe siècle,
il écrivoit dans sa *Fleur des Histoires :* « Il fist aucunes statues à Romme qui representoient toutes les provinces du
monde, et avoit chescune statue escript en la poitrine le
nom de la province qu'elle representoit, et à son col avoit
pendu une sonnette, et s'il advenoit que aucune province
se rebellast contre Romme, tantost cette sonnette commen-
choit à sonner. Et la statue de Romme, qui estoit ou milieu,
tendoit son doy vers celle statue, et lors les prestres qui gardoient ces statues envoyoient par escript au senat le nom
de cette province, et incontinent les Rommains envoioient
leur ost en celle province et la remettoient à leur subjec-
tion. » Ajoutons que cette *Fleur des histoires,* résumé ency-
clopédique et curieux de la science de l'époque, n'a point été
imprimée ; on en conserve une copie parmi les manuscrits
de la Bibliothéque impériale nº 7635.

cus, qui en celluy jour besongnoit. Comme il estoit dedans son lict, quelquefois il pourpensa comment, par l'action de la statue, plusieurs mouroient. Le lendemain matin, il se leva, et s'en alla à ladicte statue, lui disant : « O statue, belle statue, par ton accusation maint homme meurt et est destruict. Je jure mon dieu que si tu me viens accuser, je te romperay la teste. » Cela dit, il s'en retourna en sa maison. Quant vint à l'heure de prime, l'empereur envoya son messagier à l'ydolle comme il avoit de coustume, pour sçavoir si aucun avoit transgressé la loy. Quant les messagiers eurent parlé à l'ydolle, l'ydolle dist : « Levez la teste; regardez ce qui est en mont front escript.» Comme ils regardoieut en la teste de la sta - tue, congneurent et virent en escript : « Les temps se muent, les hommes empirent, et qui vouldra dire la verité, il aura la teste rompue. Courez et denuncez à l'empereur vostre seigneur ce que vous avez veu et leu. » L'empereur ce congneut, commenda ses gens armer et aller à l'ydolle, commandant que si aucun luy faisoit quelque chose, qu'il fut mené devant luy piedz et mains lyez. Les chevaliers furent à l'ydolle disant : « Il plaist à l'empereur que tu nous manifestes ceulx qui ont offensé la loy et qui ont menacé ta presentation. » L'ydolle parla et dist : « Prenez Focus l'orfevre; cest celluy qui viole la loy et me menace. » Focus fut devant l'empereur mené, qui luy dist : « Qu'est-ce que j'ay ouy de mon amy ? Pourquoy blesses-tu ma loy.— Monsieur, dist l'orfèvre, contrainct suis de ce faire; car tous les jours il me fault avoir huyt deniers, et sans labeur je ne les puis avoir. » L'empereur dist : « Pourquoy te faut-il

tels deniers ? » Alors l'orfevre respondit : « Tous
les jours de l'an je suis tenu bailler deux deniers
à aucun à qui je les ay promis en jeunesse ; j'en
preste deux, j'en perds deux et j'en despens
deux. » L'empereur luy dist : « Dy moy par exposition ton cas. » Lors le povre luy dist : « Je
suis tenu de bailler deux deniers à mon pere ; car,
quant j'estois petit, mon pere despendoit tous les
jours deux deniers pour me nourrir ; il est maintenant en povreté, parquoy c'est bien raison que je
subviengne sus sa necessité. Les deux autres deniers je preste à mon fils qui estudie, afin que, si
je tombe en povreté, il me les baille comme je
les baille à mon père. Les deux autres deniers je
perds sur ma femme ; car elle m'est tousjours
contraire, parquoy tout ce que je luy baille je
perdz ; et les autres deux deniers je despendz
pour me vivre. » L'empereur luy dist alors :
« Tu dis trèsbien ; va, et besongne dorenavant. »
Après cela l'empereur incontinent mourut, et
Focus, pour sa prudence, fust eslevé en son
lieu et bien sagement se gouverna sur la chose
publique. Luy mort, son ymaige fut despainct,
et sus sa teste furent mys huict deniers.

Moralisation sus le propos.

C'est empereur est le père celeste, qui a ordonné
que qui violleroit le jour de son enfant, il mourroit.
Ce jour est le dimenche saint ou autre feste de l'Eglise
commandé. *Memento ut diem sabbati sanctifices.* Mais
aujourd'huy l'on y fait plus de pechez qu'ès autres
jours. Virgille, qui la statue fait, est le Sainct Esperit,
qui ordonne les predicateurs qui nous accusent de nos
pechez et nous annuncent les vertus ; mais les predi-

cateurs pevent bien dire comme la statue : Les temps
se muent. L'on le voit à l'œil. Et aujourd'huy plus
ne sont les gens, specialement ceulx de l'Eglise, comme en l'Eglise primitive ; les oraisons faillent et les
prieres. La terre ne donne plus son fruict si abon-
damment qu'elle faisoit, pour les pechez des hommes. Secondement, les hommes sont de pis en
pis, et pourquoy ? *Totus mundus in maligno po-
situs est.* Foy est etaincte, fraulde domine, barat
et deceptions, et generalement tous vices habun-
dent. Tiercement, verité est persecutée rigoureuse-
ment. Il fault seulement flatter en predication, qui
veult estre le bien-venu, comme dit Isaye : *Loque-
mini verba placentia.* L'apostre disoit bien : « Il sera
le temps que on ne soustiendra point la saincte
doctrine. » Focus est chascun chrestien qui fidellement comme bon chevalier de Jesuchrist travaille, lequel doit à Dieu son père deux deniers rendre : c'est
amour et honneur. Nostre filz, a qui nous devons deux
autres deniers, est celluy de qui est dit : *Parvulus
natus est nobis, et filius datus est nobis ;* c'est Jesuchrist. Les deux deniers sont comme voulunté et bon
acte, si que, quand nous mourrons et serons bien pauvres, il nous les rendra, comme il est dit : *Centuplum
accipietis et vitam eternam possidebitis.* Les deux autres deniers nous perdons par nostre femme, qui est la
chair, tousjours à l'esperit contrariant ; ces deux deniers que elle perd est malle volunté et mauvais acte.
Les autres deux deniers despendons sur nous par la
dilection de nostre seigneur Dieu et de nostre proesme. Si ces huyt deniers nous ordonnons licitement,
en paradis parviendrons.

De confession. —CHAPITRE LVI[1].

Ung roy regna du nom d'Asmodeus, qui ordonna que si aucun malfaicteur estoit prins et il peust dire trois veritez contre lesquelles homme vivant ne peut contrarier, tant mauvais fust il, il seroit franc de mort et ne perderoit point son heritaige. Le cas advint que aucun chevalier offença le roy ; il s'en fuyt et se mussa en une forest, où il commist plusieurs maulx, meurtres et larrecins. Le juge le feist prendre par ses sergents, et assist devant son siege : « Mon enfant, dist le juge, scez tu bien la condition de la loy ? » Le malfaicteur dit ouy. « Si je puis, dit-il, dire trois veritez, je ne pourray mourrir. » Doncques, dist l'empereur, accomplis le benefice de la loy, ou tu mourras.—Fais, dist il au juge, faire silence. » Puis, la silence faicte, dist : « Voicy la première verité : Je vous certifie que tout le temps de ma vie j'ay esté mauvais homme. » Le juge demanda sy on vouloit quelque chose lors opposer à cela,

1. Chap. 58 de l'édit. de Keller. Swan, t. 1, p. 194. Voir aussi la rédaction angloise des *Gesta*, chap. 27, p. 80, de l'édition de Madden, et 2e partie, chap. 38, p. 58. L'empereur porte le nom de Lampadius.— On n'a pas retrouvé chez les auteurs anciens la source de ce récit, mais une légende analogue est répandue en Allemagne ; Grimm l'a insérée dans un recueil curieux, *Kinder-und Haus-Maehrchen*, Berlin, 1822, in-12, t. 3, p. 373. Des anecdotes du même genre se rencontrent dans les récits relatifs à deux personnages bouffons, objets de divers écrits au moyen âge et au XVIe siècle, Marcolphe et Bertolde.

et les circonstans dirent que s'il n'estoit vray, qu'il ne fust pas là en jugement. « Dis l'autre verité », dist le juge. Le malfaicteur dist : « La seconde verité est que je me repends moult d'estre venu icy en ceste forme. » Le juge dist : « On t'en croist assez ; à l'autre verité. » Le malfaicteur dist : « Voicy la tierce verité : Si je povois eschapper de ce lieu, je jamais en cestuy ne viendrois. » Le juge dist : « Vrayment, assez prudentement tu as esté sauvé ; va en paix. » Et ainsi fut le transgresseur delivré.

Moralisation sus le propos.

Cest empereur est nostre Seigneur Jesuchrist, qui a fait ceste loy que quiconques malfaicteur pourroit dire trois veritez devant le juge, qui est le confesseur, il seroit sauvé de son mal et ne mourroit point. Les trois veritez sont : « Je suis grant pecheur » ; c'est la premiere, qui est confession. « Bien me desplaist estre venu en cest estre par mon offence » ; voilà la seconde, qui est contriction. « Si je pouvois une fois eschapper par la voye de satiffation, jamais voluntairement à pe- ché ne retournerois » ; voilà la tierce, qui est satiffation. A ces trois veritez ne pevent tous les hommes, ce sont tous les dyables, opposer ; parquoy, qui ces trois veritez dira, il sera de l'eternelle mort preservé.

Du peché d'orgueil, et comment les orgueilleux souvent parviennent à humilité. — CHAPITRE LVII[1].

Jovinian, imperateur, regna singuliè- rement riche, lequel une fois, comme il estoit en son lict couché, son cueur s'esleva glorieusement et disoit : « Est

1. Chap. 59 de l'édit. de Keller. Swan, t. 1, p. 196 ; chap.

il autre dieu que moi ? » Cela dit, il s'endormit.
Le lendemain il se leva et dit à ses chevaliers :
« Messeigneurs, il est bon de prendre son repas
et manger, car aujourd'hui veulx aller à la chasse.»
Le manger fust apporté, et puis après cela l'empereur fut chasser ; en chassant et chevauchant, l'empereur eut telle chaleur en luy qu'il luy fut advis
qu'il devoit mourir s'il ne se baignoit en eaue
froide. De loing regarda, et il vit de l'eaue en habondance. Lors dist à ses chevaliers : « Atten-

23, p. 66 de l'édition angloise des *Gesta*, publiée par Madden, et seconde partie, chap. 1, p. 269. — Ce récit rappelle
une ancienne composition dramatique françoise intitulée :
Moralité de l'orgueil et présomption de l'empereur Jovinien,
mise en rimes françoises; Lyon, 1584, in-8. L'existence de
cette pièce n'est attestée que par Duverdier, bibliographe
contemporain ; on n'en connoît aucun exemplaire.
    Chaucer (*Canterbury Tales*, V. 7511), mentionne Jovinien
comme un exemple d'orgueil. C'est d'une donnée semblable
que découle le roman en vers anglois du roi Robert de Sicile, analysé par Warton (*History of english poetry*, t. 2, p.
17), et par Ellis (*Specimens of early english metrical romances*,
t. 3, p. 148, édit. de 1811), ainsi que par Swan (notes,
t. 1, p. 364-373); on lui donna une forme dramatique et
l'on en fit un mystère, qui fut représenté à Chester en 1529.
V. Collier, *History of the english drama*, 1831, t. 1, p. 113.
C'est à la même classe de fictions qu'appartiennent le conte
anglois de sir Gowghter, inséré dans le recueil d'Utterson,
Popular poetry, 1817, t. 1, p. 161, et le roman françois
de *Robert le Diable,* dont il seroit superflu de nous occuper.
Divers traits de l'histoire que nous offrent les *Gesta* se retrouvent dans les contes orientaux. V. l'histoire du roi du
Thibet et de la princesse de Naimans, dans *les Mille et un
Jours* (édit. de Loiseleur-Deslongchamps, p. 33). Une mésa-
venture semblable à celle de Jovinien fait également partie
de l'histoire fabuleuse de Salomon, telle qu'elle est narrée
dans les écrits des rabbins et des auteurs musulmans ; il y a
toutefois une différence à observer : c'est un démon qui se
substitue au roi d'Israël.

dez moi icy, jusques je me soye refrigeré. » Son
destrier des esperons frappa et alla au fleuve,
descendit de cheval, se despouilla et se mist en
l'eaue et y fut jusques à ce qu'il fut tout refrigeré.
Comme il estoit là, un homme vint à luy, en toutes choses à luy semblable, qui se vestit de ses
royaulx vestemens, monta sus son destrier et
alla vers les chevaliers de Jovinian, qui le receurent comme leur empereur, car en visage,
gestes et toutes autres choses le ressembloit. Le
jeu de la chasse finy, au palais s'en retournèrent.
Après cela, Jovinian si saillit de l'eaue où il s'estoit baigné, mais il ne trouva ses vestemens ne
son cheval. Il fut bien esmerveillé, et disoit :
« Que feray je? je suis bien deceu ! » Il ne voyoit
personne, mais enfin pensa qu'il y avoit là auprès ung chevalier qu'il avoit autrefois prouvu
en son estat. « Je m'en iray vers luy, dist il, et
il me vestira et me baillera ung cheval; par ainsi
m'en retourneray en mon palais, et là verray
comment et par qui j'ay esté confus. » Jovinian,
tout nud, s'en alla à la porte du chevalier qu'il
congnoissoit et frappa au portail. Le portier l'interrogua pourquoy il frappoit, et il luy dist :
« Ouvrez et vous verrez qui je suis. » Le portier
le laissa entrer, et, quand il fut entré, ledit portier fut tout estonné et luy dist : « Qui es tu ? »
L'empereur respondit : « Je suis Jovinian l'empereur : va à ton maistre bien hastivement et luy
dys qu'il me preste des habillemens et ung bon
cheval, car j'ay perdu les miens. » Lors le portier luy dist : « Tu as menty, meschant ribault;
l'empereur est desjà, devant que tu fusses icy
venu, descendu en son palais avecques tous ses

chevaliers et toutes ses gens, et est avec luy
monseigneur allé, et desjà retourné, et à present
se sied à la table pour prendre sa refection. Touttefois, puisque tu as nommé l'empereur, je luy
denunceray. » Et le portier alla à son maistre et
seigneur denuncer le cas, lequel seigneur commanda que on laissast à luy venir celluy Jovinian qui se disoit empereur. Quant le chevalier
eut veu l'empereur, point ne le congneut ; touteffois ledit empereur congneut bien le chevalier. Ledit chevalier luy demanda : « Qui es tu, et
quel est ton nom ? — Je suis l'empereur nommé
Jovinian, ce dist il, lequel en tel temps te feiz
chevalier. — O mauldit paillard, dist le chevalier, comment et par quelle manière d'audace
presumes tu te nommer empereur ? Monseigneur
est allé au palais dès long temps, et je l'ai assotié,
et suis retourné en mon logis. Puis que tu te dys
empereur, tu ne t'en yras pas sans estre pugny.»
Lors le chevalier le fist batre grandement, puis
expulser de son chasteau. Le povre empereur
Jovinian plora moult piteusement et dist : « O
mon Dieu, que peult cecy estre, que mon serviteur me decongnoist et avecques ce m'a fait
fiageller et navrer griefvement ? » Il pensa en soy
que il y avoit un duc qui estoit son conseiller là
près, parquoy il y alla pour estre vestu. Quand
le povre Jovinian eut frappé à la porte, le portier
le voyant tout nud fut moult estonné et dist :
« Mon amy, qui es tu et pourquoy viens tu icy
tout nud ? — Je suis, dist il, l'empereur Jovinian,
qui ay, par cas ne sçay quel, me baignant en une
fontaine, perdu et habillement et cheval ; et
pourtant, portier, mon amy, je viens vers le duc

mon conseiller, affin qu'il me secoure en ma
très grande necessité. Mon amy, je te prie, fais
mon cas à ton seigneur cognoistre. » Le portier
le fist sçavoir à son maistre et seigneur le duc, qui
dist que on le fist entrer ; et quand il fut entré,
aucun ne le congneut. Lors luy dist le duc :
« Quel es tu, et quel est ton nom ? » L'empereur
luy dist : « Je suis Jovinian, empereur, qui te
feiz en tel temps duc et ordonnay mon conseiller. » Le duc luy dist : « Ha ! fol incencé ! l'empereur est en son chastel, je le sçay bien, car je
l'ay jà conduyt de la chasse ; pourtant que tu
usurpes et appropries à ton tiltre le nom d'empereur, qui est le cas de lèze-majesté, tu seras
mys es prisons au pain et à l'eaue. » Ainsi fut il
fait. Il fut en prison, de pain et d'eaue substanté,
puis fut tyré, batu, flagellé et banny de toute la
terre. Le povre Jovinian ainsi dejecté se lamentoit et se desconfortoit moult douloureusement,
et disoit : « Que dois je faire puis que chascun
me deboute ? Je suis fait l'abjection de mon peuple ; mieux me vault m'en retourner en mon
palais, car ceulx de mon service me congnois-
tront plustot que les autres, et mesmement ma
femme, par aucuns signes. » Il s'en alla à son
palays, et poulsa à la porte, et le portier luy demanda qu'il queroit et qui il estoit. « Je suis,
dist il, l'empereur. » Respondit à son portier et
dist : « Je suis de toy esmerveillé que tu ne me
congnoys, veu que par longtemps tu as avecques
moy demouré. — Tu as menty, dist le portier,
jamais avecques toy ne demouray, mais avecques
l'empereur par longtemps. » Lors dist Jovinian :
« Je suis celluy mesmes, et si tu ne le veulx croire,

je te prie, va t'en à l'emperière dire qu'elle
m'envoye des vestemens par ces signes que tu
voys, car j'ay tout perdu. Ces signes, lesquelz
je luy envoye, personne ne congnoist, fors nous
deux. » Le portier dist : « Il est bon à voir que tu
es hors du sens, car l'empereur et l'emperière
sont à table l'ung devant l'autre. Touteffois, puis
que tu te dis empereur, je le diray à l'emperière,
qui te fera bien pugnir de ta follie. » Le portier
fut à l'emperière le cas denuncer. La dame fut
fort courroucée, disant à l'empereur : « Oyez,
sire, ce que dit ce messager : Ung ribault est à
la porte qui se dist estre vostre personne ; devez
vous cela souffrir ? » L'empereur commanda
qu'il fust admené devant tous les assistants, et,
quand il fut monté en la salle de l'empereur, ung
chien qui fort l'avoit aymé luy vint saillir au col
pour le tuer ; mais il fut gardé des serviteurs si
qu'il n'eut nul mal. Item, il y avoit ceans ung faulcon à la perche, lequel, quant il eut veu l'empereur, rompit ses liens et s'en volla hors de la
salle. Lors dist l'empereur à tous : « Messeigneurs, oyez mes parolles que je veulx dire à ce
ribault : « Dis moy, dist-il à l'empereur tout nud,
qui tu es, et pour quelle cause tu es icy venu. »
Lors dist l'empereur : « Voicy question merveilleuse ! Je suis empereur et seigneur de ce lieu. »
Lors dist l'empereur aux assistans : « Dictes-moy,
par le royal jurement lequel vous avez fait, qui
est vostre seigneur de nous deux ? » Tous dirent
adoncques : « Sire, jamais ce ribault nous ne
veismes. Vous estes notre vray empereur, et non
autre. Parquoy nous vous prions qu'il soit pugny
pour monstrer exemple de presumption. » L'em-

pereur putatif dist à l'emperière : « Dis-moy, ma très chière dame, par la foy que tu me doibs, si tu as autreffois cest homme congneu ? » L'emperière respondit : « Pourquoy me demandez-vous cela ? sçavez-vous pas bien que jà sont plus de trente revolucions d'années passées que nous sommes ensemble, prolifians et avons eu lignée ; mais je suis toute troublée comment ce villain est venu à la congnoissance et notice de notre secret entre nous perpetré. » L'empereur putatif dist à Jovinian : « Vien ça. Pourquoi oses-tu te dire et nommer empereur ? Je te condampne que tu soyes aujourd'huy tiré à la queue de ung cheval. Et si de rechief tu attemptes cecy faire, de villaine mort te feray mourir. » Il appella ses satalites et leur dist : « Allez, et faictes l'explet de ma sentence, mais gardez bien de le tuer. » Ainsi fust fait. Après ces choses, le povre Jovinian fut si dolent, que on ne le sauroit en cent ans croire ; ses entrailles furent tristes et dolentes, et comme tout desespéré disoit : « Que ne peris le jour auquel je fuz né, puis que mes amis de moy se separent, mes enfans et ma propre femme ne me congnoissent.» Comme cela disoit, il pensa par advertance que là auprès demouroit son confesseur, parquoy il y fut pour avoir de luy congnoissance. Quant il fut à l'hermitaige là où se tenoit son confesseur, il frappa à la fenestre de la maisonnette. Le confesseur vint et demanda quel il estoit, et l'empereur dist qu'il estoit l'empereur. Le confesseur ouvrit la fenestre, puis, quand il eut veu, dist, en fermant sa fenestre : « Va t'en, mauldit, tu n'es pas l'empereur, mais ung dyable qui est en forme d'homme. »

L'empereur, ce voyant, cheut à terre comme
mort et arrachoit ses cheveulx et sa barbe, disant :
« Helas ! que dois-je faire ? je suis bien meschant ! » Alors il se recorda que son cueur s'estoit
eslevé en orgueil, comme il est dit devant, quant
il dist en son cueur estant couché en son lict :
« Est-il autre Dieu que moy ? » De rechief frappa
à la fenestre de l'hermitage, priant son confesseur, pour l'amour de Dieu, qu'il luy ouvrist,
ou, s'il ne vouloit ouvrir, au moins que par la
fenestre close luy pleust de l'ouyr en confession.
Il se confessa de toute sa vie, specialement
comment il avoit dit que il n'estoit point d'autre
Dieu que sa personne, plorant et gemissant
tendrement et ayant donné contricion. Quant il
fut confessé et absoubz, le confesseur ouvrit la
fenestre. Lors il le congneut, luy disant : « Benoist soit Dieu ! je te congnois bien maintenant ;
vestz toi de mes povres habillemens que j'ay, et
va en ton palais, et au plaisir de Dieu tu seras
congneu. » Il feist le commandement du confesseur, alla au pallais, et le portier le receut moult
honorablement. Il luy demanda s'il le congnoissoit et il dist : « Ouy, mais je suis esbahy, dist
le portier, comment vous estes sailly sans que je
vous aye veu passer. Aujourd'huy je ne passay
la porte ne ne party de ce lieu. » Il entra en la
salle, salue, est congneu de chacun et très honnestement receu. L'autre, qui se disoit par semblant empereur, estoit avecques l'emperière.
Quelque chevallier regarda longuement Jovinian
et s'en alla à l'empereur putatif et luy dist : « Sire,
ceans en la salle pour vray est ung homme que
chascun honnore, vous ressemblant de tout en

tout, tellement que je ne sçay lequel de vous deux est empereur. » L'empereur putatif, ce voyant, dist à la royne : « Sors et va veoir si tu le congnoistras. » La royne le fut veoir et retourna en la chambre de l'empereur putatif, et luy dist : « Sire, je ne sçay que c'est. Je vous assure que je ne sçay et ne congnois lequel de vous deux est mon seigneur. — Je en veulx sçavoir la verité », dist l'empereur putatif. Lors il entra en la salle où estoit l'empereur et le print par la main et dist à tous les habitants que chascun dist verité, sur le serment qu'ilz avoient fait. L'emperière premièrement parla et dist : « Dieu m'est temoing comment je ne sçay lequel de vous est l'empereur. » Semblablement dirent les autres tous. « Doncques, dist l'empereur putatif, escoutez : cestuy pour vray est l'empereur vostre seigneur. Il estoit mys en orgueil pour son honorificence, par quoy Dieu l'a flagellé en luy ostant la notice des hommes jusques à tant qu'il ayt faict penitence. Je suis son bon ange, garde de son empire tant qu'il a esté en estat de penitence vertueuse, qui jà est accomplie; soyez à luy obeissant, car c'est vostre droict seigneur. » Et cela dit, l'ange se disparut; et rendit à Dieu grâces l'empereur, vivant tout le temps de sa vie justement, puis rendit à Dieu l'âme pour aller en gloire, laquelle nous donne la benoiste trinité.

L'exposition moralle sus l'hystoire de l'empereur Jovinian.

Cest empereur est l'homme mondain, qui, pour les honneurs et richesses de ce monde, monte son cueur

en superbité et orgueil, comme l'autre Nabugodono-
sor, qui n'obéissoit pas aux divins commandemens. Il
appelle ses chevaliers, qui sont ses sens, et va chasser
les vanitez du monde. Cependant, une chaleur intollerable, qui est la temptation du dyable, le ravist si qu'il
ne peust reposer jusques qu'il soit ès eaues mondaines
totalement baigné et refrigeré. Ceste refrigeration est
le detriment de l'ame. Par ainsi, ses chevaliers tout
seul le laissent, ce sont ses sens, comme il est dict,
touteffois et quantes que il entend se baigner ès
eaues mondaines. Mais il descend tout premierement
de son cheval. C'est qu'en la foy catholique il erre,
car il a promis au baptesme de consentir et adherer à
Dieu, et aux pompes du dyable renoncer ; mais quant
il pèche, celle foy est rompue. Puis il oste ses robes
pour se baigner voluptueusement, ce sont les vertus
les quelles il a prises au baptesme ; par ainsi se bai-
gne dedans le fleuve de Vanité ; qu'est il de faire? Lors,
ung autre, comme le prelat qui a bonnes vertus, prent
ses vestemens et vertus, en tant qu'il a sa puissance
de lyer et absouldre quant il se contrict et monte sur
la foy, en representant en sa propre forme, selon les
vertus, pour conserver son domaine, c'est son ame.
Lors que l'homme vain, par la grace de bonne inspiration, sort du fleuve de vanité mondaine, ne trouve vertu
qui soit, qui est le vestement de l'âme, car tout est
par peché perdu, parquoy il a matiere de se douloir.
Comment se doivent les vertus recuperer ? L'homme
doit aller et recourir à la maison du chevalier premierement. Ce chevalier est la vertu de raison, qui doit
l'homme flageller en tant que raison juge que on doit
amender l'offence contre Dieu faicte. Pourtant elle te
bat quant tu te dis chrestien et empereur et tu n'en
as les vestemens, qui sont les vertus et operations.
Qu'est-il après de faire ? Courir fault au chasteau du duc
ton conseiller, c'est à ta conscience propre, qui contre toy murmure, jusques que tu soyes reconcilié a
Dieu ; elle te mect en la prison de grande perplexité

et te bat de la compunction de cueur, duquel doit saillir le sang, qui est peché. Puis après, l'homme doit aller a son palais, c'est à son cueur, et frapper en son cueur par meditation comment il à offensé. Le portier, qui est la franche volunté, doit ouvrir l'huys de ton cueur et te mener au premier estat de baptesme, c'est la salle de l'empereur catholique. Le chien qui sault pour l'homme tuer est sa propre chair, par laquelle l'homme souvent seroit tué si Dieu ne l'empeschoit. Le faulcon s'en va de la perche par la fenestre, c'est-à dire puissance d'ame ne demeure plus avecques l'homme tant qu'il est descogneu par peché; et si ne le cognoist l'emperiere, sa femme, qui est l'ame, car plus n'a de son salut congnoissance, qu'est-il doncques de faire? Tirer convient l'homme lors à la queue du cheval, c'est se douloir de tout ce qu'il a faict depuis l'heure de sa congnoissance. Communement, en l'Escripture spirituelle, la queue signifie perseverance pour son extremité. Encores n'est tu pas congneu. Va à l'hermite, ton confesseur, à la fenestre de l'eglise, confesse toy de tous tes pechez, voire la fenestre fermée, c'est assavoir à secret privement, et non à la louenge des hommes, mais pour ton salut et soulas, et lors celle confession sera cause que tu seras congneu de Dieu et des anges. La confession faicte, tu seras vestu de vertus et de bonnes operations bonnes et secrettes. Alors dois aller au palais de ton cueur, et tous ces centz chevaliers, et ton ame mesmement, auront de ton salut congnoissance, car tu es fait bon chrestien et empereur de ton regime spirituel, lequel ton bon ange t'a gardé en representant ta personne quant au vestement de vertus, lesquelz il te rend par ses bonnes inspirations, avec le bon prelat par ses bonnes exhortations; par consequent tu obtiendras l'eternelle gloire.

Du peché d'avarice. — CHAPITRE LVIII 1.

adis estoit ung roy qui avoit une belle fille, moult gracieuse, dicte Rosemonde. Comme lors elle fust en l'aage
de dix ans venue, moult etoit subtille
pour courir, tellement que jamais personne ne la
povoit passer à la course. Le roy fist proclamer
que s'il y avoit aucun qui voulust aller courir, qu'il
l'auroit en mariage, pareillement son royaulme
quant il seroit decedé, s'il la vainquoit à la course;
mais s'il ne la vainquoit il auroit le chief tranché.
Plusieurs convindrent pour le jeu de la course
comprendre, mais ils estoient tous vaincus, et
gaignoit la fille du roy, Rosemonde, si que plusieurs moururent pour ce cas. En la cité estoit
ung homme povre qui avoit nom Abibas, et
pensoit en soy que s'il povoit la fille vaincre,
que non seullement il seroit en grande dignité
mys, et aussi tous ses parens et tous ceux de
son sang et lignaige. De trois choses se pour-
veut : d'ung chappeau de roses, d'une ceinture
de soye, puis d'une bourse dedans laquelle lors
il mist un esteuf avec pellotte dorée, sus la-

1. Chap. 60 de l'édit. de Keller. Swan, t. 1, p. 209. —
Ce chapitre est un remaniement de l'histoire d'Atalante, qui
occupe, dans la mythologie, une place bien connue. V. Ovide,
Métamorphoses, l. 10, p. 560; Apollodore, III, 9; Hygin,
fabulæ 99, 174, 185, 270. Dans le texte anglois (chap. 32,
p. 104, édit. de Madden), l'empereur se nomme Pompée et
sa fille Aglaé. Son histoire est reproduite, sous les mêmes
noms, dans la seconde partie, chap. 6, p. 288, et elle forme
le chap. 16 de l'édit. de Winkyn de Worde.

quelle telle description estoit : « Qui fait le jeu
avecques moy, jamais du jeu ne se soulera. »
Ces trois choses mist en son seing, et alla au
palays et frappa à la porte. Le portier demanda
qu'il queroit, et il dist qu'il estoit appareillé courir avec la fille du roy. La fille le vist par les fenestres et le desprisa, disant qu'elle estoit dolente de ce qu'il convenoit courir avec ung pai-
sant et homme de basse condition ; touteffois
il failloit qu'elle courust. Le jeu fut accoustré.
Tous deux coururent, et tousjours alloit la fille
devant, par quoy Abibas gecta son chappeau de
roses devant elle pour l'amuser, car jeunes filles
communement ayment telles choses. La pucelle
print le chappeau et le mist sus sa teste; là
s'amusa bien fort à regarder le chappeau de fleurs,
si que le povre courut et la passa. Quant la pucelle cela veit, elle dist en son cueur qu'il n'appartenoit à ung tel galant et ribault s'approcher
par mariage de la fille d'ung roy. Elle gecta son
chappeau, qui l'amusoit, en une fosse, courut
et attoucha Abibas et luy donna sus la joue, disant : « Demeure, meschant ! » Quant Abibas
congneut cela, il gecta la ceinture de soye devant la fille, qui la leva et ceingnit, et tant se
delectoit à la regarder que le povre la passa bien
avant. La pucelle pleura moult fort, print la
ceinture et la rompit en trois parties, puis courut et tant fist qu'elle vint aussi avant que l'autre, qu'elle frappa sur la joue, disant : « Traistre ribault, tu ne m'auras pas ! » Elle passa loing
devant Abibas, lequel ce voyant attendoit qu'elle
fust près de la stade. Cela fait, Abibas tira de
son seing la bourse de soye, la gectant au de-

vant de la pucelle, qui la leva, et voyant la pelotte qui dedans estoit, s'amusa à lire l'escripture'
de dessus, qui disoit : « Qui avec moy joue jamais
ne se saoullera de jouer. » Lors commença si
fort à jouer à la pelotte que le povre la passa et
fut avant jusques à la stade, si qu'elle fust espousée du povre.

Moralisation sus le propos.

C'est empereur est Nostre Seigneur Jesuchrist ; la
belle fille Rosemonde, l'ame tant belle, pour la similitude de Dieu, à qui elle ressemble, laquelle scet legierement en bonnes œuvres courir tant qu'elle demeure
lors en l'estat de purité et innocence, tellement que
peché mortel qui soit ne la peult passer et vaincre. Le
roy fait crier la bataille de la course, portant telle
condition que, si les pechés vainquent l'homme,
qu'ilz l'auront en leur compagnie là bas en enfer,
et aussi si l'ame les suppedite, qu'ilz auront les testes
tranchées, c'est-à-dire qu'ilz succomberont. Abybas est
le dyable, lequel, de paour qu'il a de succomber en la
course du salut de l'ame, se pourvoist et se garnist de
trois cautelles : du chappeau de roses, qui est le peché
d'orgueil ; car, tout ainsi que le chappeau se niect sus
la teste pour estre veu, aussi l'orgueilleux veult estre
veu plus hault. Saint Augustin dit que « quant tu verras ung orgueilleux, dys hardiement que c'est l'enfant
du dyable. » Doncques, quant l'homme s'amuse sus
le peché, le dyable le supere. Que fault-il faire doncques?
C'est chappeau d'orgueil gecter en la fosse d'humilité,
et ainsi tu frapperas le dyable par suppeditation. L'autre chose que le dyable nous gecte pour nous amuser
est la ceinture de luxure, laquelle, si nous amusons à
la ceindre, nous sommes en la course de salut empe-
chez. Que fault-il faire maintenant? Rompre fault
ceste luxure qui nous deçoit en trois parties : en orai-

sons, jeusnes et aulmosnes. Le dyable puis après nous gecte la bourse de la pelotte. Ceste bourse peult signifier nostre cueur, qui doit estre fermé par embas vers la terre par les desplaisances terriennes, et par en hault ouverte quant à recevoir la divine grace; cela se fait en meditant les choses celestes. La bourse qui à deux cordons pour ouvrir et fermer est le cueur par comparaison; les deux cordons sont l'amour de Dieu et la crainte, qui si bien le cueur doivent fermer et serrer que peché ne puisse dedans entrer; la pelotte qui est dedans trouvée peult estre l'avarice qui se tient au cueur, ou cupidité; car, comme la pelotte se mouve selon toute la difference de sa position, ainsi fait l'avarice des hommes, car elle se tourne sus les biens de la terre, les chasteaulx, sus l'or, sus l'argent, sus toutes autres choses temporelles. Jamais avarice ne se peult arrester, comme la pelotte ronde qui tousjours se tourne. Senecque dist que le peché d'avarice tousjours croist et court en vieillissant tous les autres, mais non avarice, qui tousjours revient en jeunesse. Ne jouons pas à ceste pelotte d'avarice, que nous ne soyons trop amusez à courir vers nostre salut; estudions à si bien courir sans à ces trois choses nous amuser, que nous puissions arriver à la stade, ce pendant que le temps nous avons opportun.

De premeditation tousjours avoir en noz cueurs.
CHAPITRE LIX [1].

C laude regna, qui avoit une seulle fille moult belle, lequel pensoit ung jour comment et en quelle sorte d'honneur il la pourvoyroit. Il disoit à soy mesmes: « Si je la baille par mariage temerairement

1. Chap. 61 de l'édit. de Keller. Swan, t. 1, p. 213. —

à ung riche qui soit fol, je perderay ma fille;
mais si je la veulx donner à ung povre qui soit
sage, moult par sa prudence pourra acquerir. »
Lors estoit en la cité Socrates, grand philosophe, lequel le roy avoit aymé. Il l'appella et luy
dist : « Monseigneur, te plaist-il point en mariage ma fille prendre? » Socrates dist : « Ouy,
sire, s'il vous plaist. — Je te la bailleray soubz
telle condition que si elle meurt tu perdras la
vie : choisis donc de la laisser ou de la prendre.»
Le philosophe fut content et la print soubz telle
condition. Les nopces furent faictes et sollem-
nellement festoyées toutes plaines de solemnité.
Par aucun temps ilz vesquirent ensemble, l'espoux et l'espouse, sans mal et maladie; lors
après cela la fille du roy fut fort malade, tellement que Socrates fut fort dolent; il entra en
une forest et ploroit amèrement. Comme il estoit ainsi en douleur et amertume, le roy Alexandre chassoit en celle forest; l'ung des chevaliers
d'Alexandre vint à Socrates et l'interrogua : « Qui
es-tu? — Je suis, respondit Socrates, serviteur
du seigneur qui est seigneur de ton seigneur.
Lors dist le chevalier : « Il n'est au monde plus
grand seigneur que mon seigneur; parquoy,
puisque tu dis ces choses, je te meneray à
mon seigneur pour sçavoir qui est le tien du-

Ce récit forme le chap. 4 de l'édit. de Winkyn de Worde
(Madden, p. 494), mais il ne figure point parmi les anciennes
rédactions angloises; il est cité dans les *Sermones* de Felton,
conservés en manuscrit au Musée britannique.

On remarquera le mélange des traditions classiques et
orientales, et on peut rapprocher cette anecdote du dernier
apologue de la *Disciplina* de Pierre Alphonse.

quel tant tu presumes. » Quant ilz furent devant le roy Alexandre, le serviteur fist mention des parolles devant proposées, lequel fut interrogué dudit roy Alexandre qui estoit son seigneur duquel il disoit tant de seigneurie. Socrates respondit : « Mon seigneur à qui tu es serviteur est Raison, et son serviteur est Volunté ; est il pas ainsi que ton royaulme tu possèdes jusques à l'heure presente par le moyen de ta volunté et nompas de raison ? et s'il est ainsi, le serviteur de mon seigneur, c'est à dire volunté, est ton seigneur. » Alexandre, ce considerant, dist : « Vrayement, tu as prudentement respondu ; va en paix. » De celle partie de temps le roy Alexandre commença à regir son royaulme par bonne raison et non pas de sa volunté. Socrates entra seul dans la forest pour plorer sa femme ; survint quelque vieillart personnage, qui luy demanda la cause de son pleur et tristesse. Socrates lui compta comment il estoit en dangier de mort pour la condition de sa femme, qui estoit fort malade ; parquoy le vieillart lui dist : « Fais mon conseil et tu ne t'en repentiras point. Ton espouse, pour vray, est de la semence des roys et du sang. Quand son père se fera saigner, preingne ta femme de son sang et s'en lave les mammelles et l'estomach, puis tu luy feras une potion et ung emplastre de trois herbes qui sont en ceste forest : de l'une fais la potion et des deux autres l'emplastre pour mettre sur le lieu où elle sent le mal ; et si ainsi le fais tu la guariras. » Socrates fist son commandement, et par ainsi guerit sa femme. Quant le roy sceut que Socrates laboura tant pour la santé et convalescence de sa fille, le fist à grands honneurs venir et attaindre.

Moralisation sus le propos.

Ce roy est Jesuchrist, la fille tant belle est l'ame. Ceste fille Dieu a donné, nompas à ung homme riche, mais à ung povre. Selon Job, l'homme n'est pas riche quant il sort du ventre de sa mere tout nud. *Nudus egressus sum de utero matris mee.* L'ame nous est donnée soubz condiction de mourir si elle a mal en nostre compaignie, c'est-a-dire si elle est en peché mortel, qui est la mort de spiritualité. Mais il faut faire comme Socrates, aller en la forest de l'Eglise, là où nous trouverons le vieil et ancien, c'est le discret confesseur, par le conseil duquel sera l'ame guerie. Que conseille le confesseur? Il fault oingdre sa poitrine du sang de Jesuchrist, et par recente recordation; puis fault recueillir trois herbes : contriction, confession et satisfaction. De la première, qui est contriction, fault faire la potion de douleur et deplaisance d'avoir offencé, et des autres deux, confession et satiffaction, l'emplastre de penitence ; par ce moyen sera l'ame guerie de son peché. Le roy Alexandre, qui alloit chasser, est l'homme mondain, qui est reglé par sa volunté et non par raison ; pourtant il le faut faire corriger par bonnes demonstrations et doctrines.

De la beaulté de l'ame fidelle. — CHAPITRE LX[1].

 aïus regna prudentement, au règne duquel estoit une femme nommée Florentine, qui estoit si belle que trois roys l'assiegèrent et la violèrent tous

1. Chap. 62 de l'édit. de Keller. Swan, t. 1, p. 217. —

trois. Après ces choses, par grant amour et jalousie grande bataille sourdit, tellement que la gent quasi infinie, tant d'ung costé que d'autre, mourut en celle battaille. Les satrapes, ce voyant, vindrent au roy et luy dirent : « Sire, celle dame Florentine tant est belle que chascun meurt pour sa beaulté et convoitise, tellement que si tu ne metz à ce remède, quasi tous ceulx de ton royaulme periront » Le roy, ce congnoissant, manda à la belle Florentine, luy commandant que, les lettres veues, vint à luy sans dilation. Le messagier fut devers elle, mais devant qu'il parvint à son logis, elle trepassa. Le messagier fist le rapport de la mort de Florentine. Le roy fut bien dolent qu'il ne l'avoit peu veoir en sa beaulté, et fist venir tous les painctres de son royaulme pour leur commander que ilz allassent prendre la semblance de Florentine, car il voulut sçavoir si une grande beaulté pouvoit estre cause de tant de personnaiges mors. Les painctres respondirent : « Sire, vous commandez quasi une chose qui est impossible, car tant estoit Florentine pleine d'excellente beaulté que tous les painctres du monde ne la sauroient figurer, fors et excepté ung qui se musse sur les montaignes. » Le roy manda ce painctre querir et le supplia qu'il allast despaindre l'ymage de la belle Florentine selon tous ses membres, et qu'il en seroit bien satisfaict et remuneré. Le

Cette anecdote se trouve également dans la rédaction angloise des *Gesta,* publiée par Madden, seconde partie, chap. 39, p. 400. Les personnages portent les noms de Mamertinus et de Facondia. L'histoire des modèles que choisit Zeuxis a dû servir de base au récit que nous reproduisons.

subtil painctre respondit au roy et dist : « Sire,
tu demande une chose bien difficile ; touttefois,
concèdes toutes les belles femmes de ton royaulme
venir devant moy par l'espace d'une quantité
d'heure sans plus, et je feray ton commandement. » Le roy fist convocquer toutes les dames
et presenter au painctre, lequel en choisit entre
les autres quatre, puis aux autres toutes donna
congé. Le painctre commença à paindre bien
songneusement d'une rouge couleur, et mist en
la forme de l'ymage les membres des quatre
femmes, et ce qui estoit le plus beau, tellement
qu'il accomplist de chascune beaulté des quatre
femmes son ymage. Quant l'image fut fait, le
roy la veit, lequel, après qu'il l'eut veu, dist :
« O Florentine, si tu vivois tu deveroys bien
aymer ce painctre qui en si haulte beaulté te de-
core ! »

Moralisation sus le propos.

Ce roy est le Pere celeste. Florentine, tant belle
sans mesure, pour vray est l'ame, qui est à la
semblance de Dieu creée. Les troys roys qui l'assiege-
rent et viollerent sont le monde, la chair et le dyable, qui, pour le peché des premiers parents, en firent
à leur plaisir, tellement que tout le monde pour leur
discention tomboit à la mort et descendoit aux limbes.
Ce voyant, les sages satrappes, c'est assavoir les patriarches et les prophètes, cryoient au roy supernel
pour à ce donner remède. Dieu envoya son procu-
reur Jehan-Baptiste ; mais devant son advenement
l'ame fut morte. Les painctres furent appellez, c'est
assavoir toutes les creatures et du ciel et de la terre,
mais personne ne fut trouvé qui fust digne de prendre
la forme de l'ame morte, quant à sa propre beaulté et

pulcritude. Le grant et subtil painctre qui vint des montaignes est Nostre Seigneur Jesuchrist, qui des cieulx descendit pour l'ame reformer et la reforma, et paingnit de la vermeille couleur de son sang; il esleut quatre femmes pour avoir de chascune quelque res-remblanche : par la première femme, nous entendons la nature des pierres, car nous avons à estre de leur nature; par la seconde, la nature des plantes, car nous avons à vegeter comme les arbres; par la tierce, la nature des bestes, car nous avons à sentir ou leur complection; et par la quarte la nature des anges devons entendre, veu que nous avons raison avec les anges. Quant le roy veist ainsi l'ame depaincte, dist à haulte voix : « O belle Florentine ! belle Florentine ! c'est à veoir l'ame de beaulté, bien dois aymer Jesuchrist, ton painctre, devant et sur toutes choses, qui t'a voulu en grande beaulté reformer! »

De la delectation des choses mondaines.
CHAPITRE LXI[1].

Vaspasian regna, qui avoit une moult belle fille dicte par nom Agla ; tant estoit de beaulté munie, que toutes autres femmes transcendoit et passoit. Le roy son père la regardant ung jour, lui dist : « Ma chière fille, ta beaulté merite bien d'avoir et acquerir nouvel nom et de belle sorte,

---

1. Chap. 63 de l'édit. de Keller. Swan, t. 1, p. 220. — L'histoire de Thésée et d'Ariane, la mort du Minotaure, forment le fond de ce récit, qui a été remanié d'une manière singulière. V. l'histoire de l'empereur Gardinus, dans le texte anglois, chap. 31, p. 99, et dans la seconde partie, chap. 37, p. 391, l'histoire de l'empereur Sardonius et de sa fille Eulopia.

selon la complection de ta joyeuse nature ; soit
Agla muée donc en Soulas ; dès maintenant à jamais tu auras nom dame de Soulas, en signe
que tous ceulx qui ceans et en tous lieux où tu
seras tristes viendront s'en retournent en soulas
et en joye. » Le roy avoit jouxte le palays ung
très beau et somptueux verger, auquel il alloit
souvent son corps spatier pour cause de recreation. Il fist cryer à son de trompe, partout en son
royaulme, que si aucun vouloit avoir en mariage
sa fille, qu'il vint au palays et fut troys jours en
son jardin, puis s'en retournast. Plusieurs voulant
et sperant avoir la fille du roy vindrent au palays et entrèrent au jardin, et puis en après n'estoient veuz. Il estoit ung chevalier de loingtaine
partie qui pour ce cas vint au palays et dist au
roy que il estoit deliberé d'entrer au verger pour
avoir sa fille, mais qu'il luy pleust et à sa royale
majesté fust agreable, devant que entrer au verge, parler ung mot à la fille. Le roy fut content.
Le chevalier alla à la pucelle, disant : « Ma très
aymée et très chière dame, vostre nom est la
dame de Soulas. Ce nom vous a esté imposé pour
donner soulas aux tristes. Il est vray que je suis
venu bien triste vers vous ; je vous prie, don-
nez-moy bon conseil, et aide telle que joyeulx je
puisse m'en retourner de céans. Plusieurs sont
venus et tous sont peris au verger sans plus estre
veuz. Si le cas tel me advient, je serois bien
malheureux de vous avoir tant à femme desirée. »
Lors dit la fille de l'empereur : « Je te diray la verité, et ton triste cueur en soulas convertiray. En ce
verger est ung merveilleux lyon qui tous les en-
trants devore. Prendz ton harnois et soies armé

totallement depuis la plante des piedz jusques à la summité de la teste, puis oings ton armure de gomme. Quant tu seras au verger entré, le lyon contre toi viendra fièrement; combats contre luy de toute ta force. Quant tu seras lassé et fatigué, separe toy de la male beste : quant le lyon te verra separer, il courra après toy et te prendra par la jambe, te serrant si fort que ses dents se prendront à la gomme, si que peu te pourra blesser; tire lors ton cousteau et luy trenche la teste. Ce n'est pas tout : il y a encores ung autre peril au jardin; car il n'y a que une seule voye pour y entrer, et voyes diverses y sont pour les gens divertir et decevoir, en telle façon et manière que qui y est une fois à grant peine s'en peut il saillir. Pour cela te fault prendre du fil que je te bailleray, et l'attacher à l'entrée de la porte, puis descendre par le conduyt du fillet dedans le vergier, et ainsi que tu aymes ta vie, garde toy de laisser le bout. » Le chevalier fist en la sorte telle que la fille luy avoit dict, tua le lyon et prevalut; de ce tant estoit son cœur joyeulx, qu'il perdit le fillet par lequel il estoit descendu, et fut si dolent lors que c'estoit pitié. Toutteffois, après trois jours, tant chercha qu'il trouva de nuyt le fillet; il fut bien joyeulx, s'en vint au roy et espousa sa fille.

Moralisation sus le propos.

Cest empereur est Nostre Seigneur Jesuchrist. Sa fille, dame de Soulas, est l'eternelle gloire tant belle, laquelle qui la vouldra avoir il luy convient entrer au vergier de ce monde, que tant est plain de diverses voyes et deceptions qu'à grand labeur on peult saillir; et si n'y a que une porte pour y entrer. *Unus est introitus hominum et inventorum.* Le lyon est lê diable querant qu'il devorera, si que plusieurs, quasi infinis, sont devorez. Qu'est-il de faire? Prendre fault les armes de vertus qui soient de la gomme d'aulmosne decentement enjoinctes; car comme la gomme deux choses joinct ensemblement, pareillement aulmosne Dieu avecques l'ame. Puis il fault prendre le peloton de fil; car, comme le peloton de fil commence par ung bout et finist à l'autre, pareillement la vie de l'homme par le baptesme, puis finist après la prosecution des sacrements et tent à fin en descendant. Mais le dyable tousjours est prest pour combatre: tu dois résister et fortement debatre, si que tu trenches la teste de sa puissance par bonnes operations; mais que après qu'on a triumphé du dyable l'on perd le fil, c'est la prosecution des sacrements par les vertus en iceluy acquises. Fais comme le chevalier: si tu as ton fillet perdu, c'est vertu, ayes en desplaisance, chemine l'espace de trois jours pour le trouver, c'est à voir, les trois parties de penitence, contriction, confession et satisfaction; et ainsi quant tu viendras à la porte de la mort, tu pourras à la dame de Soulas parvenir et l'espouser en beatitude.

De l'incarnation du filz de Dieu.
CHAPITRE LXII[1].

Aucun roy regna au royaulme de Cecille, qui avoit trois vertus. Premièrement, il estoit fort de corps entre tous les hommes de la terre; secondement, le plus sage; tiercement, le plus beau;

1. Chap. 64 de l'édit. de Keller. Swan, t. 1, p. 225.— Un récit en abrégé se trouve dans la rédaction angloise des *Gesta*

par quoy longtemps fut sans espouser, mais finablement ses amys le conseillèrent de prendre
compagnie de mariage. Lors le roy respondit :
« Mes amys, je suis assez riche, vous le scavez ;
allez doncques par les royaulmes, villes et chasteaulx, et faictes tant que une vierge qui soit
prudente me trouvez, belle semblablement ; et
si ces deux choses en une fille me trouvez, non
pourtant qu'elle soit povre, je la prendray en
compagne de lict et de mariage. » Les seigneurs
et parents s'en allèrent par tous les royaulmes et
enfin trouvèrent une belle fille, qui pareillement
estoit sage, de la lignée des rois et de sang et de
royaulté engendrée. Le roy, informé par eulx
qu'elle estoit de la condicion qu'il demandoit, la
voulut esprouver ; il appela son messagier et luy
dit : « Viens ça : voilà ung drap de lin qui contient de longueur et de largeur trois poulces ; va
à celle pucelle, et luy dis, après que par moy l'auras saluée, qu'elle fasse de ce petit linge pour
mon corps vestir une chemise, laquelle si elle la
fait, je la prendray à femme. » Le messagier fist le
commandement du roy et dist à la pucelle le
commandement du cueur du roy. La pucelle fut
esbahye, respondant : « Comment est-il possible,
dist-elle, de si peu de linge faire si large chemise ? Touteffois, qu'il me face bailler ung vaisseau et la chemise, je feray son commandement. »
Le messagier retourna au roy, qui luy envoya le
vaissel qu'elle demandoit pour besongner, qui
moult estoit précieulx et beau. La pucelle be-

(chap. 43, p. 142, édit. de Madden); le roi porte le nom
d'Archilaus. La source de cette historiette n'est pas bien
connue.

songna si subtillement qu'elle fist la chemise,
puis le roy l'espousa.

L'exposition moralle sus le propos.

Ce roy est Dieu tout-puissant; la pucelle de la
lignée des roys est la benoiste vierge Marie, mére
de Dieu et homme, qui moult fut belle par la grace
de bonté qu'elle avoit, et moult sage; le messagier est
Gabriel qui la salua de par le roy supernel; le drap
est la grace du Saint-Esperit, qui avoit trois poulces
de mesure, c'est assavoir trois choses qui furent en la
conception du filz de Dieu: la puissance de Dieu le
père, le sapience du filz et la clemence du Saint-Esperit; desquelles trois personnes elle demanda le
vaisseau saint de son ventre sanctifié, pur, nect et
sans macule quand elle voua virginité, auquel elle fist
la noble chemise, c'est à noter, l'humanité de Jesuchrist. Ce voyant, le Père celeste la feist royne compaigne de son royaulme.

De la cure de l'ame. — CHAPITRE LXIII[1].

Jadis ung roy fust qui passa d'ung pays
en autre, c'est-à-dire d'une cité en
autre. En passant il trouva une croix
de tous costez escripte. D'un des cos-
tez estoit escript: « O roy! si tu passes par ceste
voye, tu auras pour ton corps bon logis, mais
ton cheval sera mal servy. » De l'autre costé estoit
escript: « Si tu passes par ce chemin, tu seras mal

---

1. Chap. 65 de l'édit. de Keller. Swan, t. I, p. 227. —
Nous ignorons de quel ouvrage le rédacteur des *Gesta* s'est
inspiré en écrivant ce chapitre.

servy, et ton cheval moult bien et à prouffit. » De l'autre party estoit descript : « Si tu passes par cy, toy et ton cheval serez bien servis ; mais devant que partir et d'esloigner, tu seras fort batu. » Sus le dernier costé estoit painct et descript : « Si tu passes par ce sentier, tu seras bien servy, mais ton cheval perderas, et pourtant il te convient cheminer des piedz. » Le roy ne sçavoit que faire ; fors à la fin il dit : « Je veulx par la voye première passer, car je seray bien servy et mon cheval mal ; une nuyt bien tost passera. » Il frappa de ses esperons et vint à ung chasteau où ung chevalier le festoya bien, mais son cheval fut mal servy. Le lendemain il se leva et chevaucha à son plaisir.

Moralisation sus le propos.

Par cest empereur est entendu chascun bon chrestien qui doit equiter et chevaucher selon son ame ; le cheval qui le porte est le corps humain, des quatre complexions elementaires composé ; la croix qui est au millieu de la voye peult estre nostre conscience, qui est en la maniere d'une croix estendue. L'une partie nous veult à bien provocquer, l'autre dit que nous bataillons fort contre le dyable ; l'une dit : si tu voys par la voye de penitence dedans l'hostellerie, qui l'Eglise denote, là sera bien l'ame, mais le corps doit estre mal pensé par penitence ; qui par là va, il fait sagement ; l'autre si est la voye de volupté, là où le corps, par le cheval denoté, est bien traicté, quant a ses plaisances, et non l'ame ; l'autre voye si est la sente de cupidité et avarice, là où le corps est à son plaisir, mais enfin sera batu par penitence ; l'autre voye si est telle qu'à l'ame bien sera, mais elle perdra son corps : c'est la voye du religieux, qui perd les vanitez du monde,

les concupiscences et toutes les plaisances pour vivre
selon Dieu ; parquoy dist Nostre Seigneur : « Qui perdera son ame pour l'amour de moy en ce monde, lassus en l'autre la gardera. »

De la vertu de constance. — CHAPITRE LXIVI.

uelque roy regna, qui avoit une seulle
fille, laquelle moult il avoit aymée,
car elle estoit seulle, sans frères et
seurs. Après la mort de son père, fut
la fille dame du royaume. Quelque duc, ce voyant,
luy promist moult de choses si elle luy vouloit
consentir. La fille, seduicte, fut par luy viollée,
parquoy elle plora tristement. Le duc tyran la
chassa de son heritage. La povre dame, bien desolée, se seoit tous les jours en la voye publique,
querant son pain et mendiant. Comme ung jour
elle se seoit, passa par là quelque chevalier, lequel la voyant belle, fut d'elle pris et ravy, et
luy dist qu'elle luy dist qui elle estoit. Elle luy
compta tout son cas, comment elle estoit seduicte
par le tyrant et deflorée. Le chevalier luy demanda si elle vouloit estre sa femme ; lors elle

1. Chap. 66 de l'édit. de Keller. Swan, t. 1. p. 229. —
Ce récit se retrouve dans le 11e chapitre de Winkyn de
Worde, et parmi ceux que Madden a publiés, chap 9, p.
22, et seconde partie, chap. 41, p. 404. Ce savant observe
qu'on trouve cette même histoire dans un abrégé des *Gesta*
conservé parmi les manuscrits du Musée britannique ; elle
a pour titre : *De quadam puella potente et ditissima que regnum possedit ;* il nous apprend aussi que Felton, dans ses
Sermones dominicales, a cité cette anecdote.

respondit : « Ouy, sire, dist elle.—Si tu me veulx promettre, dist le chevalier, que jamais autre que moy tu ne prendras, je te prendrai à espouse lors, et feray bataille contre le tyrant et recouvreray ton royaulme. Si je meurs aussi en bataille, je veulx que tu gardes mes armes, en signe d'amour, toutes sanglantes. Si quelque ung te venoit soliciter de te marier, je veulx que tu entre en ta chambre pour regarder mes armes, affin que de moy tu ayes souvenance. » La royne luy promist toutes ces choses parfaire : « Mais à Dieu ne plaise, dist elle, qu'en la bataille tu meures. » Le chevalier, voyant la promesse de la royne, conceut et print la bataille contre le tyrant, le vainquit et luy trancha la teste ; touteffois il fut blessé à mort, si qu'il mourut après trois jours. La dame par longtemps se lamenta fort et pendit ses armes en sa chambre, les visitoit souvent et ploroit ; plusieurs la requeroient à femme, mais elle entroit en sa chambre, pensant à son chevalier, et regardoit ses armes, si que point ne se voulut marier, ains disoit : « Je fais à Dieu veu que jamais mariée ne seray, puis que celluy qui m'a de mon royaulme revestue totallement est mort. » La dame tousjours vesquit en cet estat.

Exposition moralle sus le propos.

Ce roy est le Père celeste; la fille, l'ame de Dieu créée, qui devoit avoir le royaulme de son père, l'heritage de paradis ; mais le duc, le dyable d'enfer, la seduyt par le peché des premiers parens. Elle se seoit en la place de ce monde, querant en douleur son pain : *In sudore vultus tui vesceris pane tuo.* Le chevalier qui la secourut est Jesuchrist monté sus le cheval de nostre chair humaine; de l'ame fut amoureux et combatit pour elle, tranchia le chief de la puissance du dyable, rehabilita son heritage, touteffois il y mourut. Que doit faire l'ame voyant son royaulme recouvert? Elle doit pendre ses armes plaines de sang en la chambre de son cueur par meditation des playes de son Redempteur, et s'il luy vient quelque temptation pour la destourner de son bon propos de salut, regarde la croix de son chevalier amoureux : par ainsi elle contempnera tous vices et plaisances pour la mort de son Seigneur, et obtiendra enfin paradis.

De non avoir excusation en la fin de la mort.
CHAPITRE LXV [1].

Maximian regna, au règne duquel estoient deux chevaliers, l'ung fol et l'autre sage, qui mutuellement avoient l'ung à l'autre grant amour. Le sage dist au fol : « Veulx tu pas bien que nous convenons ensemblement d'une chose? » Le fol fut content. « Chascun tire doncques de son bras force sang, dist le sage; je boiray le tien et toy le mien, en signe d'amour et en signe que jamais nous ne nous laisserons l'ung l'autre, mais serons toujours participans en toutes choses. » Cela fut fait : l'ung beut le sang de l'autre, puis tous deux

---

1. Chap. 67 de l'édit. de Keller. Swan, t. 1, p. 232. — Il forme le chap. 8, p. 18, de l'édit. de Madden, et il est le 10e de l'édit. de Winkyn de Worde. Bromyard cite cette anecdote dans sa *Summa predicantium*, au mot *Amicitia*. Dans l'ancienne rédaction angloise l'empereur se nomme Folliculus et les deux chevaliers Jonathas et Pyrius.

en une maison demourèrent. Le roy fist deux
citez, l'une sus une montaigne, là où tous ceulx
qui là yroient demourer seroient riches à jamais,
et là sans fin seroient persistans. Pour monter en
ceste cité, la voye moult estoit difficille, plaine
de pierres et estroicte grandement. En la voye
de celle cité demouroient trois chevaliers avecques grant exercite, tellement qu'il convenoit
tous les passans contre ceulx cy combattre, tout
autrement il leur estoit force tout perdre, jusques
à la vie. Le roy mist et ordonna ung seneschal en
ceste cité pour indifferentement tous recevoir et
leur administrer selon l'estat et condition de leur
lignaige. L'autre cité fist faire le roy au pied de
la montaigne, de laquelle le sentier pour y
aller estoit moult beau et facile pour y entrer.
Trois chevaliers estoient en la voye de ceste seconde cité, qui tous passans joyeusement rece-
voient et leur administroient selon leur volunté.
En ceste cité estoit ung autre seneschal pour in-
carcerer et en prison mettre tous ceulx qui y en-
troient, jusques à l'advenement du roy, auquel il
les presentoit, ou à son juge, qui ne pardonnoit à
personne. Le sage chevalier dit à son compaignon
imprudent : « Mon très cher et parfait amy,
allons par le monde comme les autres chevaliers
pour gaigner biens et terres largement. » Ainsi
fut fait. Tous deux s'en allèrent par aucune voye,
jusques ilz parvindrent à ung chemin de deux
voyes. Le sage dist au fol : « Si nous allons par
ung de ces deux chemins, nous parviendrons à
une noble cité où nous aurons tout ce que nostre cueur sauroit desirer. Mais si nous tendons par
l'aultre chemin, nous parviendrons à l'autre cité

qui est en bas lieu construite, là où nous serons
incarcerez et au juge presentez et pendus. Je te
conseille que laissons ce chemin et allons par la
sente de l'autre, qui à la bonne cité nous con-
duira. » Lors le chevalier qui estoit fol dist à
son compaignon : « En la cité où tu veulx aller
sont trois chevaliers qui tous les passans des-
pouillent, et si est la voye très fort difficille, pour
ce qu'il convient combattre. — Vray est, deist
le sage ; mais nous sommes chevaliers, et pourtant il est expedient aux chevaliers combatre.
Si le chemin est penible, touteffois, quant on est
passé, on a tout son desir en la cité, et si l'autre
pourtant est si beau et facile, touteffois enfin
ceulx qui y vont sont perdus et pendus. » Longtemps alterquèrent pour sçavoir à laquelle cité
ilz iroient. Mais enfin fallut obeyr au fol, et furent par le beau chemin, auquel ilz trouvèrent
les trois chevaliers qui les receurent pompeusement, et furent bien traitez. Et, en chascune refection, le fol disoit au sage : « Ne disois je pas
bien que ce chemin estoit beau et qu'on y estoit
le bien venu, et non pas en l'autre ? » Quant le
senechal de cette cité sceut que les deux chevaliers estoient là près de la cité, il les fist prendre, puis mettre dedans la prison estroicte. Le
fol fust mys, lyé de tous ses membres, en une
basse fosse bien profondement, et le sage seulement en prison. Quant le juge fut venu, en la
cité, tous les malfaicteurs de la cité luy furent
presentez, et entre tous les autres ces deux. Le
sage dist au juge : « Monseigneur, je me plains
de mon compaignon, car il est cause de ma
mort. Je luy ay bien predict la condiction de

ceste cité, mais oncques ne m'a voulu croire, tellement qu'enfin j'ay esté contrainct, pour le serment que j'avoys ou luy, avecques luy venir, et ainsi il m'a deceu. » Le fol se deffendoit et disoit : « Monseigneur, veu et consideré qu'il est homme prudent et moy fol par nature, je dys que par sa prudence facillement et de legière volunté point ne devoit se adherer à moy : car s'il fust allé le premier par l'autre voye, qui estoit bonne, je fusse retourné à la fin et l'eusse suivi par le jurement de nous deux, parquoy je le dys estre de ma mort coulpable. » Le juge dist à tous deux, et premièrement au sage : « Toy, sage, par la lascheté de prudence tu as offencé, et toy, fol, par ta folle credence, parquoy je vous condampne tous deux à estre patibulez et pendus. » Et ainsi fut il fait.

Moralisation sus le propos.

Ce roy est Nostre Seigneur Jesuchrist ; les deux chevaliers, le corps et l'ame ; le corps est fol et l'ame sage. Ces deux au baptesme furent confederez, tellement que l'ung beut du sang de l'autre. Boire le sang l'ung de l'autre n'est fors que se poser en peril l'ung pour l'autre, tellement que, si la chair fait les charnelles voluptez, l'ame par penitence s'en doit sentir, et si l'ame peche, le corps pour elle doit souffrir jeusnes et vigilles. Les deux voyes sont penitence l'une, l'autre la gloire du monde. Les deux citez, l'une sur la montaigne, le ciel sur le firmament, et l'autre dedans la vallée située profondement, enfer. Au ciel est la voye bien estroicte, par l'austerité de penitence, si bien que peu vont par là. En ceste voye sont trois chevaliers : le monde, la chair et le dyable, par lesquelz il fault passer et les combattre par la voye de penitence. Dedans ceste cité est le seneschal, c'est Dieu, qui toutes choses à tous affluentement donne selon les merites. En l'autre voye d'enfer sont trois femmes : orgueil de vie, la concupiscence des yeulx et la concupiscence de la chair, par lesquelles choses les mondains quant à quelque temps ont leur plaisir et transitoire felicité. La voye d'enfer est toute facile pour cheminer et plaine ; mais le seneschal, qui est la mort, transmet ses satellites et explorateurs, qui sont les infirmitez, pour le prendre, si que l'ame soit dampnée. Quant viendra au jour du jugement, l'ame contre le corps devant le juge parlera, et le corps au contraire ; mais le juge condampnera l'ung et l'autre s'il les trouve mors en peché. De ce nous veuille garder celluy qui vit et regne par tous les siecles.

De verité non point celer jusques à la mort.
CHAPITRE LXVI [1].

 ordian regna, au règne duquel estoit ung noble chevalier qui avoit une belle femme qui souvent soubz luy adulteroit. Le cas advint que le chevalier

1. Chap. 68 de l'édit. de Keller. Swan, t. 1, p. 238 ; Madden, chap. 45, p. 146. — L'histoire de ces trois coqs se trouve aussi dans le *Dialogus creaturarum moralisatus*. Quant au langage des oiseaux intelligible pour les hommes, c'est une idée orientale, dont il est fait mention dans le Koran ; Schmid, dans les notes qu'il a jointes à sa traduction allemande d'un choix des contes de Straparole (Berlin, 1817, p. 323), a traité ce sujet avec érudition. Nous avons nous-même indiqué le résultat de quelques recherches sur ce sujet dans une note qui accompagne la réimpression que nous avons faite en 1840 d'un opuscule en patois de la Lorraine, *la grosse enuvaraye Messine*. Un récit où figure un chevalier qui emprunte le langage des oiseaux fait partie d'une ancienne rédaction allemande des *Gesta* (Voir la traduction de Græsse, t. 2, p. 191), mais il ne se trouve pas ailleurs.

alla en pelerinage, parquoy elle appela son amoureux. Celle dame lors avoit une chamberière qui entendoit le chant des oyseaulx. Quant l'amoureux vint en la maison de ladicte dame, lors estoit trois coqz en la court. Comme l'amoureulx estoit avecques son amoureuse couché, à l'heure de minuit, le premier coq chanta. La dame dist à la chamberière : « Dy moy, chamberière, que c'est que deist le cocq ? » La chamberière respondit que le cocq disoit qu'elle faisoit à son seigneur injure, parquoy la dame le feist incontinent tuer. Puis après, à l'heure convenable, le second cocq chanta, et ladicte dame feist parler la chamberière, qui luy dist que le cocq disoit que son compaignon estoit mort pour avoir dit la verité, et qu'il estoit prest de mourir comme luy pour la soustenir. La dame fist le second cocq tuer, comme le premier, et le tiers chante après, à son heure, puis la chamberière respondit à la dame qui l'interrogeoit du cocq, qu'il disoit : « Entendz, voys et te tais, si tu veulx vivre lejourd'huy, sans la mort, en paix. » Lors la dame ne fist point mourir le tiers cocq.

Moralisation sus le propos.

Cest empereur est le Père celeste ; le chevalier, Jesuchrist ; et sa femme, l'ame par baptesme fiancée. Celluy qui la deçoit est le dyable, par peché. Touteffois que nous consentons à peché, nous adulterons en Jesuchrist ; la chamberiere est la conscience, laquelle murmure contre peché et excite l'homme à bien faire. Le premier cocq qui chanta est certainement Jesuchrist, qui reprimanda les pechez. Parquoy les juifz le mirent à mort, et aussi nous le tuons quant à ce qui

est en nous pour la delectation de nos pechez. Par le
second cocq sont les martyrs entendus, qui sont
mors pour avoir dit verité ; par le tiers cocq nous
devons entendre les predicateurs, qui se taisent, voyent
et ecoutent, et n'osent dire la verité des pechez que
l'on commet au monde.

De chasteté. — CHAPITREE LXVII [1].

allus regna grandement saige, qui vouloit aucun palais construire. Pour l'e-
difice faire parla à ung subtil ouvrier.
En celluy temps estoit ung chevalier
en son royaulme qui avoit une belle fille, lequel,
voyant du charpentier la prudence, pensa qu'il

1. Chap. 69 de l'édit. de Keller. Swan, t. I, p. 240. —
On peut recourir aussi à l'histoire de Devasmita dans les
Mille et un jours, édit. de Loiseleur Deslongchamps, p. 638-
641, et l'on rencontrera dans le *Tooti Nameh*, ou *Les Trente-
cinq contes d'un perroquet*, traduits par madame Marie
d'Heures (Paris, 1826, in-8), un conte qui .offre beaucoup
de rapports avec celui-ci. V. également dans la *Revue rétro-
spective*, seconde série, t. 12, p. 11, un récit traduit par Gal-
land, d'après une collection de fables en turc.

Quant à l'idée de l'épreuve, dont l'origine se trouve aussi
dans des contes orientaux, elle s'est offerte en Europe sous
diverses formes. On peut y reporter le *Cor* ou *cornet à boire*
du roman de Tristan ; la Rose du roman de Perceforest ;
la *Coupe enchantée* de l'Arioste, reproduite par La Fontaine ;
le fabliau du Courmantel (Voir les *Fabliaux* traduits par
Legrand d'Aussy, t. I, p. 126, 150, 151). La 21e nouvelle
de Bandello est basée sur une donnée semblable Le docteur
Græsse, dans son *Cours d'histoire littéraire universelle* (en allemand), t. 2, sect. 3, p. 185, a signalé les divers écrits où
pareille épreuve figuroit ; on retrouve, en remontant jusqu'à
Hérodote (l. 2, chap. 3), une anecdote du même genre pré-
sentée sous une forme assez repoussante.

luy bailleroit sa fille pour espouse. La convention du mariage fut faicte, les nopces semblablement ; puis la mère de la fille convocqua son gendre, luy disant : « Mon amy, tu as ma fille prinse. Voicy une belle chemise qui a la condition et vertu que jamais on ne la doit laver, ne se peult rompre, muer de couleur et estre consumée, tant qu'il y aura entre toy et ma fille vraye charité d'amour ; mais si l'ung de vous se forfait par violation de loyal mariage, dès aussitost rompra la vertu de la chemise. » Le charpentier, ce considerant, fut joyeulx et print la chemise, disant que c'estoit un noble joyau. Après cela, le charpentier fut appellé pour faire le palais, print avec luy la chemise de chaste condition, et laissa en sa maison son espouse pour accomplir le palais, et demeura avecques le roy jusques à ce qu'il fut fait. Comme il besongnoit, chascun s'esmerveilloit que sa chemise ne se salissoit point. Le roy luy pria qu'il luy pleust luy dire la cause de ceste chemise toujours blanche. « Sire, sachés que tant que moy et mon espouse serons sans violler nostre mariage, que cette chemise ne sera contaminée ; mais, au contraire, si nous le maculons, elle sera infame. » Lors aucun chevalier dist alors que, s'il pouvoit, il lui feroit laver sa chemise. Cela disoit à soy-mesmes. Le chevalier s'en alla à la maison du charpentier et sollicita fort sa femme de peché. La dame le receut joyeusement. Le chevalier la persuada fort d'amour inordonnée. La dame respondit que telle chose queroit lieu secret : « Viens avecques moy en ma chambre. » Quant il fut en la chambre, lors elle saillit et luy ferma l'huys.

Ceste dame le visitoit tous les jours et le substan-
toit d'eau et pain. Le chevalier la prioit moult
qu'elle le laissast aller, mais elle ne consentoit
point. Deux autres de la court du roy vindrent
à elle pour la prier d'amour, mais elle leur fist
comme l'autre, si que plusieurs jours là demeu-
rèrent. La commotion fut faicte chez le roy que
ces troys estoit devenuz. Quant le palais fut consummé, le charpentier s'en retourna en sa maison et fut joyeusement de sa femme receu, qui
luy demanda de son estat, et voyant sa chemise
tant blanche, dist qu'il estoit de juste cause que
on louast Dieu, puisqu'il apparoissoit qu'ilz estoient chastes par la mundicité de la chemise.
Lors le charpentier commença à sermonner de
trois chevaliers qui estoient perdus, et qui l'avoient
interrogué, comme il disoit, de la blancheur de
sa chemise, l'ung après l'autre. Parquoy sa
femme respondit qu'elle les tenoit en une chambre, luy comptant tout le cas advenu, comment
ilz l'avoient d'amours priée. Le charpentier en
fut fort joyeulx et loua fort l'estat de sa chaste
femme ; puis laissa aller les chevaliers, et vesquit chastement avec son espouse jusques en
la fin.

Moralisation sus le propos.

Ce roy est le Père celeste, qui a ung palais à construire, c'est le cueur humain plain de bonnes
vertus, auquel Dieu se delecte grandement ; le chevalier qui a la belle fille peult estre Jesuchrist, qui a
l'ame pour fille de son espouse l'Eglise procreé ; le
charpentier est le bon chrestien qui l'ame prent avecques la blanche chemise. La chemise n'est autre chose
que la foy plaine de saincteté, qui tousjours en en-

fance demeure de mundicité tant que nous sommes en
fidelité et estat de grace. Que reste lors? Eriger et
dresser le palais du cueur par bonnes operations et
œuvres de misericorde. Les trois chevaliers doivent
enfermer l'ame dedans la chambre de penitence jusques à ce que le loyer eternel soit prest, lequel nous
veuille prester le Pere, le Filz et le Saint-Esperit.

De la componction de l'ame fidelle.
CHAPITRE LXVIII [1].

adis estoit ung roy qui avoit une belle
fille qu'il vouloit marier. Elle avoit fait
veu que jamais mariée ne seroit jusques à ce que son mary eust trois choses
perpetrées : la première, si estoit jusques qu'il
sceust la longueur, la largeur et la profondité des
elemens ; la seconde, qu'elle vouloit qu'il muast
le vent d'aquilon ; la tierce, qu'elle vouloit qu'il
portast le feu en son giron, près de la chair,
sans lesion et blessure. Le roy son père, ce
considerant, fist le veu de sa fille par tout son
royaulme promulguer et crier, affin que, qui
vouldroit sa fille mener en mariage, qu'il accomplist les trois choses. Plusieurs furent de ce deceuz. Il y avoit ung chevalier de loingtaine partie, qui ceci entendit; il vint au palais du roy
avecques un sien serviteur et un cheval furieulx,
disant au roy qu'il vouloit avoir sa fille, soubz
la condition de son veu. Le roy luy dist qu'il luy

1. Chap. 70 de l'édit. de Keller. Swan, t. 1, p. 244; Madden, 2e partie, chap. 35, p. 384; l'empereur et sa fille portent les noms d'Antonin et de Jerabelle.

plaisoit bien. Le chevalier appella son serviteur et luy dist : « Siez-toy en terre tout de ton long.» Quant il fut assis, il le mesure dès les pieds jusques à la teste, puis dist au roy : « Sire, je n'ay point trouvé ès .quatre elemens plus de sept pieds en quantité. —Comment ? » dist le roy. Le chevalier dist : « L'homme si est des quatre complexions des elemens, et ainsi je les ay mesurez. » Lors deist le roy que c'estoit assez bien mesuré. « Venons au second veu de ma fille, qui est muer le vent. » Le chevalier fist amener son cheval furieulx, et, en lui baillant à boire quelque doulce potion et bruvaige, fut fait tout doulx et mansuet. Cela fait, mit et dressa la teste du cheval vers orient et dist : « Le vent est mué d'aquilon vers orient. — Comment ? » dist le roy. « Savez vous pas bien que la vie de chascune beste n'est que vent, lequel vent mon cheval souffroit, et tant qu'il le souffroit il estoit en aquilon ; mais maintenant, par la vertu d'aucun bruvaige, je l'ay guery et mis sa teste vers orient, si qu'il est preparé porter la charge doulcement et benignement.» Le roy se contenta et dist : « Procedons au tiers veu. » Puis le chevalier print en ses mains des charbons ardans et les mist en son seing, et oncques n'en feust sa chair blessée. Lors dist le roy que les deux premiers il entendoit assez suffisament, mais nompas le dernier. Le chevalier dist que le feu ne le blessoit point touteffois et quantes qu'il avoit une pierre precieuse sus luy, la portant en lieu nect et honneste, puis devant tous il montra la pierre. » Le roy fut joyeulx et approuva la prudence du chevalier et le maria à sa fille, tellement que ensemblement et amyablement finèrent leurs jours.

Moralisation sus le propos.

Ce roy est Nostre Seigneur Jesuchrist ; la fille tant belle, l'ame, de la divine beaulté munie, laquelle fait veu à Dieu au baptesme que point ne sera mariée si l espoux qu'on luy veult bailler ne fait trois choses : Premierement, l'on doit mesurer sa chair, des elemens composée, lors en la chastiant de toute part des pechez lesquelz elle a fait, par penitence. Secondement, il fault muer le vent par la conduite du cheval ; le cheval furieux est le pecheur, auquel il fault bailler la potion de contriction au cueur, confession en sa bouche, puis satiffaction ès operations des mains. Cela est le vent muer. *Tanquam ventus est vita mea ;* dict Job que la vie de l'homme si est comme vent. Tiercement, il fault le feu porter sans blessure. Ce feu est l'ardeur de luxure, d'avarice, de tout peché et de tout vice, lequel il convient porter par la vertu d'une pierre precieuse, qui est Jesuchrist, qu'on doit avoir en son cueur pour œuvres meritoires et bonnes et salutaires pensées. Si ainsi le fais, le feu de tout peché ne te pourra nuyre, par ainsi parviendras à l'eternelle vie.

De la remuneration d'eternelle vie.
CHAPITRE LXIX[1].

Il y avoit ung roy qui fist ung grant bancquet et convy. Il fist publier et à son de trompe cryer que tous ceulx de son royaulme vinsent au disner et feste destinée. Chascun y fut invité, de quelque

1. Chap. 71 de l'édit. de Keller. Swan, t. 1, p. 248 ; Mad-

condition qu'il fust, et furent promises grandes richesses à ceulx qui y viendroient. Comme on cryoit la feste, deux estoient en une cité qui convindrent ensemble de aller à icelle. L'ung d'iceulx estoit aveugle, fort et puissant, et l'autre foible, mais bien voyoit; le foible estoit boiteux, par quoy ne pouvoit trocter. L'aveugle le fist monter sur ses espaulles et le porta, tellement qu'ilz vindrent à la feste royalle, où, entre les autres grandes richesses, ilz repeurent et beurent dedans comme les autres, en ensuyvant l'edict royal.

den, chap. 6, p. 14, et seconde partie, chap. 40, p. 403; l'anecdote est relatée comme ayant eu lieu sous la domination de Pompée. Elle forme le 9e chapitre du recueil de Wynkyn de Worde.

On retrouve un trait semblable dans Bromyard, *Summa predicantium*, au mot *Compassio*, et il a été raconté par plusieurs fabulistes. Il nous rappelle la scène originale de l'espette et l'aveugle, dans le *Mystère de la vie et histoire de monseigneur sainct Martin* (Paris, Silvestre, 1841, in-16). Ces deux mendiants ne veulent point être délivrés de leurs infirmités, qui sont pour eux occasion de gueuserie; mais ils rencontrent sur leur chemin le corps du saint, et l'aveugle a beau emporter le boiteux aussi vite que possible, ils sont guéris l'un et l'autre très malgré eux. Alors ils exhalent leur dépit et se disputent aigrement :

> Ha! maugré bieu, je voy tout clair —
> — De mes piedz je puis bien aller;
> De par le dyable, je suis guary.
> — Tu l'avoys bien veu venir cy,
> Ordoux paillard, villain truant,
> Belistre villain et meschant !

Pareil épisode forme le sujet de la *Moralité de l'aveugle et du boiteux*, par André de La Vigne, publiée à Paris (Crapelet, 1831, in-8).

Moralisation sus le propos.

Ce roy est Jesuchrist, qui nous prepare le royaulme de paradis, comme dit l'Evangille soubz similitude, disant : « *Homo quidam fecit cenam magnam.* » Plusieurs là sont appelez et peu y entrent. L'aveugle qui alla à la feste du roy est chascun riche de ce monde, qui point ne voit les joyes de paradis; pour les tenebres des vanitez seculières, son salut ne congnoist; les choses temporelles et terriennes assez voyent comme la lampe, mais ès choses spirituelles sont obfusquées. Le boiteux est le bon religieux, qui est des deux piedz claudicant, c'est assavoir qu'il n'a chose qui soit en commun ou en propre, toutteffois il voit ès cieulx le convy et point n'est aveugle. Si donc les riches aveuglez des biens de ce monde veullent lassus monter à la feste celeste, necessaire leur est avec les pauvres faire convenance, c'est assavoir qu'il convient que les riches portent les povres sur leurs espaulles par la donaison de leurs biens et subventions, et les povres, comme religieux et autres, les conduyront, leur montrant par bonnes exemples, predications et remonstrances, la vie des cieulx. Les preconvians crieurs qui le divin convy publient sont les docteurs de veritez et confesseurs, qui nous doivent instruire publiquement et priveement· pour trouver le jour du saint et continuel bancquet.

De la malice des ingratz. — CHAPITRE LXX1.

ous lisons d'ung roy qui avoit ung seul filz, lequel il nourrit moult tendrement. Quant le filz fut en aage legitime, le père luy voulut bailler le regissement

1. Chap. 72 de l'édit. de Keller. Swan, t. 1, p. 251. Cette *Violier.* 12

de son empire, pource qu'il estoit ja impuissant, et luy puissant et ja en fleur de sa vertu. Le père luy dist : « Mon enfant, si je sçavoys que l'empire tu gouvernasses discrettement selon les loix d'equitable police, je ferois en tes mains florir le sceptre de ma royalle dignité. » L'enfant respondit au père qu'il luy jureroit que si bien se gouverneroit qu'il luy feroit plus d'honneur que à soi mesme. Le roy, ce voyant, en la presence de ses nobles satrappes luy bailla la totalité du royaulme sans retenir portion, et fut des fleurs de l'empire couronné. Quant le filz se veit si haultement monté, son cueur enfla en orgueil et devint merveilleusement superbe, tellement que aucun honneur ne fesoit à son père et ne luy donnoit aucun bien. Le père deposé se contrista, et fist aux seigneurs et barons du royaulme complainte comment son filz ne tenoit point la convenance du compromis. Les seigneurs blasmèrent fort le filz de ce qu'il traitoit mal et injustement son père. Le filz, ce voyant, enferma son père cruellement en un puissant et fort chasteau, là où aucun ne pouvoit nullement aller, et là souffrit beaucoup de mal, calamité et misère, soif et autre chose de pitié. Le cas advint que le filz, qui jouyssoit du royaulme, fut quelque jour logé en ce chastel. Le père fut devant luy et luy dist : « Ouy, mon enfant, ayes pitié de ton ancien père, qui t'a engendré. Je suis mort de fain, je

histoire est la même que celle de l'empereur Calepodinus dans la rédaction angloise des *Gesta* (Madden, seconde partie , chap. 21, p. 345, et chap. 33 dé l'édit. de Winkyn de Worde). Nous ne pouvons indiquer au juste la source où notre auteur a puisé.

ne boy que de l'eaue. Il m'est advis que si j'avoys un peu de vin, que conforté je seroye. » Le filz luy dist : « Je ne sçay si en ce chasteau y a du vin. » Le père dist : « O mon très chier enfant! il y en a cinq tonneaulx; mais le seneschal, sans vostre congé, ne les ose percer et m'en donner. Mon filz, je te prie, donne m'en du premier. » Le roy dist : « Non feray, car c'est du moust, et il n'est pas bon pour gens anciens. » Le père dist : « Donne moy doncques du second. — Non feray, dist le roy, car c'est pour moy et pour ceulx qui avec moy sont. — Donne moy doncques du tiers. — Non feray, car il est trop fort, et tu es ancien et debille; parquoy il pourroit estre cause de ta mort. — Donne moy doncques du quart. — Non feray : il est trop vieil et aigre, si que il n'est pas bon pour ta complection. — Donne moy doncques du cinquiesme. — Non feray, dist le filz, car ce sont fèces et ne sont que lyes; parquoy les seigneurs me reputeroient que je te vouldrois faire mourir. » Ce voyant, le povre père s'en alla de la presence de son filz, et secrettement manda aux satrappes comment le filz l'avoit traicté et refusé du vin, et qu'il leur pleust le sublever de la misère pour l'honneur de Dieu. Les satrappes, touchez de la main de misericorde, prindrent le jeune roy et le deposèrent de son estat royal, et son père, comme devant, constituèrent pour leur capital seigneur. Et mourut le filz en prison povrement et miserablement.

Moralisation sur le propos.

Ce roy est Jesuchrist. Le filz est le chrestien, auquel par grace tout luy a esté donné, et pour luy il n'a aucune chose retenue, comme dist l'Escripture, que les regnardz et les oyseaulx du ciel ont lieux propres pour eux loger, et le filz de l'Homme n'a où il puisse son chef recliner. Jesuchrist souffre faim et soif en ses membres, qui sont les povres et debilles, et nous n'en avons pitié. Quant il nous demande du premier vin de puerilité pour le servir en tel aage decent, le chrestien respond : Ce n'est que moust ; c'est-à-dire : Je suis encores trop jeune ; je ne puis jeusner, prier, et au service de Dieu veiller. Quand il quiert du second vin, il respond et dist que il ne le fera pas et que il ne peult prester à Dieu sa jeunesse pour le servir, veu que il fault mondaniser en l'aage de vingt ans. Se il demande du tiers, il respond et dit qu'il est trop fort, et que, se il faisoit penitence, sa force diminueroit. S'il quiert du quart, on luy respond et dit que il est trop vieil et aigre. « Je suis vieil, dist le chrestien, parquoy je ne sçaurois jeusner, prier et vacquer à faire oraisons et penitence pour la debillité de ma fragille nature. » Si Dieu demande du quint, le chrestien respond et dit que ce n'est que pure lye ; c'est-à-dire : « Je suis jà en l'estat decrepite. Mon salut est failly ; quand j'ay peu faire bien, je ne l'ay pas voulu faire ; maintenant suis impotent. » Tel tombe souvent en desesperation et meurt miserablement. Contre telz sera au grant jour du jugement trèsgrande complaincte faicte, quant Dieu dira par diffinitive sentence : « Descendez, mauditz, en enfer ! »

Du pechè d'avarice qui aveugle chascun.
CHAPITRE LXXI[1].

ng roy estoit en la cité de Romme qui ordonna que chascun qui seroit aveugle par chascun an obtiendroit de luy cent solz. Le cas advint que vingt

1. Chap. 73 de l'édit. de Keller. Swan, t. 1, p. 254. Un

trois compaignons vindrent en la cité, et y entrèrent en une taverne pour boire. Ceulx ci par
l'espace de sept jours demourèrent en la taverne. Quant ce fut à payer leur escot, tous
baillèrent au tavernier, qui leur dist qu'il leur
failloit encore payer cent solz. Ilz ne sçavoient
que faire, car l'hoste les menaçoit fort. L'ung
dist aux autres : « Je vous donneray bon et sain
conseil. La loy est telle que chascun qui sera
aveugle du roy obtiendra cent solz de son tresor. Mettons un sort sur noz personnes, et celluy sus lequel tombera le sort, il aura les yeulx
arrachez ; et par ainsi il s'en ira vers le roy pour
avoir les cent solz, affin de nous acquitter. »
Le cas fut ainsi fait, et cheut le sort à celluy
qui avoit donné le conseil. Ilz luy arrachèrent
les yeulx, et le menèrent en la cité devant le
commissaire du roy, seneschal, qui longtemps le
regarda, luy demanda qu'il queroit. Il respondit
qu'il queroit le benefice de la loy. « Comment !
dist le seneschal, je te veiz encore hier en la taverne sain, et non aveugle, portant deux yeulx
clers et beaulx. Tu entendz mal la loy. La loy
est faicte pour ceulx qui par cas sont malades
des yeulx et de maladie ; mais tu as arraché tes
yeulx de ta propre volunté pour avoir ceste pecune. Toy mesmes as fait le conseil. Quiers ailleurs ton soulas, car une seule maille ne pren-

récit semblable fait partie des *Gesta* publiés en anglois pa
Madden (chap. 11, p. 30) ; l'empereur romain y reçoit le
nom de Lenoppus. Voir aussi le chap. 4 de la seconde
partie, p. 283, où il est appelé Teucippus, et l'édit. de Winkyn de Worde, chap. 13. Il paroît dû à l'imagination du rédacteur de notre recueil.

dras. » Le meschant, mal conseillé, s'en alla du palais tout confus.

L'exposition moralle sus le propos.

L a loy de Dieu est telle, que, si aucun est aveuglé par son péché ignorantement, ou par infirmité et temptation, et non de sa propre malice, Dieu luy donnera la grace de pardon et indulgence s'il va au palais de penitence; mais à ceulx qui par force sont aveuglez, c'est assavoir qui pechent par certaine malice sans cause, ne sera la grace donnée. Le tavernier est le dyable, qui telz reçoit en la taverne d'enfer, et veult estre payé jusques au dernier denier.

De prospection et providence.—CHAPITRE LXXIII.

 adis estoit ung roy qui avoit ung seul enfant qu'il aymoit fort. Ce roy fist une pomme d'or sumptueusement et de grant coust. La pomme faicte, le

1. Chap. 74 de l'édit. de Keller. Swan, t. 1, p. 257. Un récit semblable se trouve dans l'édition angloise des *Gesta* publiée par Winkyn de Worde, dont il forme le chap. 5; il a été reproduit dans l'édition de Madden, p. 496. Il avoit déjà été inséré dans la *Retrospective review*, 1820, t. 2, p. 328, et dans l'ouvrage de M. Hartshorne, *Bookrarities of Cambridge*, 1829, in-8. Cette fiction est d'origine orientale, ainsi qu'on peut le voir dans les *Mélanges* de Cardonne, t. 1, p. 68; elle acquit une popularité étendue en faisant partie de l'histoire de Barlaam et de Josaphat: elle figura dans le *Miroir historial* de Vincent de Beauvais, liv. 15, chap. 17; Bromyard, *Summa predicantium*, au mot *Querere*, en fait mention; l'auteur d'un poëme moral allemand, *Der Renner*, l'a mise en vers, et elle a souvent été citée par des écrivains

roy fut malade jusques à la mort. Il appela son
filz et luy dist : « Mon enfant, quant je seray
mort, va t'en par les royaulmes et chasteaux,
et porte ceste pomme quant et toy. Et quant tu
auras partout regardé, donnes la par moy au plus
fol que tu pourras trouver en tout pays. » L'enfant promist à son père d'accomplir son commandement et testament. Le roy mourut et fut
moult noblement ensepulturé, ainsi comme l'on
avoit acoustumé de faire. Cela fait, le filz du
roy print la pomme et s'en alla partout, et trouva
plusieurs folz; mais il ne leur bailla pas la pomme.
Depuis parvint en ung royaulme, soy arrestant
en la principale cité, où il veit le roy du lieu
chevauchant par la cité avecques un très grant
et très noble appareil. Il se fist informer des
conditions du royaulme, qui estoient telles que
le roy ne dominoit que ung an, et à la fin de
l'an estoit deposé de son estat, chassé et fait
mourir villainement. Le filz du roy, qui avoit la
pomme d'or, pensa longtemps, et, cognoissant
que ce roy estoit le plus fol du monde, luy presenta la pomme, disant : « Sire, mon père, qui
est mort, vous a ceste pomme, par testament, à
l'article de la mort deleguée. » Le roy print la

plus modernes. Le commencement de ce chapitre ne paroît
pas emprunté à quelque source connue. L'épisode du roi
dont le règne ne dure qu'un an est emprunté au roman moral
arabe de Trophail *Hai Ebn Yokdan;* il reparoît dans le *Comte
Lucanor,* traduction de M. A. de Puybusque, p. 455 (Exemple 49 : De ce qui adviut à un homme qu'on devoit exiler
dans une île déserte après l'expiration de son commandement). Un célèbre écrivain allemand, Herder, dans ses *Imitations des contes orientaux,* a reproduit ce même sujet sous
le titre de *l'Ile déserte.*

pomme, luy disant : « Mon bel amy, comment et par quelle manière se fait cecy, et pour quelle raison ? Jamais ton père ne congneuz, et aussi ne luy feiz oncques aucun plaisir : pourquoy doncques me donne ce precieulx joyau ton père ? — Sire, dist l'autre, mon père, soubz sa benediction, me chargea que ceste pomme je baillasse lors au plus fol que je pourrois trouver ; et, sans doubte, je suis par tout allé ; mais je n'ay onc sceu trouver plus fol en tout le monde que vous. Parquoy je me viens acquitter de la pomme. » Le roy luy pria qu'il luy dist la cause pour laquelle si fol il le trouvoit. Il luy dist : « Sire, je la vous diray. La coustume de ce pays est telle, que, après que le roy a regné ung an, après l'an consummé, l'on le met en exil, où il meurt piteusement. Cela consideré, je juge que vous estes le plus fol qu'il soit possible de trouver soubz le couronnement du ciel, veu que pour si peu de temps vous voulez regner pour mourir. » Le roy pensa et dist qu'il disoit vray ; parquoy il feroit envoyer, cependant qu'il estoit en degré, richesses et biens infiniz au lieu où il seroit en exil. Ainsi fut il fait. Au bout de l'an, il fut chassé, mys en exil, et enfin laissa ses jours en paix et mourut.

Moralisation sur le propos.

Ce roy est Dieu le puissant, qui destine la pomme d'or aux folz, c'est-à-dire le monde plain de richesses. Le roy qui regne pour ung an est chascun homme, lequel, nonobstant qu'il vive cent ans, toutesfois ce n'est pas ung an au regard de la vie future ; touttefois il ne cesse de jour en jour à aller en exil,

c'est en enfer, par péché, s'il meurt en cest etat, et peu
sont qui de cet exil pensent et meditent; mais faisons comme le roy cependant que sommes en puissance : transmettons devant nous les biens de misericorde, les aulmones de pitié et bonnes operations, si
qu'en l'autre monde ne mourons de fain.

De la cure du monde non point à ensuivyr.
CHAPITRE LXXIII[1].

Ung roy estoit qui ses troys filles à trois
ducz maria, lesquelz en cest an moururent. Le roy les voulut de rechief
marier, et appella la première, luy disant : « Ma chière fille, ton espoulx est mort, à
ung autre te veulx donner. » La fille respondit :
« Mon chier père, pas n'est raison; car, si je
prenois autre mary, il conviendroit que je l'ay-
masse lors autant que le premier, ce qui n'est
possible, veu que mon premier mary a eu ma
virginité. Si je l'aimois plus, ce seroit ung grief
mal; si moins, la dilection ne seroit bonne. »
Le roy, veue la responce de sa première fille, la
seconde fist venir, et luy dist qu'il la failloit marier. Elle respondict que non : « Car, si je prenois espoulx, disoit elle, ce seroit pour ses richesses, force ou beaulté. Pour ses richesses,
point n'en veulx, car je suis assez riche; pour sa
force, non, car j'ay des amys pour me defendre;
pour sa beaulté, non, car aussi il m'est avis que

---

1. Chap. 75 de l'édit. de Keller. Swan, t. 1, p. 261. Voir
le chap. 44, p. 144, du texte anglois publié par Madden.

mon mary estoit le plus beau de tous. Parquoy
je concluz que point ne soye mariée. » Le roy
appella la tierce, disant : « Ma fille, je te veulx
marier. » La fille respondit : « Mon père, ne
faictes telle chose. Si ung mary me prenoit, ou
ce seroit pour ma beaulté, ou pour mes richesses. Non pour ma beaulté, car je ne suis belle,
non pour mes richesses ne me prendra vivant,
car, s'il me prenoit pour mes biens, ce ne seroit
point vray amour, ains, destruictz les biens,
l'amour passeroit. D'aultre part, les docteurs
disent que le mary et l'espouse ne sont que une
chair : doncques le corps de mon espoulx est le
mien, lequel je puis veoir tous les jours en son
sepulchre ; doncques j'ay mon mary present,
parquoy je n'en puis avoir deux. » Le roy fut
content des responces et laissa ses filles en paix.

Moralisation sus le propos.

Ce roy est nostre Dieu ; les trois filles est l'ame,
faicte selon l'ymage des trois personnes de la
Trinité. Cest ymage de la Trinité fut à trois ducs
baillée, c'est au monde, à la chair et au dyable, qui
sont mors par la passion de Jesuchrist ou par l'estat
de penitence. S'ilz sont mors, ne t'acompare plus de
telz, mais demeure sous la garde de ton pere pardurablement.

De la vraye concorde. — CHAPITRE LXXIV[2].

 e cas advint que en une cité estoient
deux medecins bien introduitz. Il y
eut question entre les deux qui estoit
le plus enseigné en l'art de medecine.

1. Chap. 76 de l'édit. de Keller. Swan, t. 1, p. 264. Ce

L'ung dist à l'autre : « Mon doulx amy, cessons toute discorde ; faisons une chose laquelle qui ne la fera il sera serviteur de l'autre. — Qu'est ce ? » dit l'autre. Respondit le premier : « Je te veulx oster de la teste les deux yeulx sans aucun mal te faire, et les mettray sus la table. Lors, quant tu vouldras, tu les remettras en ta teste sans aucune lesion. Si sela nous faisons, l'ung à l'autre semblables nous serons. » L'autre dist que c'estoit bien advisé. Le premier tyra les deux yeulx de l'autre sans luy faire aucune grevance, car il les avoit dedans et dehors enoings d'oignement royal et precieulx. Il les mist sus la table, puis dist à son compaignon : « Comment te va il ? — Bien, dist l'autre, fors que je n'y voy goutte ; mais je ne sens aucun mal ne douleur. Touteffois, je vouldroys bien que tu me les remisses. » Ainsi le fist sans luy faire sentir aucun mal, comme par devant. Puis celluy là dist que il luy failloit faire comme il luy avoit fait. L'autre print tous ces oygnemens et les ferremens à ce duysables, et luy osta les deux yeulx comme l'autre auparavant luy avoit fait ; puis après luy demanda comment il luy estoit. « Je ne sens mal aucun ; mais pourtant je vouldroys bien ravoir mes yeux. » Tout ainsi comme il preparoit ses instrumens pour les remettre, vint ung corbin par la fenestre qui ravit l'ung de ses yeulx et s'en volla. Le medecin, cecy voyant, fut bien triste, disant en soy que s'il ne restituoit les yeulx de son compaignon, qu'il seroit son ser-

récit, de même que le chapitre suivant, paroît dû à l'imagination du rédacteur des *Gesta*.

viteur. En regardant dehors, il veit une chièvre,
la print et luy arracha l'œil, et le mist en lieu de
celluy qui estoit par le corbeau perdu. Cela fait,
dist à son compaignon : « Que te semble de ton
cas ? — Certes, je n'ay aucun mal sentu ; mais
l'ung de mes yeulx toujours aux arbres regarde. »
Lors dirent, puisqu'ilz avoient si bien fait l'ung à
l'autre, qu'ilz estoient egaulx en leur art ; puis
vesquirent ensemblement sans objurgation, discention ou noise.

Moralisation sus le propos.

Ces deux medecins signifient l'ancienne loy et la
nouvelle, lesquelles toutes deux couroient quant à
salut des ames ; contention est faicte lors à present,
et a eté entre les chrestiens et juifz, laquelle des deux
loix est la meilleure pour la verité prouver. Chascune
tyre l'œil l'ung de l'autre, c'est-à-dire que de l'ancienne loy Dieu a extrait moult de choses, comme les
dix commendemens de la loy, des quelz il a dit : « Non
veni solvere legem, sed adimplere. » Mais qui veult voir
Dieu il faut recourir à la nouvelle loy et se laver du
baptesme. Le corbeau est venu qui a ravi ung des
yeulx des juifz, si que ilz ne peussent veoir la verité,
et en lieu d'icelluy a mis l'œil d'une chièvre, c'est assavoir aucunes ceremonies desquelles ilz usent, par
lesquelles ilz cuydent Dieu veoir et entendre la verité
de salut ; mais ilz verront les tenèbres, là ou sera tout
pleur, gemissemens et strideur de dens intollera-
bles.

Comment on ne doit point trop convoiter les richesses.
CHAPITRE LXXV [1].

Il estoit ung roy qui avoit deux filles, l'une belle singulièrement et à tous amoureuse, mais l'autre noire diformement et à tous odieuse. Le roy, les voyant en leur estat de beaulté et diformité, leur imposa noms nouveaulx. Le nom de la belle fut Rosemonde; l'autre, noire, fut nommée Plaine de Grâce. Depuis feist le roy cryer par ses heraulx d'armes que tous vinssent en sa court, et que ceulx qui seroient dignes d'avoir ses propres filles en mariage, que ilz les obtiendroient. La loy estoit telle que celluy qui auroit la belle ne devoit avoir que sa beauté, et celluy qui la noire prendroit devoit avoir, après la mort du roy, tout son royaulme. Plusieurs vindrent en court pour ceste affaire. Chascun appetoit intentivement la belle Rosemonde. La noire ploroit moult tendrement. Le père luy disoit : « Ma fille, pourquoy plore tu? » La fille respondit : « Helas! mon père, vous sçavez que chascun court à ma seur pour l'avoir en mariage par vostre vouloir, et tout le monde me desprise. » Lors dist le père : « Ma fille, scez tu pas bien que tout est à toy, que ta seur n'aura chose qui soit de mon

1. Chap. 77 de l'édit. de Keller. Swan, t. 1, p. 268. Dans l'ancienne rédaction angloise (Madden, seconde partie, chap. 34, p. 381), l'empereur porte le nom de Diocletien. Ce récit forme le chap. 27 de l'édition de Winkyn de Worde.

royaulme? Celluy qui t'espousera sera roy après ma mort. » Elle, reconfortée, laissoit ses larmes reposer et essuyoit son cueur de consolation. Après cela vint au roy ung autre roy, et demanda sa fille Rosemonde à femme. Le roy luy ordonna, et en grant honneur l'espousa avec sa beaulté seullement. L'autre demoura longtemps ains qu'elle fust mariée. Finablement, vint ung duc noble, mais povre, qui la demanda au roy, et le roy luy bailla en grande solempnité et honneur, et eut le duc, après la mort du roy, l'heritage royal.

L'exposition moralle sus le propos.

Ce roy est Nostre Seigneur Jesuchrist. La belle fille Rosemonde signifie le monde, qui est de chascun appeté; qui le veult avoir, autre chose n'aura que sa beaulté et plaisance; point ne viendra à la succession du père, qui est le royaulme des cieux. Mais celluy et ceulx qui l'autre fille laide prendront, c'est-à-dire povreté, que Dieu a aymé pour vray, seront riches et auront à la fin le royaulme de soulas. Par cela est appelé povreté Plaine de Grâce, pour autant qu'on parvient à grans biens par son moyen, et touteffois tous la desprisent, et ceulx là sont folz et insensez.

De la constance d'amour mutuel.
CHAPITRE LXXVI[1].

ng roy avoit une fille qui estoit à ung noble duc espousée, qui moult l'aymoit, et elle luy. Ilz avoient belle lignée. Le duc mourut, et fust de toute

1. Chap. 78 de l'édit. de Keller. Swan, t. 1, p. 271. Un

la cité sa mort fort plorée. La duchesse le fist inhumer et en sepulture mettre dignement. Après cela, ses parens la sollicitoient fort de se remarier; mais elle disoit : « Cessez de ces choses parler, car mon feu mary tant estoit doulx, bon et loyal, que jamais autre que luy n'espouseray. Tant me aymoit, et moy luy, que je croy que je mourray en signe de dilection. Mettons le cas que ung aussi bon je trouvasse, touteffois il pourroit devant moy mourir; et, si je le perdois, ce me seroit affliction telle que j'ay maintenant; et, si ung mauvais mary je prenoys, ce me seroit chose griefve, le mauvais après le bon prendre. »

L'exposition moralle sus le propos.

Ce roy est Dieu ; la fille, l'ame, qui est à Jesuchrist, le vray duc et conducteur de salut, par la foy baptismale dignement espousée, qui tant l'a aymée qu'il estoit pour elle voulu mourir. Doncques après sa mort elle n'en doit point d'autre prendre.

Comment on ne doit point trop presumer.
CHAPITRE LXXVII [1].

ng roy estoit qui tant aymoit les chiens que c'estoit chose merveilleuse. Les chiens luy sailloient au col, le baisoient et dormoient en son sein sou-

récit semblable fait partie du chap. 44, p. 144, de l'édition angloise de Madden.

1. Chap. 79 de l'édit. de Keller. Swan, t. 1, p. 272. C'est une des fables de la collection esopienne (nᵒ CCCLXVII, édit.

vent. Il y avoit leans ung asne qui avoit despit de cecy et pensoit en soy : « Si je chantois, saultoys et mettois les deux piedz sur le col de mon maistre, certes je mangeroys plus frians morceaulx que je ne fais, et dormiroys au giron de mon maistre. » L'asne fist ce qu'il avoit pensé, saillit de l'estable, courut en la salle saillant et chantant, et enfin vint mettre les deux piedz sus les espaulles du roy. Ce voyant, les serviteurs estimèrent qu'il fust enragé; parquoy ilz le battirent noblement et le ramenèrent en l'estable.

Moralisation sus le propos.

Ce roy est Jesuchrist; les chiens bien latrans sont les predicateurs qui le divin sermon bien prononcent, parquoy ilz sont dignes de reposer au giron de leur Seigneur; l'asne peut estre celluy qui presume l'office du predicateur, et il n'a pas les graces de la litterature : pourtant il est de Dieu et du peuple repulsé.

De la finesse et mauvaisetié du dyable, et comment les jugements de Dieu sont occultez.
CHAPITRE LXXVIII 1.

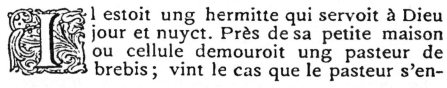

Il estoit ung hermitte qui servoit à Dieu jour et nuyct. Près de sa petite maison ou cellule demouroit ung pasteur de brebis ; vint le cas que le pasteur s'en-

Furia, Florence, 1809). L'indication des recueils et apologues où ce même sujet est traité se trouve dans l'ouvrage de M. Robert, *Fables inédites des XIIe, XIIIe et XIVe siècles*, Paris, 1825, t. 1, p. 234.

1. Chap. 80 de l'édit. de Keller. Swan, t. 1, p. 274. C'est

dormit ung jour, et ung larron ravit ses bestes.
Le maistre du pasteur survint, qui ses brebis demanda ; le berger commença à jurer qu'il les
avoit perdues, mais qu'il ne sçavoit en quelle
sorte ; le seigneur fut furieux et le tua. L'hermite, ce voyant, fut hesbahy et dit en son cueur :
« O mon Dieu ! voicy ung mauvais cas pour
l'innocent mis à mort, et tu n'en prens point de
vengeance ; puis que tout ainsi va, je laisseray
ce lieu et iray au monde pour vivre comme les
autres. » Et ainsi fist il ; mais Dieu ne le voulut
pas perdre. Dieu luy envoya un ange du ciel
en forme d'homme qui avec luy s'associa, lequel dist à l'hermite, qui alloit par la voye :
« Mon amy, où vas tu ? » L'hermite dist : « A
ceste cité devant moy. » L'ange dist : « Je vais
avecques toy : je suis ange de Dieu transmis

dans l'Orient qu'est la source où le rédacteur des *Gesta* a puisé
cette anecdote ; le poète Parnell l'a reproduite dans son
conte de l'*Hermit*, que Swan a réimprimé dans ses notes, t. 1,
p. 376-386 ; Voltaire l'a imitée dans son petit roman de
Zadig. Elle se rencontre aussi dans quelques ouvrages anglois oubliés, entre autres dans les *Lettres* d'Howell et dans
les *Divine dialogues* d'Henri More.
Ajoutons qu'un récit latin analogue à celui des *Gesta* fait
partie d'un recueil conservé au Musée britannique et d'a-
près lequel il a été publié par M. Wright (*Latin stories*,
p. 10, 216) ; il est aussi dans le *Grand Miroir des exemples*
et dans les sermons d'Albert de Padoue, mort en 1323, et
plusieurs fois imprimés, notamment à Turin, en 1527. On
peut lire également le fabliau de *l'ermite qui s'accompaigna
à l'ange*. V. les *Recueils* de Méon, 1823, t. 2, p. 216, et
de Legrand d'Aussy, t. 2, p. 1, ainsi que l'*Histoire littéraire
de la France*, t. 23, p. 126. Notons que les Musulmans racontent que le roi David reçut d'un solitaire une leçon semblable à celle qu'expose notre vieux texte françois. V. l'ouvrage de M. G. Weil, *Biblische Legenden der Muselmanner*.

Violier. 13

pour toy associer. » Quant ilz furent en la cité,
un chevalier les logea et receut honestement pour
l'honneur de Dieu. Ce chevalier avoit ung beau
petit enfant encores au bercel, lequel il aymoit
fort ; le soupper fait, l'ange de Dieu et l'hermite
furent en une belle chambre parée mis pour reposer ; et quant vint à minuyt, l'ange se leva et alla
le petit enfant estrangler au bercel. L'hermite, ce
voyant, fut en grande fantasie, pensant du cas
de l'ange ; par adventure pensoit-il que ce n'estoit point ung des ministres de Dieu, pour le
meurtre qu'il avoit fait. « Helas ! disoit il, ce
chevalier nous a fait tant de biens, et on luy
rend le mal pour le bien ; il n'avoit que ung seul
filz et il l'a à mort mis. » Toutefois il n'en osoit
parler à l'ange. Le lendemain bien matin ilz s'en
allèrent en une autre cité que celle là et furent
en la maison d'ung citoyen logez pour l'honneur
de Dieu. Le bourgeois les festoia, qui avoit une
couppe d'or que il aymoit grandement. Environ
minuyt l'ange se leva et alla la couppe desrober.
L'hermite pensoit en soy que c'estoit le dyable ;
mot de ce n'osoit sonner. Le lendemain au matin ilz s'en allèrent et montèrent sur un pont auquel ilz rencontrèrent un povre ; l'ange luy dist :
« Mon amy, monstre nous la voye vers telle
cité. » Le pauvre leur monstra avec la main.
L'ange le print par les espaulles et le gecta soubz
le pont, où il submergea et noya. Lors dist
l'hermite dedans son cueur : « Je sçay bien maintenant que cestuy cy est le dyable : le povre n'a-
voit mal fait et il l'a tué. » De ce jour l'hermite
pensoit à le laisser, mais il n'en osoit mot parler.
Quant fut à l'heure de vespre, ils arrivèrent en

lã cité et demandèrent à ung riche logis, lequel leur denia simplement. L'ange luy dist, pour l'honneur de Dieu, que son plaisir fust les loger en quelque tect ou soubz meschante couverture, si que les bestes ne les devorassent. Lors dist le riche : « Voilà le tect à mes pourceaulx ; si vous voulez, dedans si y entrez, ou autrement allez vous en. » Ainsi fut fait. Ilz logèrent en l'estable des pourceaulx ; puis au matin, quand ilz voulurent partir, l'ange parla au riche, luy disant : « Prends cette couppe d'or en satisfaction et recompense de ton logis, auquel tu nous as receuz. » Le vaisseau d'or luy bailla, parquoy l'hermite dist : « Certes, c'est ung dyable qui est encharné, car il a donné cest vaisseau à ce riche qui ne nous a fait aucun bien, et l'a desrobé au citoyen qui nous a si bien et honnestement traictez. » Puis dist à l'ange : « Je ne veux plus aller avecques vous, à Dieu vous commande. » L'ange dist alors à l'hermite : « Viença : escoute, puis tu t'en iras. » Il luy declaira adoncques les causes de ce qu'il avoit fait en la sorte qui s'ensuyt :

Exposition sus le propos.

Dist l'ange lors à l'hermite : « Quant tu estois en l'hermitage, le maistre des brebis tua son pasteur injustement ; saiches que ce pasteur n'avoit pas lors la mort desservie, mais autrefois, parquoy il ne devoit pas mourir adonc qu'il estoit en peché ; mais quant l'a trouvé sans peché Dieu adonc le permist occire, si qu'il evadast la peine de peché après la mort. Le larron qui est eschappé avecques ses brebis souffrira l'eternelle peine ; mais le maistre du pasteur amendera sa vie par de larges aumosnes et œuvres de misericorde, lesquelles ignorantement il a faictes. Le filz du chevalier j'ay tué pource que devant qu'il fust né son père faisoit copieuses aulmosnes ; mais depuis qu'il a esté sur terre tout bien a laissé à faire pour luy amasser des biens, et est devenu avaricieux et usurier, ce qui estoit cause de sa perdition. Pourtant j'ay tué l'enfant qui luy causoit qu'il devenoit trop avaricieux et chiche ; maintenant il est bon homme. La couppe laquelle j'ay derobée la nuyt au citoien qui nous receut de bon cueur estoit cause de soy enyvrer tous les jours, car depuis qu'elle fut forgée, si grant amour et plaisir prenoit à la veoir qu'il ne cessoit de boire dedans, tellement qu'il s'enyvroit trois ou quatre fois le jour ; c'est la cause pour laquelle je l'ay desrobée, tant affin que le citoyen soit maintenant constant et sobre comme devant, car devant la fabrication du vaisseau homme sus terre n'estoit plus sobre que luy. Le povre lequel j'ay occis estoit bon chrestien ; mais s'il fust allé jusques à demy miliaire, pour vray il eust occis un autre lors en peché mortel ; mais il est maintenant saulvé en paradis. Congnois que tout est fait pour quelque cause ; parquoy je dis que la couppe j'ay au riche, meschant, paillart, donnée pour le recompenser du bien qu'il nous a fait au logis des pourceaulx, car Dieu veult tout remunerer ; et pource que par son meschant estat il n'est pas digne d'aller en paradis, il a faillu le recompenser des biens de ce monde, nompas de la gloire de l'autre : logé nous a avec les pourceaulz, et il sera avec les pourceaulx d'enfer logé. Metz doncques maintenant l'huys de circonstance dessus ta bouche, sans plus murmurer des faictz de Dieu et jugements estranges.» Ce voyant, l'hermite cheut aux piedz de l'ange, luy resquit pardon, s'en retourna au boys et fut bon chrestien.

De l'admirable dispense de Dieu et naiscence de Gregoire pape de Romme. — CHAPITRE LXXIX I.

arc regna prudent et sage, qui avoit un seul filz et une seule fille, lesquelz il aymoit cordialement. Quant il congneut qu'il ne povoit plus vivre, fist ap-

1. Chap. 81 de l'édit. de Keller. Swan, t. 2, p. 1. Un récit semblable forme le chap. 61 de la rédaction angloise des *Gesta* publiée par Madden, p. 204.

La légende de Grégoire *sur le rocher* ou *la pierre* tient un certain rôle dans la littérature du Moyen Age. Un poète allemand qui vivoit au treizième siècle, Hartmann von der Aue, en a fait le sujet d'un poëme de 3752 vers, qui, resté longtemps inédit, a enfin été publié par C. Greith dans son *Spicilegium vaticanum*, Frauenfeld, 1838, in-8, p. 180-303 : Voir les *Annales de Vienne*, 1840, t. 89, p. 61 et 74. Un savant connu par d'importants travaux sur l'histoire de la littérature germanique au Moyen Age, M. Lachmann, en a donné une édition spéciale (Berlin, 1838, in-8). Greith mit en tête du texte qu'il éditoit une introduction de 42 pages, dans laquelle il a discuté les sources et les imitations de cette légende. Elle a fourni matière à un livret populaire répandu en Allemagne, intitulé *Saint Grégoire sur la pierre* : Voir Gœrres, *Deutsche Volksbücher*, 1809, p. 244. Semblables incidents composent la base d'un ancien poëme anglois, *Sir Degore*, inséré dans le recueil d'Ellis, *Specimens of early english metrical romances*, t. 1, p. 347 (Voir Warton, *History of english poetry*, t. 1, p. 180; Utterson, *Popular poetry*, t. 1, p. 117), et ils se trouvent également en partie dans une autre épopée, *sir Eglamour of Artois*, dont voici la très succincte analyse : « Un enfant est avec sa mère abandonné en pleine mer sur une barque. L'enfant est sauvé et mené à un roi qui est à la chasse, et qui le protége et qui le crée chevalier. Plus tard il épouse sa mère sans la connoître, et, instruit de cette déplorable méprise, il l'expie par une rude pénitence. »

Ce trait a fourni à Horace Walpole l'idée d'une tragédie

peler tous les princes de son royaulme, puis dist
à son filz : « Mon chier enfant, en la presence de
ses nobles, je te jure que je n'ay point si grande
crainte dedans mon ame que d'avoir laissé ta
seur à marier ; et pourtant à toy, qui es mon heritier, soubz ma benediction te commande que tu
l'ayes à marier decentement et honnorablement,
comme il appartient à son estat de fille royalle ;
pareillement que tu l'ayes en honneur comme toy
mesmes. » Cela dist, tourna la teste vers la paroy, et envoya son esprit en l'autre monde ; duquel la mort fut plaincte grandement. Puis fut le
corps royal mis en sepulture. L'enfant, après cela,
commença à regner prudentement et à honnorer
sa sœur et aymer de si grant amour qu'on ne
sçavoit penser. Ils beuvoient et mangeoient à
une table, se seoient l'un devant l'autre, cou-
choient en une mesme chambre, touteffois ès lictz
separez. Le cas fut que une nuyt si grande temptation le ravit, qu'il luy fut advis qu'il rendroit l'esperit s'il ne couchoit avec sa seur. Il alla au lict
et l'exita. Sa seur respondit : « O mon seigneur,
où allez vous maintenant ? » Le frère respondit :
« Si je ne dors avecques toy en present je suis
mort. » La seur luy monstra son offence sagement,

estimée en Angleterre, *The mysterious Mother*, et Dunlop
(*History of fiction*) indique divers auteurs italiens et françois
qui ont mis en œuvre une semblable idée. N'oublions pas de
signaler la *Vie du pape Grégoire le Grand*, légende en vers
publiée pour la première fois par M. Victor Lazarche, Tours,
1857, in-16, xl et 131 pages.

Le docteur Græsse, dans son *Histoire littéraire universelle*,
que nous avons déjà eu l'occasion de citer, est entré dans
des détails bibliographiques assez étendus au sujet de cette
légende (t. 2, sect. 2, p. 953).

et luy dist : « Cesse, frère, cesse de cest peché
commettre. Te souviengne que mon père te commanda que tu me feisse honneur ; si ce peché commettois, l'ire de Dieu ne pourrois evader, et la confusion des hommes.» Lors dit le frère : « Quelque
chose qu'il y ait, ma volunté avec toy accom-
pliray. » Ainsi advint le cas et merveilleuse fortune. Cela fait, il s'en retourna en son propre lict.
La fille ne povoit fermer son cueur qu'il ne rendist
gros ruysseaulx, pleurs et larmes habondantement
sans consolation. L'empereur son frère la consoloit tant qu'il luy estoit possible ; de plus en plus
l'aymoit. Ung jour, au bout de demy an, les deux se
seoient à table l'ung devant l'autre ; puis le frère
regarda sa sœur et luy dist : « Ma chère dame,
comment vous est-il ? Vostre belle couleur se,
mue ; vos yeulx, qui ont esté clers et beaulx, de-'
viennent noirs à merveilles.— Ce n'est merveilles,
dist la sœur ; car je suis enceincte d'enfant, et par
consequent confuse.» L'empereur, ce voyant, fut
dolent plus que on ne sçauroit croyre, commença
à plorer et faire sentir à ses yeulx ce que le cueur
concevoit, et disoit : « Mauldit soit le jour auquel
je fuz né ! pleust à Dieu que point ne fust entre
les autres jours nombrez ! Helas ! que dois-je
faire ? » La povre sœur bien confuse dist à son
frère : « Mon seigneur, escoutez mon conseil,
et vous ne vous en repentirez point après que
l'aurez accomply. Nous ne sommes pas les premiers qui avons Dieu offencé ; tousjours en luy
est misericorde. Près de ce lieu est ung chevalier conseillier de nostre feu père, qui tousjours
l'a bien conseillé ; soit appellé, et nous luy comp-
terons lors tout nostre mauldit cas soubz le sceau

de la confession. » L'empereur dist à sa seur : « Il me plaist bien ; mais premièrement, reconcilions nous à Dieu. » Tous deux se confessèrent avecques grant contricion. La confession faicte, le conseiller chevalier fut envoyé querir, auquel ilz racomptèrent et recitèrent tout leur cas. Lors dit le chevalier : « Puisque vous estes de votre peché confessez, escoutez moy, escoutez mon conseil, et vous eviterez le parler et confusion du monde. Pour l'offence de vos corps contre Dieu et vostre père, vous devez visiter la terre sainte ; mais devant que partir appellez tous vos satrappes et seigneurs, leur disant telles parolles par ordre : « Mes bons seigneurs, je veulx la saincte terre vi-« siter ; je n'ay aucun heritier fors que ma propre « seur unique, comme vous sçavez, à laquelle du-« rant mon absence devez obeyr comme à moy. » Puis vous me direz devant tous que je la tiengne sus ma vie totallement en garde. Quant est de moy, je la prends à peine de la si bien garder, que devant l'enfantement et après l'enfantement son cas ne congnoistra personne fors ma femme, qui luy administrera ses necessitez. » Lors luy dist le roy que bon estoit le conseil, et qu'il l'accompliroit. Tout ainsi fist-il que le conseiller avoit dit, et, le congé des seigneurs prins, s'en alla en la terre saincte. Le chevalier mena cependant la dame grosse, qui estoit seur du roy, en son chasteau, à sa femme. Quant la femme du chevalier veit la dicte dame, demanda à son seigneur qui elle estoit. Et il luy dist que c'estoit leur princesse seur du roy. « Jure moy, dist le chevalier à sa femme, sus l'amour de ta vie, que tout ce que je te diray tu tiendras secret. » La dame luy fist serment. Lors dist le chevalier : « Notre princesse, pour vray, est enceinte de son propre frère le roy ; par quoi je vous prie que luy administrez toutes ses necessitéz sans autre creature. » La femme du chevalier le promist et fist entrer la seur du roy en une chambre privée, là où elle fut richement servie. Quand vint l'heure de faire son enfant, elle le produyt en terre. Lors le chevalier luy dist qu'il failloit avoir le prestre pour le baptiser. La dame respondit : « Je voue à Dieu que celluy qui est engendré entre la seur et le frère ne sera baptisé. » Lors dist le chevalier : « Nonobstant que le peché soit grant, touteffois ne tuez pas l'âme de l'enfant pour cela. » La dicte dame dist : « Sire, j'ai fait ce veu, que je tiendray ; je vous prie, monseigneur, que me baillez ung tonneau vacque. » Ce qu'il fist. La dame lors print des tablettes et escripvit dessus ce qui s'ensuipt : « Chiers amys, sachez que cest enfant n'est point baptisé, car il est engendré entre la seur et le frère ; pourtant, pour l'honneur de Dieu, qu'il soit baptisé. Soubz sa teste trouverez ung tresor, c'est pour le faire nourrir, et aux piedz une somme d'argent pour le faire mener aux estudes. » Cela fait, elle mist l'enfant au berceau, et l'or et l'argent soubz l'enfant, comme il est dit en la lettre, puis le bercel fut mys au tonneau pour nager selon la divine volunté, comme la mère le commanda. Quant le tonneau fut sus mer, le chevalier bien dolent se tint sus l'eaue tant qu'il peut veoir le tonneau de l'enfant, puis retourna en son chasteau, et en venant il trouva et rencontra le messagier du roy, qui venoit de la saincte terre, lors auquel il dist : « Mon

enfant, d'où viens-tu ? — Je viens de la terre
saincte, dist le messagier. — Et quelles sont les
nouvelles ? — Dist le messagier : L'empereur est
mort, et est son corps mené en l'ung de ses
chasteaulx. » Le chevalier, moult dolent, plora
adoncques bien fort pour les nouvelles qu'on luy
avoit rapportées de la mort de son dit seigneur.
Sa femme plora moult bien tristement de la mort
de l'empereur ; touteffois il la pria de ne plorer
plus, affin que la dame seur du roy ne fust troublée. « Ne faictes de rien semblant, ce dist le
chevalier, jusques à ce qu'elle soit de sa gesine
relevée. Puis après le chevalier alla à la dame,
pareillement sa femme, qui le suyvoit. La dame
congneut bien qu'ilz estoient tristes et dolens, et
leur demanda la cause de leur douleur ; mais ilz
faignirent qu'ilz n'estoient point dolens, ains
joyeulx de ce qu'elle estoit eschappée de ce grief
peril et dangier. Lors dist la dame : « Ne me
celez chose qui soit, bien ou mal. » Lors le chevalier fist mention du messagier qui estoit venu
de la terre saincte. Lors dist la dame : « Qu'il soit
appellé. » Le messagier venu, fut interrogué de
la dame : « Dictes moy, messagier, dist la dame,
comment se porte mon seigneur. » Le messagier
dist qu'il estoit trespassé et que son corps estoit
translaté en l'ung de ses chasteaulx pour estre
mys en sepulture noblement avecques son père.
Lors la triste dame cheut en terre de douleur,
le chevalier et semblablement le messagier, et
tous ceulx qui estoient en la chambre, si qu'il
sembloit par longtemps qu'ilz fussent mors, car
point ne sentoient ne ne parloient. La dame lors
après longtemps se leva, s'arrachoit les cheveulx,

deschiroit sa face jusques aux ruysseaulx de sang et cryoit à haulte voix que mauldite fut la nuyt en laquelle sa mère l'avoit conceue. « Ne soit, disoit la dame, tant frappée de la picque d'affliction, celle nuyt dedans les jours nombrée. Mon esperance jà est morte, ma force totalle, mon frère, seul la moitié de ma vie ! Que feray-je, ne sçay, helas ! » Là dist le chevalier : « Madame, soyez constante, prenez confort : si vous vous destruisez ainsi, tout le royaulme perira. Vous estes seulle dedans l'heritage, pas n'est bon vous ainsi navrer de tristesse ; si vous le faictes, le royaulme vollera és mains des estrangers. Levons-nous et allons au lieu où le corps sera ensevely, pour y faire nostre devoir, puis estudions comment le royaulme sera regy. » La dame se leva, et, par le conseil de son chevalier, alla au corps de son frère bien accompagnée, non de gens seullement, mais de pleurs, larmes et gemissements. Quand elle fut au chasteau entrée, le corps mort de son frère sus la biere trouva. Elle tomba sus le corps et le baisa dès la plante des piedz jusques à la summité de la teste. Ces chevaliers, voyant la tristesse de leur emperière, tant firent qu'ilz l'ostèrent de dessus le corps et la menèrent en une chambre, puis honnorablement le corps de l'empereur mirent en sepulture, selon la mode royalle. Cela fait, le duc de Bourgongne luy transmit ses ambassadeurs pour l'associer en mariage ; mais elle respondit que tant qu'elle seroit en vie, jamais mary n'espouseroit. Le duc de Bourgongne fut marry d'estre refusé, parquoy il conspira et jura par sa puissance ducalle que puis qu'il n'estoit son seigneur, que

peu de ce ses terres imperialles se resjouyroient. Il
assembla grant ost, invada son royaulme, bruslà
citez et chasteaulx, navroit à mort, gastoit tout,
perpetroit maintz maulx et obtenoit victoire.
L'emperière s'enfuyt en ung fort chasteau qui
estoit en une cité, et là fut par longtemps.

Or, retournons à l'enfant mys sur la mer. Le tonneau passa par moult de royaulmes, jusques qu'il
parvint près d'ung monastère de moynes, et cela
fut le sixiesme jour et ferie. Ce mesme jour, l'abbé
s'en alla au rivage de la mer, et dist aux pecheurs
qu'ilz peschassent, et comme ilz preparoient les
engins, le tonneau avec les undes de l'eau parvint à terre. Lors dist l'abbé qu'on regardast qu'il
y avoit dedans. Le tonneau fut ouvert, et fut veu
le petit enfant, d'honnestes menuz habillemens
aorné, qui rioit à l'abbé. L'abbé, dolent de ce, dist :
« O Jesuschrist ! que peut estre cecy ? » Il le leva
luy mesme avec ses mains, trouva les tablettes
comment il estoit entre la seur et le frère lubrique-
ment engendré, et qu'il n'estoit baptisé, parquoy,
congnoissant qu'il estoit de grant lieu et noble
geniture, le fist baptiser et le mist à nom Gregoire, puis bailla l'enfant à nourrir à ung pescheur, luy baillant l'argent qu'il avoit trouvé aux
piedz du berceau. L'enfant croissoit et estoit de
tous aymé. Quant il eut sept ans, l'abbé le mist
aux estudes, et tant profita que chascun l'aymoit
de plus en plus, et tous autres à l'estude des
sciences transcendoit. Le cas advint qu'un jour
Gregoire jouoit avec le filz du pescheur, lequel il
cuydoit estre son frère ; par cas d'avanture, le filz
du pescheur frappa d'une pelotte, parquoy il s'en
alla à sa mère, qui le menaça et luy dist qu'il ne

luy appartenoit point frapper son filz, congneu et veu qu'on ne sçavoit quel il estoit. « Las ! ma mère, dist Gregoire, pourquoy me donnez-vous cest impropère ? Suis-je pas vostre fils naturel ? — Non, dist la femme du pescheur, ne ne sçay qui est ton père ; bien sçay que tu fus sus mer en ung tonneau trouvé, et l'abbé me bailla ton corps à nourrir. » L'enfant Gregoire, ce voyant, s'en alla à l'abbé et luy dist : « Père sainct, long-temps ay avec vous esté, croyant estre filz du pescheur, lequel je ne suis pas, et pourtant mes parens je ne congnois ; s'il vous plaist, pour-voyez moy à l'estat de chevalerie, car plus en ces lieux ne me tiendray. » Lors dist l'abbé : « Mon enfant, ne me laisse pas : tu es ceans bien aymé, tellement qu'après ma mort, mes moynes et religieux te feront de l'abbaye present, et seras abbé esleu. — Sire, dist Gregoire, jà ne cesse-ray jusques que mes parens je trouveray. » L'abbé, ce voyant, luy monstra les tablettes escriptes en son berceau trouvées et luy fist lire. Quant l'enfant Gregoire sçut que il estoit engendré entre la seur et le frère, comme transy tomba à terre, disant : « Helas ! sont ce les tiltres les-quelz j'ay par ma generation acquis ? Je m'en iray à la terre saincte combatre pour le peché de mes parens, et là en penitence finiray ma vie. Pourtant, seigneur, faictes moy chevalier. » Ce dist à l'abbé, l'abbé le fist chevalier, et quant il s'en alla du monastère, chascun mena grant dueil. L'enfant monta sur mer et se fist mener par les nautonniers pour passer en la terre saincte. Comme ils nageoient, par l'opposition du vent furent menez en la cité où se tenoit sa mère, sans que les nautonniers congneussent le lieu. Quand l'enfant fut en celle cité, ung bourgeoys luy acourut et luy dist : « Seigneur, où tendez-vous ? » Lors dist le chevalier Gregoire qu'il queroit logis, parquoy le citoyen le mena en sa maison, luy et toute sa famille le traitant honnestement. Comme ilz estoient à table, le chevalier Gregoire dist à son hoste qu'il luy dist le nom de celle cité et qui en estoit seigneur. Le citoyen dist : « Seigneur, nous avons ung empereur qui est mort en la terre saincte, lequel n'a laissé heritier fors sa propre seur. » Puis luy dit comment le duc de Bourgongne la molestoit et occupoit son royaulme. Lors dist Gregoire : « Pourrois-je bien te dire mon secret ? — Ouy, dist l'hoste, seurement et à fidelité. » Gregoire dist : « Je suis chevalier; s'il te plaist, va demain parler au chastelain ou seneschal, et luy dis que s'il me veult bailler salaire pour le party de la dame l'espace d'ung an, que je seray prest de soutenir les labeurs et conflictz belliqueux. » Ce citoyen fist dès le lendemain le message de Gregoire, que le seneschal fit venir au chasteau et le presenta à la dame. La dame, qui estoit sa mère, le regarda intentivement; mais qu'il fust son filz, cela ignoroit : elle cuidoit qu'il fust dès longtemps noyé en la mer. Le seneschal, de son advenement joyeulx, fist avec luy convention, et dès le lendemain entra Gregoire en bataille contre le duc, qui avoit grand ost; touteffois le jeune chevalier Gregoire penetra tous les gens d'armes jusques qu'il fut au duc, lequel il occist en ce lieu, luy trencha la teste, puis print la victoire tellement que chascun le collaudoit fort pour sa vaillance. Dès avant que l'an fust acomply, il restaura le royaulme de sa mère, qu'il ignoroit, et osta des mains de ses ennemis, puis vint au seneschal et luy dist : « Seigneur, vous avez veu mon service : temps est de moy en aller en autre royaulme ; payez-moy, s'il vous plaist. » Ledit seneschal fut parler à l'emperière, luy disant : « Madame, vous sçavez que une femme seulle n'est pas pour ung royaulme regir et deffendre des ennemys ; vous estes assez riche, pourtant je ne vous conseille pas que prenez seigneur pour richesse ; bien m'est avis, soubz correction, que vous ne sçauriez, pour plus d'honneur et proufit, seigneur eslire plus vertueulx que votre nouvel chevalier Gregoire. » L'emperière tousjours respondoit qu'elle ne se mariroit jamais ; touteffois, à la longue persuasion du seneschal, elle constitua jour de deliberation pour en respondre. Quand le jour fust venu de la responce, devant tous elle dist que puisque Gregoire l'avoit en son royaulme si bien deffendue, qu'elle estoit contente de l'avoir en mariage pour le prouffit de son peuple. Tous les seigneurs furent joyeulx. Le jour des nopces fut ordonné, en grande festivité et joye fust celebré. Les deux s'entre aymoient moult, c'estoit le filz et la mère ; quoy plus ? c'est le mary et l'espouse. Le cas advint que Gregoire, lors empereur, alla quelque jour à la chasse ; lors dist l'une des demoiselles à la dame : « Madame, mais n'avez vous point offencé nostre seigneur l'empereur ? — Non, dist l'emperière, mais pourquoy le demandes tu ? Je croy qu'au monde ne sont deux personnages qui tant se sçavent aymer que l'empereur et

moy ; pourquoy proferez vous telles parolles ? »
Alors commença à respondre la damoiselle : « Le
roy, quand on met la nappe, joyeusement en celle
chambre privée pour tout certain entre ; mais
quand il en sort il gecte gros souspirs et lamentations, puis sa face lave, mais je ne sçay la
cause. » Quand la dame ce congneut, elle entra
en la chambre du roy et regarda de pertuis en
pertuis, tant qu'elle trouva les tablettes qu'elle
avoit mises au berceau de son filz quant elle le
mist sur l'eaue ; elle leut l'escripture, puis pensa
en son cueur et disoit que jamais homme ne fust
venu à avoir ses lettres s'il n'estoit son filz. Elle
commença lors à plorer et cryer si douloureusement que c'estoit une merveilleuse pitié. « Or
suis je bien, disoit la pauvre dame, de Dieu
mauldicte ! Que ne fust estaincte ma mère le jour
de sa conception ! » Les chevaliers et dames de
l'emperière coururent aux complaintes de leur
maistresse, lesquelz la trouvèrent en terre tombée ; finablement ouvrit sa triste bouche, disant :
« Seigneurs, si vous avez en amour ma vie, querez hastivement mon seigneur, et pour cause. »
Soubdainement les chevaliers montèrent à cheval et coururent vers l'empereur, disant : « Sire,
l'emperière gist et est en peril de mort. » L'empereur courut en la chambre là où estoit la dame
sa mère, laquelle, quand elle le veit, s'escrya et
dist : « Sire, faictes chascun de ceans saillir et
que personne ne m'escoute parler. » Quant chascun fut sailly, l'emperière dist : « O mon seul
seigneur ! je te prie, dy moy de quel lignage tu
es. » L'empereur dist : « Dame, c'est une question bien admirable : je suis sans doute de terre

bien loingtaine. » La reyne dist : « Je jure mon
Dieu, si la verité ne me dictes, tout en present
me verrez rendre l'esprit. » — Adonc dist l'empereur : « J'estois povre quand je vins ceans, et
n'avois que mes armes, desquelles j'ay ce royaulme
delivré. — Dis-moy, dist l'emperière, de quelle
terre tu es, qui sont tes parens ; si tu ne me le
dis, jamais ne mangeray. » Lors l'empereur commença à dire verité, et dist toute la manière
comment l'abbé le trouva au tonneau. Puis la
dame luy monstra les tablettes ; et quant il les
congneut il cheut comme mort à terre. Puis dist
la royne se lamentant : « O mon doulx enfant !
tu es mon propre filz unicque, tu es mon mary
et mon seigneur, et si es le filz de mon frère ;
celle je suis qui te mis au berceau. Helas ! et
que feray-je ? Combien de maulx sont par moy
perpetrez ! Mon propre frère j'ay connu charnellement, et là fuz engendré. Pleust à Dieu que je
fusse perie sans que œil me peust veoir, que
j'eusse lors esté comme se je eusse point estée
translatée du ventre maternel au tombeau de la
mort ! » Elle se frappa adoncques la teste contre
le mur, et dist : « O mon Dieu ! voicy mon enfant et mon mary et le filz de mon frère ! » Lors
dist Gregoire : « Je cuydois avoir evadé le peril,
et je suis au fillet du dyable tombé. Laisse moy,
ma dame, que je plore ma misère. Mauldict
soyes tu, homme mauldict ! Voicy ma femme,
voicy ma mère, voicy ma tant aymée ! Que feray je ? Las ! le dyable m'a ainsi conclu[1]. » Quand

1. Diverses histoires ayant pour sujet le révoltant épisode
de l'inceste d'une mère avec son fils avoient cours au Moyen-
Age. Dans le *Dit du Buef*, publié par M. Jubinal (*Nouveau*

Violier. 14

l'emperière veit les douleurs de l'enfant, elle luy dist : « O mon enfant! pour nos pechés je veulx tout le temps de ma vie courir par le monde comme pelerine ; mais toy, tu gouverneras le royaulme. — Non, dit le filz, il ne se fera ainsi, mais tu demourras au royaulme cependant que je mesureray la terre du labeur de mes pas en pelerinant pour la remission de nos pechez, car jamais ne cesseray d'aller jusques à tant que je congnoisse si nos pechez nous seront pardonnez. » De nuyt se leva Gregoire, rompit sa lance, se vestit d'abillemens de pellerin, dist adieu à sa mère, voire le plus piteux qui fut oncques ouy, et se mist à chemin, et fut nudz piedz par la voye jusques qu'il fust hors du royaulme; puis vint de plaine nuyt à la maison du pecheur, où il demanda l'aulmosne. Quant le pescheur le vit si beau, il luy dist qu'il apparoissoit assez qu'il n'estoit pas pelerin. Lors dit Gregoire : « Non-obstant que pelerin ne soye, touteffois pour ceste nuyt je demande logis. » La femme du

---

recueil de fabliaux, t. 1, p. 42-72), une veuve qui a commis ce crime, son complice et la fille qui est le fruit de cette union réprouvée, n'obtiennent du pape leur absolution qu'à condition que tous les trois seront enveloppés et cousus chacun dans une peau de bœuf pendant sept ans et qu'ils vivront ainsi séparés les uns des autres, renonçant à tous leurs biens. Les mêmes amours de la mère et du fils se rencontrent dans le *Dit de la bourjosse de Rome* (recueil ci-dessus t. 1, p. 79-87; voir aussi celui de Legrand d'Aussy, t. 4, p. 22, et les *Latin stories*, publiées par M. Wright. p. 98), et dans le *Dit du sénateur de Rome* (Vincent de Beauvais, *Miroir historial*, VII, 93, recueil de Méon, t. 2, p. 394, et de Legrand d'Aussy, t. 4, p. 23) ; mais dans ceux-ci c'est la Vierge qui intervient en faveur des coupables. V. l'*Histoire littéraire de la France*, t. 23, p. 122.

pecheur en eut pitié, et pria son mary qu'il le laissast entrer. Quant il fut entré, il fist son lict derrière la porte ; le pescheur luy donna des poissons et de l'eaue, et luy dist entre les autres choses : « Toy, pelerin, si tu voulois sainctement vivre, les lieux solitaires tu deusses querir. » Dist Gregoire : « Cela ferois de bon cueur, mais je ne congnois pas ces desers et les places secrettes. » Lors luy dist le pescheur qu'il le mèneroit le lendemain en ung bon lieu. « Grant mercy ! » dist Gregoire. Le lendemain le pescheur l'appella, et tant le fist haster qu'il oublia ses tablettes derrière l'huys. Le pescheur entra avec le pelerin en la mer par l'espace de seize miliaires, jusques qu'ilz arrivèrent à une roche. Gregoire souffrit avoir en ses piedz des fers fermant à clef, lesquelz il mist en ses piedz, et, cela fait, le pescheur gecta la clef des fers en la mer, puis s'en retourna à la maison. Gregoire demoura par l'espace de dix-sept ans en penitence. Le cas fut que le pape mourut, puis vint une voix du ciel qui dist : « Querez l'homme de Dieu pour estre constitué pape recteur, et qui ayt nom Gregoire. » Les electeurs furent fort joyeulx, et envoyèrent par toutes les diverses parties du monde pour trouver Gregoire. Dedans la maison du pecheur arrivèrent, auquel ilz dirent qu'ilz estoient fort travaillez à avoir quis ung sainct homme, mais ilz ne le pouvoient trouver. Le pescheur se recorda du pelerin qu'il avoit en sa maison couché, et qui avoit nom Gregoire, leur disant qu'il l'avoit laissé en une roche sus la mer il y avoit dix-sept ans : « Mais je crois, dist-il, qu'il est mort. » Le cas advint qu'il print ce jour ung poisson, et avoit ledict poisson la clef des fers de Gregoire. Lors dist à ceulx qui queroient Gregoire qu'il esperoit qu'ilz auroient bonnes nouvelles : « Voicy les clefs que j'avois en la mer gectées. » Les messagiers furent joyeulx et prièrent le pescheur qu'il les menast à la roche, ce qu'il fist dès le lendemain, où ilz trouvèrent Gregoire, luy disant : « Homme de Dieu, descendz et viens avecques nous, car tu es de Dieu eslevé pour nostre pasteur. » Lors deist Gregoire : « Ce que à Dieu plaist soit fait. » Il saillit hors de la roche, puis, devant qu'entrer en la cité, les campanes d'elles-mesmes sonnèrent[1] ; lors le peuple loua Dieu. Fut ordonné et constitué pape par le vouloir de Dieu. Quant il fut en l'estat de la papaulté, si louablement se gouverna que plusieurs de diverses parties venoient à Romme pour avoir son conseil et ayde. Sa mère l'emperière, congnoissant la renommée et saincteté de Gregoire, fut à Romme pour se confesser. La dame se confessa à luy, et ne se congneurent point l'un l'autre, jusques à ce qu'elle fut confessée. Le pape congneut par sa confession que c'estoit sa mère, parquoy il parla

---

1. Ces cloches qui sonnent d'elles-mêmes nous rappellent la cloche miraculeuse de Villilla, village d'Aragon, à neuf lieues de Saragosse, qui se faisoit entendre toutes les fois que la religion étoit menacée de quelque danger. Un auteur du temps, don Juan de Quinones, publia à cet égard, à Madrid, en 1635, un livret in-4 de 36 feuillets, devenu rare (*Discurso de la campana de Villilla*). Nul bras ne pouvoit arrêter cette cloche. On l'entendit pour la vingtième et dernière fois en mars 1699. V. Dormer, *Discursos varios*, p. 198-244 ; Prescott, *History of Ferdinand and Isabella*, t. 3, p. 382.

à elle, disant : « O ma très doulce mère, non seullement, mais mon espouse ! le dyable pensoit en enfer nous conduire, mais nous sommes, par la grâce de Dieu, de ses lyens eschappez. » Elle, ce voyant, cheut à ses piedz, et de joye qu'elle eut adonc plora la dame. Le pape la leva de terre, puis fist bastir ung monastère lors en son nom, et de ce lieu la fist abbesse. Puis finablement tous deux rendirent à Dieu toutes pures leurs ames.

Moralisation sus le propos.

C'est empereur est Nostre Seigneur Jesuchrist, qui a sa seur l'âme fort aymée quant à ce qu'elle est en la chair conjoincte; la chair proprement est dicte sa seur. Au commencement la chair a en honneur l'âme quant elle ne fait contre sa voluntè chose qui à Dieu deplaise. Ces deux, le corps charnel et l'âme, merveilleusement s'entre aymoient et ayment si fort qu'ilz reposent en une mesme chambre de volunté, de pensée, mangeant en une mesme table, c'est à dire disposition, dès quant le baptesme receurent et renuncèrent aux pompes du dyable; mais souvent, par l'instigation du dyable, le corps violle sa seur l'ame par peché et par vice, tellement qu'elle conçoit ung enfant. Cest enfant est tout le genre des humains, du premier homme procedé, puis par le conseil du chevalier le Sainct-Esperit a esté mys en la mer des misères de ce monde, là ou il fust par long temps vaguant; l'âme seulle demoura, parquoy le duc de dampnation, le dyable, la persecuta jusques que le filz de Dieu vint en terre delivrer, non seullement sa mere, mais tout le genre des humains, et restaura toute la terre de paradis perdue; puis après il espousa sa mère, l'Eglise, par laquelle les tablettes estoient escriptes, que sont les dix commandemens de la loy, lesquelz nous devons tousjours regarder, en considerant qu'elles furent faictes pour nostre peché. *Lex propter transgressores posita est*. Cela nous doit donner matière de plorer qui nous a tirez du tonneau, l'abbé, Dieu le createur, par son enfant, et nous baille puis après au pescheur à nourrir, c'est au bon prelat, qui nous doit nourrir de bonnes operations et promouvoir à la chevalerie de Jesuchrist. *Cum sancto sanctus eris*. Puis fault par le navire de l'Eglise passer, c'est selon le vouloir de Dieu cheminer et virillement combatre contre le dyable, si qu'enfin à grandes richesses parviendrons, qui sont les vertus qui l'âme font riche. Le citoyen qui nous mène vers le seneschal est le bon ange. Pareillement le prelat qui nous conduit au confesseur, par lequel est conduyt à la voye de salut, pource qu'on combat pour l'âme royne de l'empire perdue; mais il advient souvent que l'homme pèche de rechief quant il va aux vanitez du monde chasser. Lors l'âme se recorde de sa transgression pour çe qu'elle voit les tablettes escriptes pour nos offences; pourtant les chevaliers, qui sont les sens, sont tenus de revocquer l'homme du jeu mondain. Lors, quant l'homme voit l'âme pour son peché tombée, souldainement il se doit contre terre par humilité gecter, doit despouiller les vestemens de peché, rompre la lance de malle ire par confession, et en pelerinant en bonnes vertus aller jusques qu'il soit à la maison du pescheur venu, c'est au prelat qui le conseillera; lors tu t'enfermeras en la roche de penitence jusques à ce que tu soyes mené à la cité de Romme, qui est l'Eglise, par l'accomplissement des commandemens; et lors les campanes sonneront, c'est-à-dire que les bonnes œuvres testifiront de ta penitence, puys se rejouyront les citoyens et anges celestes de ta conversion, selon l'escripture. *Gaudium est angelis Dei super uno peccatore penitentiam agente.*» Lors tu pourras l'âme, ta seur et espouse, mener au monastere du royaulme des cieulx, auquel nous veuille conduyre le Pere, le Filz et le Sainct-Esperit.

Du jugement des adultères. — CHAPITRE LXXX[1].

Il estoit ung chevalier qui avoit ung beau chasteau sus lequel deux cigoignes faisoient leur nid. Au-dessoubz de ce chasteau estoit une fontaine bien clère, dedans laquelle se baignoient les cigoignes ; advint que la fumelle fist ses petis ce pen-

1. Chap. 82 de l'édit. de Keller. Swan, t. 2, p. 26. Cette historiette ne se trouve point dans les anciennes rédactions angloises des *Gesta* que Madden a publiées, mais il la donne, p. 499, en reproduisant le chap. 28 de l'édition Winkyn de Worde. Dans le texte anglo-latin, il s'agit, non d'un chevalier, mais de l'empereur Andronicus, et c'est un rossignol qui est complice de la cigogne infidèle ; celle-ci oublie ses devoirs *cum alia ave, scilicet philomena, qui est masculus*. On prétendoit de plus au Moyen Age que la cigogne abandonne la maison où logent des adultères : c'est ce qu'affirment le poète Chaucer et le lexicographe Speght, qui s'appuie sur l'autorité d'Aristote. Voir Swan, notes, t. 2, p. 542.

Nous observerons à cet égard qu'il est question, chez des auteurs anciens (V. Alciat, *Emblemat.*, 47), d'un oiseau nommé Porphyrio, qui mouroit aussitôt qu'il se commettoit dans le logis de ses maîtres la plus légère infraction à la fidélité conjugale. Un oiseau semblable existoit jadis en Portugal, s'il faut s'en rapporter à la tradition, qui le nomme Camao, et qui prétend que la famille de Camoens en tiroit son nom. « Pendant plusieurs siècles, toute famille « bien réglée dans la péninsule eut son camao, mais enfin, « là comme ailleurs, la race s'en est peu à peu éteinte. Une « dame de la maison de Cadmon, en butte aux mauvais pro- « pos, en appela à ce singulier juge. L'honneur de la dame « fut rétabli, et, par reconnoissance, le mari voulut garder « le nom de Camao. Il y a des *redondillas* de Camoens sur « cette merveille. » (Ch. Magnin, *Notice sur Luiz de Camoens*, *Revue des Deux-Mondes*, t. 6, 1832, et en tête de la traduction des *Lusiades* par J. B. Millié, Paris, 1841.)

dant que le masle queroit la proye. La fumelle, voyant que son masle n'estoit pas là, se copula à autres oyseaulx ; mais elle se lava en la fontaine, si que son masle ne sentist la puanteur de son adultère. Le chevalier s'esmerveilloit fort de ce cas ; il ferma la fontaine. Quant la cigoigne veit la fontaine fermée, bien fut dolente, pour ce qu'elle ne pouvoit nectoyer sa luxure, parquoy elle fut contraincte retourner en son nid, après son adultère, sans estre lavée. Le masle, ce congnoissant, s'en volla et assembla en ce jour naturel la multitude des autres cigoignes, qui la fumelle tuèrent en la presence du chevalier.

Moralisation sus le propos.

Ces deux cigoignes sont Jesuchrist et l'âme son espouse, la quelle doit recourir à la fontaine de penitence, touteffois qu'elle sera adultère par peché, si qu'elle se puisse mundifier affin que Jesuchrist ne congnoisse son infamie. Le chevalier qui ferme la fontaine nous represente le dyable qui endurcist le cueur de l'homme, si qu'il soit empesché d'aller à la fontaine de confession penitencialle. Parquoy, au jour du jugement, si Dieu te trouve non lavé de peché, saches qu'avec la multitude de ses anges il te condampnera à mourir eternellement.

De la timoreuse garde de l'âme.
CHAPITRE LXXXI [1].

drian regna, qui moult aymoit les vergiers. Il ordonna ung jardinier pour garder un jardin qu'il avoit construict et planté de tous genres d'arbres et

1. Chap. 83 de l'édit. de Keller. Swan, t. 2, p. 28 ; chap.

semences. Il y eut ung sanglier qui le verger
gasta et divertit les arbres : le jardinier, nommé
Jonathas, ce voyant, luy couppa l'aureille senestre. Le lendemain le sanglier entra encore de
rechief au jardin et fist tout plain de mal : le jardinier luy retrouva et luy couppa l'aureille dextre.
Semblablement l'autre jour d'après le sanglier en
fit autant, et le jardinier luy osta la queue, par
quoy le porcel saillit et crya fort. La quatriesme
foys en fist autant, rentra au vergier, et adonc
le jardinier le persa d'une lance, puis le bailla au
cuysinier pour habiller pour la bouche du roy.
Le roy aimoit fort le cueur des bestes. Entre toutes choses le cuysinier voyant le cueur du sanglier gras et en point, le mangea. Quant le roy
fut du sanglier servy, il demanda le cueur. Les
serviteurs furent au cuysinier pour avoir le cueur,
mais le cuysinier dist : « Dictes au roy que le
sanglier n'en avoit point, et je le prouveray par
bonnes raisons. » Le roy sceut sa responce, puis
le fist venir pour ouyr ses raisons. Disoit le roy :
« Je ne sache beste qui n'ait cueur. » Dist le cui-
sinier : « Sire, vous me devez ouyr : toute cogitation procède du cueur, parquoy bien s'ensuyt
que s'il n'y a point de cogitation en aucune creature, qu'il n'y a point de cueur. Ce sanglier est
entré par quatre fois au vergier, et à chascune fois
je luy ay osté l'ung de ses membres. S'il eust eu
un cueur, à chascune fois eust-il pas cogité et
pensé que s'il retournoit, qu'il seroit tousjours
pugny ? Quant je luy couppay l'aureille première-

37, p. 123 de l'édition de Madden, l'empereur se nomme
Trajan. Ce récit semble dû à l'imagination du rédacteur de
notre recueil.

ment, devoit-il pas penser à ne retourner plus?
Il ne l'a pas fait. Et quant je le trouvay la seconde
fois, devoit-il pas penser à son aureille perdue,
semblablement toutes les autres fois? Et ainsi
cecy considère que le sanglier a esté sans cogitation de ses membres perdus. Je dys, pour ma
conclusion, qu'il n'a point de cueur. » Le roy
approuva bonnes ses raisons, et evada subtillement le cuysinier.

L'exposition moralle sus le propos.

Ce roy est Jesuchrist, qui ayme les beaulx jardins
semez et plantés, ce sont les bons estatz des
hommes, comme gens d'eglise, de religion et autres,
plantez de bonnes vertus et semences salutaires, comme les dix commandemens, les sept œuvres de misericorde, les quatre vertus cardinalles et theologalles.
Le jardinier est le prelat qui a ceulx cy à garder. Le
sanglier est l'homme riche qui croit plus tost à son
sens voluntaire qu'à bonne remonstrance. Celluy des-
truit son estat prins au baptesme, faisant maints
maulx et pechez quant il violle les vertus dessusdictes.
Ce voyant, Dieu nous pugnit par diverses fois par la
perdition de nos biens, de nos enfans et autres choses;
mais, touteffois, nous ne nous voulons corriger, parquoy nous sommes baillez au cuysinier d'enfer. Quant
Dieu demande le cueur, qui est l'âme, le dyable dit et
allegue que l'homme mauvais n'en avoit point, car,
s'il en eust eu ung bien obeissant, pas n'eust tant de
fois offencé; parquoy dist qu'il est vray, et ainsi est
privé de l'âme du pescheur qui meurt en peché.

Des benefices de Dieu à tousjours rememorer.
CHAPITRE LXXXII [1].

Pompée regna, au royaulme duquel estoit quelque dame grandement belle. Près d'elle se tenoit et habitoit aucun chevalier assez gracieux, qui souvent celle dame visitoit. Vint ung jour que la dame tenoit ung faulcon dessus son poing. Le chevalier en fut fort amoureux et le demanda à la dame, disant sus tous les plaisirs qu'elle luy sçauroit faire, qu'elle luy donnast le faulcon. La dame dist qu'elle luy donnoit, mais soubz telle condition qu'il ne l'aymast pas tant qu'il la mist en oubly, et que de luy se separast. Le chevalier dist : « A Dieu ne plaise telle chose. » La dame luy bailla l'oyseau. Quant il l'eust, il se delectoit tant et tant à l'oyseau, que plus n'alloit la dame visiter. La dame souvent luy envoyoit des messagiers pour le faire venir à elle, mais il n'en faisoit compte. Finablement elle luy escript qu'il vint à elle sans dilation avecques le faulcon, ce qu'il fist. Quant il fut devant la dame : « Baille moy ce faulcon », dist elle. Lors il luy bailla, et quant elle l'eust, elle luy osta la teste du corps. Le chevalier ne se contenta pas et dist à la dame

1. Chap. 84 de l'édit. de Keller. Swan, t. 2, p. 31. Nous ignorons à quelle source le compilateur de notre recueil s'est adressé pour puiser le récit qu'il nous offre en ce chapitre.— C'est la contrepartie d'une anecdote qui figure dans des conteurs italiens, notamment dans le *Decameron* de Boccace (giorn. 5, nov. 9), et que La Fontaine a insérée dans ses *Contes*.

pourquoy elle avoit ce fait. Elle respondit : « Ne te courrouce pas, mais esjouis toy, car le faulcon estoit cause pour laquelle tu ne me visitois plus comme par devant. » Le chevalier, ce voyant, la visita comme par devant.

Moralisation sus le propos.

Ce roy est Dieu le père celeste; la dame tant belle, l'humaine nature, qui est à la deité conjoincte quant à Jesuchrist; le chevalier, chascun chrestien, qui doit l'humaine nature que Dieu a pour nous prise totallement aymer, et par les œuvres meritoires visiter. Le faulcon est le bien temporel que Dieu à l'homme donne, lequel ne doit pas tant l'aymer que en oubly il soit mis. Touteffois, l'homme, se voyant de ce bien garny, tant son cueur y delecte qu'il ne fait plus de Dieu compte, parquoy il luy oste ce bien temporel, prosperité et santé, pour le remettre sur son premier amour, selon ce qui est escript : *Flagellat Deus omnem filium quem diligit.*

Comment oraison est la melodie de Dieu.
CHAPITRE LXXXIIII.

Tibère regna, qui grandement ayma la melodie. Comme il alloit ung jour à la chasse, du costé dextre vint à ouyr quelque son de melodie, procedant d'une harpe, par telle sorte de delectation et

1. Chap. 85 de l'édit. de Keller. Swan, t. 2, p. 33 ; chap. 35, p. 116, de l'édition angloise de Madden. Le nom de l'empereur est Theodose, ainsi que dans le chap. 8 de la seconde partie, p. 293. Cette histoire forme le septième chapitre de l'édition de Winkyn de Worde. Une des fables de la collection ésopique est fondée sur une idée semblable : c'est celle du pêcheur qui attire les poissons en jouant de la flûte.

plaisir qu'il fut quasy ravy. Il detourna son cheval vers le lieu où il entendoit la melodie. Quant
il fut au lieu, il vit ung petit fleuve delectant,
près duquel se seoit ung povre, si doulcement
chantant d'une harpe, que l'empereur fut tout
saoullé de joye. L'empereur luy dist : « Mon amy,
dy moy comment ta harpe sonne si doulcement. »
Le povre luy dist : « Sire, par l'espace de trente
cours d'années sus ce fleuve me suis assis sans
partir, et plus, et me a Dieu donnée si belle grâce,
que les poissons viennent en ma main au son de
mon instrument, duquel je substante toute ma
famille. Mais une fortune m'est advenue, car de
l'autre costé de l'eaue, puis peu de temps en çà,
est venu ung sibilateur et joueur de fleustes ou
sibletz qui sible par si doulce melodie, que les
poissons me laissent et vont à luy. Pourtant,
sire, vous estes puissant et empereur de toute la
terre. Parquoy vous me pouvez bien ayder. » Dist
lors le roy : « Mon amy, je ne te sçauroy ayder
qu'en une chose. J'ay en ma bourse quelque cla-
veau ou hameau d'or que je te bailleray. Fais
le lier à la summité d'une verge, puis frappe tes
cordes de ton instrument, au son et touchement
duquel les poissons seront esmeuz, et alors tire
les avec ton hameau. Ce voyant, le sibilateur
tout confuz s'en yra et laissera ce fleuve. » Le
joueur de la harpe fist en celle sorte, tellement
qu'il print poissons assez, et s'en alla le fleuteur
par despit.

Moralisation sus le propos.

Cest empereur est Nostre Seigneur Jesuchrist, qui
ayme la melodie d'oraison et vane ses âmes, lesquelles le dyable veult prendre comme luy. L'eau où

sont les poissons est ce monde, qui est plain de pecheurs. Le povre près de l'eau est le predicateur, qui a la harpe de l'Escripture saincte, par laquelle doit appeller les pecheurs à la terre seiche, c'est paradis ; mais quant le predicateur commence lors à sonner la divine parolle, dès aussitot le sibilateur, qui est le dyable, sonne si doulcement par les temptations doulces et plaisantes quant au corps, qu'il persuade que les predicateurs ne sont ouyz, mais il fault avoir l'engin ou hameau de la divine grâce pour les poissons humains attraire.

Comment Dieu begnignement et copieusement
à ceulx qui l'appellent donne sa grace.
CHAPITRE LXXXIV [1].

Il y avoit ung empereur qui ordonna que si une femme se forfaisoit par indecent adultère, qu'elle seroit à jamais en prison. Le cas advint que la femme d'ung chevalier se forfist cependant que son seigneur estoit allé en pellerinage, tellement qu'elle conceut de son adultère. Quant le cas fut congneu et prouvé, du commandement de l'empereur elle fut en prison menée, là où elle se delivra de son enfant moult beau. L'enfant creut et fut de tous aymé qui l'avoient veu. La mère ploroit sans intermission et ne se povoit consoler. Le jour fut en essence que l'enfant vit sa mère qui ploroit, et luy dist pourquoy son âme tant et

1. Chap. 86 de l'édit. de Keller. Swan t. 2, p. 36 ; Madden, seconde partie, chap. 2, p. 277.— L'empereur porte le nom de Betoldus. Ce récit paroît le fruit de l'imagination du rédacteur des *Gesta*.

tant estoit affligée. La mère dist à l'enfant : « O mon enfant ! je dois bien plorer : dessus nostre teste le soleil luyt et est'en sa clarté, et les hommes ont accès l'ung à l'autre. Mais nous sommes en ténèbres sans lumières. » Lors dist l'enfant : « O ma chère mère ! ceste lumière que tu dis estre sus nostre teste jamais je ne vis, car je suis en ceste prison né ; tant que je seray nourry et alimenté en ces lieux, je suis content de n'en partir. » Comme le filz et la mère parloient ensemblement, l'empereur avec ses chevaliers estoit à la porte des prisons, auquel dist ung des chevaliers : « Sire, mais oyez vous point les lamentations entre le filz et la mère ? » Dist l'empereur : « Ouy bien, et en ay compassion. » Les chevaliers dirent : « Sire, faictes leur misericorde, nous vous en prions. » Et ainsi furent delivrez les deux, filz et mère.

L'exposition moralle sus le propos.

Cest empereur est le roy celeste, qui a ordonné que si l'âme se forfait soubz son espoulx Jesuchrist, que elle sera à jamais ès prisons d'enfer. Elle plore ; son filz qui la voit plorer, c'est le riche, qui dit qu'il ne luy chault de la lumiere des cieulx, mais qu'il ait tousjours à manger et à boire. De telz fault avoir pitié. Le chevalier qui dit au roy qu'il ayt pitié de ceulx-ci est le bon prelat, qui doit Dieu prier pour son peuple, si qu'il ressuscite de la prison de peché.

De l'estat triple de ce monde.
CHAPITRE LXXXVI.

Jadis estoit ung chevalier qui avoit trois enfans, et ordonna son heritage, quant il voulut mourir, à son premier né ; au second donna ung grant tresor, et au tiers ung precieulx anneau qui plus valoit que tout ce que les deux autres devoient avoir, nonobstant que les deux premiers eussent eu pareillement des anneaulx. Tous ces anneaulx furent d'une même sorte. Lors après la mort du père, le premier enfant dist : « J'ay ung anneau de mon père precieux. » Le second dist : « Tu ne l'as pas, mais moy. » Le tiers dist : « Il n'est pas juste que vous les ayez, pour ce que le plus ancien a l'heritage, l'autre le tresor. Parquoy la

---

1. Chap. 89 de l'édit. de Keller. Swan, t. 2, p. 41. Ce récit se retrouve dans le conte des trois anneaux qui fait partie du *Décaméron* de Boccace, journée 1, nouvelle 3, et des *Cento Novelle*, nov. 72, p. 116 de l'édition de Turin, 1802. On le rencontre également dans le recueil de l'Allemand Pauli, *Ernst und Schimpf*. Lessing s'en est servi pour son drame de Nathan le sage, traduit par Friedel et Bonneville, et plus tard par M. de Barante, dans les *Chefs-d'œuvre des théâtres étrangers*, Paris, 1822. Il en existe des imitations en vers français, par Chénier et Cubières Palmezaux.

Swift paroît avoir eu en vue cette anecdote en certains passages de son *Conte du tonneau*. Une histoire analogue dans le fond, mais avec quelques changements dans les détails, s'offre aussi aux bien rares lecteurs d'un ouvrage rabbinique, *Schebet Judah* (la *Vierge de Judas*), traduit en latin par Centius. M. Wiener a donné à Hanovre, en 1855, une nouvelle édition de ce livre, en y joignant une traduction allemande.

raison dit que je, qui suis le tiers, dois avoir l'anneau precieux. » Dist le premier : « Prouvons lequel des anneaulx est le plus precieulx et le meilleur.—J'en suis content, fist l'ung et l'autre. Tout incontinent furent amenez des malades de diverses maladies ; mais les deux premiers anneaulx ne firent choses de vertus, ains l'autre dernier les guerist tous.

Moralisation sus le propos.

Nostre Seigneur Jesuchrist nous signifie ledit chevalier, qui a eu troys enfans, les juifz, sarrasins et chrestiens ; aux juifz donna la terre de promission, aux sarrasins le tresor de ce monde, mais aux chrestiens l'anneau precieux, c'est assavoir la foy, par laquelle l'on peut variables langueurs et maladies curer et guerir, comme il est escript que toutes choses sont à celluy qui croit possibles. *Sine fide impossibile est placere Deo.*

De la liberté de son franc arbitre.
CHAPITRE LXXXVI[1].

Jadis aucun roy fist telle loy que le plus ancien diviseroit l'heritage, mais le jeune choisiroit. L'autre fut qu'il estoit au fils de l'ancelle prendre la possession aussi bien que aux fils de franche condition. Il advint que les deux frères, l'ung legitime, l'autre de la chamberière, divisèrent l'heritage. Le plus ancien divisa ainsi : en l'une partie mist

1. Chap. 90 de l'édit. de Keller. Swan, t. 2, p. 43.
Violier. 15

tout l'heritage , mais en l'autre mist. la mère de
son frère , car son frère pensoit aymer sur toutes
choses sa mère ; par consequent il esleut sa mère
pour laisser l'heritage , sperant de son frère quelque chose lors obtenir, mais il n'eut aucune chose.
Devant le juge s'en alla son frère lors accuser
qu'il l'avoit de son heritage frustré. Son frère respondit qu'il l'avoit deceu, car celuy qui divise
n'est point circumscrit , mais celui qui eslit.

Moralisation sus le propos.

Dieu le père jadis eut deux enfans , l'ung de la
chamberière , l'autre de l'espouse. De l'espouse
saillit Jesuchrist, qui est de l'essence propre de laquelle
si est le père comme coeternel. De la chamberière,
l'homme, qui est quant au corps de terre creu, et cestuy est le moindre, car il est fait en temps. Jesuchrist,
l'enfant plus ancien, divisa l'heritage, car la terre mist
en l'une partie, c'est assavoir les choses terriennes;
en l'autre, le ciel, qui sont les choses celestes; toutes
fois à l'homme donne l'election, si qu'il choisist sa
mère la terre. Le pecheur, contempnant les choses celestes, eslist la terre ; parquoy il ne peult accuser son
frère, car celluy qui divise n'est circumscript , mais
celluy qui eslist. Doncques il faut bien eslire, qui veut
estre riche, non pas follement comme les mondains qui
preposent les choses terrestres aux celestes.

Comment toutes choses belles par la lèpre toutes infectes
ne peuvent ravoir leur pristine beaulté, fors que par
les gemissemens et profonds soupirs des autres.
CHAPITRE LXXXVII [1].

Jadis estoit ung roy voulant loing aller, lequel avoit une belle fille plus resplandissante que le soleil ; il ne sçavoit à qui fidellement la commettre. Finallement, il la bailla à un chevalier secretaire qu'il aimoit bien, luy commandant qu'il ne la laissast aller à une fontaine qui estoit en celle terre, car elle estoit de telle nature que si elle en beuvoit, elle en seroit lepreuse, tout nonobstant que l'eau fust doulce par suavité grande. Le chevalier print la fille du roy en garde. Finallement, la fille vint secrètement à la fontaine, si qu'elle feust ladresse pour avoir beu. Le chevalier, ce cognoissant, s'en fuyt en ung desert, menant avec luy la fille du roy, la où il trouva un hermite qui luy donna conseil d'aller en une montaigne qu'il luy monstra, là où il trouveroit une pierre, laquelle frapper il devoit d'une verge bien fort jusque qu'elle rendit quelque liqueur, de laquelle liqueur oingdroit la fille tellement qu'elle recouvreroit sa pristine beauté et seroit guerie. Tout ainsy le fist le chevalier, et fut la fille non plus ladresse.

Moralisation sus le propos.

Ce roy est Nostre Seigneur Jesuchrist, qui est allé loing de nous en paradis pour retourner au jour

1. Chap. 94 de l'édit. de Keller. Swan, t. 2, p. 49.

du jugement. La fille, pour tout vray, est l'âme, qui est plus clère sept fois que n'est le soleil. Le chevalier est le pecheur qui court à ses delectations et doulces plaisances; l'âme lors est faite lepreuse par l'eaue de la fontaine de vanité et peché. Le pecheur qui a donc ploré s'en allant au desert de l'Eglise doit avoir le conseil de l'ermite, qui est le confesseur, luy disant : « Va à la montaigne de ton propre corps, et là trouveras d'une pierre, qui est le cueur dur et par obstination endurcy, et le frapperas de la verge de castigation et contriction penitentialle, faisant jeusnes, oraisons et aumosnes, si que l'eau et liqueur de contriction en saille, pour l'âme de peché adoncques oingdre. Par ainsi sera faicte belle, digne d'estre lors à son père le roy celeste presentée. »

Comment la vie presente pour vray est la vie de remission et de grace. — CHAPITRE LXXXVIII [1].

Le roy Alexandre mist une chandelle qui ardoit en sa salle, puis envoya ses heraulx publier et faire crier par tout son royaume que si aucun offensoit, et il vint cryer misericorde durant que la chandelle ne seroit gastée, qu'il obtiendroit; et aussi s'il ne venoit qu'après l'extinction de ladicte chandelle, qu'il seroit pugny de malle mort. Plusieurs par ce moyen eurent misericorde, mais aussi plusieurs faisant le contraire furent occis et perirent de malle mort.

1. Chap. 86 de l'édit. de Keller. Swan, t. 2, p. 53.

Moralisation sus le corps.

Par le roy Alexandre nous pouvons prendre Jesuchrist, Roy des roys. Il a mis l'ardente chandelle, qui est ceste presente vie, comme la chandelle transitoirement passant pour avoir remission ce pendant quelle durera. Les heraulx sont les predicateurs, qui de jour en jour nous publient la divine misericorde, bonté, doulceur et amour qui sera faicte tant que cette vie durera. Car en l'autre monde point n'est mention de pardon. Dieu est tout misericordieux, comme dit le prophète royal David : *Misericordiæ ejus super omnia opera ejus.*

De la mort. — CHAPITRE LXXXIX [1].

On list es croniques que l'an vint et deuxiesme de la fondation de Rome, les Romains firent ériger une columne de marbre dedans le capitolle de la cité, et sus la columne misrent l'ymage de Julius César, et sus l'ymage son nom escript.

Mais celluy ci Cesar eut trois signes merveilleux devant que mourir. Le centiesme jour devant sa mort, la fouldre tomba devant son ymage, rasant de son nom suscript la première lettre.

La nuyt de sa mort precedente, les fenestres de sa chambre furent si impétueusement ouvertes qu'il estimoit que la maison tomboit. Le mesme jour que il fut tué, comme il entroit au Capitolle, baillées luy furent des lettres indices, et

1. Chap. 97 de l'édit. de Keller. Swan, t. 2, p. 55.

qui luy demonstroient sa mort, lesquelles s'il les
eust leues il fust evadé de son occision et meurtre.

L'exposition sus le propos.

Ainsy est il de nous et de Dieu. Dieu nous fait trois
signes pour la mort eternelle fuyr et éviter. Le
premier, l'effacement et l'abolissement de la première
lettre du nom, qui signifie de richesse habondance, ce
sont les richesses qui font avoir nom en la terre. Jamais homme n'est pris en honneur s'il n'a des biens.
Si on veult preferer quelqu'ung, il convient qu'il soit,
non pas bon, juste, sainct, mais riche. Pourtant,
quant Dieu veult les riches sauver, il oste la première
lettre de son nom, qui sont les richesses, qui causent
damnation le plus souvent. Le second signe de Julius
fut qu'en sa chambre fust fait le grand bruyt et tonnerre. Ceste chambre pour vray est le corps humain;
car comme l'homme se voit estre beau et fort, incontinent il chet en peché, par lequel la mort luy est
preparée; pourtant Dieu, le voulant de celle mort de
l'eternelle misère revocquer, luy fait près du corps grand
bruyt et son par maladie, si que il cuyde mourir; alors par ce signe plusieurs sont revocquez. Si ce
n'estoit les maladies qui nous surviennent, le plus
souvent nous demourrions tous en nos pechéz : *Mul-
tiplicate sunt infirmitates eorum postea acceleraverunt.*
Exemple de saint Pol, disant : *Libenter gloriabor in-
firmitatibus meis*, je me glorifieray en mes infirmités.
Le tiers signe de Cesar fut qu'il eut des lettres testi-
fiant sa mort, lesquelles s'il les eust leues il fust evadé.
Dieu nous envoye des lettres pour nous advertir, ce
sont les bonnes inspirations et illustrations de nos consciences, esquelles nous pouvons lire nos pechez, qui
de jour en jour nous blessent et nous veulent occire;
pourtant si nous voulons nostre mort de spiritualité
congnoistre, lisons ces lettres et ne les laissons point
fermées comme Cesar; ouvrons nos consciences et

voyons qu'il y a dedans, si qu'après la mort du corps ne soient au jour du jugement ouvertes.

De la virile bataille de Jesuchrist, et de sa victoire.
CHAPITRE XC 1.

esar regna, au royaume duquel estoit un noble chevalier et fort qui chevauchoit une fois par une forest où il vit ung crapault et ung serpent qui ensemblement combattoient, mais le crapault prévalut et eut victoire. Ce voyant, le chevalier aida au serpent et blessa fort le crapault; toutesfois le chevalier fut fort blessé par le crapault. Ce voyant, le chevalier descendit de son cheval; toutesfois le venin du crapault demoura en sa playe. Le chevalier s'en alla en sa maison et par long temps fut malade, fist son testament et se prepara à la mort. Comme un jour il estoit auprès du feu, quasi de sa vie se desesperant, le serpent auquel il avoit aydé entra en sa chambre; les serviteurs luy dirent. Le chevalier congneut que c'estoit celluy propre qui estoit cause de sa vulneration et blessure. Le chevalier dist qu'on ne luy fist aucun mal. Le serpent s'approcha de luy et sucça le venin de ses playes avec sa langue, jusques qu'il en eût la plaine bouche, puis saillit lors de la maison pour jetter le venin; sequente-

1. Chap. 99 de l'édit. de Keller. Swan, t. 2. p. 57. — L'inimitié du serpent et du crapaud est attestée par Pline (*Hist. nat.*, l. X, chap. 84; l. XX, chap. 13). Ce n'est pas une raison pour y croire. Texte anglois publié par Madden, chap. 2, p. 1.

ment fut boire le venin de la playe du chevalier,
jusques à trois fois, qu'il n'y en eut plus, par quoy
le chevalier luy bailla du laict à boire. Comme
il beuvoit, le crapault qui l'avoit blessé entra et
commença à combattre contre le serpent, comme s'il fust dolent que le serpent avoit bu le venin de la playe du chevalier. Le chevalier, ce
voyant, dit aux serviteurs qu'il craignoit fort le
crapault, et que s'il estoit victeur contre le serpent, il le blesseroit de rechief. « Pourtant, si vous
aymez ma vie, qu'il soit occis. » Adoncques fut
le crapault navré et mys à mort. Lors le serpent,
quasi regratiant le chevalier, se ployoit autour de
ses pieds et saillit dehors, et fut le chevalier
gueri.

Moralisation sus le propos.

Cest empereur est le Père celeste, le chevalier est
Nostre Seigneur Jesuchrist, le crapault est le dyable
d'enfer, et le serpent l'homme. L'homme peut estre
dit serpent pour deux causes, pour le venin de peché
et pour la bataille qu'il doit avoir contre le dyable
quand tout le genre des humains fut pour le peché des
premiers parens suppedité. Jesuchrist pour nous combattit, et le dyable suppedita; mais il fut blessé, non
en un seul lieu seulement, mais en plusieurs, parquoy
il est malade, non en soy mais en ses membres. Et
pourtant, si l'homme ne se montre lors ingrat, il
doit le venin des membres de Jesuchrist oster, c'est
assavoir l'indigence, povreté et misère, par les œuvres de misericorde. Dieu repute ce qu'on fait aux
povres estre fait à sa personne. Si le crapault d'enfer
retourne pour te nuyre, combats virillement, et lors
les serviteurs de Dieu, c'est à dire les bonnes vertus,
lesquelles tu as au baptesme prinses, te donneront faveur et ayde, si que tu le supereras et auras la santé
de ton âme.

Comment Jesuchrist ne precipite pas soudain le pecheur selon sa justice, mais l'attent à penitence par misericorde. — CHAPITRE XCI[1].

Diocletian regna, qui fist loy que la femme mourroit si elle estoit adultère. Le cas advint que ung chevalier espousa une pucelle qui eut un enfant de sa semence; l'enfant creut et fut de tous aymé; après cela son père s'en alla en la guerre, là où il perdit le bras dextre. Cependant sa femme se macula du crime d'adultère. Quand le chevalier fut venu, il sceut son peché. Il appela son fils et lui dist : « Tu sais que selon la loy ta mère doit mourir par mes mains; j'ay perdu les bras, parquoy je ne la puis tuer : je te commande que tu faces pour moy l'execution. » Lors luy a dit l'enfant que la loy commandoit honnorer tous ses parens; pourquoy, si sa mère mettoit à mort, il feroit contre la loy divine, trop encourant la malediction maternelle, parquoy il ne pourroit faire le commandement de son père. Par ce moyen sa mère evada.

Moralisation sus le propos.

Cest empereur est le Père celeste. Le chevalier est Jesuchrist, et la femme l'âme. Dieu le père fist telle loy, que l'âme mourroit eternellement si elle commettoit peché mortel contre son epoux Jesuchrist. Dieu le fils s'en alla contre le dyable combattre, là où

1. Chap. 100 de l'édit. de Keller. Swan, t. 2, p. 60.

il perdit le bras dextre, c'est assavoir toute fureur et austerité, laquelle devant l'incarnation il aymoit, parquoy il fut fait doulx et mansuet comme l'aignel, si qu'il ne nous veult pas tuer. Mais Dieu le père luy commande qu'il nous face mourir, et il respond : « J'ay prins chair humaine de ma mère, parquoy je ne scauroys l'homme quant à l'âme tuer. » Et ainsy par penitence peult l'ame de l'eternelle mort evader.

Comment le monde totalement est mys en malignité et environné d'angoisses.
CHAPITRE XCII 1.

Il est escript que Gauterus aymoit sans fin les lieux joyeulx et amenes pour se resjouyr. Un jour matin se leva et alloit seul en la voye jusques il parvint à ung royaume là où le roy estoit mort depuis peu de temps. Les seigneurs, voyant Gauterus fort et abille, le firent leur roy. Il fut bien joyeux. Au soir, ses serviteurs le menèrent en la chambre, dedans laquelle il vit un fort et cruel lyon au chief du lict ; aux pieds un dragon ; au costé dextre du lit ung ours, et à l'autre costé crapaulx et

1. Chap. 101 de l'édit. de Keller. Swan, t. 2, p. 62 ; Madden, seconde partie, chap. 46, p. 409, mais avec des changements considérables. — Bromyard, dans sa *Summa predicantium*, au mot *Ascendere*, mentionne cette histoire ; un poète anglois du XIIIe siècle, Occleve, en a fait le sujet d'un poème qui se conserve en manuscrit au Musée britannique, où il est accompagné d'une moralisation en prose. Il a été, avec quelques retranchements, publié par M. Browne, dans son *Shepheard's Pipe*, 1614, in-8. Il n'est pas douteux que cette fiction n'ait une origine orientale; on rencontre dans les *Contes arabes* quelques passages qui la rappellent.

serpens. Lors dist Gauterus : « Qu'estce cy ?
me faut-il gésir avec ces bestes ? » Les serviteurs dirent ouy, car tous les autres roÿs l'avoient
ainsi faict, et avoient esté devorez. Gauterus
dist : « Tout me plaist bien, mais ces bestes me
semblent si malles, que vostre roy point ne veulx
estre. » Alors Gauterus s'en alla et vint en ung
autre royaume, là où il fut esleu roy semblablement. Quand il fut mené pour coucher au
soir, il trouva un beau lict bien paré et plain de
rasoers tranchants, et dist : « Me faut-il coucher
en ce lict ? » Les serviteurs dirent : « Ouy, sire,
comme les autres tes predecesseurs. » Dist Gauterus : « Je ne seray plus vostre roy, puisqu'ainsi
est. » Le lendemain il s'en alla par la voie l'espace
de trois jours, et trouva ung homme vieil sus une
fontaine assis, qui avoit en sa main ung baston,
auquel il dist : « Mon amy, d'où viens tu ? — De
loing de ce lieu, dist-il. — Trois choses je quiers,
dist Gauterus, et ne les puis trouver. — Quelles
sont les trois choses? dist l'ancien. — Le premier est, dit Gauterus, habondance sans deffault ; le second est joie sans tristesse ; puis le
tiers, lumière sans ténèbres. » Lors dist le vieil :
« Prends ce baston, et va par ceste voye. Tu
verras une montaigne bien haulte, devant le pied
de laquelle est une echelle qui a six degrez :
monte dedans. Quant tu seras au sixième degré, tu trouveras ung beau palais à la summité
de la montaigne : frappe trois coups à la porte,
le portier te respondra ; monstre-luy ce baston et
luy dys que celluy à qui est le baston luy commande qu'il te laisse dedans le palais entrer, et
quant tu y seras, les trois choses trouveras. »

Gauterus fist tout le conseil du vieillart, et fut reçu au palais, où il y fut tout le temps de sa vie.

L'exposition moralle sus le propos.

Gauterus est chacun bon chrestien qui le monde contempne, desirant querir et trouver ces choses : habondance sans deffault, joye sans tristesse, pareillement lumière sans tenèbres. Ces choses ne se peuvent obtenir fors en l'eternelle vie ; pour les avoir, il faut aller par la voye de trois choses : c'est par jeunes, oraisons et aulmosnes. Si tu voys en quelque royaume, c'est assavoir aux choses mondaines, et les citoyens, qui sont les vanitez, te font roy en eslevant ton cueur au throsne d'orgueil, regarde lors au pied de ton lict, qui est l'humaine fragilité et condition, et tu congnoistras que briefvement mourras, pour ce que le lyon, le dyable, le dragon de la mort, l'ours, la propre conscience qui te condampnera, et les crapauls et vers, qui sont les pecheurs, te veullent destourner. Si ces choses bien consideres, tu laisseras ce royaulme, te pourchassant ailleurs. Mais il ne fault pas croire le dyable, car s'il ne te fait seigneur d'orgueil il te fera seigneur de la chair. Ne va pas à l'autre royaulme des voluptez charnelles, car il te fauldroit coucher au lict plain de rasoers penibles ; ce lict est enfer plain de tormens. Si ce lict bien tu regardes, tu eviteras ce royaulme. Que fault-il faire ? Parler à l'ancien qui a le baston, c'est Jesuchrist avec sa croix, laquelle lors te baillera par son imitation de penitence, si que seras consollé : *Virga tua et baculus tuus ipsa me consolata sunt.* Puis te fault monter l'eschelle de saincte vie, tenant les sept degrez des sept œuvres de misericorde, par lesquels tu pourras à l'eternelle vie parvenir. Mais il fault frapper trois coups au palais de paradis ; les trois coups sont : contriction, confession et satisfaction, qu'il te convient avoir. Lors le portier celeste, qui est divine bonté, te menera ès joyes celestes , là où tu trouveras habondance sans deffault , joye sans tristesse , et incomprehensible lumière sans tenèbres.

Des transgressions de l'âme , du peché et de ses playes.
CHAPITRE XCIII[1].

itus regna , en l'empire duquel estoit ung chevalier plain de noblesse, qui à Dieu estoit grandement devot. Il avoit une belle femme qui se forfist au vice d'adultère , si fort que poinct ne le vouloit cor-

1. Chap. 102 de l'édit. de Keller. Swan, t. 2, p. 65. — Ce récit est le premier de ceux qui composent la rédaction angloise des *Gesta* publiée par Madden. La croyance à l'emploi des figures de cire dans les opérations magiques remonte à une antiquité reculée; il en est fait mention dans Théocrite (*Idylle* II, v. 28) , dans Virgile (*Eglogue* VIII, v. 73) , dans Horace (*Satyre* V, 8 , v. 30). Les démonologistes du Moyen-Age n'ont pas manqué de reproduire ces assertions. Il suffira de signaler le *Malleus maleficarum*, chap. 11 et 12. V. la note de Swan, t. 2, p. 405, lequel cite, d'après Warton, le roman d'*Alexandre* par Adam Davie, où Nectubanus fait de ses ennemis des figures de cire, afin de leur donner la mort.

Au XVIe et au XVIIe siècle, des sorciers et des enchanteurs furent condamnés à mort pour avoir voulu faire périr des personnes au moyen de procédés de ce genre.

Le roi Jacques Ier, dans sa *Dæmonologie*, édition de 1603, in-4o, l. II, chap. 4, p. 44 et suiv., indique ce maléfice comme très fréquent, et lui attribue sans hésiter de funestes résultats, suites de la puissance du démon.

Un écrivain du 15e siècle, Nider, parle d'une sorcière qui fit une image de cire, la piqua avec des épingles et la plaça sous le seuil de la maison d'une voisine qu'elle haïssoit, et qui se trouva aussitôt fort souffrante. On se douta du tour. L'image fut trouvée, brûlée, et la guérison fut immédiate. Consulter à cest égard l'*Histoire des superstitions*, par le cha-

riger. Le chevalier estoit bien dolent, car il vouloit aller la terre sainte visiter, et ne sçavoit
comment laisser son espouse. Lors il luy dist :
« Ma chère dame, je m'en vas en la terre saincte,
parquoy je vous laisse totalement à vostre discretion et prudence. » Quant il fut allé au voyage,
la dame fut d'ung clerc nigromantian amoureuse,
si qu'elle coucha avec luy. Une nuict la dame
luy dist que s'il vouloit une chose faire, que fa-
cilement il la pourroit avoir pour espouse.
« Qu'est ce ? » dist le negromantien. « Mon mary,
qui est allé en la terre saincte, ne m'ayme pas
fort ; si par tes ars le pouvois occider, nous nous
assemblerions toy et moy par mariage. —Je le
feray, dist le clerc, moyennant qu'à mary vous
me prendrez. » La dame luy promit fermement.
Lors le clerc fist une ymage semblant au chevalier mary de son amoureuse, la mettant contre
la muraille de la chambre, devant ses yeux.
Comme le chevalier mary de celle qu'il aymoit
passoit par la cité de Romme, quelque grant
maistre bien instruit le regarda intentivement et
luy dist : « Sire, j'ay aucun secret à vous dire. »
Le chevalier luy dist : « Maistre, dictes ce qu'il
vous plaira. » Lors dist le maistre : « Tu es le filz

noine Thiers (t. 2, p. 71 ; t. 3, p. 181).-.Il cite Pierre le
Chantre, qui affirme qu'il y avoit des prêtres qui disoient la
messe sur des images de cire, en faisant des imprécations
contre leurs ennemis ; s'ils disoient dix messes, l'individu
maudit mouroit le dixième jour. Parfois aussi l'on baptisoit
des figures de cire et on les piquoit avec une épine qu'on
enfonçoit graduellement en récitant le petit office de la Vierge.
Le charme avoit son effet le neuvième jour. Tout cela a,
pendant longtemps, été regardé comme des procédés d'une
efficacité incontestable.

de la mort aujourd'huy, si je ne te suis aydant, et pour vray tu mourras, car ta femme, qui'est toute paillarde, dispose de ta mort. » Le chevalier, entendant qu'il disoit vray de sa femme, luy dist : « Maistre, saulvez moy la vie et vous en aurez salaire condigne. — Je le feray, dist le maistre, si vous volez faire ce que je vous diray. — Oui », dist le chevalier. Lors le maistre fist un baing faire, puis fist le chevalier dedans entrer tout nu et lui bailla ung miroer en sa main, disant : « Regarde diligemment en ce miroer.» Et le maistre luy lisoit ung livre, qui dist au chevalier : « Que vois tu ? — Je vois, dist-il, le clerc en ma maison, qui a planté et fisché ung ymage me ressemblant contre la paroy. » Dist le maistre : « Que voy tu maintenant?—L'autre, dist il, a pris ung arc et met dessus une sagette pour sagiter l'ymage.» Dit le maistre : « Dès aussitost que tu voirras voller la flèche contre l'ymage, si tu aymes ta vie, musse toy dedans ce bain jusques à tant que je te face lever. » Quant le chevalier veit saillir la sagette de l'arc, il se plongea dedans l'eau et se tournoit ceans dedans. Cela fait, le maistre dist : « Lève ta teste, puis regarde dedans le miroer. » Il fist le commandement du maistre, qui luy dist : «Que voy tu ?—Je voy, dist le chevalier, l'ymage non frapée, car à costé la sagette s'en est vollée, parquoy le clerc se deult fort et s'efforce de plus en plus de sagitter l'ymage.» Dist le chevalier : «Fais donc comme tu as fait, si tu veux estre de mort delivré. » Le chevalier se gecta en l'eau, quant veit l'arc descocher. Puis dist le maistre : « Lière toy, et regarde qu'on fait. » Lors dit le chevalier : « Le clerc est

fort.dolent qu'il ne peut l'ymage frapper, et dit
à ma femme que s'il ne la frappe la tierce fois,
qu'il perdera auprès de l'ymage sa vie. Maintenant il s'approche de plus près pour tirer, et croy
qu'il ne sera plus deceu que l'ymage ne frappe.
—Fais donc comme pardevant; gecte toy en
l'eau, ou tu seras à l'heure presente mys à mort.»
Le chevalier, qui avoit belle paour, regardoit
tousjours au miroer, et quant il veit demarcher
la sagette, soubdainement se mussa en l'eau.
Puis le maistre le fist lever, et il se leva de l'eau,
riant, parquoy le maistre luy demanda pourquoy
il rioit. «Je rys, dist il, pour ce que le clerc est
deceu et n'a oncques l'ymage frappée, mais est
la sagette contre son estomac retournée, tellement qu'elle l'a occis et est à present mort, et
si voy davantaige comment ma femme l'enterre
soubz une fosse qu'elle fait soubs mon lict.
—Lièveve toy, dist le maistre, diligemment, vest
tes habillemens et prie Dieu pour moy.» Le
chevalier le remercya grandement et print congé
de luy. Puis, après que son voyage fut complet, en sa maison s'en retourna. Sa femme vint
audevant de luy et le receut en joye. Le chevalier par plusieurs jours dissimuloit son cas; enfin il envoya les parens de sa femme querir, aux-
quels il dist : « Je vous ay envoyé querir pour
vous dire que vostre fille n'est qu'une paillarde ;
qui pis est, contre moy a machiné, me cuidant
faire mourir. » Elle nyoit tout cela et juroit le
contraire. Le chevalier leur fist le compte de
tout ce qu'il avoit veu au clerc faire, disant : « Si
vous ne me voulez croire, venez, et je vous monstreray le lieu où est ledit clerc en sepulture. »

Tous furent soubz le lict et trouvèrent le clerc
mort. Parquoy le juge fut appelé, qui la condamna à estre bruslée. Tout ainsy fut fait, et la
poudre de son corps en l'air dispersée. Depuis,
le chevalier print une chaste pucelle qui luy fist
de beaux enfans ; puis mourut en paix.

Moralisation sus le propos.

C'est empereur est nostre Seigneur Jesus-Christ ;
le chevalier est l'homme ; la femme, la chair qui
adultera par le peché mortel et contre son espoux
Jesus-Christ. L'homme, ce voyant, doit aller en la
terre saincte de paradis par œuvres meritoires ; en la
voye doit trouver le sage maistre, c'est le confesseur, qui le doit informer de sa vie spirituelle. Le
clerc negromantien est le dyable, que l'homme tient
par voluptez charnelles en sa domination et puissance. Lors il dresse son ymage, c'est l'âme, par
humain orgueil et vanité ; il prend l'arc avecques la
sagette vollant. C'est arc, c'est le monde, qui a deux
cornes : orgueil de vie, puis concupiscence des yeulx ;
la sagette n'est autre chose fors orgueil, qui plusieurs
navre, comme il appert de Lucifer et Adam. Lucifer
disoit : « Je monteray sus les etoiles du ciel, et au
souverain seray semblable. » Mais, au contraire, la
sagette contre luy retourna : si tomba par mort spirituelle. Que faut il doncques faire si que le dyable
ne nous tue ? Nous devons entrer au bain de vraye
et pure confession, qui nous lavera de toute macule ;
mais il faut en sa main tenir le mirouer polly de l'Escripture Saincte par l'audition des predications et lectures salutaires. Là on peut les sagettes du dyable
fuyr, et eviter tous les perils. Quant l'arc du dyable
contre ton âme sera par tentation tendu, mets tout
ton corps, c'est à dire tout ce que tu as fait en pensant, en delectant, en consentant, au baing de con-

Violier. 16

fession, et le peché sera estainct. Quand tu auras lors
le dyable vaincu, prends les habillemens de vertus,et
va en la maison de ta conscience, puis tire le corps
du deffunt, c'est à voir les pechez, et faits adoncques la chair par le feu de penitence brusler, et les os
et pechez inveterez seront annichilez, et ainsi par le vent
de l'amaritude de cueur seront expellez. Lors tu pourras la vierge prendre, c'est à veoir ta chair de tous
vices purgée, par consequent engendrer bonnes vertus
pour parvenir en gloire.

---

*De toutes choses avecques consentement et providence
tousjours à faire.* — CHAPITRE XCIV[1].

Damician regna prudent et sage, con-
fiant et en toutes choses juste. Comme
il disnoit ung jour, vint ung marchand
qui dit qu'il avoit de la marchandise
pour l'empereur, de belle sorte. L'empereur luy
demanda que c'estoit. « C'est, dist il, de la sire
de la science que je vents, en trois sortes. »

1. Chap. 103 de l'édit. de Keller. Swan, t. 2, p. 70. —
Conte d'origine orientale, que l'on retrouve dans un récit
intitulé : *La Sultane de Perse et les visirs*, contes turcs traduits en françois par Petis de La Croix, Paris, 1707, in-12,
p. 398, et à la suite des *Mille et un Jours*, édition de Loiseleur-Deslongchamps, p. 366 ; V. aussi le *Cabinet des Fées*,
t. 16, p. 258, et la *Bibliothèque des romans*, octobre 1777,
p. 197.
    Un récit analogue à certain égard fait partie de la *Disci-
plina clericalis* (chap. 19, p. 61, de l'édit. de Schmidt, et fab.
16, p. 114, de la rédaction françoise) ; on la retrouve aussi
dans le *Dialogus creaturarum* (dial. 93), et dans le recueil
de fables d'Ulrich Boner, composé vers le milieu du XIVe
siècle et intitulé : *Edelstein*, Bamberg, 1461, premier livre
connu imprimé en allemand (réimp. à Berlin, 1816).
    Hans Sachs a fait de cette anecdote le sujet d'une de ses

« Comment la disperses tu ? dist l'empereur.—
Pour mille florins, dist le marchand. — Voyre
mais, dist l'empereur, si ta science ne profite, je
perdray mon pecune. » Dist le marchand : « Sire,
s'il est ainsi qu'elle ne profitte, je renderay l'argent. » Dist l'empereur : « C'est bien dist. Et
quelles sciences veux tu vendre ? » dist l'empereur ? Dist le marchant : « Voicy la première :
Ce que tu fays, fais le sagement et regarde la
fin ; la seconde, ne laisse jamais la voye publicque pour prendre la sente ; la tierce, jamais ne
prends logis de nuyct en la maison d'un homme
vieil qui ait jeune femme. Fais ces trois choses
et il te profitera. » Le roy luy donna pour chascune science mille florins, et la première sapience : « Ce que tu fais, fais le sagement et regarde la fin », escripre faisoit partout où il alloit,
tant ès chambres que ès nappes et serviettes et autres choses. Pour ce qu'il estoit si juste, plusieurs
envieulx contre luy conspiroient à sa mort, et,
pour ce que ils ne le pouvoient faire sans estre
congneus, ils composèrent avec le barbier du
roy, luy promettant grande pecune s'il vouloit
la gorge du roy percer en faisant sa barbe. Le
barbier leur promist. Et quand ung jour il eut
lavé le visage du roy et commençoit jà à raser
la barbe, d'aventure vist en escript sus le couvre-

pièces (l. 1, part. 4, f. 380, édit. de Nuremberg, 1560), et
il invoque l'autorité des *Gesta :*

> Uns sagt Gesta Romanorum
> Wie im Romischen Keyserthumb...

La littérature espagnole nous offre, dans le *Comte Lucanor*
(exemple 50), une historiette semblable (p. 460 de la traduction de M. de Puibusque).

chief la science qui disoit : « Ce que tu fais, fais
le sagement. » Lors commença à songer longuement que s'il occisoit le roy qu'il seroit pendu,
car la fin de son meurtre tel estoit. Lors les
mains luy commencèrent à trembler, et luy tomba
le rasoer des mains. Le roy, ce voyant, luy dist :
« Dy moy d'où procède cecy. » Il respondit :
« Sire, faictes moy misericorde. Vray est que
j'estoys conduit pour pris de vous trencher la
gorge par la persuasion d'aucuns princes et
traystres de vostre royaulme ; mais quant j'ay
veu cest escripteau qui dit que on doit regarder
à la fin, je considère que je serois perdu si je
commettois le cas premedité et conceu en mon
mauvais et mal advisé courage, parquoy j'ay eu
si grande paour que je ne sçay que je fais. »
L'empereur pensa que l'argent qu'il avoit baillé
de la première science n'estoit pas perdu ; dist
au barbier : « Je te pardonne, desormais soyes
constant et bien fidelle. » Les satrappes, voyant
qu'il n'estoit par cela mort, ne cessoient de penser l'ung à l'autre comment ils engendreroient
sa mort, et disoient : « Tel jour il s'en yra vers
telle cité ; soyons ce jour là mussez en quelque
lieu, et là le murtrirons. — Bon est le conseil »,
dirent ilz. Le roy, en celluy temps, se preparoit
pour aller en celle cité ; et quant il eut chevau-
ché jusques à une petite sente, ses gens luy dirent : « Sire, mieulx vault passer par ceste sente
que tenir le long chemin. » Le roy pensa en son
cueur en la seconde science qu'il avoit appreciée
du marchant, qui estoit qu'on ne devoit jamais
laisser la voye publique pour prendre la sente,
dist : « Je ne passeray pas par la sente, dist le

roy ; mais ceux qui vouldront la sente tenir, de par Dieu la tiennent et aillent devant faire preparer toutes les choses ordinaires. » Plusieurs furent par la sente, là où estoient mussez les ennemis du roy, qui mirent tout à mort, sperant que le roy là fust. Quant le roy le sceut, il prisa fort la seconde science, car elle luy saulva la vie. Les envieux de l'empire, voyant qu'ils avoient jà par deux fois failly à le deffaire, conspirèrent de rechief et dirent qu'ils le tueroient en la maison où il devoit aller loger, et qu'ils auroient convention avecques l'hoste de la maison, qui les celleroit. Le conseil fait, le roy s'en alla loger en celle maison où ils avoient deliberé faire le meurtre ; là appella son hoste, luy disant s'il avoit une femme, qui respondit : « Ouy, sire. » Le roy la vit, et quant il l'eut veue jeune de dix huit· ans, dist à son chambellan : « Va tost ailleurs mon lict preparer, car ma science dit qu'il ne faut pas loger en la maison où l'hoste si est vieil et l'hostesse jeune. » Le roy s'en alla secretement et dist à ceulx qui vouloient demourer qu'ils fussent au matin à luy. Comme les chevaliers du roy dormoient, l'hoste les tua tous, car il avoit eu argent pour tuer le roy et sa famille. Le roy le sceut au matin, et dist que sa science moult estoit bonne, remerciant Dieu qu'il n'avoit logé leans dedans. Il fist prendre l'hoste, l'hostesse semblablement et leur famille, et les fist mourir ; puis, tant qu'il vesquit, garda curieusement ces trois sciences, si qu'à la fin il acquit l'eternelle vie.

Moralisation sur le propos.

Cest empereur peult estre dist chascun bon chrestien qui a l'empire de son cueur et de son ame toujours à gouverner ; le portier en la porte, pour vray, est la franche volunté : car point n'est de peché se il n'est voluntaire. Le marchant qui vient à la porte du palais est Jesus-Christ, qui veut trois sagesses : la première, qui dit qu'on doit regarder ce qu'on fait sagement, c'est penser qu'on doit le faire pour l'honneur de Dieu, en regardant toujours la bonne fin qui engarde de peché : *Demorare novissima et in eternum non peccabis.* La seconde sapience de Dieu est ne laisser point la voye publique des commandemens jusques à la mort pour prendre la sente de mauvaise conversation. La tierce prudence de Jesus est qu'on ne doit point loger de nuyt en la maison d'ung homme vieil qui a jeune femme, c'est à dire du monde de pechez inveteré, qui a jeune femme, c'est à voir vanité : car qui au monde de vanité loge, bien pourra estre trahy, car on ne peult pas à Dieu et au monde servir. Les satrappes qui contre le roy conspirent sont les dyables, qui spirituellement s'efforcent l'homme tuer ; et, quant ils ne le peuvent faire, lors ils parlent au barbier, c'est à la chair, qui oste les vertus et les rase. Mais il faut toujours penser aux trois sciences, les escripre partout en nostre memoire. Par ainsy, jamais ne serons deceuz et trompez.

Comment on doit veiller contre les fraudes du dyable.
CHAPITRE XCVI.

adis estoient trois compaignons qui voyageoient par voye. Le cas advint qu'ils ne sçavoient trouver des vivres fors ung pain. Ils disoient l'ung à l'autre :

1. Chap. 106 de l'édit. de Keller. Swan, t. 2, p. 83. Une

« Si ce pain estoit en trois divisé, chascune partie pas ne suffira pour nous rassasier ; disposons-en donc autrement. — Dormons en ceste place, distl'ung, et celluy qui songera songe plus merveilleux aura tout le pain. » Chascun fut de l'oppinion, et commencèrent à dormir. Celluy qui avoit le conseil baillé se leva comme les autres dormoient et mangea le pain, puis reveilla ses compaignons pour réciter ce qu'ils avoient songé. Le premier dist : « Mes frères, j'ay veu une chose merveilleuse : advis m'a esté que je voyois une grande eschelle d'or qui descendoit du ciel, par laquelle les anges montoient et descendoient, et ont mon ame de mon corps ravie, la portant en paradis, où j'ai veu les trois personnes de la Trinité si plaines de joye que c'estoit merveille ; tant y avoit de biens autour de mon âme qu'on ne le sçauroit nombrer. » Le second dit : « Et

anecdote semblable se lit dans la *Disciplina clericalis* de Pierre Alphonse (chap. 20, p. 63, de l'édit de Schmidt ; fab. 17, p. 120, de la rédaction françoise). Le tour que le troisième compagnon joue aux deux autres a d'ailleurs été raconté par divers auteurs du moyen âge, qui ont assez fidèlement suivi le récit des *Gesta*. V. un fabliau inséré dans le *Recueil* de Legrand d'Aussy, t. 1, p. 312 ; Stainhœwel, Esop, fab. 5 ; les *Fabeln der Minnesinger*, p. 244, Boner, fable 74. On peut consulter aussi le conte intitulé : *Somniatores*, dans le *Democritus ridens*, édit. d'Ulm, 1689, p. 107, et les *Facezie e buffonerie del Gonnella, del Burlacchia e di diversi*, Firenze, 1616, p. 28, d'où Chappuis a tiré la nouvelle 7 de la journée 5 de ses *Facétieuses journées*. Giraldi Cinthio (*Hæcatomm.*, decad. 1, nov. 3) a raconté un trait qui se rattache à notre historiette, et où figurent un astrologue, un philosophe et un soldat, pendant la famine qui désola Rome en 1527. Il est vraisemblable que la source du récit en question est dans l'Orient ; M. de Hammer, dans son *Rosenœl*, t. 2, p. 303, a traduit un apologue arabe du même genre.

moy j'ay songé que les dyables emportoient mon ame, la batant de chaînes de fer, et la trainoient en enfer, et luy ont dit que de là ne partira tant que Dieu au ciel sera. » Le tiers dit : « J'ay pareillement songé que ung ange m'a mené aux portes du paradis et m'a monstré ton ame qui beuvoit et mangeoit de toutes sortes de viandes, et que jamais elle ne devoit partir ; et puis cest ange m'a mené en enfer, où si estoit l'autre de voz ames en peine merveilleuse. Lors je demanday à l'ame si elle retourneroit plus, et elle me dist que jamais, et que je mangeasse le pain tout seul ; car moy ni nostre compaignon, disoit l'ame, tu ne verras jamais. Quand j'ay eu songé ces choses, je me suis levé et ay tout le pain mangé, comme vous voyez. »

Moralisation sus le propos.

Par ces trois compaignons, nous entendons les sarrasins, les juifs et chrestiens. Par le pain, qui est rond, le royaulme celeste. Ce pain est en trois parties divisé pour les nations ; mais les sarrazins et juifs dorment en leurs pechés et croient estre sauvés en paradis selon la loy de leur Mahomet, quant aux sarrazins, et selon la loy mosayque, quant aux juifs ; ceste croyance quasi songe doit estre reputée. Le second compaignon qui songe qu'il est en enfer sont les riches de ce monde, lesquels sçavent bien certainement que se ils meurent en peché qu'ils seront dampnés, et toutesfois point ne se veulent amander. De ceulx-cy est escript : *Mortui sunt et ad infernum descenderunt.* Le tiers compaignon est le juste chrestien, qui ne dort point en peché ny en mauvaise foy, mais en vertus veille par le conseil de l'ange, qui est le Sainct Esperit ; sa vie bien dirige pour avoir le pain celeste.

De la memoire de mort, et comment on ne se doit point
delecter ès choses temporelles.
CHAPITRE XCVI[1].

I estoit ung ymage, dedans la cité de Romme, qui estoit toute droicte sur ses pieds, et avoit la main estandue directement; et sur le doy moyen estoit telle description : *Percute,* frappe. Par longtemps

1. Chap. 107 de l'édit. de Keller. Swan, t. 2, p. 87. Madden, chap. 3, p. 8. — Cette anecdote, qui se trouve aussi dans l'édition angloise de Winkyn de Worde (chap. 8), est mise sur le compte du pape Gerbert (Silvestre II, mort en l'an 1003). Elle se rencontre dans divers auteurs du moyen âge, tels que Guillaume de Malmesbury, *De Gestis regum Angliæ,* l. 2, chap. 10, et dans le *Miroir historial* de Vincent de Beauvais, l. 34, chap. 98, ainsi que dans le *Repertorium morale* de Bercheure, l. 14, chap. 92, p. 981, de l'édit. de 1631.

Les auteurs du moyen âge, qui ont longuement narré les *Faitz merveilleux* opérés par Virgile, attribuent à l'auteur de l'*Enéide,* transformé chez eux en enchanteur, l'érection d'une statue où étoit une inscription semblable. Mansel s'exprime ainsi dans sa *Fleur des Histoires,* que nous avons déjà citée (chap. 55) : « Il (Virgile) fist un feu en une grant place, à Romme, où chescun se chauffoit. Auprès duquel feu avoit une moult grande statue de coivre, tenant un arc en sa main et la sayette encochée. Ce feu dura loing temps à Romme et faisoit moult de bien aux povres gens, car tousjours ardoit sans y rien mettre. Ung empereur vint, qui fu moult convoitteux, lequel leut les lettres qui estoient en la poitrine de celle statue, qui disoient : *Qui me ferira je trairray;* et cuidoit cel empereur par sa desloyale convoitise que celle statue voulsist par son trait enseignier aucun tresor repons. Si fery la statue, qui incontinent tray dedens le feu, et s'estaint tout soubdainement. »

Un récit semblable se trouve dans le *Roman de Cléomades,*

fut ainsi l'ymage, pource qu'on ne sçavoit qu'elle
signifioit; plusieurs lisoient la superscription de
l'ymage, mais ils ignoroient l'interpretation du
sens. Il estoit ung clerc subtil, lequel oyant de
l'ymage parler, fut instigué de la veoir, vint et
leut la lettre de dessus le doy. Luy voyant le soleil sus l'image, par l'umbre du soleil discernoit
le doy de la superscription : *Frappe*. Tout aussi
tost print une bèche lors, et commença à fouyr
en terre par l'espace de trois pieds, et trouva
aucuns degrés descendans. Le clerc se rejouissant
ung peu descendit sur les degrés jusques il trouva
ung palais soubz terre fort somptueux et beau; il
entra en la salle de ce palais et trouva le roy et la
royne qui estoient à table, plusieurs nobles aussi;
de tous costez hommes nobles vestuz bien richement, mais personne ne parla à luy. Il regarda
à ung coing et veit une pierre polie qui est nommée charbon[1], qui toute la maison illuminoit, et
à l'opposite du charbon, ung homme stable qui
avoit ung arc en sa main pour frapper avec sa
sagette. Dessus son front estoit escript : « Je
suis qui suis, et aucun ne peult mon arc eviter,
et mesmement ce charbon qui si fort reluyt. »
Le clerc s'esmerveilloit; il entra en la chambre,
là où il trouva des femmes qui ouvroient en drap

composé au XIIIe siècle par Adenès, dans le *Roman des sept
sages* (p. 60, édit. de M. Leroux de Lincy), et dans sa traduction angloise. V. les *Mélanges archéologiques et littéraires* de M. Edelestand du Méril, 1850, in-8, p. 438.
    1. Le traducteur françois n'a pas bien rendu le mot du
texte latin *carbunculus*, qui signifie une pierre précieuse,
une escarboucle. La rédaction angloise met *a charbuncle
stone*.

de pourpre, qui ne luy sonnèrent mot ; depuis
entra en l'establе des chevaulx et les toucha
de la main, et à son touchement devindrent
pierres. Cela fait, tous les habitans du palais visita et trouva tout ce que son cœur desiroit ; depuis comme devant entra en la salle, pensant
comment il sortiroit, et disoit en son cueur :
« J'ay veu merveilles ; toutes fois personne ne
vouldra à mes dits croire, par quoy il est bon,
par signe de verité, quelque chose porter avec
moy. » Il regarda en la table superieure des
couteaux bien faits et des voirres d'or, desquels
il en print ung de chascun pour apporter avec
luy. Comme il eust ce mis en son seing, l'ymage
du coing, qui avoit l'arc, frappa le charbon et
le divisa en plusieurs parties, et dès aussitost la
salle fust plaine de tenèbres. Le clerc, ce voyant,
fut fait tout dolent, et pour la tenebrosité qui là
estoit ne peut oncques trouver l'issue du palais,
et ainsi mourut au palais miserablement.

Moralisation sus le propos.

Ce juge qui dit : « Frappe là, » est le dyable, qui a
la main estendue sur les pecheurs par sa puissance,
disant aux avaricieux : « Frappez en ceste terre de
convoitise pour les biens et tresors mondains trouver,
en mettant vostre cueur ès choses terriennes. » Le
clerc qui vint après que les autres s'en estoient allez
est l'avaricieux : car tout ainsi que ung clerc ne cesse
d'estre duyt jour et nuyt pour avoir science, pareillement ung avaricieux pour avoir les biens de la terre,
desquels le cueur ne se peult saouler. Qui sont ceulx
qui vindrent à l'ymage ? Sont les bons chrestiens, mesmement les bons religieux qui le monde contempnent,

ne font compte de la superscription du dyable d'avarice, se contentant seulement du simple vestement et
de la vie, parquoy ils evitent tous perils. Le clerc
frappa en terre par l'ombre du soleil. Aussi fist l'a-
varicieux par l'ombre de l'humaine vanité, qui est
comme l'ombre passant, print la besche, c'est assavoir la concupisciple volunté pour avoir et venir aux richesses. Il trouve des degrés : le premier
est orgueil de vie ; le second concupiscence des
yeulx ; et le tiers concupiscence de la chair. Par ces
trois degrés l'avaricieux descend au palais de vanité,
où il voit, ce luy semble, qu'il est plain de princes,
c'est assavoir de vanitez mondaines. L'ymage qui a
l'arc pour frapper est la mort, qui toujours est preste
de nous avoir, comme dit l'escripteau de son front,
que personne du monde ne la peult fuyr, pour le peché des premiers parens introduicte sus ce monde. Le
charbon qui luyt est ceste vie, qui à l'homme luyt
tant que il est en essence. Mais quant l'avaricieux
veult desrober et emporter les biens illicites, denotez
par le voirre d'or et le somptueulx cousteau, lors la
mort frappe le charbon et estainct sa clarté, c'est la
lumière de vie; lors est obscurité faicte grandement,
tellement que tous les sens perdent la lumière de
leurs vertus ; lors le corps est mort, et faict puante
charoigne. Puis le dyable prent l'ame, les parens les
biens, et les vers la pourriture de la chair et du corps,
et adonc seulement au pecheur ne demeure fors la
peine qui est eternelle.

*De la merveilleuse revocation des errans et
piteuse consolation des affligés.*[1]
CHAPITRE XCVIII.

L'empereur Trajan regna[1], au royaulme
duquel estoit ung chevalier nommé Placidas, qui estoit maistre de la chevalerie.
Cestuy estoit misericordieux envers les
povres; toutesfois il estoit à la culture des ydol-
les adonné, involu et enveloppé des tenèbres
d'infidelité. Sa femme, Theostita nommée, d'une

1. Chap. 110 de l'édit. de Keller. Swan, t. 2, p. 99. —
La légende de saint Eustache est bien connue; elle figure
dans la *Légende dorée* (trad. franç., 1842, t. 1, p. 335),
dans les *Acta sanctorum* de Surius (au 20 novembre), et chez
les divers hagiographes. Voir *Acta et martyrium S. Eusta-
chii*, gr. et lat., édit. Combefis, Paris, 1660, in-8; Man-
zini, *Vita di S. Eustachio martire*, Venezia, 1653, in-12;
1668, in-12; traduite en françois, Paris, 1657; Ath. Kircher,
Historia Eustachio-mariana, Romæ, 1665, in-4.
Le *Cantique* de saint Eustache et sa *Vie* se rencontrent
parmi les livrets que le colportage répand dans les campa-
gnes. V. l'*Histoire de la littérature populaire*, par M. Ch.
Nisard, t. 2, p. 209. L'ancien poème anglois, *Sir Isam-
bras*, publié par Ellis (*Specimens of early english romances*),
ressemble parfois d'une manière sensible au récit des *Gesta*.
V. la note 19 du t. 2, p. 430-433, de l'ouvrage de Swan.
L'histoire de saint Eustache, racontée avec des changements assez considérables, forme le chap. 34, p. 74, de la
rédaction angloise des *Gesta* publiée par Madden. Le saint
n'est pas nommé, et l'empereur est appelé Averyos. Il existe
aussi quelques pièces de théâtre sur le même sujet. Nous
nous bornerons à signaler la tragégie de B. Baro: *Saint
Eustache, martyr*; Paris, 1649. On en trouvera une analyse
dans la *Bibliothèque du Théâtre-François*, 1768, t. 2, p.
56-59.

mesme condition, etoit misericordieuse grandement et payenne, qui procréa deux beaux enfans, Agapit et Theospit, lesquels Placidas fist
noblement selon leur estat nourrir ; et pour ce
qu'il est paré du parement de misericorde que
Dieu ayme bien, Dieu ne laissa pas errer enfin,
ains le convertit comme il s'ensuyt. Ung jour,
comme il chassoit au bois, il trouva ung parc
et monceau de cerfs, entre lesquels l'ung estoit
beau et plus sans comparaison que tous les autres et plus grant, lequel se separa des autres et
entra en une grande forest, parquoy Placidas
l'ensuyvit de toute sa force, laissant ses chevaliers après les autres occupez. Comme Placidas
pensoit et s'efforçoit de prendre le cerf, ledit
cerf monta sur le haut d'une roche : lors s'apparut entre ses deux cornes l'ymage du crucifix
en la croix, plus luysante que la beauté du soleil et que toute la splendeur des estoiles ; et
parla l'ymage de Jesus-Christ par la bouche du
cerf, comme jadis par la bouche de l'anesse de Ba-
laam, disant à Placidas : « Ha! Placidas, pour
quoy me fuis tu ? Je suis apparu en ceste beste
pour toy et pour te faire grâce. Je suis Jesus
Christ, que tu honores ignorantement; tes aulmosnes sont devant ma bonté montées, parquoy
je suis venu en cerf te chasser et vaner comme
tu le chasses. » Toutesfois autres disent que
l'ymage qui apparut entre les cornes du cerf
profera ces paroles. Et voyant et oyant Placidas,
de très grande paour tomba à terre de dessus
son cheval, et puis après l'espace d'ung moment
d'heure se releva et dist : « Toy qui parles, re-
velles moy qui tu es, si que je puisse tes dits

croire. » Lors dist Jesus-Christ : « Je suis Christ qui ay creé le ciel et la terre, fait naistre les lumières et diviser des tenèbres.; j'ay constitué les jours et les temps et les ans ordonnez, fait l'homme du lymon de la terre; suis apparu en forme de chair en terre pour le salut de l'humaine gent, qui ay esté crucifié, puis ensepulturé et ressuscité le tiers jour. » De rechief tomba Placidas à terre quand il ouyt ceste voix, et dist : « Je croy, Seigneur, que tu es celluy qui as toutes choses faictes et convertis les errans.» Lors dist Jesus-Christ : « Si tu croys, va à l'evesque de la cité et te fais baptiser. » Dist Placidas : « Seigneur, veulx tu que cecy à ma femme je revelle pour estre comme moy baptisée, pareillement mes enfans ? — Ouy, dist Jesus-Christ, mais retourne donc en ce lieu après que tu seras purgé par la loy de ma grâce; lors te recompteray ce qu'il te fault faire pour le ramanant. » Quant Placidas fust venu en sa maison, recita ces choses à sa femme, qui luy dist : « Mon seigneur, l'autre nuyt passée j'ay veu quelque personne qui me disoit : Demain, ton mary, toy et tes enfans viendrez à moy; et je cognois maintenant que c'estoit Christ. » Lors à minuyt se levèrent et allèrent à l'evesque de la cité de Romme, qui en grande liesse les baptisa et mua le nom de Placidas, et eut nom Eustache. Sa femme fut Theospita nommée, pareillement ses deux enfans Theospit et Agapit. Le lendemain Eustache retourna à la forest et dispersa ses chevaliers subtilement, en feignant l'investigation de la chasse, pour retourner au lieu où il avoit esté converty. Et lors il vit la forme de la première vision en ce mesme lieu, cheut sus sa face, disant : « Seigneur Dieu, je te prie, condescends à me dire ce que tu m'as promis. » Jesus-Christ respondit : « O Eustache, tu es bien eureux, puisque tu as pris le lavacre de ma grace ; maintenant as chassé le dyable qui t'avoit deceu, maintenant apparoistra ta foy bien fondée. Note que le diable s'arme serieusement contre toy pour le despit que tu l'as laissé ; il te fault beaucoup de mal endurer pour estre de ma gloire couronné ; tu tollereras maint et grant labeur, affin que tu sois de la vanité de ce monde present humilié, et par ainsi plus en seras exalté et enrichi des biens spirituels. Ne deffaulx point, ne regarde plus à ta pristine gloire confuse, car par temptation il te fault estre le second Job vivant en povreté ; mais après ton humiliation tu seras plus riche que devant. Dys moy doncques si tu veulx maintenant avoir les tentations ou à la fin de tes jours. — Seigneur, dit Eustache, si ces choses me conviennent, commande les à present venir, mais donne moy toujours la vertu de pascience. — Soyes fort, dist Jesus-Christ, car ma grace fera à vos âmes protection. » Jesus-Christ lors monta aux cieux. Eustache, retournant à la maison, dist toutes ces choses à sa femme ; puis lors après aucuns jours la mort pestifère ses serviteurs invada, et tua hommes nobles, femmes, ancelles, et autre famille, puis après toutes ses bestes moururent, brebis et chevaulx. Aucuns larrons et depredateurs, voyant sa fortune, luy desrobèrent tout le bien de sa maison de plaine nuyt, si que son palais demoura denué d'or et d'argent. Ce voyant, regratia Dieu, et avec sa

femme et ses enfans, de nuyt, s'en alla de la cité
de Romme tout nud, dont il avoit honte. Vers
Egypte s'en allèrent, et fut toute sa possession
par les rapines des mauvais à riens reduicte.
L'empereur se douloit fort de la perdition du bon
Eustache, pareillement tout le sénat, pour ce
qu'on ne le pouvoit trouver. Eustache monta sur
la mer, parquoy le patron de la navire, voyant
la femme d'Eustache belle par excellence, fort
la desira. Quand ils furent passez, ils n'avoient
de quoy le patron payer, parquoy le patron fist
retenir sa femme; mais Eustache ce ne vouloit
consentir, parquoy le patron commanda qu'il fut
en la mer gecté : par ce moyen mieulx retiendroit
sa femme; ce voyant, Eustache laissa sa femme,
contrainct et si doloreux que c'estoit pitié, et
emmena ses deux enfans, disant : « Mauldicts
soyez vous, enfans, et moy aussi, puisque vostre mère lors est à mary et espoux estrange livrée. » Quand il fut à ung fleuve parvenu, pas
n'osa passer avecques ses deux enfans, pour la
multitude des eaux, parquoy il en print ung et le
passa, et l'autre laissa à la rive de l'eaue, le cuydant passer après l'autre; mais quant il fut au
milieu du fleuve retourné pour passer le second,
ung grant loup vint qui print avec les pates
l'enfant qu'il avoit jà passé de l'autre costé, et
le porta en une forest. Et Eustache, comme trop
dolent et plus n'ayant de celluy là esperance,
s'advança pour l'autre passer, mais ung trop de-
vorant lyon survint qui l'enfant ravit et emporta;
parquoy voyant qu'il ne le pouvoit secourir, et
luy estant au milieu du fleuve, se cuyda dedans
submerger, et l'eust fait si ce n'eust esté la di-·

Violier.　　　　　　　　　　　　　　　17

vine misericorde qui le conserva. Les pasteurs
et les laboureurs ostèrent les deux enfans des
griffes des bestes, par la divine volunté et dis-
pence : les pasteurs et laboureurs estoient d'ung
mesme vilage, lesquels en leurs maisons les
deux enfans nourrirent. De ce ne sçavoit aucune
chose le piteux Eustache ; dolent et errant par
le chemin s'en alloit, arrosant la terre de ses larmes, et disoit : « Bien suis maudict ! j'ay esté
comme l'arbre tout nouvel garny de belles fleurs
au commencement, et maintenant de tout honneur, bien et felicité suis desnué. Je ne sçay que
je face ; je soulois estre de la multitude des chevaliers habandonné, ma femme tant bonne de
dames et de damoiselles, et maintenant je suis
seul en la perdition de mes petits devorez enfans, et ma femme comblée de douleurs est des
estrangiers, maulgré son vouloir, concubine. Las !
dur helas ! je me remembre, seigneur Dieu, que
tu me dis qu'il me falloit ressembler Job ; mais
en moy plus qu'en Job tu vois de malheur : si
Job estoit sans biens, desnué de toute possession, toutesfois il avoit un fumier pour se seoir
et reposer son corps, ce que je n'ay pas ; il avoit
ses amys pour le consoler, et j'ay les bestes sauvages pour me desconforter et me nuyre, qui, de
moy ennemies, ont prins mes petits enfans ; la
femme de Job luy fut laissée, mais à moy est
ostée ; donne repos, seigneur Dieu, à mes doubles tribulations, et ferme ma bouche de tes louanges, si que mon cueur ne decline par parolles
de malice contre ta volunté pour me separer de
ta grâce. » Ces choses piteusement dictes, Eustache s'en alla en une rue, querant son pain,

et par convention de marché fait, garda, par
l'espace de quinze revolutions d'années, les ai-
gneaulx des gens de ce lieu. Ses enfans estoient
nourris en l'autre rue, qui ne se cognoissoient
point estre frères. Dieu conserva la femme d'Eustache de sa chasteté, que point ne fust par la
luxure du patron contaminée : le patron ne la
viola point. Lors mourut l'empereur, et les peuples romains estoient fort des ennemys barbares
molestez, et se recordoient comment autrefois
Placidas les avoit si puissamment deboutez par
la force de ses batailles que c'estoit merveilles,
parquoy ils ne se pouvoient tenir de lamenter
Placidas perdu ; pour ce s'esbahyssoient de sa
subite mutation. L'empereur envoya par toutes
les contrées et regions chevaliers et messagiers
pour trouver Placidas, promettant grande somme
d'argent à ceux qui le trouveroient, richesses et
honneurs. Aucuns des chevaliers qui aucunes
fois avoient Eustache ministré et servy vindrent
en celle rue où se tenoit Eustache, lesquels il
cogneut comme il venoit des champs, et lors il
se prit à gemir et dist : « Seigneur Dieu, je te
prie que ton plaisir soit que mon epouse je puisse
revoir ; de mes enfans je sçay de vray qu'ils sont
des loups et lyons devorez. » Lors vint une voix
qui dist : « Eustache, prens le courage de confiance, car en brief temps ton honneur reco-
gnoistras et trouveras tes enfans et ta femme
joyeusement. » Quant il rencontra les chevaliers
il les congneut bien, mais non eulx luy. Ils luy
demandèrent s'il avoit point veu ung pelerin et
sa femme et deux petits enfans avec eulx. Il respondit qu'il ne les congnoissoit ; toutesfois à sa

requeste se logèrent en ce lieu, et Eustache les
servoit, et en recordant son premier estat de dignité, ne pouvoit musser ses larmes qu'elles ne
saillirent des yeux; il saille dehors et sa face
lava, puis de rechief retourna et les servit. Eulx,
le regardant, disoient l'ung à l'autre que jamais
ils ne virent homme plus ressemblant à celluy
qu'ils questoient. « Il le ressemble, disoient ils;
voyons et considerons s'il a point une playe dedans la teste; s'il y a, il est Placidas. » Par ce
moyen fust cogneu Placidas, car il avoit eu autrefois en guerre la playe par laquelle ses chevaliers le cogneurent. Quant il fut congneu, ils
le baisèrent doulcement et luy demandèrent nouvelles de ses enfans et de sa femme, qui leur
compta que tous estoient perdus. Lors les voisins coururent à la chière qui fut demenée;
les chevaliers le vestirent, comme l'avoit l'empereur commandé, de beaulx habillemens. Après
quinze jours devers l'empereur retournèrent,
qui courut au devant de Placidas, l'embrassant
et plorant de joye; plus fut honnoré que jamais;
devant tous racompta tout ce qui luy estoit advenu, et fut en son premier estat remis honorablement. Il fut contraint de reprendre son office de maistre de la chevalerie de Trajan, parquoy il fit nombrer les chevaliers pour aller en
guerre contre les ennemys de Rome; mais luy,
voyant que c'estoit trop peu pour resister, fist
amasser les jeunes chevaliers par les cités et par
les rues. Le cas advint que la cité où ses enfans
estoient nourris fut escripte pour bailler deux
nouveaulx chevaliers pour l'expedition de la
bataille; les habitans de ce lieu ordonnèrent et

baillèrent à Eustache ses deux enfans comme les plus expediés entre les autres pour la bataille. Placidas, voyant ses enfans beaulx et elegans et de noble forme, les constitua et ordonna les premiers en la bataille ; toutesfois il ne les cognoissoit point. Et ainsi s'en alla en bataille ; puis après que les ennemys furent vaincus, il fist reposer son ost pour trois jours en aucun lieu où estoit sa femme demourante, là où mesmement ses deux enfans incogneus furent logés par divin vouloir. Les deux enfans, ung jour à heure de midy, confabuloient ensemblement et disoient l'ung à l'autre tout ainsi qu'il leur estoit advenu, tellement que le moindre commença à dire : « Donc, puisqu'ainsi est, tu es mon frère, car ceulx qui m'ont nourry m'ont dit qu'ils m'ont des pattes du loup delivré.» Cela dit, ils s'entre-embrassèrent fort et se cogneurent et plorèrent. La mère, ce voyant, considera et doubta que c'estoient ses enfans, parquoy elle s'en alla au maistre de la chevalerie, qu'elle ne cognoissoit point estre son mary, et lui dist : « Sire, je te prie qu'il te plaise me faire mener en ton pays, car je suis de la terre des Romains et pellerine. » Ce voyant, elle apperceut la playe de la teste de son mary Eustache ; puis, ne se pouvant de joye contenir, cheut à ses pieds et dist : « Sire, je te prie que tu me des dyes ton premier estat, car il m'est advis que tu es Placidas, le maistre des chevaliers, dit autrement, selon le baptesme de grâce, nouvellement, Eustache, lequel Dieu a converty, qui tant a enduré, qui a perdu sa femme sur la mer, et toutefois non maculée, qui avoit deux enfans, Theospit et Agapit.» O qui pourroit la joye d'eux, quant ils se congneurent, estimer Eustache plora de joye, baisa son epouse loyalle par grant amour, glorifiant le Createur qui consoloit les affligés. Lors luy dist son espouse : « Mon amy, où sont nos enfans ? — Ils sont, dit il, morts par les bestes et devorés » ; et toute la manière luy exposa de sa fortune. « Rendons à Dieu grace, dist la dame, car, tout ainsi que nous nous sommes trouvez, ainsi trouverons nos enfans au plaisir de Dieu. » Eustache dist : « Je t'ay jà dist que ils sont devorez et peris. —Cesse ton deuil pour cela, mon amy, car nous les trouverons. Hier, comme j'estois en ung jardin, je veis et ouys deux jeunes damoyseaulx qui exposoient leur enfance : comme je crois, ce sont les nostres ; interrogue les et ils le te diront. » Les enfans furent appelés et cogneus de leur père, pareillement de leur mère ; furent alors les grands baisers de consolation donnés, et toute manière de lyesse meue ; tout l'ost se rejouissoit de l'invention des personnes tant nobles et de la victoire des barbares et estrangiers. Comme ils retournoient à Rome, Trajan trepassa, et luy succeda Adrien en la noblesse de l'empire, pire que luy, qui grandement joyeulx de Placidas et de son lignage, semblablement de la victoire contre les ennemis, les receut en triumphante solempnité, et fist par celle noble venue bancquets et convis joyeux et de belle festivité. Le lendemain il fit faire solemnel sacrifice dedans ses temples pour la victoire barbaricque. Luy, voyant que cela ne plaisoit à Eustache, qui ne vouloit sacrifice et honneur aux faulx dieux faire par l'invention de ses enfans et victoire des en-

nemys, il l'admonesta de ce faire. Mais saint
Eustache respondit qu'il sacrifioit seulement à
ung seul Dieu, car il estoit chrestien. Lors
l'empereur, furieulx et plein de rage, voyant sa
catholique constance, le fist non seullement,
mais sa femme, ses enfans, mener et assister sus
l'arène, pour les faire des lyons devorer. Le lyon
fut fort esmu et instigué contre leurs personnes,
mais il inclina le chef et les adora très humblement, et puis il s'en alla. L'empereur infidèle,
forcenant de plus en plus, fist embraser ung beuf
d'airain en forme de fournaise, puis leans dedans
les fist gecter tous vivans. Les saincts de Dieu
se recommandèrent à Dieu en leurs oraisons, et
en bon espoir dedans le beuf entrèrent, là où ils
rendirent à Dieu leurs ames. Le tiers jour furent
du beuf tirés devant l'empereur, et furent trouvez sans corruption de leurs cheveulx et de leurs
vestemens. Les chrestiens prindrent leurs corps
et honorablement les mirent en terre, faisant et
edifiant en leur honneur ung devot oratoire.
Mort souffrirent soubs Adrien, qui commença à
regner environ les ans de Jesus-Christ six vingts,
ès douziesmes kalandes de novembre.

L'exposition moralle sus le propos.

Cest empereur est Nostre Seigneur Jesuchrist.
Placidas peut estre dit chascun homme mondain
ès vanitez du monde trop occupé, qui va chasser aux
choses delectables avec ses chevaliers, qui sont les cinq
sens naturels. Finalement il va au parc des cerfs,
esquels il se delecte. Ces cerfs sont les sens exterieurs.
Le plus beau des cerfs est raison, qui est la chose plus
puissante de l'ame, laquelle chascun doit suyvre s'il

veut prendre l'eternelle vie. Ce cerf près la rive de
directe justice doit tenir raison, car elle l'ayme ; l'homme vain voit entre les cornes de raison l'ymage du crucifix. Les cornes sont la loy de l'ancien testament et
du novel, car en la loy du vieil testament prophetisé
estoit de Jesuchrist et de sa mort ; mesmement en la
loy de grace nous pouvons clerement veoir comment
est Jesuchrist mort pour nous, parquoy ce cerf dit
bien que nous desprisons la sente du monde pour suyvre Jesuchrist par immitation, comme Placidas. Premierement, il faut renoncer à sa femme, qui est l'ame
toujours preparée pour à Dieu obeyr quant la chair
luy consent. Secondement, à ses deux enfans ; les deux
enfans sont la volunté et l'œuvre, qui sont petits tant
que l'homme demeure contrariant à Dieu. Il faut tomber à terre par penitence, puis toutes choses temporelles de soy repeller de volunté, qui ne le peult faire
d'œuvre, c'est à dire que toujours Dieu soit preposé ;
ce fait, il fault se lever et entrer en la navire, menant
sa femme, ses enfans aussi. Il fault aller à l'eglise
quant on est levé, par contriction, avec les bonnes
œuvres et son ame. Le maistre de la navire, qui est le
prelat, retient alors l'espouse, l'ame ; comment la re-
tient-il ? ès divins commandemens ; mais s'il advient que
l'homme vague dehors l'eglise, ses enfans peult perdre,
qui sont la bonne volunté et le bon œuvre ; si nous
entrons au fleuve du monde, nous pourrons ces enfans
perdre par le lyon, qui est sa propre chair ; le dyable
prent du cueur de l'homme la bonne volunté, et la
chair le bon œuvre ; mais les pasteurs, qui sont les confesseurs, nous doivent retirer de la voye de perdition,
et les arateurs, qui sont les predicateurs, qui labourent
nostre cueur de l'escriture saincte pour en arracher
les espines du peché et y semer bonnes vertus, et par
consequent mourir au service de Dieu, tellement
qu'ils soyent tous deux en une mesme cité, qui est dilection et concorde, quant la chair ne contredit à ceste
chose. Lors Dieu transmet à chercher Placidas, et

par ce moyen apparoistra nostre femme l'ame toute
nette de peché sans pollution, avec ses deux enfans
dessus dits et spiritualisés ; mais il y a un signe pour
nous congnoistre, c'est la delection de Dieu et de son
prochain. Lors nous pourrons estre fais ministres de
la chevalerie par le bon gouvernement de nos sens, et
ainsi par martire de maceration à l'eternelle vie parvenir.

De la circunspection et de la garde de ses subjects.
CHAPITRE XCVIII[1].

Aucun noble personnage jadis eut une
blanche vache, laquelle moult il aymoit pour deux causes : elle estoit
blanche merveilleusement et en laict
habundante. Ce noble voulut ordonner qu'elle
auroit deux cornes d'or, et pensa en soy à qui
la bailleroit à garder fidellement. En ce temps
estoit aucun nommé Argus, qui avoit cent yeulx ;
la blanche vache luy donna à garder le gentil-
homme, luy promettant, si la gardoit bien, le
promouvoir à grand bien et honneur : « Mais, dist-
il, si les cornes d'or sont derobées, de malle
mort te feray mourir.» Argus la garda bien deli-

1. Chap. 111 de l'édit. de Keller. Swan, t. 2, p. 117.—
On remarquera, dans ce récit, les changements que subit
l'ancien mythe grec de Mercure et d'Argus, gardien d'Io.
(Ovide, *Métamorphoses*, I, 624.)
Une anecdote semblable se trouve dans les *Contes turcs*,
que Loiseleur Deslongchamps a placés dans son édition des
Mille et un Jours, p. 315. V. l'*Histoire du grand écuyer
Saddyk*. Un conte du même genre circuloit en Italie, ainsi
que nous l'apprend la lecture des *Notte piacevole* de Straparole (III, 5 ; t. 1, p. 249, de l'édition de 1726; t. 1, p. 223,
de l'édit. Jannet.)

gemment, et tous les jours la menoit aux pas-
tures. Il y avoit un homme, subtil en l'art de musique, qui moult desiroit ceste vache, car souvent venoit à Argus pour avoir ceste beste, fust
par pris d'argent ou par prière, non la vache,
mais les cornes tant seullement. Argus, tenant en
ses mains son baston pastorial, le fischa en terre,
disant audit baston, en la personne de son maistre : « Tu es mon maistre, je viendray ceste nuyt
à toy, et tu demanderas ta vache qui a les cornes
d'or; je te diray : Voicy ta vache, mais les cornes ont été derobbées; et tu diras : O meschant!
as-tu pas cent yeulx? se sont-ils endormis? C'est
mensonge! Diras-tu pas lors que je seray fils de
la Mort? Si je dis : Je l'ay vendue, je seray bien
coulpable; pourtant, dit-il à Mercure, va-t'en,
car la vache tu n'auras point. » Il s'en alla, puis
vint le lendemain avec son instrument de musique, commençant à fabuler Argus par si grand
son d'armonie que il endormit tous les cent yeulx
d'Argus deux à deux consequentivement, et ainsi
trancha à Argus la teste, puis ravit la vache.

Moralisation sus le propos.

Ce noble peut estre Jesus-Christ; la blanche vache, l'ame, par mundicité blanche, qui donne le
laict d'oraison et devotion à Dieu; parquoy il l'ayme
pourtant et luy donne les deux cornes d'or, qui sont
les deux testamens de la loy de Moïse et de la loy de
grace. Ceste vache doit estre baillée pour garder au
prelat qui cent yeulx a, c'est à dire qui est vigilant et
circunspect pour deffendre de son parc, duquel il avoit
la garde; mais il advient que, quant le dyable nous
tempte, persuadant à mal par son instrument de de-

ception, qui peult estre la femme blandissant, peult estre deceu et endormy. Lors la vache, l'ame spirituelle, si est derobbé; parquoy la teste du prelat si est trenchée, c'est à dire l'eternelle vie menant là bas en enfer l'ame.

De la curation de l'ame par la medecine du Medecin superceleste, par laquelle sont aucuns sanez, les autres non. — CHAPITRE XCIXI.

Gorgonius regna, qui eut une belle femme qui conceut et eut ung bel enfant de tous aymé. Quant il fut grant et que il eut dix ans, sa mère mourut, et fut en noble sepulture mise. Cela fait, par le conseil des barons, le roy print nouvelle femme; mais point n'ayma l'enfant de sa première femme, car elle luy faisoit tout mal et obprobre. Le roy, ce voyant, et voulant à sa femme complaire, chassa son fils de son royaulme. L'enfant, ce congnoissant, tant estudia en medecine qu'il fut fait parfait médecin. Le roy en fut bien joyeulx. Après peu de temps, le roy fut fort malade, parquoy il envoya son fils querir pour lui prester son art et le guerir de son infirmité. Le fils fist le commandement du père, le sana et guerit, si que il en eut grand bruit. Et après cés choses, la royne, sa marastre, fut grandement malade jusques à l'extremité de la mort. Tous les medecins de tous costez mandez et convoquez la ju-

1. Chap. 112 de l'édit. de Keller. Swan, t. 2, p. 120.— Ce récit reproduit une donnée qu'a fournie le *Roman des sept sages.*

gèrent à mort. Le roy fut dolent et esbahy,
commanda son fils, et le pria qu'il luy pleut sa
femme guerir. L'enfant promit qu'il ne le feroit
pas. Le roy luy dist qu'il le feroit doncques bannir.
Lors dist le fils : « Si vous le faictes, vous le ferez injustement. Père, vous souvient-il que à la
sugestion de vostre femme vous me chassastes de
l'empire ? Parquoy, chier père, mon absence fut
cause de vostre douleur et maladie ; mais ma
présence pour vray est cause de la maladie de la
royne ; pour la cause, point ne la veux guerir,
ains m'en aller de sa compaignie. » Dist le père
lors au fils : « La royne, pour tout certain, a une
telle maladie que la mienne. Parquoy tu la peulx
aussi bien guerir que moy. » L'enfant respondit
au père : « Mon père, dist le fils, nonobstant que
ce soit une mesme maladie, toutes fois, toy et la
royne sont deux complexions. Quant m'as veu,
tu as esté joyeulx et as esté par ce moyen guery.
Mais quand la royne me voit, son mal aggrave.
Se je parle, sa douleur se dilate ; si je la touche,
certes oultre soy est ravie. Pour la cause, chose
n'est meilleure bailler aux malades que ce qu'ils
demandent ; parquoy je m'en vays, car elle desire mon absence par mon departement. » En la
façon, le medecin, fils du roy, eschappa, et mourut la marastre.

L'exposition moralle sus le propos.

Ce roy est le premier parent d'Adam, qui a paradis pour son empire des cieulx. Il a l'ame
prise, belle par divine similitude, de laquelle Jesus-
Christ, son Fils, a esté conceu : car, quant à l'humanité, il est de sa lignée. L'ame meurt par peché mor-

tel, parquoy il espouse lors l'iniquité, l'autre male femme qui fut cause que Jesus-Christ, Fils de Dieu, laissa l'empire de son père pour çà bas descendre, là où il se feist si bon medecin qu'il guerit Adam, son père, par la medecine de sa passion; mais il ne voulut guerir la marastre, c'est assavoir l'iniquité des dyables; parquoy, veu que c'estoit une mesme maladie, semblablement veu que tous, par peché, languissoient, nonobstant que tous deux pechassent, l'ennemy et l'homme, toutesfois nompas en une sorte, car le dyable delinqua sans suggestion, de sa propre malice, mais l'homme par temptation et fragile resistance. Pourquoy la cause a esté guary l'homme, non le dyable, c'est assavoir son iniquité purgée. Ceste marastre fut cause que Jesus-Christ est envoyé de plusieurs en autre region; mais la presence divine fut cause de la mort du dyable, car ces deux n'ont compassion l'ung de l'autre.

De la bataille spirituelle. Remuneration et loyer-pour la victoire. — CHAPITRE CI.

Adonias regna grandement riche, qui aymoit les esbats du jeu de tournoy et du jeu de la hache, parquoy il fit creer un jeu de tournoy, promettant grant pris à celuy qui mieulx feroit. Les seigneurs s'assemblèrent de toutes parts, lesquels le roy fist diviser en deux parties par certain nombre; les

1. Chap. 113 de l'édit. de Keller. Swan, t. 2, p. 123.— L'histoire qu'on lit dans la rédaction angloise des *Gesta* (chap. 54, p. 186, de l'édit. de Madden) reproduit celle-ci avec quelques changements notables. L'empereur se nomme Onias; le chevalier Cornelius, et la *pucelle* qui figure dans le récit de l'auteur françois est, dans le texte anglois, la fille du roi; mais elle a été séduite par le chevalier.

premiers ordonnés mirent leurs ecus en ung lieu pour ce faire deputé. Le roy ordonna que quiconque de l'autre party et costé toucheroit avec sa hache l'escu de l'autre, celluy de l'escu touché devoit avec luy combattre. Pour cela estoit une jeune fille choisie pour ce cavalier armer; et se il vainquoit ce jour, devoit estre de la couronne du roy couronné, et se devoit seoir à sa table. Ce voyant, aucun chevalier intentivement regarda ung escu entre les autres qui portoit trois pommes d'or, parquoy, le desirant, fut cest escu frapper. L'autre lors à qui estoit l'escu se fist armer par la pucelle, puis descendit au tournoy contre l'autre qui son escu avoit touché et luy coupa la teste, dont il eut le loyer compromis.

L'exposition sus le propos.

Cest empereur est nostre Seigneur Jesus-Christ, qui a contre le dyable combattu. Premierement, au ciel fut ung grant tournoy entre Dieu et le dyable, quand sainct Michel et ses anges combattoient avec le dragon; et puis en la terre, le jour du sainct vendredy. Dieu a trois escus : puissance, qui est l'escu du Père; sapience, qui est l'escu du Fils; et bonté, qui est celluy du Sainct Esperit. Ces trois escus furent mis en ung lieu determiné, c'est assavoir en l'humaine nature, quant elle fut à la semblance de Dieu creée. Le premier homme dominoit sur toutes bestes : voylà l'escu et puissance du Père; le premier homme print et eut congnoissance de toutes choses : voylà la sapience du Fils et escu; le premier homme fut en l'amour de Dieu et grace creé : voylà la bonté du Sainct Esperit et son escu. Le mauvais esperit et mal obstiné, voulant contre Dieu combattre, vint à l'homme formé, auquel les trois escus de la Trinité dessus dicts estoient

appendus, et ung en frappa, nompas celluy de Dieu le
Père, disant : « Si vous mangez de la pomme, vous
serez faicts comme Dieu. » Pas ne frappa l'escu du
Sainct Esperit, aussi disant : « Vous serez bons et
loyaulx »; mais il frappa l'escu du Fils de Dieu, auquel furent les trois pommes d'or trouvées, c'est assavoir l'operation de toute la Trinité, disant : « Si vous
mangez de ce fruict, vous serez comme Dieux, sçavant
bien et mal. » Lors fut l'escu du Fils de Dieu frappé,
parquoy il faillut que Dieu le Père transmist son Fils
pour combattre le dyable, qui fut armé d'une pucelle,
la Vierge Marie, de laquelle chair humaine print, et
par laquelle nous daigna à l'eternelle vie mener par
le loyer qu'il acquit en vainquant le dyable, d'estre
couronné de la couronne du roy, c'est de la partici-
pation de son royaulme.

De la delivrance d'humain lignage de la fosse d'enfer.
CHAPITRE CI 1.

I l estoit un roy au royaulme duquel estoit ung povre qui tous les jours alloit
amasser du boys en une forest pour
vendre, si qu'il peust avoir sa vie. Le
cas advint un jour qu'il tomba en une fosse dedans la forest, luy et son asne, dedans laquelle
sistoit et estoit un trop dangereux dragon, car il
environnoit toute la largeur de la fosse de sa
queue. Dedans celle fosse plusieurs serpens estoient en la superieure partie; lors au profond ou
au milieu estoit une pierre ronde que les serpens
venoient lescher tous les jours une fois, pareillement le dragon. Le povre homme ainsi tombé

1. Chap. 114 de l'édit. de Keller. Swan, t. 2, p. 125.

dedans pensoit qu'il ne pourroit plus guères longuement vivre s'il ne mangeoit, parquoy il alla lecher la grosse pierre comme les serpens, où il trouva si grande doulceur et substance qu'il luy estoit advis qu'il mangeoit de toutes les viandes du monde; telle lors estoit la nature de cette pierre. Lors, après peu de jours, fut fait ung grand tonnerre si horrible que tous les serpens s'en allerent et saillirent de la fosse. Quand les serpens furent tous saillis, le dragon s'en volla. Le povre, ce voyant, print la queue du dragon, parquoy il saillit hors de la fosse. Là fut long-temps que il ne sçavoit où aller et ne sçavoit où estoit l'issue de la forest. Le cas advint qu'il y eut des marchans par là passans qui hors de là le mirent et luy montrèrent le chemin hors de la forest, dont il fut grandement joyeulx. Il s'en retourna à la cité, narrant à tous comment le cas luy estoit advenu, et incontinent mourut.

L'exposition moralle sus le propos.

Cest roy est nostre Père celeste; le povre, chascun chrestien, qui est tout nud sailly du ventre de sa mère, lequel entre dans la forest de ce monde; parquoy il chet en la fosse de peché mortel, là où il est en grant peril, car il est soubs la puissance du dragon infernal. Les serpens qui sont avecques luy en la fosse sont les pechez par lesquels l'homme si est emprisonné; la pierre ronde qui est au milieu, si est Jesus-Christ, duquel il est dit : *Lapidem quem reprobaverunt edificantes.* En ceste ronde pierre sont toutes saveurs trouvées et doulceurs; nous la devons en temps de tribulations lecher par oraison devote. Le grant tonnoyrre qui doit survenir est la confession faite par l'association de contriction devant le prestre, duquel tonnerre de confession tous les serpens, qui sont les pechés, avec le dragon et le dyable d'enfer, sont espouventés et saillent de leur giste. Les marchans qui les ames achaptent sont les predicateurs et confesseurs, qui doivent redresser les subcombés, et ceux qui sont retirés de la fosse d'enfer et de peché, vers la droicte voye de la saincte cité de paradis, à laquelle nous vueille mener le Fils et le benoit Saint Esperit.

De la mort de Jesus-Christ pour nostre reconciliation.
CHAPITRE CII[1].

Jadis fut un empereur qui avoit une forest dans laquelle demouroit et habitoit ung elephant si cruel qu'on ne s'en osoit approcher. L'empereur, ce considerant, demanda à ses philosophes naturels la nature de celle beste, qui luy dirent que l'elephant aymoit de tout son cœur les pucelles blanches et nettes. Le roy, ce voyant, fist querir deux belles vierges et honnestes, lesquelles il fist despouiller toutes nues et entrer en la forest. L'une print un beau bassin d'argent cler et net, l'autre portoit un cousteau. Et quand elles furent à l'entrée de la forest, commencèrent à chanter doulcement et armonieusement. L'elephant, ce voyant, vint à elles tout adoucy et mitigué par leur chant, commançant à lecher leurs blanches mamelles; et toujours chantoient sans cesser, et s'assit l'une con-

1. Chap. 115 de l'édit. de Keller. Swan, t. 2, p. 128.— Cette histoire est reproduite dans le *Dialogus creaturarum* (chap. 89), et le recueil des *Gesta* y est cité dans les termes uivants : « *Narrat scriptura quæ continet veterum historias.* »
Violier.   18

tre l'autre, parquoy l'elephant, de la doulceur des filles et de leur melodie ravy, s'endormit au giron. Et lors l'autre frappa l'elephant à la gorge du cousteau qu'elle avoit et le tua ; puis l'autre print et receut le sang au bassin d'argent; puis retournèrent au roy, qui grandement fut resjouy, et du sang pur et net de l'éléphant occis en fist les draps de purpure teindre. Moult d'autres choses aussi fist faire de ce sang vallable.

Moralisation sus le propos.

C'est empereur est le Père celeste ; l'elephant est nostre Seigneur Jesus-Christ, qui moult fut devant son incarnation cruel et austère, tellement qu'on ne le pouvoit avoir ; mais les deux vierges vindrent, Eve, la première femme, nette de peché et toute nue par son innocence, dedans le beau paradis terrestre colloquée ; la Vierge Marie, semblablement toute nette, sans peché quelconque. Eve porta le couteau, c'est à dire le peché premier qu'elle commit, par lequel Jesus-Christ, vray elephant par comparaison, mourut. Marie, vierge, porta le cler et reluysant bassin d'argent : c'est son precieux ventre, totallement immaculé, auquel fut Jesus-Christ conceu et son humanité formée. L'elephant, voyant et aymant ces deux vierges, lechoit leurs mamelles. Jesus-Christ aussi, pour leur amour, succa et lecha les deux loyx de l'Ancien Testament et Nouvel pour y trouver le laict de salut, si que il les accomplit toutes deux. Tant doulcement chanta les sons et chant d'humilité la Vierge Marie, que après que l'elephant, le vray Fils de Dieu, eut en son giron reposé par son incarnation, il fut occis du couteau de peché, du sang duquel fut et a esté faite la belle purpure, pour vestir pareillement et aorner nos ames et saulver.

De la grande dilection de Dieu, et comment il nous ayme
tous eguallement jusques que nous l'ayons offensé.
CHAPITRE CIII [1].

P epin regna, roy de France, qui espousa une belle·pucelle qui enfanta ung bel enfant et elegant de forme; toutesfois elle mourut en son enfantement. Il se remaria, et eut de sa seconde femme semblablement ung enfant, et envoya les deux enfans à nourrice ès loingtaines parties. Ces deux enfans estoient en toutes choses semblables. Quant ils eurent par longtemps ensemblement demouré, la mère du second voulut veoir le sien ; par quoy elle pria le roy qu'il l'envoyast querir, et le sien aussi de sa première femme. Quant tous deux furent venus, ils estoient si semblables l'ung à l'autre, nonobstant que le dernier engendré fust

1. Chap. 116 de l'édit. de Keller. Swan, t. 2, p. 130. — Une ancienne légende germanique, recueillie par Grimm (*Deutsche Sagen*, II, 436, et *Veillées allemandes*, t. 2, p. 119), reproduit les traits principaux de ce récit. Il se retrouve dans l'histoire de Miles et Amis, si répandue au Moyen-Age, et qui, mise en vers et en prose, prit la forme d'un roman de chevalerie longtemps célèbre. Entre autres travaux relatifs à ce sujet, nous citerons ceux que présentent l'*Histoire littéraire de la France* (t. 22, p. 288-299), le *Théâtre françois au Moyen-Age*, publié par MM. Francisque Michel et Montmerqué, le *Nouveau Recueil de Contes et Fabliaux*, mis au jour par M. Jubinal (t. 2, p. 4), l'*Histoire de la poésie scandinave*, par M. E. Du Méril (p. 328). Une rédaction de cette légende fait partie des *Nouvelles françoises en prose, du XIIIe siècle*, comprises en 1856 dans la Bibliothèque elzevirienne.

moindre de aage que le premier, que on ne les pouvoit congnoistre l'ung d'avecques l'autre. Tous deux patrissoient en la face, partout en unanimité de pensée, si que la royne ne pouvoit discerner le sien de l'autre. Par quoy elle demanda au roy lequel estoit son enfant. Toutesfois il ne luy voulut pas dire. Mais elle ploroit tousjours : par quoy il luy monstra son enfant, dont elle fut moult fort joyeuse, le baillant à gouverner noblement, et ne tenoit compte de l'autre. Toutesfois c'estoit le sien. Mais le roy la voulut essayer, qui au commencement luy feist accroire que le fils de la première royne le sien estoit. Le roy luy dist, quand il vit qu'elle ne faisoit compte de celluy enfant qui estoit sien : « Que faictes vous ? vous estes trompée : celluy là est vostre fils, duquel ne tenez compte. — Pourquoy me mocquez vous ainsy? dist la royne; dictes verité, ne me decevez plus.» Le roy dist qu'il n'en fera autre chose. « Pourquoy ? dit la royne. —Pource, dist le roy: car si je vous disois lequel est le vostre des enfans , vous l'aymeriez, et l'autre seroit hay ; parquoy je veux que tous les deux tu aimes et nourrisses egallement. Quant il sera temps que ton enfant sera en aage compettant, lors tu cognoistra ton propre fils.» Ce consideré, la royne les nourrit tous deux eguallement l'ung comme l'autre, jusques en aage competante, que le roy luy fist son enfant congnoistre, dont elle fut joyeuse, puis en paix finirent leurs jours.

Moralisation sus le propos.

Ce roy est nostre Seigneur Jesus-Christ; les deux enfans sont les esleus et reprouvés; la mère, l'Eglise, qui est mère du second enfant. La mère du premier enfant, qui estoit l'ancienne loy, mourut. Quant vint le temps de l'incarnation, Dieu le Père ne veult pas que l'Eglise congnoisse qui sera damné ou sauvé, des esleus ou reprouvés, afin que tous les deux en parfaicte charité nourrice : car, si elle congnoissoit ceulx qui seront dampnés, elle les abhorreroit, et les autres aymeroit. Par ce moyen, il ne seroit paix ne concorde ; mais, au jour du jugement, la verité sera congnue, quant Dieu dira aux bons : « Venez en paradis », et aux mauvais : « Descendez en enfer. »

Comment l'homme, sus toutes les creatures, est ingrat des benefices qu'il reçoit de Dieu.
CHAPITRE CIV [1].

ucun empereur eut ung senechal sus son empire, qui tant fut en orgueil eslevé, qu'il opprimoit chascun, et failloit que tout fust à sa volunté fait. Près du palais de l'empereur estoit une forest plaine

1. Chap. 119 de l'édit. de Keller. Swan, t. 2, p. 141. — Rapprocher cette histoire de celle de l'empereur Ciclades, dans l'ancienne rédaction angloise des *Gesta* (Madden, chap. 65, p. 229), ou Laclides (seconde partie, chap. 20, p. 337). Elle forme le chap. 31 de l'édit. de Winkyn de Worde.

Ce récit est d'origine orientale ; il se rencontre dans le conte du voyageur et de l'orfèvre qui est dans le *Pantcha tantra* (1826, in-8, p. 121), et dans *Kalila et Dimna* (p. 541-545 des *Mille et un Jours*, édit. de Loiseleur-Deslongchamps ; p. 346 de la traduction angloise de Knatchbull, Oxford, 1819). On peut le lire aussi, mais avec des changements considérables, dans la traduction grecque de ce recueil, faite par Siméon Seth et publiée par Stuck (Berlin, 1697, p. 444). Il a de même été mis en persan : V. Cardonne, *Mélanges de littér. orient.*, I, 259. Mathieu Paris ra-

de bestes silvestres ; ordonné fut, par le senechal, faire des fosses en la forest, qui furent
mussées et cachées de feuilles d'arbres et rameaulx, si que les bestes tombassent dedans
ignorantement, pour estre prises. Le seneschal,
un jour, chevauchant par la forest, fut eslevé
plus que jamais en orgueïl, et luy estoit advis que
personne du monde ne le valloit ; en faisant ses
tours par la forest, il tomba en l'une des fosses,
de laquelle il ne put saillir. En celle mesme fosse,
ce propre jour, cheut un lyon, puis une singesse,
sequentement un serpent. Le senechal, se voyant
en dangier de ces bestes, eut paour et crya, au
cry duquel vint et accourut ung homme povre
nommé Guyon, qui alloit querir du bois pour
vendre. Le senechal promit infinies richesses à
Guyon s'il le tiroit de la fosse. Guyon luy dist :
« Sire, je n'ay de quoy vivre, fors du labeur de
mes journées; si je perdois ceste cy, je perderoys
beaucoup. » Je te recompenseray de tout, dit il
à Guyon, et me tire, si bien que tu seras à jamais
riche. Guyon, lors, en luy se fiant, s'en alla à la
ville querir une corde pour luy bailler, affin qu'il
s'en ceignist pour l'oster de là. Il apporta la
corde, la gectant en la fosse par l'ung des bouts.
Mais le lyon fut habille, print le bout de la corde,

conte, dans son *Histoire* (1571, p. 240), que Richard Cœur de
Lion, revenu de la Palestine, récitoit cette histoire en forme de
reproche pour les princes qui refusoient de prendre part à la
croisade. Elle est aussi dans le poème de Gower, *Confessio
amantis*, l. V, mais avec quelques petits changements que
signale Swan (t. 2, p. 440). Le jésuite Masenius a fait
de cette anecdote le sujet d'un conte intitulé *l'Ingrat*. V. les
Notices sur l'Allemagne, par M. Saint-Marc Girardin, 1835,
in-8, p. 334.

saillit de la fosse, sequentement la singesse, puis le serpent, lesquels, en faisant grande chière lors à Guyon, comme par manière de le remercier, s'en allèrent au boys. Il gecta la corde pour la bailler au senechal, qui, par le moyen d'elle, saillit et son cheval aussi. Le senechal s'en retourna à sa maison, tout vacque, sans avoir prins aucunes bestes. Sa femme congneut qu'il estoit fortune. Il luy compta toute la manière qui luy estoit advenue, par quoy il confessoit estre bien tenu à Guyon, et de le satisfaire, ce que sa femme concedoit estre bien fait. Le lendemain ; Guyon s'en alla en la maison du senechal pour estre payé de sa promesse ; mais le senechal luy manda par deux fois que s'il ne s'en alloit hastivement, qu'il le feroit griefvement battre, ce qu'il fist à la tierce fois par le portier, si qu'il sembloit n'estre que demy vif. La femme de Guyon, ce voyant, en eut pitié, et le ramena en sa maison, où il fut par longue saison malade, si qu'il despensa tout son bien à sa maladie. Quant il fut guery, ung jour s'en alla au boys, et vit de loing dix anes charchés de fardeaux, et le lyon du costé de derrière les suyvant, lequel les mena directement vers luy. Le povre regarda le lyon, et eut recordation que c'estoit celluy qu'il avoit tiré de la fosse. Le lyon faisoit signe du pied à Guyon qu'il menast les anes en sa maison, ce qu'il fist, et le lyon les convoya jusques à son logis, puis s'en retourna en la forest. Guyon feist crier à l'eglise que qui auroit des asnes chargés perdus, qu'il les trouveroit en sa maison. Il ne se trouva personne qui eust les asnes perdus, parquoy Guyon ouvrit les sacs, et il trouva très grandes richesses dedans, dequoy il fut fait homme très riche. Le lendemain, Guyon retourna en la forest, et non ayant la serpe ni coignée pour le boys coupper, la singesse qu'il avoit de la fosse rachaptée monta sus l'arbre, quassant, avecques les dents et les ongles, si grande quantité de boys, que Guyon en chargea son asne. Le tiers jour, au boys retourna, et comme il se seit pour aguyser sa coignée qu'il avoit, le serpent courut, qui luy apporta une pierre dedans sa bouche, de trois couleurs : de blanc, de noir et de rouge ; Guyon print la pierre, puis s'en alla à ung homme discret et lapidaire subtil, pour scavoir si la pierre bonne seroit. Et le lapidaire luy en promist cent florins. Guyon fut fait riche grandement, par la vertu de la pierre precieuse. Finablement, fut fait chevalier. Et voyant l'empereur l'estat de sa pierre, la luy demanda pour argent, le menassa à chasser de son royaulme, si la pierre n'obtenoit. Guyon luy vendit, en ceste condition que s'il ne luy bailloit pris competant, que la pierre luy retourneroit. Le roy luy bailla trois cents florins ; mais a pierre retourna en l'arche de Guyon, parquoy l'empereur fut emerveillé et dist à Guyon qu'il luy dist comment il avoit eu la pierre. Guyon compta au roy toute la manière de sa fortune, parquoy l'empereur fut esmeu de fureur contre le senechal, et luy dist : « Est il vray ce que j'ay de toy entendu ? » Le seneschal ne pouvoit son cas nyer ; l'empereur luy dist : « O très mauvais, je congnoy ton ingratitude ; les bestes ont recompensé Guyon, et non pas toy, qui as esté delivré de peril. Parquoy je te condamne à mourir

aujourd'huy au gibet, et tes biens estre donnés
à Guyon. Cela fut fait; le seneschal fut pendu et
Guyon mys en son degré pour regir l'empire,
qui le gouverna, puis mourut en paix.

Moralisation sus le propos.

C'est empereur est Dieu, qui voit toutes choses. Le
povre si est l'homme qui de soy n'a aucun bien,
comme dit Job. La fosse de la forest est ce monde,
qui est plain de perils infinis, auquel tombe le senechal
de Dieu, c'est le chrestien, constitué par grace seigneur de paradis. Le lyon, qui est le fils de Dieu,
cheut en celle mesme fosse mondaine quant il print nostre chair humaine par l'espace de trente trois ans.
Cum ipso sum in tribulatione. C'estoit le lyon du tribut
de Juda qui eut victoire. Puis la singesse, qui est la
conscience, tomba aussi en ce monde, qui en la sorte
du singe lacère ce qui luy desplaist. Car toujours
contre peché souvent murmure. Le serpent chiet aussi
en la fosse de ce monde. C'est le prelat ou confesseur,
qui doit avecques le pecheur en douleur descendre
par compassion de son mal. Jesus-Christ nous tira de
ceste fosse par la corde de sa passion et osta de la puissance demoniaque. Mais, toutesfois et quantes que
l'homme peche, de ce bien est ingrat. Guyon fut batu;
ainsy doit estre le pecheur quand il pèche, par penitence.
Dieu a donné à Nostre Seigneur Jesus-Christ, en tant
qu'il est l'homme, dix asnes chargés, ce sont les dix
commandemens de la loy, pour l'enrichir, et cela est
par le lyon representé, qui fut cause de la richesse de
Guyon, quand il adressa les asnes en sa maison. Il
faut couper le boys comme Guyon, c'est à dire
son cueur en douleur et desplaisance fendre. *Scin-*
dite corda et non vestimenta vestra. Le bon Guyon,
qui amasse pour vivre, n'est autre chose que congre-
ger et assembler bonnes operations pour vivre lassus
en la fin de sa vie. Le serpent, qui donne la pierre de

trois couleurs, est le prelat, lequel, par l'information
de saincte et sacrée escripture, nous donne la congnoissance de la grace de Nostre Saulveur Jesus-Christ.
Jesus-Christ a esté blanc par mundicité, noir par ses
labeurs et austerités, et rouge par l'effusion de son
sang. Qui ceste pierre pour vray a, il a de tous biens
habondance. Ceste pierre ne se vent point, qui n'en
baille ce qu'elle vault, c'est à dire ce que Jesus-Christ
en demande. Qu'en demande Jesus-Christ? Contriction, confession et satisfaction. Les ingrats devroient
estre mis au gibet d'enfer, et les bons avoir l'eternelle
vie, laquelle nous concède le Père, le Fils et le Saint-
Esperit. *Amen.*

De la subtille deception des femmes et execation des deceus.
CHAPITRE CVI.

Daire regna grandement sage, qui eut
trois enfans qu'il ayma moult singulièrement. Comme il devoit mourir, tout
son heritage donna par testament à
son premier né, au second tout ce qu'il acquist

1. Chap. 120 de l'édit. de Keller. Swan, t. 2, p. 148. —
Un récit semblable se trouve dans l'ancienne rédaction angloise des *Gesta*, édit. de Madden, seconde partie, chap. 14,
p. 311; voir aussi, dans la 1re partie, p. 149, le chap. 46.
L'anneau merveilleux rappelle le chapeau de Fortunatus.
M. Græsse, dans son *Allgemeine literargeschichte* (t. 3, sect.
1, p. 191-195), a recherché les sources et les imitations de
ce talisman. Un poëte anglois du 14e siècle, Occlève,
trouva dans cette anecdote le sujet d'une composition qui
existe dans un manuscrit du Musée britannique, et que Wil-
liam Browne a publiée avec quelques suppressions dans son
livre intitulé : *Shepheard's Pipe*, 1614. Cette fiction a dû
venir de l'Orient; on trouve des traits semblables dans les
Mille et une nuits.

en son temps, et au tiers trois precieulx joyaulx : c'est assavoir ung anneau d'or, ung fermail ou monile, semblablement un drap precieux. L'anneau avoit telle grâce, que qui en son doy le portoit, il estoit de tous aymé, si qu'il obtenoit tout ce qu'il demandoit. Le fermail faisoit à celluy qui le portoit sus son estomach obtenir tout ce que son cueur pouvoit souhaiter. Et le drap precieux estoit de telle vertueuse et semblable complection, qui rendoit celuy qui dessus se seoit au lieu où il vouloit estre tout soudainement. Ces trois joyaulx à son enfant le moindre d'aage donna, pour l'entretenir aux estudes, et le faisoit par sa mère garder. Le roy mourut et fut la terre de son corps enrichie par sa sepulture. La mère bailla l'anneau à son dernier enfant et l'envoya à l'escolle, disant : « Mon enfant, garde toy bien que par la deception des femmes ton anneau ne perdes. » Il print son anneau et s'en alla aux escolles pour proffiter, et avoit nom Jonathas. Quelque jour, une jeune pucelle moult belle rencontra, en la place de laquelle son cueur fut amoureux. Il la mena avec luy et portoit toujours son anneau en son doy, si que chascun l'aymast. La fille, sa concubine, s'esmerveilla comment il pouvoit vivre si precieusement, veu qu'il n'avoit point d'argent ; elle luy demanda ung jour la cause de cela, lequel oublya de l'advertissement de sa mère, ne pensant aussi à la cautelle des femmes, luy dist la raison et vertu de l'anneau. Lors dist la fille : « Tu vas toujours entre gens, en la fin tu le pourras bien perdre. Baille le moy à garder, et je le garderay loyaulment. » Il luy bailla l'an-

neau, lequel depuis il ne peut recouvrer. Parquoy il plora fort et gemit, pour ce qu'il n'avoit
de quoy vivre, parquoy il s'en vint à sa mère
plaindre de son anneau. Sa mère luy dist : « Je
t'avois bien dit que tu te gardasses de la deception des femmes. » Elle luy bailla adoncques le
fermail, disant : « Garde le mieulx que l'anneau,
car si tu le pers, de ton honneur privé seras. »
L'enfant Jonathas print le fermail et s'en retourna
aux escolles. Lors sa concubine luy accourt à la
porte de la cité. Il la mena comme devant avec
luy. Elle s'esmerveilloit comme devant comment
il estoit possible de vivre si trèsplantureuse-
ment, parquoy elle se doubta que il avoit quelque bague d'autre sorte comme l'anneau. Tant
fut Jonathas interrogué, qu'il luy bailla le fermail
et luy interpreta la nature; toutes fois, ce ne fut
pas sans parler et longuement requerre. Quant
tous les biens furent despendus, il demanda son
fermail à la fille, qui luy jura qu'elle l'avoit
perdu par larcin, dont Jonathas fut moult dolent,
et dist que il estoit bien hors du sens quant l'anneau luy bailla, et encore plus le fermail. Il retourna à sa mère, qui le blasma et luy dist : « Jà
par deux fois tu as esté trompé et deceu par la
cautelle et deception des femmes. Je n'ay plus à
toy autre chose qui soit que ce drap; si tu le
pers, au grand jamais ne te trouve devant moy.
Il print le dessus dit drap et s'en retourna à l'escolle. Lors comme devant fut de sa concubine
de rechief abusé. Il estendit son drap et se mist
dessus, la pucelle pareillement, puis dist :
« Pleut à nostre benoist Sauveur et redempteur
Jesus-Christ que nous fussions maintenant en

lieu où homme ne va et où nul ne habite. » Tout
ainsi fut fait : ils se trouvèrent en la fin du monde
dedans une forest loing des hommes. La fille fut
moult dolente d'estre là arrivée. Lors commença
à dire à son amoureuse Jonathas que il la lairroit
là aux bestes sauvages devorer, si elle ne luy
rendoit les deux bagues que elle avoit, ce qu'elle
luy promist de faire s'il estoit possible. Plus que
devant fut le dessusdit Jonathas de sadite concubine deceu. Il exposa la vertu du manteau et
se coucha dessus et mist en son giron sa teste,
commençant à dormir. La fille tira le manteau
soubs elle, puis commença à desirer et dist :
« Pleust à Dieu que je fusse là où j'estois ce
matin », et lors elle y fut. Quant Jonathas fut
exité de son dormir, il fut moult dolent, se voyant
ainsi deceu, et ne sçavoit où aller ; toutesfois il fit
le signe de la croix, et se mist en quelque voye
qui le mena à ung fleuve profond, par lequel il
failloit passer ; l'eaue de cedit fleuve estoit si
chaulde, pareillement si amère, que elle luy brusla
tout les pieds, tellement que il avoit tous les os
de la chair des pieds separés. Le povre Jonathas,
de ce fort dolent, emplit ung vaisseau de l'eaue
de ce fleuve, que il emporta avec luy ; et le dit
Jonathas, allant plus oultre, commença à avoir
fain ; il veit aucun arbre, parquoy il mangea du
fruict, et fut ledit Jonathas fait par la com-
menstion dudit fruict adoncques ladre. De ce
fruict emporta avec luy aussi ; puis après il vint
à ung autre fleuve par lequel il passa, et luy restaura par sa nature la blessure de ses pieds. Il
print de l'eaue dudit fleuve dedans ung petit
vaisseau, et l'apporta avecque luy ; et plus outre

passant et procedant, il commença à avoir fain ;
il veit ung arbre près de là et en mangea du
fruict, et tout ainsi qu'il avoit esté par le premier
fait ladre, pareillement il fut par le second guery.
De ce fruict print et porta avecques luy comme
de l'autre. Comme il cheminoit plus oultre, veit
ung chasteau et deux hommes rencontra qui
l'interroguèrent qui il estoit. Et il leur respondit
qu'il estoit parfait medecin. Lors, dirent les autres, si tu povois ung homme ladre guerir, qui
est au chasteau du roy, tu serois fait bien riche.
« Je le feray bien », dist il. Il fut envoyé au roy,
qui luy commanda le malade, lequel il guaryt
par le moyen du second fruict qu'il avoit gousté,
qui estoit de nature pour guerir les malades, et
de l'eaue seconde qui faisoit consolider la chair
et reprendre. Le roy luy fist donner moult beaulx
precieulx dons. Jonathas, puis après, trouva la
nef de son pays et se mit dedans pour venir en
sa cité, et y vint d'aventure. Son amoureuse estoit lors fort malade. Le bruit vola partout que
Jonathas estoit très grant medecin. Il fut envoyé
querir pour elle ; point n'estoit congneu ne d'elle
ne d'autruy, mais longtemps avoit qu'il la
cognoissoit bien ; si luy dist : « Ma très chière
dame, si vous voulez que je vous donne santé,
il faut premièrement que vous vous confessiez
de tous les pechés qu'avez commis et que vous
rendez tout de l'autruy, s'il est ainsi que aucune
chose vous en ayez ; tout autrement jamais ne
serez guerie. » Lors elle se confessa à haulte
voix comment elle avoit trompé un nommé Jonathas, d'ung anneau, d'ung fermail et d'ung
drap, et comment elle l'avoit laissé au bout du

monde, dedans une forest, entre les bestes.
Lors dist Jonathas incongneu : « Dis-moy où
sont ces trois choses. — En ma chambre », dit
la fille. Lors elle bailla les clefs à Jonathas, qui
les trois joyaulx[1] trouva en son arche. Ce fait, il
luy bailla du premier fruict que il avoit mangé et
de l'eau chaulde, puis commença la fille à crier
lamentablement, car elle devint lepreuse. Jonathas s'en alla à sa mère ; tout le peuple fut de
son retour joyeulx. Il racompta toutes ses maledictions, et enfin mourut.

Moralisation sus le propos.

Ce roy est Nostre Seigneur Jesus-Christ ; la royne, nostre mère saincte Eglise ; les trois enfans,
trois sortes d'hommes. Par le premier les riches,
qui ont du monde la volupté ; par le second les sages,
qui par leur sapience mondaine ce qu'ils ont acquièrent ;
et par le tiers le bon chrestien esleu eternellement, auquel Dieu donne trois joyaulx : c'est l'anneau de la foy,
le fermail de la grace, puis le drap de charité. Qui portera
l'anneau rond de la foy, il pourra avoir et acquerir
l'amour de Dieu et des hommes, tellement que il obtiendra tout ce qu'il desire, comme dit l'apostre : *Si ha-
bueritis fidem ut sinapis poteritis dicere huic monti* : «*Tran-
si*», *et transiet.* Si vous avez, dit l'apostre, la foy, vous
pourrez commander aux montagnes que elles passent
d'ung lieu en l'autre. Pareillement, si vous avez sus vostre cueur et poictrine le fermail de la divine grace, pensez
ce que vous voudrez et qui sera juste, vous l'obtien-

---

1. La rédaction allemande des *Gesta* représente Virgile
comme possesseur de l'anneau, de la ceinture et du tapis magique qui figurent dans ce récit. Je ne crois pas que les auteurs du Moyen-Age, qui ont raconté tant de merveilles
opérées par Virgile, aient parlé de ces talismans.

drez. Parquoy dit l'Evangeliste : Demandez et vous
prendrez, querez et vous trouverez. Et si vous avez
le drap de charité, vous serez ès lieux esquels vous
vouldrez estre, parquoy dist l'apostre que charité ne
quiert pas ce qui est à elle, mais ce qui appartient à
nostre benoist saulveur et redempteur Jesus-Christ.
Mais souvent le chrestien pert ces trois joyaulx en l'estude de ceste vanité par le moyen persuasif de sa concubine, la chair et charnelle concupiscence. Souvent la
concupiscence charnelle tire la charité de Dieu hors de
l'homme, le laissant prendre son repos et dormir en ses
pechés sans la grace de Dieu, comme la concubine
de Jonathas fist. Mais il faut ploier, comme fist Jonathas, et quant tu seras exité et eveillé du dormir de
peché, et te trouveras sans grace, vertus et merites,
liève toy legierement par les œuvres misericordieu-
ses et te signe du signet de la sainte croix, et tu trouveras la voye de salut. Va jusques à ce que tu trouves l'eau qui fait la chair des os separer, c'est contriction, qui doit estre si fort amère que les delectations
charnelles soient des os, qui sont les pechés, separées.
Et puis emplis le vaisseau de ton cueur de ceste liqueur de contriction par continuelle memoire de desplaisance d'avoir offensé. Puis tu dois plus avant passer et manger du fruict de l'arbre. Cest arbre, pour
vray, est penitence, qui l'ame substante ; mais le corps
est denigré comme lespreux. Ce fruict doit toujours
avec luy porter le chrestien. Après il faut venir à l'eau
seconde, par laquelle la chair sera restaurée. Ceste
eaue est confession, laquelle restaure les vertus perdues. Il faut encore passer plus oultre pour manger du
second fruict pour estre totallement guary. Ce fruict
est le fruict de penitence : c'est assavoir jeunes, oraisons, aulmosnes. De ces deux doys toujours avecques
toy porter, afin que si tu trouves aucun ladre de peché, tu le guarisses. Les deux devant dits que on doit
racompter sont la crainte de Dieu et l'amour, qui te
meuvent à guarir le ladre de la maison du roy, c'est

toy mesme, qui es le lepreux par ladrerie, qui peult estre guarie par le fruict de confession et l'eau de contriction. La nef qui mena Jonathas à son pays est l'observation des commandemens qui nous mènent aux eternelles joyes. Mais il convient premierement voir la chair, sa concubine, qui est à l'esperit contraire, qui est au lict de charnelle concupiscence malade. Donne luy à gouster du fruict de penitence, lors avecques de l'eau de contriction, par lesquelles choses se levera en devotion et sera enflée pour recevoir le jour de penitence. Par ce moyen pourra rendre l'esperit à Dieu avec les trois joyaulx et au royaulme des cieulx parvenir.

De la gloire du monde, qui plusieurs deçoit, et de la luxure, qui à la mort conduit.—CHAPITRE CVI[1].

Jadis estoit un roy du royaulme de Castille, qui avoit deux chevaliers en une cité, l'ung jeune et l'autre vieil. Le vieil estoit riche, pour la cause print-il une belle jeune fille pour espouse, pour

1. Chap. 121 de l'édit. de Keller. Swan, t. 2, p. 156; Madden, chap. 27, p. 50, et seconde partie, chap. 7, p. 292. — Le monarque porte le nom de Caclides ou Ciclides. Un récit semblable se trouve dans les *OEuvres de Marie de France* (t. 1, p. 314, de l'édit. de Roquefort), sous le nom du *Lai du Laustic*. En Italie on rencontre un poème anonyme in-8 intitulé *La Lusignata*. V. Lami, *Novelle litterarie di Firenze*, 1755, col. 33. C'est le sujet du *Rossignol* de La Fontaine. V. aussi Boccace, *Decameron*, V, 4. Dans un ancien poème anglois, *The Howl and Nightingale*, écrit sous le règne d'Edouard Ier, et dont il existe un manuscrit au Musée britannique (fond Cottonien), on rencontre une anecdote semblable; mais la scène en est mise en Angleterre, et le roi Henri condamne à une amende de cent livres sterling le chevalier qui a tué le rossignol.

Violier. 19

la cause de sa beauté. Le jeune moult estoit povre ; parquoy il print une femme vieille, pour la
cause de ses richesses, laquelle pas fort n'aymoit. Le jour advint une fois que le jeune chevalier passa par le chasteau du vieil, là où sa
femme se seoit à la fenestre, laquelle s'esbattoit
et passoit son temps à chanter melodieusement.
Le jeune chevalier pensoit et disoit qu'il estoit
plus convenant qu'il eust esté marié à la femme
du vieil chevalier, qui estoit très belle et jeune,
que à la sienne, laquelle à l'oposite de l'autre
estoit moult vieille et layde. Dès ce jour il la
commença à moult fort l'aymer, et aussi fist elle
luy. La jeune damoiselle ne pensoit fors à sçavoir comment elle pourroit faire le jeune chevalier son mary. Devant la fenestre du chasteau du
vieil chevalier estoit ung figuier dedans lequel
toutes les nuits chantoit ung beau rossignol, parquoy toutes les nuits la damoiselle se levoit pour
escouter son chant. Son mary, le vieil chevalier,
l'apperçut, qui luy demanda la cause pourquoy
elle se levoit ; elle luy respondit que c'estoit la
doulceur du chant qui toutes les nuits la faisoit
et contraignoit de se lever. Le vieil chevalier,
ce congnoissant, print ung arc, tua le rossignol,
et le cueur en presenta à sa femme, parquoy elle
plora moult tendrement et dist : « O bon rossignol, tu as fait ce que tu devois et je suis cause
de ta mort. » Incontinent elle manda au jeune
chevalier la crudelité de son epoux qui avoit tué
le rossignol. Le jeune chevalier, ce voyant, dist
à soy mesmes que, si il congnoissoit l'amour qui
estoit entre luy et sa femme, que il luy feroit encore pis que au rossignol. Il se fist armer de

doubles armures, entra au chasteau et tua l'ancien chevalier. Après cela, sa femme, qui estoit
ancienne, mourut, et puis fut à la jeune dame
marié. Vesquirent longtemps ensemblement, et,
après la consommation de lēurs jours, moururent.

Moralisation sus le propos.

Par ces deux chevaliers devons entendre Moïse, le
prophete de la loy, et Jesus-Christ. Jesus-Christ
estoit ancien, qui espousa la nouvelle loy; Moïse estoit jeune, car il fut en temps et espousa la vieille loy,
L'arbre dedans lequel chanta le rossignol est la croix
où Jesus-Christ fut mys. Le rossignol est son humanité, qui doulcement chanta en priant pour humaine
redemption son père; mais les juifs ne purent endurer
que la dame se levast de son lict de peché pour suyvre
Jesus-Christ, parquoy ils tuèrent son humanité et le
cueur en presentèrent à la loy nouvelle, c'est à dire
son amour aux nouveaulx chrestiens pour à luy servir.
Moïse se fit armer de doubles armures et tua l'ancien
chevalier; se fist armer des ceremonies et de la cir-
cuncision, et non seulement ses pechés, mais tous
ceulx des chrestiens fidèles le mirent à mort, comme il
est escript: *Ipse peccata nostra in corpore suo portavit.*
Que s'en suyt il ? Moyses, certes chascun fidelle qui
veult estre sauvé, doit espouser la loy nouvelle, qui est
la loy de grace, selon l'Escripture, qui dit que qui
croyra et baptisé sera, sauvé sera.

De la justice du juge discret Jesus-Christ par jugements occultes. — Chapitre CVIII.

ng chevalier cruel et tyrant estoit, qui par longtemps tint ung serviteur fidelle. Comme ung jour, en allant aux foires, il passa en une forest avec sondit serviteur, vint le cas qu'il perdit en ceste forest trois marcs d'argent, sans que son serviteur en sceust aucune chose. Interrogua son serviteur s'il avoit point trouvé son argent, qui luy dist que non et en jura, et point ne se parjura ; parquoy il coupa le pied de son serviteur et s'en retourna à la maison. Là, près de ceste voye, lors estoit ung ermite qui accourut au cry et clameur du serviteur plorant, lequel le porta en sa petite maisonnette, luy procurant son cas, après que il sceut par sa confession sa fortune. Lors l'hermite dedans son oratoire s'en alla, et se plaignoit à Dieu de ce qu'il souffroit le serviteur et innocent avoir esté navré. L'ange descendit, qui luy dist que, selon le Psalmiste, Dieu estoit tout juste, fort et patient. Lors dist l'ermite : « Je le sçay bien ; mais aujourd'huy je erre, ou le serviteur m'a deceu dans sa confession. » Respondit l'ange : « Ne parles point contre Dieu iniquité, car toutes ses voyes sont verités, jugement et equité. Regarde que dist le Psalmiste : *Judicia Domine abissus multa.* Sachez que ce serviteur a perdu son pied

1. Chap. 127 de l'édit. de Keller. Swan, t. 1, p. 173.

par son offence, car de ce pied il avoit autrefois
frappé sa mère malicieusement, et point n'en
avoit faicte penitence. » Le chevalier vouloit
achapter ung cheval de l'argent qu'il a perdu, au
detriment de son ame, parquoy luy a promis
Dieu sa pecune perdre. Quelc'un povre fidelle
trouva la pecune du chevalier, qui la bailla à
son confesseur pour la rendre ; mais il ne sçavoit
à qui elle estoit. Ce mesme jour, le confesseur
bailla une partie de celle pecune du chevalier au
povre qui l'avoit trouvée, pour l'amour de Dieu,
et l'autre part aux povres.

L'exposition sus le propos.

Ce chevalier est chacun bon prelat; le fidelle familier est l'obedient à son prelat. Ce prelat a les
ames à garder, lesquelles il pert souvent : c'est le tresor bien riche qu'il pert par sa negligence. Qu'est il
de faire, lors? Certes, il doit, tant qu'il est en vie, querir son tresor du salut de son ame; mais s'il ne le peut
trouver, il doit son pied dextre couper, c'est assavoir
son subject rebelle trancher et chasser de l'Eglise jusqu'il cognoisse qu'il a delinqué. Le serviteur delinquant doit par confession crier, comme dit le prophète :
Clama ne cesses quasi tuba exalta vocem tuam. Au cry
duquel doit l'hermite, le confesseur, courir et le porter sur ses epaules, en l'informant de penitence, le
remettant en l'Eglise; Dieu doit pour luy prier, nompas improperer, nonobstant qu'il ayt autrefois sa mère
l'Eglise frappée par la transgression de ses commandemens. L'ange que le confesseur informe pour vray
est la pure conscience non saincte du prelat et du confesseur, que ie pecheur devoit mener en la maison
de l'Eglise. Le povre qui trouve l'argent est Jesus-
Christ, qui souvent l'ame garde qu'elle ne tombe dedans enfer, jusques que le pecheur se relève par pe-

nitence. Ne dis oncques contre Dieu quelque mauvaise cogitation ou parolle, car il est juste, vray et non faillible, comme sont aucuns qui disent que Dieu est injuste de les avoir faits pour les dampner. Ostez cela de vostre bouche : c'est contre Dieu murmure et peché grand.

Des hommes qui injustement les biens d'autruy occupent,
et comment en la fin en sera grande discertation.
CHAPITRE CVIII[1].

Maximian regna à l'empire de Rome, auquel estoient deux chevaliers desquels l'ung estoit juste, l'autre convoiteux et mondain. Le juste avoit sa possession près de celle du mauvais, laquelle desiroit le convoiteux à avoir de toute sa force. De luy promettre ne cessoit or et argent pour l'achapter ; mais le juste ne la vouloit pas vendre, tellement qu'il s'en alla tout triste, pensant comment il le tromperoit pour l'avoir. Le cas advint que le juste mourut ; ce voyant, le convoiteux fit une lettre lors au nom du deffunt, comment le decedé luy avoit sa terre vendue. Pour ce faulcement prouver, il donna argent à trois hommes qui pour luy testifièrent. Il s'en alla en la chambre là où estoit le mort, et là trouva

1. Chap. 128 de l'édit. de Keller. Swan, t. 1, p. 176 ; Madden, chap. 32, p. 63. — Nous n'avons pas retrouvé, dans la littérature du Moyen-Age, la source de ce récit ; il paroît emprunté à quelque auteur oriental et avoir subi d'assez forts remaniements. Une portion de cette histoire est citée dans la *Summa predicantium* de Bromyard, au mot *Testimonia*.

son signet, chassa tous ceulx qui leans estoient, excepté ses faulx temoings; puis, devant eulx, mit sa lettre dedans la main du mort, et le poulce de celluy mort sur le signet de sa lettre, telle- ment qu'il signa sa lettre avec le poulce du mort et expiré, disant : « Vous estes tesmoings de cecy. » Par ce moyen, la terre de l'autre bon in- directement posseda et occupa, parquoy le fils du deffunct luy demanda pourquoy il occupoit sa terre. « Ton père me l'a vendue, dist il. — Non», dist l'autre. Devant le juge convindrent tous deux. Le mauvais montra la faulce lettre devant le juge, montrant ses temoings et records, qui faulcement temoignèrent, ausquels le fils du decedé dist : « Je sçay bien que voylà le signet de mon père; mais non pourtant jamais la terre ne te vendit, parquoy je suis esbahy de la let- tre, pareillement de tes temoings. » Le juge fist ces trois temoings separer, lesquels, de paour qu'ils eurent, dirent toute la manière de la fraulde, l'ung comme l'autre, car chascun pensa que son compaignon pourroit dire verité, parquoy chas- cun la voulut dire; si que le juge blasma fort le chevalier injuste, disant : « O meschant, tu as fait ainsi, et ainsi les tesmoings ont contre toy deposé. » Le chevalier mauvais fut bien esbahy et demanda misericorde. Mais le roy dit qu'il luy feroit comme il l'avoit desservy. Parquoy il fist traisner les tesmoings aux queues des chevaulx et au gibet, avec le meschant chevalier pendre. Les satrappes du royaulme louèrent fort le roy de son sage jugement; puis fist le roy delivrer par ordonnance de justice les biens du chevalier au fils de l'autre mort, qui le roy en remercia.

L'exposition sus le propos.

Par ces deux chevaliers l'on entend Dieu et l'homme ; son filz estoit le genre des humains, son heritage paradis. Ce voyant le chevalier convoiteux, qui est le dyable, vint au premier homme, le temptant pour luy faire perdre paradis, son domaine, par peché.

Tant qu'il fut en l'estat d'innocence, paradis obtint ; mais quand il fut par peché mort, il le perdit. Comment le perdit-il ? Par le moyen de la lettre du consentement du peché de Eve signée ; celle lettre de peché fut sellée quand Adam, qui estoit la teste de raison, plus obeyt à sa femme qu'à Dieu.

Le seau, comme vous sçavez, imprime son image dedans la sire ; pareillement Dieu imprima son ymage sur Adam. Cest ymage donna Adam au dyable par son consentement de peché. Et fut cela fait avec le poulce quant il fut mort. Par ce poulce devons entendre la raison, que Dieu donna à l'homme pour le bien choisir et eviter le mal. Quant le dyable vit ainsi l'homme seduit, de paradis le voulut forclure, mesmement encore veult faire ses enfans. Mais il fault aller au juge querir misericorde, comme firent les patriarches et prophètes, disant : *O domine Deus Emanuel !* O seigneur roy et legislateur, qui es l'expectation des gens ! viens à les saulver. Mais le dyable mène trois tesmoings avec luy : orgueil de vie, concupiscence des yeulx et concupiscence de la chair. Contre ces tesmoings il faut prudemment proceder. Il les faut examiner et leur faire dire verité par confession en se confessant de ses trois pechés ; par ce moyen seront pendus au tourment de penitence, comme desiroit Job. *Suspendium elegit anima mea.* Si ainsi nous le faisons, nostre terre paradis nous repossederons.

De la vraye probation d'amytié.—CHAPITRE CIX [1].

Aucun roy eut ung seul fils, qu'il ayma fort. Ledit enfant eut congé de son père pour veoir et visiter le monde, pour acquerir des amys, et y fut par l'espace de sept ans; puis après retourna à son

1. Chap. 129 de l'édit. de Keller. Swan, t. 2, p. 181; Madden, chap. 33, p. 108 (et p. 406 une autre rédaction). — On retrouve cette histoire dans le *Dialogus creaturarum* (chap. 56) et dans la *Disciplina clericalis* de Pierre Alphonse (chap. 2). Bromyard, dans sa *Summa predicantium*, au mot *Amicitia*, relate cette anecdote et paroît avoir suivi les *Gesta*. L'anecdote dont il s'agit est d'origine orientale, ainsi qu'en convient Pierre Alphonse, qui dit l'avoir prise dans des écrits arabes (*compegi ex Arabicis fabulis et versibus*). Cardonne, dans ses *Mélanges de littérature orientale* (Paris, 1770, t. 1, p. 78) a directement traduit le récit d'Ahmed Ben Arabchah, d'après un manuscrit de la Bibliothèque du roi, à Paris. Un trait pareil se rencontre dans le recueil d'apologues de l'allemand Stainhœwel, f. 88. Hans Sachs en a fait le sujet d'une comédie, *Der halb Freund* (le demi ami): Voir ses œuvres, livre 2, partie 2, sect. 39, édit. de Nuremberg, 1560. Schmidt, dans ses notes sur la *Disciplina clericalis*, p. 94, a donné quelques extraits de cette composition, ainsi que d'un sermon inséré dans l'ouvrage du Père Abraham de Sancta Clara : *Judas, der Ertz-Schelm* (Judas, l'archi-coquin), et dans lequel cet étrange prédicateur fait un récit animé et original qui rappelle celui de notre *Violier des histoires romaines*. Signalons enfin une nouvelle, dénuée d'ailleurs d'agrément, qui figure dans un volume fort rare, de l'italien Nicolas Granucci, l'*Eremita, la carcere e'l Diporti, opera nella quale si contengono novelle*. Lucca, 1569, in 8o. Observons aussi l'air de famille de cette historiette avec la parabole des trois amis dans le besoin, qui falt partie du roman de *Barlaam et Josaphat*, souvent réimprimé, et en dernier lieu dans le *Dictionnaire des Légendes du Christianisme*; Paris, Migne, gr. in-8. 1856.

père, qui le receut joyeusement, puis luy demanda combien de amys il aymait. « Trois, dist il. Le premier je ayme plus que moy mesme; le second autant que moy; et le tiers quelque peu ou point du tout. — Il les faut prouver, dist le père, devant que de leur cas tu uses. Occis un pourceau et le mets en un sac; puis va à la maison de celluy que tu ayme mieulx que toy, plaine nuyt, et luy dis que tu as un homme tué, et qu'il te cèle le corps mort, si qu'il ne soit trouvé, parquoy tu pourrois estre pendu. » Le fils fist le conseil du père. Quant il fut en la maison de celluy amy, il luy compta son cas; lors l'amy respondit : « Puisque tu l'as tué, il est nécessaire que tu en faces la penitence; si le corps est trouvé tu seras pendu : toutesfois, pour ce que tu as esté mon amy, je m'en iray avecques toy au gibet. Et quant tu seras mort, je te donneray ung drap pour te mettre. » Vers le second amy s'en alla, et luy dist, comme l'autre, qu'il seroit pendu, mais qu'il l'accompagneroit au gibet, le confortant par le chemin. Il s'en alla au tiers amy, qu'il n'aymoit guères, et luy dist comme aux autres, qui luy dist qu'il musseroit le corps mort, et que s'il estoit sceu d'avanture, que luy mesme mourroit au gibet pour luy. Voilà comment celluy qu'il aymoit le moins fut le plus au besoing son amy.

Exposition morale sur le propos.

Ce roy est le Dieu tout puissant; le fils, l'homme chrestien, qui quiert trois amys. Le premier est le monde, que plus il ayme que soy-mesme, tant qu'il se met et expose pour ses biens mondains au peril de la mort;

mais si tu le prouves en ta necessité, il te laissera ;
c'est quand tu seras mort que il te donnera seulement
ung drap pour mettre ta charogne. Le second amy,
que tu aymes autant que toy, sont ta femme, tes enfans
et tes filles, lesquelles vont avecques ton corps à l'e-
glise, le plorant et le mettant dedans la sepulture. Le
tiers amy, que tu n'aymes gueres, est Jesus-Christ
enfant, que tu ne fais ses commandemens, tu es dit
guère ne l'aymer ; toutesfois il nous ayme tant et plus
que tous autres qui font faulx semblant, tellement que
il a pour nous voulu mourir.

Des riches et puissans ausquels on donne les biens, et
des povres ausquels on les oste, puis comment
Dieu eternellement les remunère.
CHAPITRE CXI.

Jadis ung roy fit proclamer et crier que
tous à luy vinsent indifferantement,
pour obtenir ce qu'ils demanderoient.
Plusieurs y vindrent, qui ce firent. Les
ungs furent faits chevaliers, les autres ducs,
comtes, barons, et les autres obtindrent or et
argent ; ceulx là furent les nobles. Puis après
vindrent les simples et les povres, ausquels dist
le roy qu'ils estoient venus trop tard, et que les

---

1. Chap. 131 de l'édit. de Keller. Swan, t. 2, p. 187. —
Ce récit se retrouve dans l'ancienne rédaction angloise (Madden, seconde partie, chap. 33, p. 378) ; l'empereur est appelé Fulgencius, ainsi que dans l'édition de Winkyn de
Worde (chap. 36). L'idée de ce récit est évidemment empruntée à la parabole des ouvriers qui viennent travailler à la
vigne. Un prédicateur anglois du 14e siècle, Felton, l'a inséré dans ses *Sermones dominicales*.

seigneurs les princes avoient eu tout ce qu'il avoit. Les simples gens furent de cette responce bien marrys ; toutesfois le roy leur dit : « Mes chiers amys, je leur ay donné tant seullement les choses temporelles, mais j'ay retenu mon domaine, car aucun ne l'a demandé ; je le vous donne tout, affin que vous soyez leurs seigneurs et leurs juges.» Les riches, ce voyant, furent troublés, vindrent au roy disant : « Sire, nous sommes confus, car vous avez nos serviteurs constitués nos seigneurs et juges ; il nous est meilleur mourir que d'estre soubs leur puissance flexés et commis.—Messeigneurs, je ne vous fais point d'injure, dist le roy ; ce que vous avez demandé vous l'avez obtenu ; mais je vous donneray bon conseil : chascun de vous a des biens ; donnez en aux povres, qu'ils puissent vivre ; par ainsi se contenteront-ils, et point ne serez en leur servitude, car le domaine me demourera. » Et ainsi fut fait.

L'exposition sus le propos.

Ce roy est le Dieu tout puissant ; le herault proclamant est le predicateur, qui dit : *Petite et accipietis* ; Demandez et vous prendrez. Les riches et puissans, ce voyant, ont demandé toutes choses mondaines : villes, chasteaux, or et argent. Jesus-Christ tant leur a donné de ces mondainités, qu'il n'en a point retenu. Enfin les povres vindrent à Dieu et obtindrent son domaine, car autre chose ne leur sçavoit donner, que les faire seigneurs et juges des riches, selon l'Evangeliste saint Marc, qui dit : *Vos qui relinquisti omnia et sequisti me estis, se debitus super sedes judicantes duodecim tribus Israel.* Puis dit que bienheureux sont les povres, car le royaulme leur est distribué ; les riches, ce voyant, sont douloureux ; mais il faut, s'ils veulent estre sans servitude, que l'aumosne donnent aux povres. Par ce moyen pourront avecques eulx regner eternellement.

Des envieulx qui les bons infestent par mauvaise vie.
CHAPITRE CXI [1].

Quatre medecins et physitiens estoient en une cité. Le plus jeune transcendoit les autres en l'art de medicine, tellement que tous malades guarissoit. Les autres, de ces choses envieulx, dirent qu'il le falloit seduire. Dit l'un : « Toutes les sepmaines il va à trois lieues d'icy un duc visiter, et demain sera son jour; je me tiendray à une lieue de la cité, toy à l'autre, pareillement toy à l'autre. Quant chascun de nous le voira passer, qu'il se signe du signe de la croix; il demandera la cause du signe de la croix, et nous repondrons qu'il est devenu ladre. Par ce moyen, de la paour qu'il aura il sera fait lepreux, comme dit Ypocras; et ainsi, quant il sera lepreux, personne plus ne le vouldra voir. » Ainsi fut-il fait.

---

1. Chap. 132 de l'édit. de Keller. Swan, t. 2, p. 189. — Ce récit, mais bien plus étendu, fait partie de l'ancienne rédaction angloise des *Gesta* (Madden, chap. 20, p. 57); l'empereur y porte le nom de Bononius. On peut rapprocher cette anecdote de l'un des contes de Straparole, fable 3 de la 1re nuit, t. 1, p. 46, de l'édit. Jannet. Parmi les origines de ce récit, on peut citer le recueil d'apologues indiens connu sous le nom de l'*Hitopadesa* (traduit par M. Lancereau, p. 192 de l'édit. Jannet); le *Décaméron* de Boccace, journée 9, nouvelle 3; les *Novelle* de Fortini, nov. 8.

L'exposition sus le propos.

Par ces envieulx devons entendre les trois ennemys, le monde, la chair et le dyable, qui font le corps ès delices vivre pour le faire meschant et ladre de peché, et l'ame regner en enfer. Le quart, medecin subtil, est chascun bon chrestien, comme les prelats et les confesseurs, qui nous ont à guarir spirituellement et à inserer en nos ames bonnes vertus.

De la mort de Christ innocente.—CHAPITRE CXII[1].

Senecque racompte que la loy aucunes fois estoit que chascun chevalier devoit estre mis avecques ses armes en sepulture, selon la coustume des lieux; et, si aucun le depouilloit de ses dictes armes, il devoit mourir. Le cas advint que aucune cité fut assiegée par ung roy tirant qui au circuit de la cité mettoit des insidies et tua du peuple quasi sans nombre, tellement que les citoyens doubtoient fort à resister et ne purent. Comme ils estoient en ceste douleur, aucun chevalier entra en la cité, qui eut de la cité pitié. Les citoyens le prièrent qu'il leur aydast. Le chevalier respondit qu'il n'estoit armé de bonne sorte, parquoy il ne pourroit leur ayder. « Sire, dist ung des bourgeois, depuis peu de temps en çà gist en sepulture quelque noble chevalier tout armé; prends ses armes, et tu seras en bon point pour notre cité delivrer. » Ainsi fut-il fait; print le cheva-

1. Chap. 134 de l'édit. de Keller. Swan, t. 2, p. 192.— C'est à tort que les *Gesta* invoquent ici l'autorité de Sénèque.

lier les armes de celuy qui estoit mort, et si bien combatit qu'il fut victorieux et delivra la cité, puis remit les armes en son lieu. Aucuns envieulx furent de sa glorieuse victoire troublés, et l'accusèrent au juge qu'il avoit depouillé le chevalier mort de ses armes, contre la loy. Le chevalier respondit au juge que de deux maulx on doit eviter le pire. « Je n'eusse, dit-il, sceu secourir vostre cité sans armes, parquoi je les ay prinses et remises. Pas ne l'ay fait comme larron, ains pour la commodité de la chose publique, parquoy j'en deusse selon raison estre remuneré, et non pugny. Item, est il pas meilleur que, quant une cité brusle, que la maison où le feu est abrasé soit abatue que laisser toute la cité consumer? ainsi vault-il pas mieulx que aye les armes prinses pour vous deffendre que vous feussiez tretous perils? » Les ennemis toujours disoient qu'il estoit homme mort. Le juge sentence donna à leur petition et requeste, qu'il fut occis; et ainsi fut fait, de la mort duquel fut faite grande lamentation en la cité.

Exposition moralle sus le propos.

Ceste cité assiegée peut estre le monde, par le dyable maling et tiran assiegée par long temps, si que jadis tous ceulx qui estoient dans le monde furent en peril de descendre là bas ès enfers. Ceste mondaine cité de vices et concupiscences estoit environnée. Le fort et egregieux chevalier qui point n'avoit armes est Jesus-Christ, *Dominus fortis et potens.* Luy, voyant la perdition de ce monde, descendit et print au sepulchre les armes du premier homme mort, Adam; jadis chevalier en la divine chevalerie. Le tombel où Jesus-Christ print ses armes d'humanité est le sacré ventre de la glorieuse vierge Marie. C'estoient les armes d'Adam, par lesquelles il combattit contre le diable, print victoire, nous rachepta et delivra de damnation et de la mort eternelle. Les envieulx furent les Juifs qui à Pylate l'accusèrent, disant que les Romains pourroient bien venir pour les expeller de Jerusalem se ils le laissoient vivre. Le chevalier, en soy excusant, disoit qu'il valloit mieulx que une seulle maison fust perie que toute la cité. Cayphas avoit dit aussi que il valloit mieulx que ung homme seul mourust que tout le peuple. Parquoy Pylate le livra incontinent à mort, pour laquelle les pierres fendirent et furent ouvers les sepulchres, et grosses tenèbres et universèlles veues. Et alors, après celle victoire, d'avoir le dyable vaincu par ceste mort, de rechief remit ses armes le saulveur et vray chevalier au sepulchre, c'est à voir son corps glorieux, qui par trois jours en terre reposa. Estudions donc le regratier de celle precieuse mort, si que ne soyons ingrats reprouvés. Et par ainsi aurons paradis, ainsi soit il, par sa grace.

Comment nous nous devons disposer à la penitence quand nous sentons nostre conscience blessée.
CHAPITRE CXIII [1].

aint Augustin racompte, dedans le livre de la Cité de Dieu, que Lucresse jadis estoit noble dame romaine, femme de Collatin. Comme celluy Collatin invitast un jour le fils de l'empereur Tarquin à son chasteau, nommé Sextus, incontinent il fut es-

1. Chap. 135 de l'édit. de Keller. Swan, t. 2, p. 195. — On peut, en effet, consulter saint Augustin, *Cité de Dieu*, I, 19 (t. 1, p. 40, de la traduction de M. Saisset, 1855).

print de l'amour de la belle Lucresse, femme dudit Collatin. Vint que le fils de l'empereur et Collatin s'en allèrent de son logis après le disner faict, et de nuyt retourna le fils de Tarquin en la maison de Collatin pour violler sa femme, ce qu'il fist à toute force, car il luy presenta le couteau tout nud sus l'estomach, qui la supedita contre toute sa volunté. Quant il eut sa luxure accomplie, saillit le fils Tarquin de la maison. La povre dame, se congnoissant souillée de la luxure dudit fils de l'empereur, convoqua son père, son mary et tous ses parens, et leur dist le cas que le fils de Tarquin luy avoit fait par la pollution de son chaste lict. « Vengez moi, dist-elle, du vilain, et me donnez absolution de ma coulpe ; toutesfois ne me delivrez point de la peine, car j'en veulx faire la pénitence. Cela dit, elle tira, par le conseil de sa douleur, ung couteau de dessoubs sa robe, qui estoit mussé, et devant tous se transperça la poictrine. Le cas piteux commis, chascun fut dolent. Jurèrent les parens, et mesmement son mary, par le sang de Lucrèce, que toute la lignée de Tarquin, pour ce cas infame, seroit de Rome depopulée ; ce qui fut fait. Fut le traystre fils de Tarquin occis miserablement et expulsé de Rome.

Exposition sus le propos.

Lucresse, la noble Romaine, peult estre l'ame, qui est à Dieu par baptesme conjointe. Sextus, le fils de Tarquin, est le dyable, qui, par menasses et promesses de dons, veult l'ame violler. Il entre dedans sa maison quand elle consent à pecher ; elle est violée quand elle fait l'œuvre de peché lors après le consentement.

Après le peché, l'ame, comme Lucresse, convoque son mary et son père, se lamentant à eulx: c'est son confesseur et son epoux Jesus-Christ, par les bonnes œuvres; puis, en leur presence, se perce le cueur d'ung couteau de penitence pour les pechés expier. Lors le dyable sera detruit et tous ses sequaces de la sainte cité de l'Eglise.

Comment le pasteur des ames doit veiller.
CHAPITRE CXIV[1].

ng larron fut dans la maison d'ung riche de nuyt pour le derober. Il regardoit par ung pertuis si tous ceulx de la famille lors estoient endormis; laquelle chose voyant le maistre de la maison, dist à sa femme qu'elle interroguast privement et à haulte voix comment il avoit acquis ses biens; « Et ne cesse point, dit-il, jusques que je te le dye. » Lors dit la femme : « Mon amy, dismoy comment tu as acquis nos biens, veu que tu

1. Chap. 136 de l'édit. de Keller. Swan, t. 2, p. 198.— Le quatrième chapitre de l'ouvrage arabe (*Calilah ve Dimnah*) a servi de base à cette histoire. Voir Silvestre de Sacy, *Notices et extraits des manuscrits*, t. 9, p. 397. On la retrouve dans un ancien fabliau (*Recueils* de Barbazan, t. 2, p. 148, et de Legrand d'Aussy, t. 3, p. 253) et dans la *Disciplina clericalis*, chap. 25 (t. 1, p. 149, de l'édit. de Paris, p. 70 de l'édit. de Schmidt), ainsi que dans le *Directorium humanæ vitæ*. Doni (*Filosophia morale,* fol. 8) raconte une histoire semblable, et M. Wright en a fait connoître une autre version (*Selection of latin stories*, no 23, p. 24). Pareille historiette figure en allemand dans un ouvrage souvent réimprimé à partir de 1483, et intitulé : *Buch der Weissheit der alten Weisen* (Livre de la Sagesse des anciens sages), sect. 12, édit. de Strasbourg, 1529; sect. 6, édit. de la même ville, 1545. Le récit inséré dans le *Chastoiement* est intitulé : *Du larron qui embraça le rai de la lune.*

n'es point marchant et institeur ? » Le maistre de
la maison dit à sa femme : « Ne me demande
point ces choses, ô femme folle ! » Toutesfois
tant le pria qu'il luy dist qu'il avoit esté larron,
et que de plaine nuyt avoit tout ce qu'il possedoit derobé. Lors dist la femme : « Je suis donc
esbahye que tu n'en as esté pendu par la reprehension de justice. » Le mary dist à sa femme : « Mon maistre qui me donna l'introduction
de larrecin m'enseigna ung mot que je disois
sept fois quant je montois et entrois aux maisons.
— Je te prie, dist la femme, dis-moy ce mot. —
Je te le diray, mais garde-toy bien de l'apprendre, quelque chose qu'il y ait, à personne du
monde, pour paour que ceulx-cy ausquels tu
l'aurois apprins ne nous desrobassent.— Je ne le
diray jamais », dist la femme. Lors le mary luy
dist : « Voicy les secrettes paroilles : Deceveur,
deceveur. » Cela dit, la femme s'endormit, et le
mary fist semblant de dormir et ronfloit. Quant
le larron ce congneut, il fut joyeulx, et, en cuydant entrer en la chambre de l'hoste, qui fei-
gnoit dormir, monta sus le rayon de la lune,
disant sept fois les mots que le maistre jà avoit
dist à son épouse, et tomba contre-bas par la
fenestre. Le maistre lui demanda, feignant qu'il
n'en sçavoit autre chose, comment il estoit tombé, et il respondit : « Les parolles décevables
m'ont trompé. » L'hoste le print, et au matin le
fist au gibet pendre.

Exposition moralle sus le propos.

Ce larron est le dyable, qui, par mauvaises cogitations, veult monter au touchement de ton cueur,

et faict ung pertuis par mauvais consentement. Le
mary et la femme sont le bon prelat et l'Eglise, lequel
le dyable s'efforce desrober de leurs bonnes vertus,
prinses au saint baptesme; mais le bon prelat doit continuellement veiller si qu'il ne parmette le dyable fur-
tineux la maison de l'ame desrober: *Vigilate, quia ne
scitis qua hora fur venturus sit.* L'on doit prouvoir de
toute sa pensée qu'on face le dyable cheoir de son
cueur. Autrement se peut cecy entendre de Lucifer,
qui vouloit desrober la Divinité et monter en l'estat
infiny d'icelle, quand il dit: *Ascendam in celum et ero
similis altissimo.* Mais, en cuydant monter en la haul-
tesse de paradis, il cheut en la profondité d'enfer, et
là fut au gibet de dampnation relié et pendu.

---

*De la naturelle benignité de Jesus-Christ, misericorde
par laquelle naturellement aux convertis pardonne
leur offense.* — CHAPITRE CXVI.

Dedans ses Chroniques, Eusebius racompte d'ung empereur qui en equité
grande son peuple romain gouvernoit,
sans faire tort à aucun, en pugnissant,
selon la desserte des offenses, tant les riches que

1. Chap. 137 de l'édit. de Keller. Swan, t. 2, p. 201. —
L'histoire de Coriolan, racontée par les auteurs anciens, et
notamment par Valère-Maxime (l. 5, chap. 4, t. 1, p. 373,
de l'édit. Lemaire), a servi évidemment de base à ce chapitre; l'auteur des *Gesta* a pris d'ailleurs toute la liberté à
laquelle il nous a accoutumés. L'école moderne de l'Allemagne, qui ne voit que des mythes dans tous les récits anciens, a voulu rejeter dans la classe des fictions le trait
d'histoire dont il s'agit; mais le temple de la Fortune muliè-
bre élevé à Rome, en mémoire du triomphe que remporta
l'ascendant d'une mère et d'une épouse sur l'orgueil de Coriolan, atteste le fondement de cette tradition.

les povres. Les senateurs, pour la cause, le privè-
rent de l'empire, le contraignant comme pour fuyr.
Il s'en alla à Constantin, fist avec luy convention
et appointement, et si strenueusement se gouverna qu'après luy fut esleu en la souveraine dignité de l'empire, lequel, après la congregation
de son armée, fut pour assieger la cité de Rome.
Lors voyant les Romains comment ils ne pouvoient evader sa fureur, vers luy transmirent les
plus anciens et puis les jeunes, puis tiercement
les femmes nuds pieds, devant luy prosternées,
pour avoir et obtenir misericorde; mais elles ne
firent chose de valleur. A la fin, lui envoyèrent
ses parents et sa mère, qui, en la pitié de ses
yeulx gettant larmes, luy monstra ses mamelles;
ce que voyant, l'empereur, de naturel amour sti-
mulé, delaissa l'offence des Romains en paix, et
entra honorablement en la cité.

L'exposition sus le propos.

C'est empereur est Jesus-Christ, qui par peché est
de la cité expulsé, c'est du cueur de l'homme,
pareillement de ce monde, quand les Juifs le chassèrent
hors de Hierusalem. Luy, ainsi expulsé, s'en alla à
son père, là où il fut esleu empereur et juge pour juger au jour du jugement : *Quia omne judicium debit pater filio.* Parquoy il est bien à doubter. Que faut il
faire ? Quant il viendra avec son grand exercite d'anges, transmettons luy premierement les anciens, ce
sont les patriarches et prophètes, qui pour nous prie-
ront; secondement, les jeunes : ce sont les apostres,
martyrs et confesseurs du Nouveau Testament; puis
les femmes sainctes vierges et veuves; et, si Dieu ne
veult cela ouyr, il fault recourre à sa doulce mère, qui,

luy monstrant ses mamelles qu'il a alaictées, par ce moyen impetrerons sa grace.

Des playes de l'ame. — CHAPITRE CXVI[1].

Le grand Alexandre regna, qui obtint le domaine de toute la terre. Le cas advint une fois qu'il fist grand ost de gens, et environna une cité en l'assaut de laquelle la plupart de ses chevaliers sans effusion de sang et sans être blessés moururent. Il s'en esmerveilloit fort, et demanda aux sages philosophes la cause de la perdition de ses gens, qui luy dirent que il ne s'en failloit point esmerveiller, car sus les murs de la cité estoit ung basilic qui les chevaliers infestoit par sa veue, par quoy

1. Chap. 139 de l'édit. de Keller. Swan, t. 2, p. 205; Madden, chap. 57, p. 192. — C'est vraisemblablement d'Elien (*Hist. animal.*, XV, 21) que le rédacteur des *Gesta* s'est inspiré. Cet auteur mentionne un serpent qui, apparoissant à l'entrée d'une caverne, arrêta dans un désert la marche de l'armée d'Alexandre. Vincent de Beauvais (*Specul. histor.*, IV, 1) présente un récit analogue. Nous sortirions de notre cadre en nous occupant ici des propriétés merveilleuses que l'antiquité et le moyen âge ont prêtées au basilic. Nous renvoyons à Pline (*Hist. nat.*, l. VIII, 21) et à ses commentateurs. M. Berger de Xivrey (*Traditions tératologiques*, p. 540) a traité ce sujet avec une vaste érudition. Swan rapporte, dans ses notes (t. 2, p. 451), un passage d'un écrivain anglois du même nom, qui, dans le chapitre 9 de son *Speculum mundi* (1635), tient comme choses certaines les merveilleuses propriétés de cet animal fabuleux.

Dans un des contes de Straparole (*Notte piacevoli*, IV, 3), un expédient semblable est mis en œuvre pour tuer le dragon gardien de la pomme qui chante. Voir t. 1, p. 273, édit. Jannet.

ils mouroient. « Qu'est-il de faire, dist le roy, contre le basilic ? — Il faut, dirent les sages, avoir un grand miroer qui sera mis entre ton ost et les murailles de la ville ; lors, quant le basilic regardera, la reflection de la veue de tes gens contre luy retournera, et mourra. » Et ainsi fut-il fait.

Moralisation sus le propos.

Ce basilic qui nous occit est le peché d'orgueil. Parquoy il nous fault regarder au miroer, considerant nostre vanité. Par ce moyen mourra le vice d'elàtion et vanité.

De justice, vertu equitable, tousjours à trouver au temps futur et present. — CHAPITRE CXVII 1.

Eracle régna, qui, entre toutes les vertus qu'il avoit, il étoit juste, si que on ne le pouvoit par prières et offrandes destourner de l'estat d'equité. Le cas fut que aucuns accusèrent quelque chevalier de la cour de la mort d'ung autre chevalier en ceste forme. « Tous deux furent en aucune bataille, dirent les accusateurs, toutesfois point n'estoit bataille commise ; ce chevalier retourna sans l'autre, parquoy nous disons qu'il a l'autre tué et meurtry. » Le roy commanda que ce chevalier fust mené mourir, et quant on le menoit, on vit

---

1. Chap. 140 de l'édit. de Keller. Swan, t. 2, p. 206 ; Madden, chap. 58, p. 194. — Cette anecdote est, pour le fond des choses, empruntée à Sénèque (*De ira*, 1, 8). Chaucer l'a reproduite dans un de ses contes de Canterbury. Voir le *Sompnoures Tale*, v. 7599. .

arriver l'autre, qu'on estimoit estre mort, et n'estoit aucunement blessé. Le roy, courroucé, dist au premier chevalier qu'il le condampnoit à mourir, « car tu es desjà condamné », et au second aussi, « car tu es cause de sa mort », et au tiers semblablement, « car tu as esté envoyé pour tuer le chevalier, et tu l'as fait; par quoy tu en mourras. »

Exposition moralle sus le propos.

Ce roy est Dieu, qui en toutes ses operations est juste. Les deux chevaliers sont le corps et l'ame; l'ame, par la chair seduite, meurt quant peché mortel est commis. Parquoy, du droit jugement de Dieu, le corps au tourment est mené de penitence; mais quand on se submet à penitence, l'ame lors est toute unie trouvée, premierement par la passion de Jesus-Christ, secondement par penitence; mais tous deux de mort temporelle doivent mourir. Le tiers chevalier, qui ne le met pas à mort, est le negligent prelat qui doit le pecheur corriger et faire mourir son peché, et, s'il ne le fait, la mort eternelle point ne peult eviter, comme dit Ezechiel en son tiers chapitre : *Si non annunciaveris ei neque loquutus fueris ut avertatur a via sua inipia et vivat et ipse impius morietur in iniquitate sua, sanguinem de manu tua requiram, etc.*

Du sain conseil toujours à ouyr et refférer le contraire.
CHAPITRE CXVIII[1].

Fulgence regna, en l'empire duquel estoit un chevalier nommé Sedechias, qui avoit une excellentement belle femme, mais non pas sage, en la maison duquel habitoit ung serpent en une cham-

1. Chap. 141 de l'édit. de Keller. Swan, t. 2, p. 208;

bre. Le chevalier tant aymoit et frequentoit les jeux de la hache, des tournoys, des joustes, qu'il devint povre, parquoy, quasi comme forsené et desesperé, ne savoit qu'il devoit faire. Ce voyant, le serpent de la maison parle, et luy fut par le vouloir de Dieu voix donnée, luy demande pourquoy il ploroit : « Fais mon conseil, et tu t'en trouveras bien ; donne-moy tous les jours du laict, et je te feray riche. » Le chevalier luy promit de ce faire ; dès incontinent il fut riche grandement, et eut en brief temps belle lignée. Dist ung jour follement la femme à son mary le chevalier : « Seigneur, je crois que ce serpent possède plusieurs biens et richesses. » Le chevalier consentit à sa femme, print ung maillet et ung pot de lait, et fut au pertuis du serpent ; cuydant le serpent prendre son laict accoustumé, meist la teste dehors de son trou et le chevalier faillit à le frapper, car il frappa sur le pot. Cela fait,

Madden, chap. 59, p. 196. — Ce conte est d'origine orientale ; il se trouve dans le *Pantcha Tantra*, sous le titre du Brahmane et du Serpent : V. les *Mille et un Jours*, édit. de Loiseleur Deslongchamps, p. 624. Une fable de la collection ésopique y ressemble beaucoup : V. l'Esope grec de Coray, fab. 141. Consulter aussi les Recueils d'Avienus et de Babrius. Le Moyen-Age mit en vers cette anecdote ; elle s'offre à nous dans les *OEuvres de Marie de France* (t. 2, p. 267), et dans un des fabliaux du Recueil de Legrand d'Aussy (t. 4, p. 389). Des récits du même genre circulent en Allemagne et en Suisse : V. Grimm, *Haus-Mærchen* et *DeutscheSagen*.

Le joli conte de Senecé : *La Confiance perdue, ou le Serpent mangeur de kaimac*, est fondée sur une semblable donnée. L'indication d'un trésor, fournie par la présence d'un serpent, est une superstition répandue chez les Indiens et qu'on retrouve chez les peuples du nord. V., dans la *Revue des Deux-Mondes*, avril 1832, un article de M. Ampère intitulé : *Sigurd*, tradition épique selon l'*Edda*.

il perdit son bien totallement et ses enfants aussi. Lors dist à la femme qu'elle avoit baillé mauvais conseil. « Va au serpent, dist-elle lors à son mary, et te mets à genoulx devant luy, pour voir si tu auras misericorde. » Ce feist le chevalier. Le serpent luy respondit : « Maintenant est-il bien à voir que tu es bien fol, et en ta folye demoureras, car toujours me souviendra du grand coup du maillet duquel tu m'as voulu donner, parquoy j'ay tué tes enfans et tous tes biens gastés ; jamais avecques moy vous paix n'aurez. » Le chevalier, qui moult et fort ploroit, le pria de rechief, luy promettant que jamais ne luy feroit aucun desplaisir se il luy rendoit ses biens, et se il recouvroit sa grâce. Lors dit le serpent : « Mon amy, la nature du serpent est cauteleuse, pleine de venin, parquoy te suffisent mes paroles. Je me recorde du maillet ; va-t'en, que pis ne te viengne. » Le chevalier, confus, s'esloigna moult triste du serpent, et dit à sa femme : « Malheur à moi parce que j'ai suivi ton conseil ! » Et depuis ils vescurent tousjours en grant povreté et detresse.

Moralisation sus le propos.

Ce roy est nostre père celeste ; le chevalier Sedecias est l'homme miserable issu nud du ventre de sa mère, et qui toutes les richesses de paradis perdit par le peché de nostre premier père quand il print à espouse Eve, la belle femme, qui par son conseil lui fit perdre la joie de paradis ; le serpent nourry en la chambre est Jesuchrist, qui en ton cœur est contenu par la grâce de baptesme, et de qui l'homme tous biens reçoit, savoir : premièrement un fils, c'est-à-dire, l'âme belle, à la semblance de Dieu creée ; secondement,

la seigneurie du monde, comme dit le psalmiste :
Constituisti eum super omnia opera manuum tuarum ;
troisiesmement, paradis. Mais notre père Adam, deceu
par le conseil de Ève, à elle par le dyable suggeré, perdit tous ces biens. Ainsi l'homme, s'il suit le conseil de
son espouse, c'est la chair, perdra toutes choses. Car,
comme dist l'apostre, *si secundum carnem vixeritis mo-
riemini.* Au baptesme as promis à Jesuschrist de luy
offrir le laict de la prière, de l'innocence et de la devotion. Mais tu frappes rudement Jesus quand tu com-
mets peché mortel. Ce que voyant, il te oste fils, filles et richesses, affin que tu te amendes, comme il est
escrit : *Quem diligo arguo et castigo.* Donc, esjouir
nous devons plustost que nous livrer à tristesse quant
la verge de discipline nous frappe.

*Comment on doit arguer les princes et magnates de leurs
forfaits.* — CHAPITRE CXIX[1].

Saint Augustin dist, au livre de la *Cité
de Dieu,* que Diomèdes, qui estoit larron, pirate de mer par longtemps,
avecques une seule gallée plusieurs
hommes detruisoit ; parquoy Alexandre le fit enfin prendre. L'interrogeant : « Parquoy fais-tu
tant de maulx à la mer ?» dist-il. Il respondit au
roy : « Mais pourquoy en fais-tu tant à toute la
terre ? Pour ce mal que je fais avec une nef seullement, je suis larron nommé ; et toy, qui en la
force de plusieurs le monde suppedites et oppri-
mes, tu es dit empereur. Si en moy fortune se

1. Chap. 146 de l'édit. de Keller. Swan, t. 2, p. 221. —
V. la *Cité de Dieu* de saint Augustin, l. 51. chap. 4. L'auteur du *Dialogus creaturarum* (chap. 79) a reproduit ce
récit.

pouvoit adoucir, je serois mué et fait meilleur ;
mais toy, au contraire, car tant plus tu as de
bien, tant plus tu es mauvais. » Lors dist Alexandre : « Je veulx la fortune muer, si que tu ne
dies que ta malice procède des merites de ta fortune. » Lors Alexandre le fist grand seigneur, et
fut fait de larron grand zelateur de justice.

Moralisation sus le propos.

Ce larron en la mer avecques une seulle nef est
l'homme dedans la terre seulement en une seulle
vie ; l'homme pecheur, dis je, que ne cesse tuer les
vertus de jour en jour. Mais Alexandre le bon prelat
doit tel reduire de son mal et peché à la voye de rectitude, mais il doit premierement faire jugement de soy
mesme, si que il ne soit trouvé plus pecheur que celluy qu'il veult corriger et redresser, car plus griefvement seroit que luy pugny ; par ce moyen le larron et
grant pecheur est fait bon zelateur de justice, si qu'il
parvienne à bonne fin, tellement que les anges se re-
jouissent de sa conversion.

Du venin de peché qui l'ame suffoque.
CHAPITRE CXX[1].

Nous lisons d'ung roy lequel pensoit ses
ennemis occire par venin, pource qu'il
estoit puissant. Aucuns d'eulx vindrent
en la cité habillés simplement, là où il
demeuroit, et là estoit une fontaine de laquelle le

---

1. Chap. 147 de l'édit. de Keller. Swan, t. 2, p. 222. —
Nous ne retrouvons pas la source de cette anecdote ; nous
sommes porté à y voir quelque tradition classique défi-
gurée.

roy souvent beuvoit de l'eaue, laquelle fontaine fut par eulx empoisonnée. Le roy en beut et mourut subitement.

Moralisation sus le propos.

Ce roy est Adam[1], à qui estoient toutes les creatures subjectes. *Omnia subjecisti sub pedibus ejus, oves et boves universas.* Ce roy Adam queroient les dyables pour occire : pource misrent le poison du peché dans la fontaine de l'homme, c'est le cueur humain qui à Dieu plaist ; parquoy, après qu'Adam en eut beu, il mourut spirituellement, puis corporellement, et tous les autres souillés de sa secte, jusques que Jesus-Christ vint, qui les poisons de l'humaine fontaine purgea et osta. Ceste fontaine moult a de ruissaulx : ce sont les promptitudes que nous avons au peché, et selon ce dicton : « *Sensus et cogitationes hominis prona sunt ad peccandum ab adolescentia sua.* »

Comment peché ne demeure point impugny.
CHAPITRE CXXII.

Aulus Gelius recite d'ung homme riche, nommé Arion, lequel voulut passer d'ung royaulme dedans l'autre. Sus mer monta ; mais les nautonniers, cognoissant qu'il estoit pecunieulx, le voulurent tuer ;

1. Chap. 148 de l'édit. de Keller. Swan, t. 2, p. 223. — L'histoire d'Arion est racontée par divers écrivains de l'antiquité : Aulu-Gelle, *Nuits attiques*, l. 16, chap. 19 ; Elien, *Hist. var.*, l. 13, chap. 45 ; Hygin, fab. 194 ; Probus, sur *Georg.* de Virgile, II, 90. Il n'est pas impossible que ce personnage ait existé. V. l'article que lui consacre la partie mythologique de la *Biographie universelle*, t. 53, p. 304.

mais il les pria qu'il chantast avant que mourir
en l'honneur des daulphins, qui naturellement se
delectent sus le chant d'harmonie procedant de
la bouche des hommes. Toutesfois, j'ai veu par
escript en plusieurs volumes que celuy Arion
jouoit de la harpe melodieusement; et ainsi qu'il
jouoit vint ung daulphin de mer, sus lequel il
saillit et fut transporté de l'autre costé de la mer;
et quand il fut sailli de la mer, il accusa les pirates au roy, qui les fist pugnir.

Moralisation sus le propos.

Pour parler morallement, si aucun passe par la navire de ce monde chargé des richesses de vertus,
les dyables s'efforcent de luy oster les biens temporels
et spirituels et le tourmentent de molestes; mais entre
ces choses luy est necessaire chanter par devotes oraisons pour avoir secours et ayde; par ce moyen il passe
par la terre des vivans, et sont les ennemis ès tourmens d'enfer baillés : *Portio mea sit in terra vivèntium.*

De vaine gloire, de laquelle moult de maulx s'ensuyvent.
CHAPITRE CXXIIi.

Valère racompte que aucun noble demanda le conseil d'ung sage, comment
il pourroit son nom perpetuer et faire
comme tous immortel. Le sage luy dist
que s'il occisoit un homme noble, son nom se-

---

1. Chap. 149 de l'édit. de Keller. Swan, t. 2, p. 224.—
Ce récit est en effet emprunté à Valère-Maxime, l. 8, chap.
14 (t. 2, p. 122, de l'édit. de Lemaire); le meurtrier se nommoit Hermoclès, selon l'écrivain latin.

roit perpetuel. Cela ouy, il alla tuer Philippes, le père d'Alexandre, pour acquerir nom eternel.

Moralisation sus le propos.

Aucuns nobles et puissans au monde, par operations mauvaises acquèrent et veullent nom mondain acquerir : mais par ce nom ils occisent Nostre Seigneur Jesus-Christ entant qu'il est en eux, parquoy tels meurent en enfer sepulturés.

De la rouseé de la celeste grace.
CHAPITRE CXXIIII.

Pline racompte qu'il y a quelque terre qui est sans rousée, pareillement et sans pluye ; seulement là est une fontaine qui a la source de son eaue bien profondement. Quant les hommes veulent avoir de l'eaue, ils vont à la fontaine joyeusement avecques tous genres d'instrumens de musique lesquels ils ont, et par la melodie là autour de ladicte fontaine dechantée, l'eaue monte jusques à la bouche de la fontaine par abondance, tellement que chascun en emplit son vaisseau et s'en retourne.

Moralisation sus le propos.

Celle terre sèche pour vray est ce monde, qui les hommes asseiche de grace, devotion et oraison, s'il n'a la celeste rosée de l'amour de Dieu. Celle fon-

---

1. Chap. 150 de l'édit. de Keller. Swan, t. 2, p. 225.—
V. l'*Histoire naturelle de Pline*, l. 2, 103, et l. 31, 2. Cet écrivain parle en effet de fontaines merveilleuses, mais il ne dit point qu'on provoquoit l'arrivée des eaux au moyen de la musique.

taine, pour vray, est Nostre Seigneur Dieu : *Spiritus sapientie in excelsis Dei*, dit l'Ecclesiastique. Courons donc avec les instrumens d'oraison à celle noble fontaine divine, si que nostre voix d'harmonieuse devotion soit si doulce que nous puissions obtenir de l'eaue de compassion, grace et misericorde.

De l'ame pecheresse par peché infecte, puis comment elle est guerie. — CHAPITRE CXXIV[1].

ut ung roy jadis qui avoit deux chevaliers en son royaulme; l'ung fut avaricieulx, et l'autre fort envieulx. L'avaricieux avoit une belle femme, qui à tous plaisoit par sa gracieuseté. L'envieux en avoit une aussi, d'autre condition, layde merveilleusement, et à tous odieuse. L'avaricieux desiroit fort à posseder une terre, laquelle près de luy estoit, qui estoit à l'envieux. Toutes fois il ne la pouvoit avoir pour pris ne pour argent, tant le sceut-il prier ; toutes fois il luy dist ung jour que s'il vouloit qu'il couchast une nuyt avecques sa femme, qui estoit belle, que il luy bailleroit la terre totalement, sans en demander autre chose ; ce qu'il luy conceda, et le dist à sa femme, qui de prime face fist le refus, mais par l'induction de son mary se consentit au cas.

1. Chap. 151 de l'édit. de Keller. Swan, t. 2, p. 226. — Ce récit, qui forme le chapitre 6 du texte que Madden appelle anglo-latin, et que donne un manuscrit du Musée britannique, n'est pas dans les anciennes traductions angloises. On remarquera la façon singulière dont la lèpre passe d'une personne à une autre et la propriété fabuleuse attribuée à un serpent.

Que fist l'envieux? Il s'en alla coucher avec une ladresse, devant que aller à la femme de l'avaricieux, qui estoit nette, tout afin de luy bailler sa maladie de lèpre, par son envye; puis fut coucher avecques la femme de l'avaricieux, et puis enfin luy dist comme il avoit avec une ladresse couché pour luy donner sa maladie, pour l'envie qu'il avoit de ce qu'elle estoit plus belle que la sienne. La belle femme fut moult triste, le comptant à son mary, qui en fut semblablement dolent oultre mesure. « Ma mye, dist-il, il fault que tu uses de mon conseil. Il y a icy près une cité hors du royaulme, là où est l'Université. Tu iras, et là te tiendras publiquement à tous venans abandonnée : par ce moyen, celluy qui le premier à toy viendra prendra ta maladie, parquoy tu guariras ; cela tu peulx bien faire, car la ladrerie n'est point encore en toy apparoissante. » Cela fist la belle femme de l'avaricieux. Le fils de l'empereur la trouva belle, à luy la fist venir, et la pria qu'elle couchast avec luy. Elle s'excusa, disant : « A Dieu ne plaise que moy, povre femme, je sois concubine du fils de l'empereur. » Toujours de plus fort en plus fort le fils de l'empereur la sollicitoit, mais elle pensoit que ce seroit grand dommage s'il prenoit sa maladie ; toutesfois tant fist qu'il la congneut charnellement, et fut fait ladre. La femme luy avoit bien dit qu'elle estoit ladresse, mais pourtant il ne se desista point de son propos de luxure. Quant elle se sentit de sa lèpre delivrée, vers son mary s'en alla en son pays, et dist au fils de l'empereur que s'il encuroit la lèpre, qu'il luy fist assavoir, et tant qu'elle le pourroit qu'elle luy se-

Violier. 21

coureroit ès choses necessaires. Après cela le fils de l'empereur fut ladre, qui eut si grand honte qu'il s'en alla de nuyt à la femme qui luy avoit baillé le mal, laquelle compta le cas à son mary, qui en eut pitié et luy fist dresser et acoustrer une chambre, là où la femme songneusement et compatieusement le ministroit, et là fut le fils de l'empereur l'espace de sept ans. Le cas advint que, en l'an vij, luy vint une chaleur intollerable ; le ladre, fils de l'empereur, avoit ung grand plain vaisseau de vin, auquel il devoit boire, dedans lequel entra ung serpent, car il estoit au verger, et dedans se baigna, puis au fons se mist. Après cela le fils de l'empereur s'esveilla, et ayant soif fut en ce vaisseau boire, tellement qu'il en but le serpent, qui luy commença si bien à corroder et à rompre les entrailles, qu'il crioit miserablement. La dame de leans en avoit compassion grande. Celle passion dura par l'espace de trois jours, et le quatriesme jour fist ung vomissement, et avecques le venin rendit le serpent par la bouche ; puis, petit à petit, sa douleur cessoit et de jour en jour diminuoit, si qu'il fut totalement guery après sept jours. Puis la femme de l'avaricieulx le vestit de nobles vestemens, luy bailla ung cheval, s'en alla à son père, qui le receut honorablement, et après sa mort fut empereur et trouva le trosne paternel soubs sa puissance.

L'exposition sus le propos.

Par ces deux chevaliers pouvons entendre l'homme mortel et le dyable. Le dyable fut envieulx et eut une femme layde, c'est assavoir sa face par orgueil deturpée. L'avaricieux Adam eut une belle femme, son ame, qui fut à la semblance de Dieu creée. Voyant le dyable la forme de l'homme spirituelle, pour occuper son lieu au ciel fut contre luy envieulx, et estudia comment son ame si belle pourroit diffamer. Adam ne fut pas de son divin benefice content, qui estoit parent terrestre, mais voulut estre si grand qu'il fut à Dieu egal, et pourtant fut il de son jardin expulsé. Le dyable, premierement, se copula avecques iniquité la lepreuse, puis vint à la belle femme l'ame pour la violler et decevoir, si qu'elle fust lepreuse spirituellement, par quoy elle fut de paradis forcluse, venant en l'université de ce monde. Le fils de l'empereur, Jesus-Christ, voyant l'homme qu'il avoit formé en misère, le mesla avec sa nature quand il descendit des cieulx pour chair humaine prendre dedans le ventre virginal, en tant qu'il nous sana et guerit de la lèpre de peché; car il porta nos pechés et nostre ladrerie dedans son corps, et fut fait comme ladre, comme dit Isaye : *Videmus eum non habentem speciem neque decorem, et reputavimus eum leprosum percussum a Deo et humilitatum.* Mais il faut advertir que nous devons luy ouvrir l'huys de nostre cueur par les œuvres de misericorde, compassion et douleur, comme la ladresse qui ouvrit au fils de l'empereur, et le mettre dedans la chambre secrète sans estre veu mondainement; ainsi le mist Adam. Puis beut en la croix, qui est le jardin de nostre salut, de fiel et mierrhe, c'est le venimeux serpent et peché le l'homme, lequel il vomit à la fin. Et puis avecques le cheval de la divinité et humanité monta ès cieulx au jour de l'ascension, et fut en douceur et jubilation de Dieu son père receu.

De la tribulation temporelle qui sera à la fin en joye commune. — CHAPITRE CXXVI.[1]

Le roy Antiochus regna en la cité de Antioche, du nom duquel est celle cité nommée, lequel eut de son espouse lors une belle fille par excellence, laquelle, comme elle parvint en aage legitime,

1. Chap. 153 de l'édit. de Keller. Swan, t. 2, p. 232. — Les aventures d'Apollonius forment le sujet d'un des romans qui furent composés dans l'antiquité, et qui, pour la plupart, ne sont point venus jusqu'à nous. Le peu de mérite de ce que nous connoissons en ce genre n'inspire pas des regrets bien vifs pour ce qui est perdu. L'Apollonius parut pour la première fois séparément dans un petit volume de 24 feuillets in-4, *Narratio eorum quæ contingerunt Apollonio Tyrio*, Augsbourg, 1595, publié par Velser. C'est, sauf quelques changements de style, le même récit que celui que donnent les *Gesta;* plusieurs fois réimprimée et mise en vers grecs, cette histoire, amplifiée et arrangée, a vu le jour dans presque toutes les langues de l'Europe.

Nous n'entreprendrons pas ici une longue énumération bibliographique, que rendent inutile l'article inséré dans le *Manuel du Libraire* (t. 1, p. 131), et les détails consignés dans le *Cours d'histoire littéraire universelle* de Græsse (en allemand, t. 2, 3e sect., 1842, p. 457).

Apollonius figure, quoiqu'en latin, dans le recueil des *Erotici græci* publié par MM. Firmin Didot en 1846; le texte, revu par M. J. Lapaume et bien supérieur à celui des éditions antérieures, est précédé d'une judicieuse préface. Il est donné d'après un manuscrit du XIVe siècle, et on peut le regarder comme une traduction écrite au Ve ou au VIe siècle d'après un roman grec du IVe siècle. V. Chardon de La Rochette, *Mélanges de philologie et de critique*, t. 3, p. 286. Un chroniqueur du Moyen-Age, Godefroy de Viterbe, prenant ce récit pour un ouvrage sérieux, l'a incor-

croissoit sa beauté de jour en jour, et appetoit les jours de mariage. Plusieurs nobles de diverses contrées la requeroient en mariage, promettant grande quantité et inestimable douayre. Son père ne la vouloit point marier, pour la cause que son venerieux desir jà commençoit à l'aymer d'amour trop excessif. Son cueur estoit en

poré dans sa composition historique comme étant le récit sincère de la vie d'Antiochus.

Parmi les rédactions en langues diverses, nous ne devons pas oublier le *Libro del buen rey Apolonio y de su cortesia*, poème espagnol du XIIIe siècle, qui se compose de 656 *coplas* et qui se trouve dans la *Coleccion de poesias castellanas* publiée par Sanchez. V. l'édition de Paris, 1842, p. 525-561.

Les troubadours connoissoient cette histoire; ils y font des allusions. (Raynouard, *Choix de poésies*, t. 2. p. 301.) Quant à l'édition françoise publiée à Genève, sans date (vers 1540), *la Chronique d'Apollin, roi de Thir, comment par luxure il violla sa fille et comment il mourut meschament par la foudre, qui l'occist*, elle est devenue si rare qu'on n'en connoît, nous le croyons, qu'un seul exemplaire; c'est celui qui figura en 1723 à la vente de Du Fay, zélé bibliophile du temps de la Régence, et qui, acheté par le comte de Toulouse, passa dans la collection particulière du roi Louis–Philippe, à la vente duquel il a été adjugé, au prix de 1765 fr., à un fervent amateur lyonnois, M. Yemeniz.

Une pièce de Shakespeare, *Périclès*, est basée sur l'histoire d'Apollonius. Swan (t. 2, p. 461-489) indique avec soin les passages parallèles. Un autre auteur dramatique de la fin du XVIe siècle, Georges Lillo, a puisé le sujet d'une pièce en trois actes à la même source; cet écrivain, versificateur habile et souvent chaleureux, mériteroit d'être plus connu qu'il ne l'est. Apollonius figure aussi dans le 7e volume des *Histoires tragiques* de Belleforest; il ne se rencontre pas dans les rédactions angloises des *Gesta*. Une traduction en allemand moderne de l'histoire qui figure ici se trouve dans le curieux ouvrage de MM. Echtermeyer, Henschel et Simrok, *Quellen des Shakespeare*, Berlin, 1831, 3 vol. in–12, t. 2, p. 207-268; voir aussi les notes, t. 3, p. 263-267.

continuelle bataille pour la beaulté de sa fille;
que follement il aymoit, ce que raison ne pouvoit permettre. Toutesfois à la fin fut vaincue;
tellement que Cupidon suppedita le cueur paternel pour l'amour de sa fille. Vint un jour que
plus ne pouvoit restreindre la charnelle luxure.
Parquoy il alla au lict de sa fille, la sollicitant de
son amour et charnelle copulation : ce que la
fille longuement repugna. Toutesfois à la fin
l'oppressa, viola et despouilla. Sa fille fut bien
dolente, ne sachant qu'elle devoit faire. Sa nourrice fut en sa chambre, qui luy demanda parquoy elle estoit dolente dedans son ame, qu'el
voyoit ainsi triste. « Las! ô dur helas! deist la
fille, maintenant deux nobles noms sont en ceste
couche royale perits, decedés et estaints.» Dist
la nourice : « Madame, pourquoy dites-vous
cela? — Je le dis pour ce que devant mes espousailles suis viollée.» Lors la nourice, comme demye forcenée, dist : « O quel dyable cecy a osé
faire, qui a esté si courageux de maculer le lict
de la royne? — C'est impiété, dist la fille. —
Que ne le dys-tu à ton père? dist la nourice. —
Mais où est-il? dist la fille. Si tu sçavois comment il va, tu verroys en moy le nom de mon
père perit. Plus beau remède nullement je ne
congnois que me donner à la mort. » Elle la
revocqua par doulces et aymables parolles de
son propos incensé. Cependant ces choses, le
père se resjouissoit d'estre desloyal mary de sa
fille, stimulant son peché; et afin que il peust
toujours de la beauté de sa fille jouyr, et user en
elle de sa puante et orde luxure, point ne la voulut marier. Mais pour occasion trouver de ne la

marier, et chasser tous les princes qui la deman-
doient, il pensa en son traitre cueur un nouveau
genre de mauvaistié et malice. C'est que il
proposa une subtille question et problème, disant que qui la sçauroit souldre, que sans nul
doubte il espouseroit sa fille ; mais, au contraire,
que il auroit la teste tranchée s'il failloit à respondre à l'ambigueuse solution. » Plusieurs roys
et plusieurs nobles princes venoient pour avoir la
fille de toutes parts, tant estoit d'inestimable
beaulté garnie. Mais si, d'adventure, la solution de la question du roy ne sçavoient trouver,
comme s'ilz ne l'eussent point congneue, decollez
estoient, leurs testes sus le portail pendues, si
que ceulx qui la devoient demander soubs celle
mortelle question fussent espouvantés pour l'y-
mage de la mort, afin de les desister de la requerir à mariage ; par ce moyen plusieurs moururent. Cela faisoit le roy, comme il est dit, pour
toujours demeurer en l'adultère de sa fille.
Comme ces crudelités exerçoit le roy Antiochus,
quelc'un prince, nommé Apolonius de Tyr, pour
le nom de sa province, jeune, noble, sage, constant et bien literé, vint en Antioche la cité ; il
salua le roy et dist : « Sire, vous soyez en honneur et convalescence. » Le roy luy rendit son
salut. Lors dist Apolonius : « Je demande ta
fille par mariage. » Le roy, oyant parler de sa
fille, ce que pas ne vouloit, luy dist : « Congnois-
tu bien la condition des nopces ? — Ouy, dist
Apolonius. J'ay tout congneu à la porte par
escript. » Le roy, indigné, dist alors : « Ecoutez
donc ma question : Je suis porté de peché, je
mangeue de la chair maternelle, je demande mon

frère mary de ma mère, mais je ne le trouve point. » Apolonius print la question et s'en alla de la compaignie du roy estudier sus la response qu'il devoit bailler; puis retourna au roy, et luy dist : « Entends la solution : Quant à ce que tu as dit, je suis porté de peché, regarde toy mesme. Quant à ce que tu dys, que tu mangeue de la chair de ta mere, regarde ta fille. » Le roy, ce voyant, fut dolent, et faignit que le jeune fils Apolonius n'avoit point trouvé la solution; il luy dist : « Tu es bien loing de ce que tu penses estre vray ; tu as desservy d'estre decollé, mais je te donne terme de trois jours encore. Va penser à la question. Va en ton pays, et si tu trouves la solution, tu auras en mariage ma fille ; sinon tu auras le chief tranché. » Le jeune seigneur Apolonius fut fort troublé du roy ; monta sur mer avec tous ses seigneurs et retourna en son pays. Lors après que le jeune seigneur Apolonius s'en fut allé, le roy appella son dispensateur, nommé Taliarche, luy disant : « Taliarche, tu scés que tu es le fidelle ministre de mes secrets ? Apolonius a trouvé la solution de mes questions ; pourtant, monte sur mer, et tant fais que tu le trouves ; fais le mourir par le poison, ou couteau, ou autrement, et tu en auras bon loyer et salaire. » Taliarche fist le commandement de son roy, print argent et son escu et s'en alla en Tyre ; mais devant qu'il fut venu, Apolonius regarda tous ses livres et ne trouva autre fantaisie que ce qu'il avoit dit au roy. « Je suis, dist il, deceu si le roy n'ayme follement sa fille d'amour desordonnée. » Puis disoit en soy mesme : « Que fais-tu, Apolonius ? tu as dit au roy

verité, et pourtant tu n'as pas eu sa fille, par
cela as dilation de ne mourir.» Pourtant, incontinent, fist Apolonius charger ses navires de cent
mille muys de froment, d'or et d'argent assez,
et de robes copieuses et belles, et à l'heure tierce
de la nuyt se meist sur mer avec bien peu de
ses gens les plus loyaulx. Le lendemain il fut
quis de ses citoyens et non point trouvé. Chascun le plaignoit. La douleur fut par toute la cité
grande, si que par longtemps les spectacles ac-
coustumés cessèrent, les baings furent fermés,
les temples et les tavernes pareillement, sans que
plus personne lors y entrast, comme cela se faisoit. Taliarchus entra en celle cité, qui vit toute
fermée, puis il demanda la cause des larmes par
la cité respandues à ung petit enfant : « Dy moy,
dist il, à la verité, si tu ne veulx mourrir, parquoy esse que en ceste cité l'on fait lamentation
si grande. » Dist l'enfant : « O chier seigneur,
voys tu pas bien que Apolonius, prince de cette
terre, retourné du roy Antioche, jà est perdu ? »
Taliarchus fut si joyeulx, retourna en son pays,
et dist au roy qu'il se resjouyst, car Apolonius
estoit fuitif, doubtant sa fureur. Lors dist le roy :
« Il peult fuyr, mais non pas echapper. » Lors
il commanda que il fut quis, et que qui luy amè-
neroit il auroit cinquante talens d'or, et qui luy
trancheroit la teste cent. Cela commandé, plusieurs se preparèrent pour le trouver ; non seulement les ennemys d'Apolonius, mais aussi les
amys, pour la cause du gaing duquel ils preten-
doient. Apolonius fut quis sur mer et par les de-
serts et par terre, mais point ne fut trouvé.
Comme les navires on preparoit pour le querir,

Apolonius arriva en Tharse, qui fut veu d'ung de ses serviteurs, comme il cheminoit près de la rive de la mer, nommé Elinas, qui estoit en ce moment arrivé, lequel salua son maistre, luy disant : « Sire, Dieu vous salue. » Apolonius mesprisa celluy nommé, ne le daignant saluer ; adonc parquoy il le ressalua, disant : « Sire, Dieu te doint salut. Donne moy au myen responce. Pourtant, si je suis ancien, ne desprise pas ma povreté d'honnestes noms decorée. Tu scez bien que je sçay qu'il t'est à eviter. » Apolonius dist adonc : « Dys moy, s'il te plaist, que c'est. — Tu es proscrit, dist Elinas. — Pourquoy ? dist Apolonius.— Pour le cas que tu scez, dist l'autre. — Pour combien suis je proscrit ? dist Elinas. — Quiconque vif te prendra, il aura cinquante talens, et qui ta teste baillera, cent ; et pourtant je te viens exhorter de te celer et prendre fuite. » Quant Elinas eut ce dit, il s'en alla ; mais Apolonius le pria de retourner, luy disant qu'il luy donneroit cent talens s'il luy vouloit trancher la teste pour presenter au roy. Elinas dist : « A Dieu ne plaise que ce cas je commette. — Tu n'en seras point en peché, dist Apolonius ; puis qu'à ce faire te requiers.—Jamais je ne le feray, dist Elinas, pour tout l'or du monde, car amytié n'est point à comparer à aucun loyer. » Il s'en alla bien dolent, laissant Apolonius, et comme le dit Apolonius s'en alloit le long du rivage de l'eaue, il veit un homme triste vers luy venir, qui avoit nom Stranguilion, auquel il dist : « Stranguilion, Dieu te garde de mal. » Stranguilion en plorant le salua, disant : « Et toy, sire, mon roy et seigneur, Dieu te donne

salut.—Dis moy, dist Stranguilion, pourquoy tu
te tiens icy si dolent. — Pour la cause, dist Apolonius, que j'ay dicte la verité au roy pour avoir
à espouse sa fille. Je te prie, dist il, que tu me
maines en ton pays pour me musser. — Sire,
dist Stranguilion, nostre cité est povre pour la sterilité de la terre, si que la famine met les citoyens
hors d'esperance de salut, et avons jà la mort
devant les yeulx. » Alors luy dist Apolonius :
« Rendez grâces à Dieu, qui m'a conduit en
vostre terre pour vous secourir, en me mussant
en vostre cité. Je vous donneray cent muys de
froment, si seulement vous me voulez celer. —
Sire, se il te plaist ce faire, non seulement seras
en nostre terre celé, mais s'il est besoing nous
combattrons pour ton salut.» Lors Apolonius entra en la cité et monta en ung haut lieu et crya à
haute voix : « Citoyens de Tharse, je vous prie,
escoutez : la sterilité des aumosnes et la povreté
de la terre blessent vos cueurs ; mais si vous me
voulez celer, je vous distribueray cent muys de
bled pour le pris que je les ay achetés en mon
pays. » Les citoyens, ce voyant, furent joyeulx et
acceptèrent le benefice d'Apolonius ; et quant
Apolonius eut reçu l'argent de son froment, il le
donna aux utilités de la cité. Les citoyens, voyant
sa benignité, firent une charrette faire dedans le
marché là où estoit une statue qui representoit
Apolonius qui de la main dextre conculquoit du
bled, et du pied senestre. Là fut escript : « A la cité
de Tharse donné a Apolonius tant de bled, que
la cité a esté de mort delivrée. » Depuis aucuns
interposez, par l'exortation de Stranguilion et
Dyonisiade sa femme, s'en alla en Panthapolis,

par eaue, pour mieux se musser, et fut convoyé
du peuple de Tharse jusques à la mer, en grand
honneur et reverence ; puis le salut donné au peuple, monta en sa nef ; mais après trois nuyts qu'il
nagea par vents prospères, soudainement la mer
fut muée ; lors, après qu'il eut laissé les rivages de
la mer de Tharse, le ciel plut de terrible sorte : les
vents estoient esmeus, et y courut si fort la
tempeste que tous ceulx qui estoient ès nefs
perirent, fors Apolonius, qui par le moyen et
benefice d'une table fut saulvé et poussé aux
rivages de Panthapolis. Lors il regarda la tran-
quilité de la mer, et dist qu'il luy valloit mieulx
tomber entre les mains du roy mauvais et infidelle que repeter son pays et revoir ; puis se ge-
mentoit de celluy qui lui disoit ses fortunes.
Comme il disoit ces choses, voicy vers luy venir
ung pescheur robuste, fort et jeune, vestu d'une
robe de vile sarge, devant lequel il se mit à genoulx, en plorant et disant : « Ayes compassion,
toy, quiconques soyes, à ce povre naufragé,
fils de nobles parens ; et afin que tu ne soyes
ignorant à qui le bien tu feras, je suis Apolonius de Tyr, prince de mon pays ; ayes pitié de
ma vie. » Le pescheur eut pitié d'Apolonius, le
mena en sa petite maison et luy administra des
povres viandes lesquelles il avoit, et se despouilla de sa povre robbe pour luy en bailler la moitié, puis lui dist : « Va en la cité,
où tu trouveras par advanture gens qui auront
de toy misericorde ; mais si tu ne trouves ton
cas, retourne vers moy, car je te feray du mieulx
qu'il me sera possible ; tant seulement je prie de
moy avoir recordation si la grace de Dieu te dai-

gne retourner en ta première dignité. » Lors dist
Apolonius : « Si je n'ay de toy memoire, de rechief puisse naufrager et estre des vents marins
debouté sans trouver homme qui comme toy me
soit secourable.» Cela fait, il s'en alla tout droit
vers les portes de la cité, lesquelles luy monstra
le pecheur. Quant Apolonius fut entré en la cité,
et pensast comment il demanderoit ayde, veit
ung jeune fils nud courant, ayant la teste d'huile,
selon la coutume du pays, oingte, ceint d'une
sabane, cryant et disant à voix haulte : « Venez
tous, pelerins et serviteurs ; et ceulx qui se vou-
dront laver viengent au lieu et guinase des
baings. » Cela entendu, Apolonius entra es baings
et se lava, usa des liqueurs, et puis, quant il
eut tout regardé, il queroit son pareil, mais point
ne le trouvoit ; et incontinent le roy Alastrates,
seigneur de toute la region, entra avecques la
turbe de ses familiers. Lors, comme le roy jouoit
à l'esteuf avec ses gens, Apolonius s'adjousta à
luy, et, par subtilité et legiereté de corps et de
bras, l'esteuf au roy renvoya. Lors dist le roy à
ses gens : « Ostez-vous, car ce jeune fils est à
moy semblable. » Lors dist le roy à ses amis :
« Jamais je ne fus si bien lavé que au jourd'huy
par le .benefice de cest adolescent. Qu'il soit
quis » , dist le roy. L'ung des gens du roy alla
et congneut Apolonius à la robbe ; retourna au
roy et dist : « Sire, celluy que desirez sçavoir
est naufragé. — Comment le scez tu ? dist le
roy. — Son habit le manifeste, dit le serviteur.
— Va à luy, dist le roy, et luy dis que je lui
prie qu'il viengne manger avec moy. » Apolonius
vint au roy, et puis le serviteur entra, disant :

« Sire, pour ce qu'il est mal habillé, il n'ose pas
entrer. » Lors le roy le fist habiller honnestement
et venir à luy. Apolonius entre en la chambre du
roy, et luy fut assigné lieu pour se seoir à table.
Chascun mangeoit et beuvoit, fors Apoloniüs, qui
ploroit ses fortunes et regardoit en plorant le
mistère du bancquet royal. Lors dist ung des es-
cuyers : « Sire, si je ne suis deceu, cestuy a envye sus vostre fortune. — Non, dist le roy, tu
oppines mal; mais il est dolent et se triste de
aucunes choses lesquelles il a perdues. » Le roy
regarda d'un joyeulx visage le dolent Apolonius,
et luy dist : « Mon amy, boy, prends les viandes,
et te monstre joyeulx, en esperant choses plus
grandes. » Comme le roy le portoit, entra sa
fille, desjà grande, qui fut baiser son père, puis
tous ceulx qui mangeoient à sa table; puis retourna à son père, disant : « Monseigneur, qui
est celluy qui tient lieu devant vous honnorable,
qui se deult et se melencolie? » Lors dist le roy à
sa fille : « C'est ung jeune fils nauffragé, lequel
m'a bien servy aux esbats et jeus du guinase;
pour icelle cause l'ay fait appeller à souper avecques moy; mais je ne puis nullement sçavoir
qu'il est. Interrogue le gracieusement, et quand
tu congnoistras son estat, par adventure tu auras
de luy pitié. » La fille s'en alla à Apolonius et
luy dist gracieusement : « Très chier et très honoré seigneur et amy, ta generosité et haulte
contenance demonstrent ta noblesse; se il ne te
vient à moleste, dis moy ton nom et tes advenues
fortunes. » Lors, quant le nauffragé Apolonius se
veit ainsi pressé de la dame pour savoir son nom,
respondit et dist : « Ma très honnorée dame,

puisque ainsi est que mon nom desirez de sçavoir, je l'ay en la mer perdu ; si ma noblesse voulez sçavoir, je l'ay au pays de Thir delaissée.» Quant la pucelle entendit ce que le nauffragé Apolonius luy dist, elle le pria que ce fust son plaisir luy declairer ces choses plus clerement, affin que mieulx les entendist. Lors le nauffragé Apolonius dist son nom et ses fortunes exposa ; ce dit, recommença à souspirer, parquoy le roy dist à sa fille : « Ma fille, tu as peché en sçavant son nom, et ses anciennes douleurs as renouvellées ; ma doulce fille, c'est bien raison, puisque tu congnois son povre cas, que tu luy monstres ta liberalité comme royne. » Quant la fille congneut la volunté de son père, lors dist au nauffragé Apolonius : « Apolonius, oste la tristesse de ton cueur, tu es à nous ; le roy te fera du bien plus que tu n'en as perdu. » Apolonius, en gemissant, la regratia, en estant honteux. Lors dist le roy à sa fille : « Ma fille, faicts apporter ta harpe pour resjouyr la compaignie. » La harpe vint entre les doix de la fille, qui si très doulcement sonna que chascun fut joyeulx et moult loua la praticque de la pucelle royalle, disant qu'on ne pourroit mieulx chanter. Chascun le disoit, fors Apolonius, qui ne sonnoit mot, parquoy le roy lui dist : « Apolonius, que songes-tu ? tu fais chose vile et deshonneste ; tu vois que chascun prise ma fille de son art de musicque, fors toy, qui la vitupères en te taisant. » Dist Apolonius : « Sire roy, si tu veulx permettre, je sonneray ce que je sçay : ta fille n'est pas encores bonne maistresse sur le jeu de sa souefve musicque ; parquoy, fais moy bailler

la harpe, puis tu verras ce que tu n'as veu. »
Le roy luy feist la harpe donner. Et puis à la
mode des tragediens et liricques saillit hors
d'une chambre, se brancha la teste d'une couronne de laurier et rentra devant le roy, et commença à sonner si très melodieusement que il
sembloit à tous que ce ne fut pas Apolonius,
mais le grand Apollo ; chascun alors dist que jamais on n'avoit ouy si bien chanter et resonner.
La fille du roy, ce voyant, fut esprinse de l'amour
de Apolonius, et dist à son père : « Sire, parmet-
tez-moy donner à Apolonius ce qu'il me plaira.—
Je le veulx », dist le roy. Lors la fille fut à son
tresor et apporta ung moult beau et riche present, et puis dist à Apolonius : « Seigneur, prends
ces deux cens talens d'or, et d'argent quatre
cens livres, robbe copieuse, vint serviteurs et
dix chamberières, par le benefice de mon père.»
Ce print Apolonius ; et, ce fait, chascun print
congé. Et lors Apolonius, en remerciant le roy
et sa fille, print de eulx congé bien honnestement et s'en alla. Il dist à ses gens et serviteurs
ce que la fille du roy lui avoit donné. « Prenez
ce qui nous est distribué et allons querir logis. »
La fille estoit moult marrye de perdre ce qu'elle
aymoit le plus ; dist à son père : « Mon très chier
et bien aymé père, vous sçavez que si Apolonius est logé en quelque mauvais lieu, qu'il
pourra bien perdre tout ce que luy avez donné ;
faites luy ceans preparer une chambre. » Ce que le
roy fist faire, dont la fille fut bien joyeuse. Toute la
nuyt elle ne dormoit pas, car elle estoit embrasée
de l'amour du plus beau et du plus honneste homme
du monde. Le lendemain elle se leva plus matin

qu'elle n'avoit de coustume, et s'en alla à la
chambre de son père, qui luy demanda comment
elle estoit si matin levée, contre sa coustume.
« Je ne saurois dormir, dist la fille. Je te prie,
mon père, qu'il te plaise me bailler à Apolonius
pour me apprendre l'art de la harpe, car j'ay
moult grant et singulier desir congnoistre son
art. » Le roy fist appeler Apolonius et luy bailla
sa fille à celle fin que il luy apprint son art, luy
promettant grand loyer. Apolonius respondit que
il lui monstreroit l'art, ce que ledit Apolonius
fist. La fille du roy fut, après quelque temps, si
malade de l'amour du jeune fils Apolonius qu'elle
ne sçavoit que faire. Le roy fist venir tous les
medecins, lesquels la revisitèrent, mais point ne
trouvèrent qu'elle fust malade. Lors après peu
de jours vindrent trois jeunes princes au roy qui
luy demandèrent sa fille pour espouse. « Nous
sommes, dirent-ils au roy, subjects de noble
parentelle; pourtant, eslis lequel de nous trois
sera ton gendre. — Vous estes, dist le roy, venus
à temps importune, car ma fille vacque pour
vray à l'estude, qui est cause que elle est fort
malade, comme imbecile; mais, affin que trop
longuement ne defferez, escripvez chascun son
nom et les qualitez des douaires que vous avez,
affin que je les envoye vers ma fille, si qu'elle es-
lise celluy qu'elle vouldra. » Cela fut fait. Le roy
print les escriptures, les leut et signa, et les bailla
à Apolonius, disant : « Maistre, baille ces lettres
à ta disciple. » Lors Apolonius porte les escriptures à la fille du roy, laquelle luy deist pourquoy il estoit entré tout seul en sa chambre. Dist
Apolonius : « Ton père te envoye ceste rescrip-

Violier.   22

tion. » Elle leut l'escripture, puis gecta les lettres contre terre, regardant Apolonius, que tant
elle aymoit, en luy disant : « Maistre, mais es-
tu point dolent qu'il fault que autre mary que toy
je prengne ? — Non, dist il, pour ce que tout ce
qui est en ton honneur sera à mon prouffit. —
Maistre, dist la fille, si tu me aymois, tu en serois dolent. » Elle rescript et signa les lettres,
les envoyant par Apolonius à son père, contenant que si paternelle clemence permettoit son
desir à execution mettre, qu'elle ne vouloit en mariage que le nauffragé. Comme le roy ignorast qui
estoit ce naufragé, dist aux trois princes : « Lequel
de vous est nauffragé ? » L'ung d'eulx, nommé Ar-
donius, dist qu'il avoit souffert nauffrage. L'autre
dist : « La maladie te consume sans jamais estre
sain, car tu ments. Jamais tu ne passas les portes
de la cité. » Quant le roy vit que aucun des trois
n'avoit souffert nauffrage, regarda Apolonius, et
luy dist . « Prends ces lettres et les lys. Possible
peult estre que tu les entends mieulx que moy,
car tu estoys present à la rescription. » Apolonius leut les lettres, et quant il cogneut que il
estoit de la fille du roy aymé, il fut honteux. Auquel le roy dist : « Apolonius, tu as trouvé celluy nauffragé. » Lors de honte peu parla Apolonius, en monstrant la sagesse de sa bouche. Le
roy congneut adoncques que sa fille rescripvoit
de Apolonius le naufragé. Parquoy il deist aux
autres, mais que sa fille fust guarie, que il les
envoyroit querir. Parquoy ils s'en allèrent après
le congé prins. Le roy entra en la chambre de
sa fille tout seul, disant qu'elle luy dist qui estoit
celluy qu'elle avoit esleu pour son mary et es-

poulx. Elle se gecta contre terre en disant : « Mon très chier père, je veulx, si c'est le plaisir de vostre royalle majesté, Apolonius le nauffragé. » Le roy, lors, voyant les larmes de sa fille, la leva de terre, en disant : « Ma très chière et bien aymée fille, ne te soucye point, car tu auras celluy que ton noble cueur desire. Je l'ayme comme toy, car il est homme pour aymer. Et sans plus differer, le jour des nopces constitueray. » Le lendemain, le roy fist convocquer tous les seigneurs, barons et amys des cités voisines, et leur dist : « Messeigneurs, ma fille s'est deliberée se marier à Apolonius, qui bien me plaist, car il est prudent et sage. Parquoy, je vous prie, faictes joye de ceste paction. » Cela dit, constitua le jour des nopces, qui fut en brief celebré. Et après les nopces, fut la sage fille du roy enceinte d'enfant. Comme elle estoit en cest estat, il advint que elle alloit ung jour le long du rivage de la mer, accompaignée de son bon mary Apolonius. Ledit Apolonius veit alors une moult belle navire de son pays. Il parla au patron, et luy demanda dont il venoit. Le patron dist : « Je viens de Thir. — Tu as nommé mon pays », dist Apolonius. L'autre respondit : « Tu es doncques de Thir ? — Oui, dist Apolonius. — As tu point, dist le patron, congneu aucun nommé Apolonius, prince de ce lieu ? Je te prie que si tu le vois d'adventure, que tu luy dies qu'il se resjouysse, car le roy Antiochus et sa fille ont esté frappés de la fouldre, parquoy tous ses biens et tout le royaulme sont à Apolonius reservés. » Quant Apolonius cela congneut, il fut joyeulx et dist à son epouse : « Je te prie, ma chère dame,

qu'il te plaise me donner congé pour aller prendre possession de mon royaulme. » Quant la fille
du roy cela cogneut, elle plora moult tendrement et dist : « Ha! mon seigneur, si tu estois
loing de moy, tu deveroys venir à moy et à mon
acouchement ; et maintenant, toy qui es près, me
veulx laisser! S'il est ainsi qu'il soit forcé que tu
partes, mène moy avecques toy. » Apolonius vint
au roy et luy dist les nouvelles, comment Antiochus estoit frappé du jugement de Dieu avecques
sa fille, parquoy il estoit roy de son royaulme, si
qu'il vouloit aller soy faire mettre la couronne
sus sa teste. Le roy de ce fut fort joyeulx et luy
donna congé. Il fist preparer ses navires et garnir
de toutes choses necessaires, bailla à sa femme
lors une nourrice nommée Liguyde, pareillement
une sage femme pour luy subvenir à son affaire.
Puis le roy baisa sa fille et son gendre, print
d'eulx congé, les conduysant jusques au rivage
de la mer, et les laissa nager, les commandant à
Dieu. Quant ils eurent aucuns jours esté sus mer,
vint une grande tempeste, si que la fille du roy,
qui jà faisoit une belle fille, fut faicte comme
morte, parquoy chascun de sa famille commença
à plorer et à braire. Ce voyant et entendant,
Apolonius accourut et vit quasi sa femme morte.
De lamenter ne cessa le triste roy Apolonius, et
tranchoit ses vestemens depuis la poitrine jusques
en bas. Il se gecta sus le corps d'elle, disant :
« Ma chière dame, que pourray je dire de toy à
ton père ? Que luy respondray je ? » Comme il
disoit cela, le patron, qui cuydoit qu'elle fust
morte, dist que la nef ne pourroit porter chose
morte : « Commande doncques, dist il à Apolo-

nius, le corps gecter en la mer, si que nous puissions evader. » Lors dist Apolonius, si triste que plus ne povoit : « O vilain infâme ! que dys tu ? veulx tu que ce noble corps, qui tant de bien m'a fait, soit gecté à perdition ? » Il appela tous ses serviteurs et leur deist : « Faites ung vaisseau preparer, et soit bien cymenté tout autour, et là dedans je mettray une carte de plomb. Soit aussi ce corps paré des aornemens precieux et royaulx, et grant nombre d'or soubs le chief soit mys. » Tout ainsi fut fait qu'il le commanda. Puis baisa le triste corps de son espouse, cuydant qu'il fust mort et deffunct. Et en le baisant tant de foys qu'il peut, l'habandonna à nager sur mer. L'enfant commanda à estre bien nourry et soigneusement, affin qu'il le peust au roy, père de son espouse, presenter, en lieu de sa fille, qu'il esperoit estre morte, toutesfois non estoit. Helas, dur helas ! fut alors bien proclamé. Quant le digne corps de la très sage et tant belle dame fut mys entre les bras de la mer, le tiers jour la mer gecta le vaisseau où estoit le corps de la royne sus le rivage des Ephesiens, et arriva près de la maison d'ung medecin nommé Cerimonis, qui ce mesme jour avoit esté sur mer. Le medecin avoit veu le vaisseau nageant ; il print la dame et la fist porter en la ville. Et quant le corps fut en la cité, le medecin regarda et congneut que c'estoit une fille de roy, à ses vestemens et à sa beaulté. Chascun qui vit la fille du roy disoit qu'il ne luy failloit autre chose fors immortalité, tant estoit plaine de beaulté. « Nature, disoit le medecin, n'estoit pollue ne souillée quant ce noble corps forma, car point n'est vicieux. » Ses cheveulx es–

toient d'une couleur d'or reluysant, et avoit le
fronc plain sans aucune difformité. Ses deux
yeulx comme deux estoilles sintilloient, descrip-
vant la volubilité de l'orbe celeste. Brief, elle
estoit si bien formée que sa nature de formation
avoit, à sa creation, toutes les parties des autres
dames, et beaultés, pour la parer de tous membres et organiser, emprunté. Le medecin, cuydant que ce corps fust mort, fut tout estonné et
dolent, et disoit : « O bonne pucelle, comment
estes vous ainsi delaissée ? » Soubs la teste trouva
le tresor que son espoulx, le bon Apolonius, avoit
mys, et la carte de plomb, qui estoit escripte,
parquoy il fut esmeu de la lire, qui contenoit que
celluy que ce corps trouveroit eust dix escus d'or
pour ses peines, et dix pour le faire mettre dedans sepulture. « Soit fait, dist le medecin, l'ordre de l'ensepulturer, et soit plus fait que la
royalle doulceur ne requiert : car je promets à
mon Dieu que plus luy donneray du myen que
la carte ne commande. » Comme il faisoit preparer
le feu pour le corps brusler à la manière des
royaulx, et d'autre part tirer le corps du lieu où
il estoit, son disciple survint, qui estoit jeune ;
mais il valloit bien ung plus ancien que luy
quant à son art : car quant il vit le corps, et son
maistre luy dist qu'il l'arrousast du demourant
de l'oignement qui estoit en une fiolle, ledit serviteur, voulant faire le commandement de son
maistre, bien congneut qu'il n'estoit pas mort,
car après qu'il eust osté les robbes de dessus le
corps, en l'arrousant de l'oignement, il sentit
mouvoir les entrailles. Il fust tout estonné. Il
touchoit les veines, les naseaulx, la bouche ;

pareillement tous autres membres. Cela veu, il
congñeut comment la mort et la vie de ce corps
combattoient, puis dist aux assistans. « Metez,
dist il ; les fagots aux quatre coings de ce vaisseau ; et faictes ung petit feu et lent. » Laquelle
chose faicte, le sang qui estoit figé se desas-
sembla par la chaleur et coula par les veines ;
puis dist le disciple : « Maistre, la pucelle vit et
n'est pas morte. Je le monstreray par experien-
ce. » Lors il fist mettre la dame sus ung lict et
fist chauffer de l'huile dessus son estomach. Il
mouilla de la laine, puis la meist sus le corps,
tellement, que de plus en plus le sang coulloit
par les vaines. Lors la povre dame commença à
esveiller son esperit vital, et deist : « Quel qui
tu soyes, ne me touches fors comme il est necessaire, car je suis fille de roy et femme de roy. »
Le disciple s'en alla à son maistre tout joyeulx, et
dist : « Elle vit, elle vit. » Le maistre fut joyeulx
et approuva moult la science de son disciple,
puis feist la royne substanter de viandes delicates
et legières. Fist bailler à son disciple son sallère
qui estoit ordonné. Après aucuns jours, le medecin
adopta la fille du roy en sa fille, laquelle le pria
qu'elle fust gardée chastement entre gens de religion ; parquoy il la fist mettre lors avecques les
femmes au temple de Diane. Ce pendant ces
choses, Apolonius, plus dolent que aucun homme
mortel, arriva au pays de Tharse, puis descendit dedans la maison de son hoste nommé Stranguilion et de sa femme Dyonisiade, les salua et
racompta toutes ses fortunes, parquoy il les sup-
plioit de nourrir sa fille, puisque la mère si estoit morte. « Je m'en vois, dist-il, prendre pos-

session du royaulme d'Antiochus, mort miserablement, et ne retourneray pas à mon sire le roy, puisque j'ay sa fille laissée mourir, ains plustost exerceray le stille de negociateur. Faictes nommer ma fille Tharsie, je vous supply, et qu'elle soit avec la vostre, Philomacie nommée, nourrie; voicy sa nourrice qui s'en donnera garde. » Cela dit, il bailla or et argent à Stranguilion, vestemens precieulx et autres choses, puis jura en se departant que jamais ne feroit sa barbe, ses cheveulx et ne rogneroit ses ongles que premièrement il n'eust sa fille mariée. Stranguilion luy promist et fit serment qu'il la garderoit diligentement; puis monta sus mer Apolonius, et s'en alla ès loingtaines regions. Quant Tharsie, sa fille, fut en l'aage de cinq ans, elle fut aux escolles baillée pour apprendre les sciences avecques sa compaigne Philomacie; quant elle fut en la fleur de quatorze revolutions de années, ung jour, comme elle venoit des escolles, trouva sa nourrice bien fort malade. La cause de sa maladie demanda; la nourrice luy deist : « Escoutez, belle fille, mes parolles, et en vostre cueur les reservés. Que cuyde-tu, dist-elle, de ton pays, et qui est ton père, ta mère, tes parens et autres ? » Dist la gente pucelle : « Mon pays est Tharsie, mon père Stranguilion et ma mère Dyonisiade. — Non, dist la nourrice plorant moult piteusement : Apolonius de Thir est ton père pour certain, et ta mère Lucine, fille du roy Altistrates. » Puis luy compta toute la manière comment sa mère, par fortunes de vents, estoit morte sus mer; comment son père l'avoit à Stranguilion baillée pour gouverner, et qu'il avoit juré et voué que jamais ne feroit sa barbe jusques qu'elle fust honnestement mariée. « Je te prie, deist-elle, si tes hostes te font quelque moleste quand je seray morte, que tu ailles et monte au marché, et là tu trouveras la statue de ton père, puis diras et cryeras à haulte voix que tu es fille de celluy qui est par la statue representé, car les citoyens le benefice de ton père recorderont alors, si qu'ils te vengeront pour l'amour de luy. » Lors luy deist la fille : « Ma chière nourrice, je proteste que de tout cecy ne congnoissois aucune chose. » Cela dit, la nourrice rendit l'ame. La fille l'a mise en sepulture par grande lamentation et plore sa mort par l'espace de l'an complet ; cela fait, comme par devant alla à l'escolle des ars liberaulx, et quant elle retournoit, jamais ne beuvoit et mangeoit que premièrement elle n'allast au monument de sa nourrice. Comme elle cheminoit ung jour avec sa mère putaine Dyonisiades par le marché, tous les bourgeois la regardoient et disoient que c'estoit la plus belle fille du monde, parquoy heureux estoient ses parens ; et disoient que celle qui estoit avec elle n'estoit pas telle, c'est assavoir Philomacie, fille de Stranguilion. Helas ! si les citoyens l'eussent congneue, pour l'amour de son père sachez que ils l'eussent honnorée de noble sorte ; mais ils ne la congnoissoient pas. Dyonisiade mettoit en son penser les louanges de la fille d'Apolonius et le vitupère de la sienne, si fort qu'elle fut quasi forcenée, disant : « Son père n'a point rescript depuis quatorze ans, ne n'est point venu la veoir ; je croy qu'il est mort ; sa nourrice pareillement est morte ; je n'ay personne qui soit mon envieulx ; je la mettray à mort, et de ses aornemens orneray ma fille. » Comme cela disoit, vint ung homme d'un village, nommé Theophille, le quel appella et luy dist que s'il vouloit argent gaigner, qu'il allast Tharsie mettre malement à mort. Le mestaier luy dist : « Qu'est ce qu'el a fait ? elle est innocente, sans peché, comme je croy. — Si tu ne le fais, dist la dyablesse Dyonisiade, tu t'en repentiras.—Comment le pourray-je faire ? dist le mestaier. — Bien ! dist l'enragée : tous les jours elle a de coustume que, devant boire ne manger, elle va, au retour des escolles, sus le monument de sa nourrice. Là seras appareillé avecques ung couteau, et la prendras par les cheveulx en luy mettant le couteau en la gorge ; puis la gecteras en mer, et tu auras la liberté de moy et grant loyer. » Le mestaier Theophille print ung couteau et s'en alla musser au monument de la nourrice, gemissant et plorant tristement, et disoit : « Helas ! je suis bien malheureulx de vouloir acquerir liberté par effusion de sang qui est innocent et vierge. » La pucelle vint des escolles et print du vin, comme elle avoit de coustume, puis vint au monument de sa nourrice, là où le mestaier rustique la print par les cheveulx et la gecta contre terre pour la tuer. Mais la povre Tharsie luy dist : « O Theophile ! qu'ay-je fait contre toy, pourquoy tu me fais mourir ? — Tu n'as fait aucune chose, dist le mestaier, mais il fault que tu meures. — Laisse-moy doncques prier mon Dieu, devant que me bailler le coup de la mort.—Fais donc tost, dist-il ; Dieu congnoist bien comment je suis de ce faire contraint. » Comme elle faisoit son oraison,

les larrons et pirates de mer virent le traistre qui
tenoit le glaive pour l'occire, soubs le jou d'une
montaigne, lesquels s'escrièrent : « Pardonne-luy,
traistre, garson barbare, la fille sera nostre proye,
non pas ta victoire. » Le traistre s'en fuyt du
monument et se mussa vers la mer. Les pirates
prindrent la vierge Tharsie, puis fuirent en la
mer. Le mestaier Theophile retourna à la dame,
faignant qu'il avoit la fille d'Apolonius à mort
mise. Parquoy il falloit prendre robbes de dueil,
pour faindre qu'elle estoit morte de griefve maladie
soubdaine. Quant Stranguilion entendit la mort
de la fille, tant fut paoureux que c'estoit merveille. Il se fit bailler robe de dueil, disant qu'il
estoit de ce peché enveloppé. « Helas, que dois-
je faire ? disoit-il. Le père de ceste fille tant a fait
de bien en ceste cité, et on luy rend le mal pour
le bien. La lyonne d'envye ce mal a perpetré.
Mauldicte femme ! disoit-il à son espouse, pourquoy as-tu ce fait, toy ennemye de Dieu et du
monde ? » Sa femme ne sçavoit que respondre.
Pour faindre sa malice, de drap noir se vestit et
sa fille semblablement, puis furent devant les
citoyens, en rendant fainctes larmes, et disoient :
« Vous, citoyens, nous plorons à vous, car la
belle Tharsie par cas de maladie si est morte,
laquelle nous avons fait ensepulturer, et sans
fin retournons en nos yeulx la pitié de sa mort. »
Les citoyens, qui avoient eu congnoissance que
c'estoit la fille d'Apolonius, furent bien dolens
et marrys, et firent faire la statue de Tharsie près
de celle de son père, qui estoit tant aymé en
celle cité. Ceulx qui la pucelle ravirent vindrent
à la cité Machilente. La fille, pour ce qu'elle es-

toit belle, fut apreciée pour vendre. Quelc'un macquereau, que là estoit, la voulut aprecier, mais Athanogora, prince de celle cité, la voyant belle, sage, constante, plaine de doulceur et noblesse, pour l'avoir offrit dix sisterces d'or, et vault ung sisterce deux livres et demye. Le macquereau dist qu'il en donneroit vingt. « Trente, dist Athanagora. — Quarante, dist le macquereau. — Cinquante, dist Athanagora. — Trois vingts », dist le macquereau. Athanagora lors dist qu'il en bailleroit quatre vingts et dix, et lors le macquereau en promist cent et dist que s'on en promettoit plus largement, qu'il metteroit davantage. La povre Tharsie, gemissante, fut contraincte d'entrer, après le macquereau, en ung lieu ord et infâme, comme bordel publicque, là où il y avoit une statue nommée Priapus, qui avoit le membre de la generation d'or, aorné de pierres precieuses, lequel luy voulut faire le macquereau adorer. « Adore, dist-il, ce Dieu. — Non feray, dist Tharsie ; jamais, à Dieu ne plaise, que ung tel soit par moy adoré. Sire, dist-elle, mais es-tu pas lapsetene ? — Pourquoy le demande-tu ? dist le macquereau.— Pour ce, dist la pucelle, que les lapsetenes tel adorent. — Scez-tu pas, toy povre fille miserable, dist le garson, que tu es en la maison d'ung macquereau avaricieux entrée ?—Las ! dist la vierge, se gectant à genoulx à ses pieds, sire, pardonne-moy et ne prostitue point ma virginité. » Lors dist le macquereau : « Scès tu pas bien que ès maisons des bordeaulx, les prières et les larmes n'ont point de lieu ? » Il appelle ung sien famillier et luy dist qu'il aornast

la pucelle d'habillemens precieulx et qu'elle
eust une supercription et titre que quiconque
la violleroit il donneroit demi franc, puis seroit
à chascun pour tel pris habandonnée. La pucelle fust en la manière des paillardes accous-
trée gorrièrement et lubricquement, puis fut
avecques les sons des instrumens, après le macquereau, au bordeau menée le tiers jour, et là
estoient plusieurs venus pour avoir sa compaignie. Mais Athanagora entra le premier à elle,
la teste decouverte, ce que voyant, la povrete
Tharsie se gecta et prosterna à ses pieds, disant : « Sire, pour l'honneur de Dieu, ne macule
point ma virginité. Resiste contre la volupté de
ta luxure, s'il te plaist. Ecoute le cas de mon in-
félicité et considère la noblesse qui m'a prou-
créé.» Quant elle eut tout son cas recité, le prince
fut confus et plain de pitié, et luy dist : « J'ay
une fille qui est à toy semblable, de laquelle je
crains semblable cas. » Cela disant, il luy bailla
ung escu d'or et luy dist : « Tu as plus pour ta
virginité qu'il n'a esté imposé ; dis aux autres
qui à toy viendront comme à moy, et tu seras
delivrée. » La pucelle le remercia bien honnestement et le pria qu'il ne dist aux autres ce
qu'elle luy avoit dist. « Jamais je ne le diray,
dist Athanagora, prince de celle cité, si ce n'est
à ma fille, pour la preserver de tel cas. » Athanagora saillit, plorant, et rencontra ung autre
qui alloit au bordeau à la pucelle, qui luy demanda combien il avoit baillé pour sa virginité,
et il luy dist. Il estoit fort triste. Le second entra et la pucelle ferma l'huys, comme il estoit
accoutumé. « Combien as-tu eu du prince ? dist

le second à Tharsie. — Quarante beaux escus,
dist-elle. — Prends, dist-il, une livre d'or en-
tière. » Lors, Athanagora, lequel l'escoutoit,
entendit sa promesse et luy dist : « Tant plus tu
luy donneras, tant plus elle plorera. » La fille se
gecta à ses pieds, après qu'elle eust l'argent, et
luy compta ses fortunes, comme à Athanagora,
parquoy celluy jeune qui la vouloit diffamer et
prostituer la fist lever et luy dist : « Liève toy ;
nous sommes hommes, et pourtant tous subjects
à fortune. » Cela dist, il s'en alla ; et, en s'en allant, Athanagora rioit, qui dist à l'autre : « Tu es
yng grand homme ! N'as-tu à qui donner tes larmes fors à moy ? » Ces deux jurèrent, l'un à l'autre, que point ne diroient le secret de la fille de
royaulté. Ils attendoient les autres. Plusieurs là
furent en la sorte, qui baillèrent grant argent à
Tharsie, sans la toucher, de la pitié qu'elle leur
faisoit, quant elle leur proposoit son triste cas.
Ce fait, elle saillit et bailla son argent au macquereau, qui luy commanda qu'elle luy en apportast tous les jours autant. L'autre jour il sceut
qu'elle estoit encore pucelle, dont il fust marrys,
et dist à son familier, qui estoit ducteur des pucelles, qu'il l'allast despuceller. Le ducteur demanda à Tharsie : « Dy-moy, dist-il, si tu es
vierge. — Las ouy, dist, tant qu'il plaira à mon
createur. — Comment doncques as-tu tant eu
d'argent ? — J'ay, deist elle, tant ploré en ra-
comptant mes doloreuses fortunes, que les
hommes ont eu de ma virginité pitié. Sire, ne
fais pas pis qu'ils ont faict, donne pardon à la
fille du roy captive. » Lors dist icelluy : « Mon
maistre le macquereau est très fort avaricieulx ;

je ne sçay si tu pourroys saincte demeurer et
vierge. » Lors elle luy respondist et deist : « Je
suis des ars liberaulx instruicte, si que je puis en
genre masculin chanter doulcement. Maine moy
en ladite cité pour ouyr ma facunde. Tu propo-
seras les questions au peuple ; lors je te les
soubdray. Par ce moyen assez amasseray argent et pecune. — Il me plaist bien », dist-il.
Cela fait, elle fut en la place de la cité menée.
Chascun courut pour la veoir et ouyr. A toutes
les questions et demandes respondit la pucelle si sage, tellement qu'elle gagna grant argent. Athanagora, cause de la conservation de
sa virginité, la recommanda au conducteur et
serviteur du macquereau, et luy donna grans
dons pour la conserver vierge. Comme ces
choses se faisoient, Apolonius, son très chier
père, vint en la maison de Stranguilion. L'an
quatorzième de son depart jà passa en la cité
de Tharse. Lors Stranguilion courut à sa femme,
comme demy enragé, luy disant qu'il n'estoit
pas mort, mais estoit venu querir sa fille. « Que
ferons-nous, nous povres miserables ? — Prenons
robbe de deuil, deist la femme, plorant et expri-
mans tous fainctes larmes, dissimulant que sa
fille soit de subite maladie morte. » Comme cela
se faisoit, Apolonius entra, et les voyant plorer,
leur demanda la cause de leur lamentation. « Je
croy, dist-il, que ces larmes gectées et respandues ne sont pas à vous, mais à moy. » Dist
lors la femme Dyonisiade : « Non. Pleust à Dieu
que autre que moy et mon mary te deist la verité de ta fille : pour vray est morte subitement. »
Apolonius, oyant parler de la mort de sa fille,

fut quasi ~comme mort longtemps sans parler.
Toutes fois il dist enfin : « O femme, femme ! s'il
est ainsi que tu dys, qu'est devenu l'argent et les
robbes lesquelles je te laissay ? » Lors dist la femme : « Sire, l'une partie si est perie, mais l'autre
non. Et affin que de ce tu ayes tesmoignage,
les citoyens de toy remembrables ont fait ung
sepulchre de cuyvre pour ta fille, près de la statue, lequel tu pourras veoir. » Apolonius, croyant
sa fille morte, print ses bagues et les fist porter
à ses navires, et alla au sepulchre que on avoit
fait pour sa fille. Lors il leut le tittre, demeurant
quasi immobile, si qu'il ne pouvoit plorer, et disoit en mauldissant ses yeulx : « O mes yeux
plains de crudelités, ne sauriez-vous plorer· la
pitié de ma fille ? » Cela fait, il s'en alla à ses
gens, à sa nef, et dist à ses serviteurs : « Gectez
moy en la profondeur de ceste mer, mes amys,
je vous prie. Je convoite dedans ces eaux rendre
mon esprit aujourd'huy. » Les serviteurs, ce
voyant, le consoloient sans consolation ; car ses
douleurs oublier ne pouvoit. Comme il nageoit
pour retourner en Thir, le vent se mua si qu'il
fust agitté des vents merveilleusement. Toutesfois, tant Dieu prièrent ceulx qui estoient en la
nef, qu'ils arrivèrent en la cité de Marchilente,
là où estoit sa fille Tharsie, qu'il esperoit estre
morte. Le gubernateur de la nef fut fort joyeulx
et fist demener grande solennité pour la victoire
de leur port. Lors dist Apolonius : « Qui esse
qui frappe mes aureilles du son de joyeuseté et
lyesse ? » Le gubernateur de la nef dist : « Res-
jouys-toy, sire, car aujourd'huy nous celebrons
les festes natalices. » Lors recommença à gemir

Apolonius et dist : « Or doncques, tous vous ferez feste fors que moy. » Il donna à ses gens dix escus pour faire leur feste, disant : « Faictes bonne chière, vous, et me laissez en mon amertume ; car, quiconque m'apellera ou me fera chière, je luy feray coupper les cuysses. » Le dispensateur porta les provisions à la nef pour solenniser ce jour en convis et bancquets. Comme la nef d'Apolonius fust la plus belle, mieulx chargée de biens, et que les nautonniers d'icelle plus fissent grande joye que les autres, Athanagora, qui avoit Tharsie delivrée du bordeau et qui l'aymoit de bon amour, fust à l'esbat sur les rivages, et voyant la nef d'Apolonius plus belle que les autres, d'elle s'approcha. Lors les gens d'Apolonius l'invitèrent de manger avec eulx et faire solempnité, ce qu'il fit de bon courage ; descendit avec eulx, beut et mangea, puis bailla dix escus d'or, disant : « Voilà pour mon escot, puisqu'il vous a pleu moy inviter à vostre feste. » Quant Athanagora vit tous les discumbans, il demanda le seigneur de celle navire. Le gubernateur respondit : « Nostre maistre, dist-il, est en deuil et fort se lamente, car il a sus mer sa femme perdue, pareillement en estrange terre sa fille. » Lors, Athanagora dit à son serviteur nommé Cardanius : « Descends où il est, et tu auras deux escus pour luy dire que le prince de ceste cité le prie qu'il saille des tenèbres à lumière. » Dist Cardanius : « Je ne sçauroys faire refaire mes jambes pour deux escus, car nostre seigneur a juré que le premier qui à luy ira qu'il luy fera trancher les jambes. » Dist Athanagora : « Celle loy

est à vous constituée, nompas à moy. Je des-
cendray à luy au fonds de la navire ; dictes-moy
comment il a nom. — Apolonius », dirent les serviteurs. Quant il entendit son nom nommer, il
luy souvent que Tharsie lui avoit nommé son
père par ce nom. Il descendit au fond de la nef
et dist à haulte voix : « Apolonius, Dieu te salue. » Quant Apolonius se vit nommer, estimant
que ce fust quelc'un de ses gens, leva le visage
fort furieux pour regarder. Et lors congneut que
c'estoit un estranger honneste, sage, prudent et
beau, parquoy il se teut sans mot sonner. Lors
luy dist Athanagora : « Apolonius, j'ay sentu que
tu es en douleur pour la perdition de tes principaulx amys, et pourtant je te suis venu consoler.
Mon amy, liève-toy et espère que, après les tenèbres, Dieu envoye la lumière. Tu auras, au
plaisir de Dieu, après ton pleur lyesse. » Apolonius leva la teste, disant : « Qui es-tu, seigneur,
qui parles à moy ? Va en paix et me laisse mourir en ce lieu, car autre chose ne demande pour
tous mes soulas. » Adoncques Athanagora confus remonta au hault de la nef et dist qu'il n'estoit possible de moderer Apolonius. Il manda
au macquereau qu'il luy envoyast Tharsie, pour
ce qu'elle estoit sage, ce qu'il fist. Et quant elle
fut venue, soubdainement il luy dist : « Descends là bas ; car par ton estude de bon conseil
par adventure pourras consoler et engarder le
seigneur de ceste nef de mourir ès tenèbres, le
consolant de sa femme et fille qu'il a perdues.
Si tu peulx cecy faire, certes je te donneray cent
talens d'or et autant d'argent, et par l'espace de
trente jours te rachepteray des mains du mac-

quereau. » La pucelle, ce voyant, humblement descendit là où estoit son père, qu'elle ne congnoissoit, et le salua doulcement en disant : « Salut à toy, quiconques tu soyes. Saches que la vierge qui entre ces nauffrages toujours a preservée sa virginité te salue. Resjouys toy, ô homme triste ! » Lors elle commença à chanter de sa voix melodieusement dictez et chançons moult belles, si armonieusement que Apolonius lors s'esmerveilloit de son armonieux langage tant desert. Elle disoit ce qui s'ensuyt : « Je voys par les bordeaulx et toutesfois point n'en suis coupable, comme la rose qui est entre les espines n'est point voillée par leur poincture. Je suis comme le couteau tombé des mains du frappant ; je suis à un macquereau baillée, toutesfois point viollée. Si mes parens je congnoissoys, les larmes de mes playes cesseroient. Je croy que, nonobstant ma douleur, Dieu vouldra changer ma couleur, et seray faicte joyeuse quelquefois. Resjouys toy, homme ; liève ta face contre le ciel que Dieu a fait et formé. » Lors Apolonius leva les yeux ; et quant il veit la pucelle, les bondes de son cueur rompirent et eschappèrent les undes de ses anciennes douleurs par les yeux de la teste, plus que devant, disant à la pucelle : « Las ! et que bien me dois maudire ! toutesfois je rends à la noblesse graces et mercis, priant Dieu que tu soyes à tes parens rendue, comme desirée, toy qui es de si excellent lignage. Prendz cent escus et te separe de moy, sans plus m'apeller ; j'ay grant honte de veoir par tes belles chansons renouveller mes douleurs. » La pucelle print l'argent qu'il luy donna

et remonta au hault de la nef, à laquelle dist
Athanagora : « Où vas tu, Tharsie ? tu as en vain
travaillé. N'as tu oncques sceu faire vers cest
homme misericorde, qui se veut meurtrir ? —
J'ay fait le mieux qu'il m'a esté possible, mais
je ne luy fais que nuire, dist Tharsie, si qu'il m'a
donné cent escus pour m'en venir. » Dist Athanagora : « Tu en auras deux cents, et descends
encores à luy et luy rends les cent qu'il t'a baillés ; desire son salut, et non point sa pecune. »
Tharsie de rechief descendit à son père, qu'elle
ne congnoissoit, se seant auprès de luy et disant : « Mon amy, si tu veulx estre toujours icy,
permects que je sermonne quelques parolles à
ta personne. Si tu peux souldre la question de
mes parolles, je m'en iray, et sinon, je te ren-
dray ton argent et de l'autre davantage. » Lors
respondit Apolonius, voyant la diligence de la
sagesse de la fille : « Nonobstant que le plorer
m'est beaucoup plus consolation que le parler à
creature, toutesfois, par la valeur de prudence, propose ce que tu vouldras, et puis t'en
va pour donner à mes pleurs espace. » Lors dist
Tharsie : « Voici le cas : Il y a une maison en
terre, laquelle toute chose nous resonne ; celle
maison paisiblement resonne, mais l'hoste ne
sonne mot. Tous deux courent, la maison et
l'hoste. Si tu es roy, comme tu dis, tu dois estre
plus que moy prudent ; responds doncques à ma
question. » Lors dist Apolonius : « La maison qui
en terre resonne, pour vray c'est l'eaue, et l'hoste
paisible le poisson, qui court avec sa maison. »
La vierge replicqua et dit : « Je la grant fille
legère de la belle forest suis portée, non pas sans

grande compaignie de gens; je cours par moult
de voyes sans laisser aucunes trasses et vesti-
ges. » Respondit Apolonius : « S'il estoit licite,
je te monstrerois, en respondant à tes questions
et problesmes, beaucoup de choses que tu ne
scés; toutesfois, en si bas aage que tu es, moult
es sage, dont grandement je m'esmerveille. L'arbre de compaignies environné, courant par moult
de voyes, et ne laissant aucunes trasses, est la
navire. » Lors susadjousta la vierge disant : « En
la maison nue n'entre qui ne soit nud; il tra-
verse les maisons sans aucun mal faire; au
milieu est une grande chaleur qu'aucun homme ne peut oster; si tu mettois quelque gaing
et prouffit, tu entrerois ès feux innocens. »
Dist adoncques Apollonius : « La nue maison en laquelle n'est aucune chose pour vray
est le baing, auquel l'hoste tout nud convient, et
là tout nud suera. » Comme ces choses se disoient,
la pucelle se gecta sus Apolonius et commença à
l'embrasser, disant : « Regarde la voix de ta
povre suppliante. Regarde la vierge; car il est
indecent à ung homme mourir, de si noble prudence. Si tu avois telle solation de grace que
Dieu te fist trouver ton espouse et ta femme, et
aussi pareillement ta fille, vouldroye tu pas encore vivre ? » Quand Apolonius entendit celle pa-
role, quasi tout confus de rage, frappa la belle
vierge Tharsie du pied, et, pour ce faire plus impetueusement, se leva sus bout. La vierge frappée tomba à terre seignant par le visage, puis
dist : « O Dieu éternel, regarde mon affliction ;
née je fus entre les tempestes de la mer; ma
mère par les vents marins ès fleuves perdue sans

avoir sepulture de terre : car mon père la mist en
lieu honneste sur mer au vouloir des tempestes.
Et je, povre fille desolée tant que plus n'en peulx,
fus baillée par mon dit père, pour nourrir, à Stranguilion et à sa femme, qui m'ont voulu faire
mourir à tort et sans cause ; mais, par le moyen
des pirates de mer, suis à présent au bordeau,
et icy Dieu vueille que mon père puisse trouver ! »
Adoncques, quant Apolonius entendit parler de
son cas et de sa belle fille, congneut que c'estoit
elle qui ploroit, par quoy il s'ecria haultement et
dist : « O Seigneur, divine misericorde, qui le ciel
et la terre gouvernes et regardes, les abismes, et
tous secrets conserves, ton sainct nom soist benist ! » En cela disant, il tomba sus sa fille, de
joye que il eut, et la baisa plus de cent fois en
plorant de liesse ; puis luy dist : « O ma chère
fille, la moytié de ma vie, pour l'amour de toy,
je ne mourray pas. » Il s'ecria à haulte voix :
« O messeigneurs et serviteurs, courez à moi ! Mes
amys, courez, courez me secourir. Mon soulas
est trouvé ; venez et apportez la fin de mes douleurs longues et anciennes, car ce que nous
avons perdu est trouvé : c'est ma seulle fille, que
tant pour l'amour de sa mère je queroye. » Tous
ses gens accoururent au bruit de leur seigneur
et descendirent, mesmement Athanagora, le
prince d'icelle cité, qui trouva Apolonius sur le
col de sa fille, gémissant de joye, lequel disoit :
« Mes amys, je ne sçaurois plus mourir, puis que
j'ay ma belle fille trouvée. Chascun plouroit
avecque luy de liesse. Lors il gecta ses vieulx et
sales habillemens, et fut vestus d'atours royaulx
selon sa dignité. Hélas ! qui pouroit estimer la

joye là demenée, de si longtemps requise par le
desir de toute sa famille! Tous ceulx qui là estoient dirent à Apolonius : « O très chier sire, que
moult vostre fille vous ressemble! Se il n'estoit
autre plus certain experiment, se suffiroit la similitude pour la trouver estre vostre fille. » La belle
fille baisa jusques à quatre fois son père, disant :
« O mon doulx et amiable père, soit aujourd'huy
le nom de Dieu benist, qui a fait que je te voye, et
qui m'a gardée de la villenie du bordeau. » Lors
Athanagora, doubtant que la fille fust à autre que
luy mariée, devant Apolonius se prosterna, le
priant par sa dignité qu'il luy donnast sa fille
Tharsie. « Je suis, dist-il, prince de ceste cité ;
la fille, comme elle scet bien, est par mon moyen
vierge demourée ; par mon moyen est recongnue
semblablement, et par mon moyen est en ta presence. » Adoncques dist Apolonius : « Puisque il
est ainsi, je ne te dois estre contraire, car tu l'as
bien desservy. Soit ainsi que tu le desires ; mais
il me fault du macquereau prendre vengeance. »
Lors retourna Athanagora en sa cité et s'escria :
« Citoyens, ne laissez pas vostre cité perir pour
ung seul malfaiteur. Saichez que le roy Apolonius de Thir est en la cité venu, et son intention
est de se venger du villain qui a cuydé perdre sa
fille ; jà se prepare pour le vaincre ; pourtant venez tous au devant de luy pour luy requerir misericorde, si vous voulez estre delivrez. Chascun
se vint mettre devant Apolonius à genoulx, hommes et femmes, luy requerant pardon et indulgence pour la cité, et disoient : « Soit mené le
traystre macquereau au roy pour le pugnir. » Ce
qui fut fait. Et lors Apolonius, arrivé comme roy

et diadesmé par royalle sorte, monta au tribunal,
accompaigné de sa fille, disant aux habitans et
cytoiens : « Seigneurs, voyez vous ma fille, qui
a esté en peril d'estre diffamée par ce villain ;
faictes en la vengeance, je vous en prie. — Sire
roy, dirent tous les habitants du lieu, soit le
traystre bruslé tout vif, et que tous ses biens
soient confisqués au prouffit de vostre fille. » Ce
qui fut fait. Après cela, dist Tharsie benignement
au familier du macquereau : « Je te donne liberté, car par ton benefice suis vierge demourée.
Deux cens escus luy bailla, et à toutes les pucelles devant elle presentes donna liberté, leur
disant : « De vostre corps contraint à pecher
soyez maintenant quittes.» Apolonius dist adoncques au peuple citoien : « Messeigneurs, graces vous offre des grans et larges benefices fais
à moy et à ma fille, vous donnant en recompense
d'une partie cinquante poix d'or. » De quoy
il fut fort remercié. Puis les cytoiens firent faire
la statue d'Apolonius au meilleux de la cité, et
escrirent dessus l'honneur d'Apolonius et de sa
fille. Cela fait, Apolonius fist les nopces de
Tharsie lors avecques Athanagora, prince de celle
cité, en grande felicité et lyesse. Comme il s'en
alloit après ces choses accomplies avec son gendre, sa fille, ses gens et serviteurs, en son pays,
voulant passer en Tharsie, de nuyt par ung ange
de Dieu fut admonesté de passer par Ephèse, et
qu'il entrast au temple des religieuses, et là à
haulte voix exposast ses fortunes, et puis passast
par Tharsie pour se venger de sa fille, ce qu'il
fist en belle compaignie. Le temple luy fut ouvert. Voyant son espouse les nouvelles que léans

alloit ung roy incongneu, elle se para de ses habits royaulx et alla audevant de luy sans le congnoistre. Lors Apolonius se mist à ses pieds avecques sa fille, puis dist à claire voix et exposa ses fortunes comme l'ange luy avoit dict. Il racompta tout de point en point ce que par fortune luy estoit advenu, et comment enfin il avoit trouvée sa fille ; parquoy sa femme le congneut aux paroles lesquelles il proferoit, et se laissa tomber sur son col, le cuydant baiser. Mais il la repoulsa, estimant que ce fut autre que sa femme. Lors, elle, plorant, dist : « Que fais-tu, la moytié de mon ame ? pourquoy me traicte-tu ainsi ? Je suis ta femme, fille du roy nommé Altristrates, et tu es mon mary, et ton nom est Apolonius de Thir. Mon bon seigneur et mon maistre, qui m'as si trèsbien apprinse, tu es le naufragé lequel j'ay tant aymé et entre tous esleu. » Adoncques le noble Apolonius, quant il entendit les parolles de la dame, congneut que c'estoit son espouse et la courut embrasser en plorant de joye chauldement et disant : « Loué soit Dieu de ce qu'il luy a pleu nous faire retrouver ensemblement ! » Dist adoncques la dame : « Mais où est nostre fille ? — Voila là », respondit Apolonius en luy baillant par le doy et la nommant. La mère baisa sa fille, la fille baisa sa mère, pas ne fault dire combien ne comment. Trop seroit longue chose de narrer les joyes qui alors furent entre les ungs et les aultres, et le bruyct vollant par la cité. Puis, cela faict, Apolonius s'en alla en son pays, et là ordonna son gendre seigneur et maistre en son lieu de Thir, print et receut le royaulme d'Antiochus en possession et saisine, qui luy estoit gardé. Depuis

s'en alla en Tharsie, noblement accompaigné selon la mode royalle, fist convocquer Stranguilion,
sa femme Dyonisiade, disant au peuple : « Vous,
cytoiens, vous feis je jamais tort et aucun desplaisir ? — Non, respondirent trestous les cy-
toyens ; nous sommes tous prests de vivre et
mourir pour vous ; ceste statue pour vous est
faicte, car de mort vous nous avez racheptés. »
Deist Apolonius : « Je avois baillée ma fille pour
garder à Stranguilion et sa femme ; mais ilz ne me
la veulent pas rendre. — Sire, deist Dyonisiade,
mais as tu pas leu son tiltre signifiant qu'elle est
morte ? » Lors feist Apolonius venir sa fille devant
tous, laquelle deist alors : « Mauldite tu soyes,
deist Tharsie saulvée, qui as esté des enfers re-
vocquée. » Chascun en fut moult joyeulx. hors la
meschante Dyonisiade, pareillement son mary et
le mestaier, auquel dist Tiarsie : « Theophile,
qui esse qui te commanda de me tuer ? — Ma maistresse Dyonisiade », dist-il. Lors les cytoiens
prindrent Stranguilion et sa femme pour occire.
Menez furent hors la ville, là où ils furent lapi-
dés. Et vouloient occire le mestaier ; mais la
belle Tharsie le secourut et deist que, s'il ne luy
eust donné congé de prier Dieu, qu'elle ne l'eust
pas deffendu. Apolonius demoura en celle cité
trois jours, et donna grands tresors à la restau-
ration d'ycelle. Puis vint premier à Penthapolis,
au roy nommé Altristrates, qui fut moult joyeulx
de sa venue, congneut sa fille tant belle, sa
niepce, son gendre, feist feste par l'espace d'ung
an pour leur invencion celebrer, et puis mourut
en aage parfaicte ledit roy Altristrates, laissant
la moytié de son pays à Apolonius, l'autre moytié

à sa fille Tharsie. Toutes ces choses paracomplies, comme lors Apolonius cheminoit près de la mer, il veit le pescheur qui autresfois l'avoit secouru à son besoing après son nauffraige, le fist mener à son palays, et avoit le povre pescheur moult grant paour, et cuydoit que l'on le voulsist aller faire mourir. Mais il luy feist bailler deux cens sisterces d'or, serviteurs et ancelles, et le feist son compaignon et son conte tant qu'il vesquit. Clamitus, qui lui avoit la mort d'Antiochus nuncée, se gecta aux pieds d'Apolonius, et le pria qu'il le voulsist secourir et ayder. Et il le fist semblablement son conte, compaignon, le prenant par la main. Ces choses faictes, Apolonius engendra ung beau fils de sa femme, lequel il fit roi au lieu d'Altristrates son sire. Vesquit le doulx Apolonius avecques sa femme quatre-vingt quatre ans, et tint en main le royaulme d'Antiochus et de Thir, et fist deux volumes : l'ung mist en sa librairie et l'autre donna au temple des Ephesiens. Après ce, fina ses jours et mourut plain de bonnes oeuvres, si qu'il fut saulvé, comme il est à croyre, par les vertus qu'il eut et la patience, qui ne fut pas maindre que martire.

De la celeste cité et pays supernel.
CHAPITRE CXXVI [1].

Gervaise racompte qu'en la cité de Disse, pour la presence d'ung sainct ymage de Jesus-Christ, ne peult aucun heretique là vivre, juif ou payen; ne peult ce lieu aucun barbare prendre, mais si les ennemis sont devant la cité pour l'assaillir, ung petit enfant est monté sur la porte de la cité, qui lit l'Epistre, par la vertu de laquelle ce mesmes jour sont rapaisés les ennemis, ou ils s'enfuient comme tous enragés.

Moralisation sus le propos.

Ceste saincte cité est paradis, construict de pierres vives, qui sont les saints martirs et autres gens fidelles, auquel ne peult aller et monter aucun hereticque, juifs ou payen, pour la presence de Jesus-Christ, auquel ils ne croyent pas; ou ceste cité est nostre corps, auquel, par la presence de l'ymage de Jesus-Christ, c'est assavoir de l'ame là dedans infuse, ne peult aucun heretique, c'est assavoir aucune fraulde dyabolique, jamais entrer. Car au baptesme

1. Chap. 154 de l'édit. de Keller. Swan, t. 2, p. 303. — Il s'agit ici de la célèbre image de Jésus-Christ envoyée par le Sauveur à Abgare, roi d'Edesse, et long-temps conservée dans cette ville, à ce que rapporte une vieille tradition recueillie par d'anciens écrivains de l'histoire de l'Eglise, tels qu'Eusèbe (l. 1, c. 13) et Evagre (l. 4, c. 27). V. aussi l'ouvrage de l'empereur Constantin Porphyrogénète, *De imagine Edessena*, et les *Anecdota græca* de M. Boissonade, t. 4, p. 471.
Gervais de Tilbury, auquel les *Gesta Romanum* ont em-

cela avons promis à l'ymage duquel nous sommes quant
à l'ame creés. Après le baptesme, le dyable ne peut là
vivre si l'homme par peché ne le promect : car, sans la
volunté de l'homme, le dyable ne peult aucune chose
faire; pareillement les estranges et barbares ennemys,
qui sont les pechés mortels, ne le peuvent invader, pour
la presence de la divine grace; toutesfois, si, par fragile condition et sugestion de la chair, ils evadent par
cas d'adventure, le petit enfant innocent, qui est la
conscience remordant par l'epistolle de confession, le
peult repeller, et, en ce mesme jour que celluy enfant
se mettra sus la porte, qui est l'entrée de bonne vie,
s'en fuyront les pechés par ceste lecture de confession
et penitence.

---

*De la manière de batailler en la passion de Jesus Christ
contre le dyable d'enfer.* — CHAPITRE CXXVII [1].

En Angleterre, comme racompte Gervaise, vers les termes de l'evesché de
Lieneuse, gist et est assis le chasteau
nommé Cathulaicque, dedans les limites
duquel est ung lieu nommé Buric. Là est une

prunté ce chapitre et quelques autres, vivoit au commencement du XIIIe siècle; il compila, pour instruire et distraire
l'empereur Othon IV, une description du monde, où il plaça
toutes les fables qu'adoptoit sans examen la crédulité de l'époque, et qu'il intitula *Otia imperialia*. Leibnitz a inséré dans sa
collection des *Scriptores Brunvicenses* (Hanovre, 1707, 3 vol.)
cette œuvre, qui n'est pas sans importance pour l'histoire du
Moyen-Age; en 1855, un savant allemand, M. Liebrecht,
en a fait réimprimer quelques extraits en y joignant des notes
intéressantes.

1. Chap. 155 de l'édit. de Keller. Swan, t. 2, p. 304;
Otia imperialia, l. 3, chap. 59, t. 1, p. 979 de l'édition de

plaine qui est du rond d'une valée tout autour enclos, et en la façon d'ung portal ; là est une seule fosse pour entrer en la plaine de ce champ, comme il est d'ancienne renommée. Lors après la première silence de la nuyt, quand la lune luyt, si aucun chevalier crye, de l'autre costé luy accourt ung autre chevalier pour le combattre, sans que le premier, c'est assavoir celluy qui crye, ne maine personne quant et luy fors son cheval, et là soubs terre vont par ces pertuys en façon de porte combatre. Notez ce cas merveilleux. C'estoit jadis en la grande Bretaigne le grant et puissant chevalier Albert, plain de vertus, lequel entra ung jour dedans le chasteau dessus dit pour estre logé. Et comme ce fust au temps d'yver, que on se chauffe communement en recitant aucunes histoires, il ouyt parler de ceste matière merveilleuse. Ce chevalier, voulant aller experimenter par faict ce qu'il avoit ouy dire, print ung autre chevalier des plus nobles et s'en alla au lieu. Quant Albert eut veu le lieu, il laissa son compaignon et commença à crier, selon la coustume, pour convocquer l'autre chevalier, qui vint incontinent. Quoy plus? l'ung contre l'autre coururent de grant effort, tellement que en la fin Albert fut de telle force qu'il fist tomber son adversaire ; toutes fois il tomba luy mesmes, mais il se leva soubdainement. L'autre, qui jà estoit vaincu, voyant son cheval environner par cupidité de l'avoir, gecta contre ledit Albert une lance, si qu'il luy transperça la cuisse.

Leibnitz, dans les *Scriptores Brunsw.*, p. 26 de l'édit. de Liebrecht. — Une tradition pareille est répandue en Prusse. (Temme, *Volkssagen Ostpreussens*, p. 79).

Mais le vaillant Albert, ou de joye d'avoir esté victorieux, ou dissimulant le coup, point ne sentit mal. Il s'en retourna quand l'autre fut disparu, et donna le cheval qu'il avoit gaigné à son compaignon, lequel l'avoit mené jusques au lieu tant horrible; lequel cheval moult estoit grant, beau et agille par apparence. Toute la turbe du chasteau fut de sa victoire joyeuse, s'esmerveillant de son cas. Quant on luy osta ses jambières de fer, on en trouva une toute plaine de sang figé, mais il n'en fist compte. Toutesfois la famille de léans en fut toute espouventée. Le cheval fut exposé à la veue de chascun, qui avoit les yeulx enflammés et cruels, le col dressé, le poil noir et bonne selle de chevalerie. Quant vint l'heure que le coq chanta, le cheval commença à sauter, escumant des nasaulx, poussant la terre des pieds et rompant ses renes, si qu'il s'en fuyt à sa volunté et liberté. Pour la remembrance de la grosse playe de Albert, on luy fist ung monument à perpetuité, et tant qu'il vesquit, à tel jour et heure qu'il fut blessé, sa playe commençoit à saigner en la superface. Celluy Albert fut depuis sur les payens, passa la mer, et, en combattant, par son audace merveilleuse mourut en Jesus-Christ [1].

Moralisation sus ce propos.

Le noble chevalier si puissant et audacieux est Jesus-Christ, qui est descendu du chasteau de

---

[1]. Walter Scott, dans une de ses notes sur le 3e chant de *Marmion*, a cité cette histoire d'après Gervais de Tilbury, et il a signalé quelques autres anciens auteurs qui en ont parlé. V. aussi les notes de Swan, t. 2, p. 496.

Paradis en la place de ce monde merveilleuse pour combattre contre le dyable ; et, pour ce faire, print seulement ung seul chevalier pour le mener au lieu de la bataille : c'est la clemence du Sainct Esperit, qu'il a conduit au champ de nostre salut sans luy ayder corporellement, car Dieu le laissa en sa passion souffrir. Ce noble chevalier pour le conflict des armes crya par ses predications, et est contre luy venu le dyable, couvert des armes d'orgueil, et a combatu Jesus contre luy, sans ayde de personne : car en sa passion tous ses amys et apostres s'en fuyrent, selon que dist Isaïe : *Torcular calcavi solus, et de gentibus non est vir mecum.* Jesus Christ avoit le bouclier d'humilité, et le dyable celluy d'orgueil. Mais cest orgueil fust abatu, et le dyable confus et vaincu. En celle bataille salutaire, Jesus Christ tomba par mort corporelle, mais il se leva par sa resurrection. L'adversaire luy bailla ung coup de lance grand et large par la main de Longis ; mais ce coup ne sentit oncques. Après qu'il fust victorieulx, il saillit du champ, menant le cheval qu'il avoit conquis, c'est son humanité, qu'il presenta à Dieu son père le jour de l'ascencion, auquel jour chascun de la turbe celeste luy accourut, et le nombre semblablement des patriarches et prophètes se resjouyst de sa victoire. Jesus Christ, comme fist Albert, retint en son corps ses playes pour les monstrer aux justes à leur consolation le jour du jugement, et aux mauvais à leur confusion et tourment. Toute la famille celeste s'esmerveille de sa playe, c'est de son acerbe passion, en le regratiant ; et en signe de ceste playe doit estre fait ung monument qui nous excitera à la remembrance de la passion. Toutesfois devons avoir ceste playe de mort en nostre memoire, mesmement par chascun an à tel jour et heure qu'elle fut faicte, qui est le sainct vendredy, auquel le crucifix est regardé et plus devotement adoré que en autre temps. Quant vint l'heure du chant du coq, qui est l'heure de la mort et du jugement, le cheval, qui est l'humanité de Jesus Christ, escume des naseaulx, saulte, se montre cruel, et a les yeulx ardens en l'espouventement des damnés, et frappe la terre du pied, c'est assavoir qu'il fera ressusciter les mors de la terre quant celle voix horrible proclamera : « Levez vous, mors, venez au jugement. »

De la cause de la destruction de Troye.
CHAPITRE CXXVIII[1].

Le poëte Nason racompte de la bataille troyenne que Paris ravit Helène, que estoit aussi prophetisé que jamais la cité de Troye ne seroit subjecte jusques à ce que le duc Achiles seroit mort. La mère, ce congnoissant, l'enferma en une chambre secrette, pour paour qu'il fust occis, et là où estoient ses damoiselles, et luy bailla habit de femme. Quant Ulixes ce congneut et entendit, il feignit estre marchant de mercerie, mettant en sa balle des ornemens de toutes sortes, qui fut moyen de le faire convenir et aller au chasteau où estoit Achiles avecques les damoiselles. Quant il fut à la salle du chasteau, il eust des armures, lances, haches et espées à vendre. Le duc Achiles commença à manier les armes et à les vestir sus son corps, et print la hache. Lors quant Ulixes ce congneut et le vit armé, il le print et l'emmena à Troye, si que les Grecs prevalurent; et quant

---

1. Chap. 156 de l'édit. de Keller. Swan, t. 2, p. 308.— Le stratagème d'Ulysse pour reconnoître Achille malgré son déguisement est raconté par maint auteur ancien. V. Apollodore, III, 13; Hygin, fab. 96.

Achiles fut mort, Troye fut prise, selon la volonté
de la prophetie.

L'exposition sus le propos.

Le dessus dit Paris signifie le dyable, qui ravit Helène, c'est le genre humain Troye signifie la
cité d'enfer, Ulixes est Jesus-Christ, et Achiles le
saint Esperit. La nef, ou la ville chargée de marchandises, est la vierge Marie, plaine de vertu et aornée.
Les armes d'Achiles sont la croix, les cloux, la lance,
les fouez et la couronne. Devant la mort de Jesus,
Troye, qui est enfer, prevaloit et tenoit les anciennes
parties en puissance; mais Jesus Christ mort, enfer
fut prins et rendit ceulx que il tenoit en prison.

De la perpetuité de l'ame raisonnable.
CHAPITRE CXXIX[1].

Dedans la cité de Romme fut ung corps
incorruptif trouvé, plus hault que les
murs de la cité. Dessus son chief estoit
une lanterne qui ne se povoit par aucune
liqueur ne par aucun soufflement de vent estaindre, jusques à ce que soubs la flamme, par ung
pertuis, l'air fust leans mis avecques ung arc. La
playe de ce corps mort, qui estoit geant, fust de

---

1. Chap. 158 de l'édit de Keller. Swan, t. 2, p. 313. —
Mélange bizarre des légendes relatives à deux personnages
du nom de Pallas; l'un, fils d'Evandre, vint combattre en
faveur d'Enée et fut tué par Turnus (V. Virgile, *Enéide*, VIII,
104 et suiv.); l'autre, fils de Tartare et de Géa, fut tué par
Minerve, qui se ceignit de sa peau (Apollodore, III, 12).
Ce recit se retrouve dans le *Repertorium morale* de Bercheure,
l. XIV, chap. 49.

quatre pieds et demy ; lequel avoit esté tué après
la destruction de Troye. Là gisant avoit esté par
l'espace de deux mille deux cens et quatorze ans.

Moralisation sus le propos.

Le corps de ce geant mort est nostre premier père,
qui estoit formé sans corruption, fors que par peché. Il estoit plus hault que les murailles de ce monde :
Quia omnia subjecisti sub pedibus ejus. Ce corps estoit
blessé par sa transgression, car sa playe estoit si
grande qu'elle s'estandoit par tous les membres d'humanité, et ne peut oncques estre guery jusques que le
fils de Dieu descendit ça bas, le guerissant par la vertu
de son sang effus et espandu. Le lumière qu'on ne
pouvoit estaindre signifie la peine d'enfer, qui avoit de
la divine vision paour, tellement que par l'espace de
quatre mil ans, ne par la liqueur d'oraison, ne par le
soufflement de jeusne, ne peut estre lors estaincte, jusques que la flamme de divine misericorde lors avecques
l'arc de la douloureuse passion descendit ès limbes
d'enfer.

De l'invention des vignes. — CHAPITRE CXXXı.

Josephus, au livre des causes des choses
naturelles, racompte que Noé trouva la
vigne silvestre, c'est assavoir les labrus-
ces ; et, pour ce que le just en estoit
amer et foible, le bon patriarche print du sang de

1. Chap. 159 de l'édit. de Keller. Swan, t. 2, p. 314. —
On ne lit rien de semblable dans Josèphe, mais ce récit paroît avoir sa source dans une tradition juive que mentionne
Fabricius (*Codex pseudepigraphus veteris Testamenti*, t. 1,
p. 275). Elle n'étoit pas inconnue au Moyen Age, car le

quatre bestes, du lyon, du pourceau, de l'aignel et de la singesse, pour en destramper le
fient, tellement que après cela le vin fut fait
meilleur et plus fort, parquoy Noé s'en yvra
et fut de son fils Cam democqué, puis dist à
ses enfans qu'il avoit mis le sang de quatre bestes speciales pour la doctrine des hommes dedans la vigne.

L'exposition moralle sus le propos.

Quant à parler en bon sens, par le vin plusieurs
sont faicts lyons, car par le vin ils sont comme
le lyon furieux sans avoir discretion. Aucuns sont ai-
gneaulx par bonté; les autres singes par curiosité et
indecente lyesse, car le singe veult faire tout ce qu'il
voit faire, mais il le destruict; lequel singe, si tu le
veulx prendre, fais des souliers de plomb et les chaus-
se devaut luy, et puis les laisse là, et quant il sera tout
seul, il les chaussera comme il te aura veu faire; mais
quant il vouldra fuyr il sera prins. Les autres sont
par le vin pourceaulx et paresseux sans penser à l'u-
tilité de eulx, mesmement à leur salut. Parquoy il
seroit de necessité, quant à aucuns, que la vigne n'eust
point esté du sang de ces bestes engressée, pour leur
proffit temporel et spirituel.

Calendrier des Bergers mentionne les vins de singe, vins de
mouton, vins de lion et vins de pourceau, comme indiquant
les effets que les boissons enivrantes produisent sur le tem-
pérament. Quand l'homme commence à boire, il est doux
comme un agneau; il devient ensuite aussi hardi qu'un lion;
à ce courage succède la sottise du singe, et il finit par rouler
dans la boue comme un pourceau.

———

De la retraction du dyable pour nous engarder de bien faire. — CHAPITRE CXXXI [1].

Il est certain que le dyable se transforme souvent en ange de lumière pour quelque deception sus le peuple que veult posseder et avoir ; parquoy cest exemple voulons demonstrer, qui est bien notable. Jadis estoit ung chasteau duquel la dame si avoit de coustume saillir tousjours de l'eglise dès quant l'evangille lors estoit dicte, car elle ne pouvoit voir la consecration de Dieu. Comme son mary, seigneur du chasteau, eust de ce congnoissance par l'espace de longues années, et ne pouvoit sçavoir la cause, quelque jour il la feist par force dans l'eglise retenir. Lors, quant le prestre faisoit la consecration, la dame fut par un esperit dyabolique tellement enlevée que elle s'en volla contre mont, et en passant rompit la moytié de la chapelle, si que depuis ne fut plus veue. De ce fait temoignage jusques à present une tour qui encore est en essence, laquelle l'on voit, et estoit la chapelle contre son bastiment appuyée.

1. Chap. 160 de l'édit. de Keller. Swan, t. 2, p. 316. — Cette histoire se trouve dans Gervais de Tilbury (*Otia*, III, 57, p. 978 de l'édit. de Leibnitz déjà citée). Swan a mentionné dans ses notes, p. 501, deux histoires semblables, d'après l'ouvrage d'Heywood, *Hierarchie of the Blessed Angels*, 1635 ; il seroit facile d'en rencontrer d'autres dans les écrits des démonographes.

L'exposition sus le propos.

Ce chasteau est ce monde ; la dame peult estre l'homme mondain si fort dedié aux choses mondaines. Que s'il a quelques bonnes œuvres conceues, il ne les peult enfanter, parquoy il meurt spirituellement, et ne vivent poinct jusques à la consommation du divin service ; car le dyable l'en garde, l'occupant ès choses mondaines. Mais le seigneur de ce chasteau mondain est le bon prelat, mesmement le confesseur discret, lequel, voyant sa dame, c'est assavoir l'homme qui erre dedans l'estat de l'Eglise par faulte de observer les commandemens et non obeyr à ses dicts zelés et bien fondés en charité, si qu'il sort devant la consecration après l'evangile, c'est assavoir après la bonne remonstrance, correption, admonestement de l'Eglise de son salut, il le doit par censures et excommunications intromettre ; mais, si tu ne peulx endurer les parolles sacramentalles, c'est assavoir le fondement de ton salut, tu seras du dyable prins et chassé en enfer.

Des choses qu'on doit eviter en predication.
CHAPITRE CXXXII[1].

Une chose non accoustumée, mais plaine de sain conseil, racompte Gervaise de Vergense, descrivant à l'empereur des Romains Octo qu'en Cathaloigne, sus l'evesché de Gironde, gist et est une grande

---

1. Chap. 162 de l'édit. de Keller. Swan, t. 2, p. 320. Voir Gervais de Tilbury, III, 56, p. 982. Les divers extraits que le compilateur des *Gesta* a faits de cet écrivain ne figurent pas dans les rédactions angloises.

montaigne située qui est inaccessible pour la monter, en la summité de laquelle si est ung, grand lac d'eaue noire, quant à sa parfondité imperscrutable. Là est une maison de dyables à la manière d'ung palais large ; là est la porte fermée ; toutesfois celle maison est invisible comme la face des dyables. Si on gecte quelques pierres dedans ce lac, ou autre matière qui soit ferme, dès aussitost sourd une tempeste, comme si les dyables estoient offencés et courroucés. En l'une des parties de la montaigne la neige toujours y est perpetuelle, le glas continuel, et y est habondance de cristal, et jamais la presence du soleil là ne frequente. Près de là, et à la racine de celle montaigne court ung fleuve gectant arène d'or, duquel on fait une sorte de drap. Ceste montaigne donne force d'argent, et si est fertile. Près de celle montaigne jadis estoit un bourc ou villaige là où demouroit ung vigneron, lequel, comme il pensast ung jour à ses domestiques negoces, et fust troublé de la clameur d'une petite fille qu'il avoit, il la donna au dyable, pour la fureur qu'il eut, si que les dyables tout incontinent la ravirent. Après sept ans passés et expirés, aucun alloit par voye qui vit un autre passer bien legièrement ; quant il fut aux pieds de la montaigne, gectoit grands cris et ploroit amèrement, et disoit : « Helas ! que feray-je, qui suis si pressé de labeur et misère ? » Celluy qui passoit luy demanda qu'il avoit à gemir. « Je suis, respondit-il, il y a jà sept ans à travailler, car les dyables je porte sans cesse, pour autant que je fus une fois a eulx donné ; et pour en avoir plus de foy et

certification, semblablement est une jeune fille
que j'ay congneue, qui comme moy a esté au
dyable commandée de son père, qui a esté mon
voisin, laquelle le père pourroit ravoir s'il l'alloit querir sus la montaigne ; pource qu'elle leur
fasche trop à nourrir. » Le povre qui par là passoit fut tout estonné, et ne sçavoit que faire,
d'aller les nouvelles denoncer au père d'icelle
lors ou non ; mais en passant ledit père de la fille
trouva tout triste, qui ploroit encore sa dicte
fille. La cause de son pleur racompta à celluy qui
passoit, lequel luy dist aussi tout ce qu'il avoit
veu et ouy dire de sa fille nouvellement, et que
s'il alloit au nom de Dieu et attestation de bonne
foy, que les dyables luy rendroient. « Tu le dois
faire », dist le passant. Adonc le père de la fille
pensa longtemps qu'il devoit faire, puis, par le
conseil de l'autre, monta sus la montaigne du
costé que le lac couroit. Il adjura les dyables, en
la vertu de Dieu, qu'ils luy rendissent sa fille.
Tout incontinent, en façon et quasi comme quelque subit soufflement de vent, saillit devant luy
sa fille grande merveilleusement, les yeulx vac-
ques, les os, la peau et les nerfs sans joindre
l'ung à l'autre ; regard hydeux, sans parler langaige qui soit, sans savorer aucunes choses humaines et entendre, comme morte tremblant
et estant en frayeur. Le père fut fort estonné et
dolent ; il s'en alla conseiller à l'evesque s'il devoit reprendre sa fille, qui luy dist qu'il feroit
bien ; et pour ce monstrer au peuple, l'evesque
de Gironde, plein de bonnes mœurs et voulant
informer son parc commis, prescha à tout le
peuple l'estat de la triste fille, commandant que

jamais on ne donnast ses enfans au dyable, pource qu'il est à chascun devorer appareillé. Chascun veit la fille, qui y print très-bonne exemple ; puis après peu de temps celluy que les dyables chassoient saillit aussi par les prières de son tréschier père, lequel exposa mieulx les peines de l'enfer et les dyables que la fille, pource que quand il fut ravy il estoit jà grand et plus discret qu'elle. Celluy exposa ung palais estre près de ce lieu en une basse fosse plaine de obscurité, et y avoit une porte merveilleusement obfusquée, là où les dyables qui venoient de tempter par le monde annonçoient aux autres tout ce qu'ils avoient fait.

Moralisation sus le propos.

Par ce povons nos cueurs informer comment on ne se doit donner à l'ennemy ; car il ne cesse d'estudier comment il ravira quelc'un pour le mener en peine de froit, de chault et autre maint tourment, comme dit Job : « *Transibunt ab aquis nivium ad calorem nimium.* » Là est habondance de cristal, et jamais du soleil la clarté n'y va. Le cristal signifie le memoire de la divine vision que les dampnés desirent à veoir, mais jamais ne le verront. En la sorte que ung tresor ne sert point quant on n'en peult user, aussi le memoire de la vision de Dieu ne sert aux dampnés, mais les aggrave, toujours estant en douleur, non pas comme la fille de l'homme, par l'espace de sept ans, mais à jamais.

De la crainte qui est inordonnée.
CHAPITRE CXXXIII [1].

Alexandre regna, qui avoit un fils nommé Celestin, lequel il aimoit, parquoy il pensa qu'il estoit bon de l'endoctriner. Il appela aucun philosophe pour luy bailler, lequel le print et endoctrinast. Ung jour vint que le philosophe passoit par ung pré avec son disciple Celestin, auquel pré estoit ung cheval tout roigneux, et auprès de luy deux brebis ensemblement lyées et mangeoient des herbes, l'une du costé dextre, l'autre du costé senestre du cheval, tellement qu'en s'approchant du cheval, la corde monta sur le dos dudict cheval qui estoit sur l'herbe couché. Le cheval sentit la corde sur son dos, parquoy il se leva, et quant il fut levé, plus agravé se sentit, si qu'il commença à courir par si grande violence qu'il entrainoit les deux ouailles. Près de ce pré estoit ung molin. En courant, ce cheval, par la douleur de la corde qu'il sentoit, trainant les deux brebis au molin, où il n'y avoit personne fors du feu. Le cheval tant se tourmentoit qu'il dispersa si bien le feu qu'il brusla la maison, luy et les deux brebis. Lors dist le philosophe, ce voyant, à

---

1. Chap. 163 de l'édit. de Keller. Swan, t. 2, p. 325.—
Nos recherches ne nous ont pas mis sur la voie de la source
où l'auteur des *Gesta* a pris ce qu'il raconte ici. M. Græsse
croit qu'il s'agit d'Alexandre-le-Grand, mais c'est fort douteux.

son disciple : « Fais moy, deist il, de ceste matière quelques vers à propos. Tu as veu toutes les gestes du cheval et des ouailles, pourtant fais aucuns vers veritables contenant qui doit payer la maison qui a esté bruslée, ou autrement tu seras bien batus. » Celestin, le disciple, fils du roy Alexandre, s'absenta de son recteur, cheminoit en pensant et estudiant à faire ces mettres ; mais il ne les pouvoit composer, parquoy il estoit tout triste. Le dyable s'apparut à luy et luy dist qu'il ne se souciast, et que s'il luy comptoit son cas il y remediroit bien. Celestin luy compta comment il luy falloit faire des mettres de deux ouailles, d'un cheval et du molin, mais qu'il n'en povoit venir à bout. Lors dist le dyable : « N'ayez paour, je suis le dyable ; promets-moy que tu seras mon serviteur, et je te feray des vers meilleurs que ton maistre. » Celestin le voulut ainsi et luy fist foy et promesse de le servir s'il faisoit ce qu'il promettoit. Adonc fist le dyable ces vers :

Nexus ovem binam, per spinam traxit equinam.
   Lesus surgit equus, pendet utrumque pecus.
Ad molendinum pondus portabat equinum.
   Dispergendo focum se cremat atque locum.
Custodes aberant, singula damna ferant 1.

1. Ces vers méritent quelque attention, comme étant du très petit nombre de ceux que l'on a attribués au diable. Observons en passant qu'un fac-simile de l'écriture du démon, en caractères très bizarres, se trouve au feuillet 212 d'un volume rare et curieux de Theseus Ambrosio : *Introductio in chaldaicam linguam*, Pavie, 1539, in-4°; c'est la réponse de Satan à un magicien, nommé Louis de Spolete, qui lui avoit adressé une conjuration.

C'est à dire que le cheval portoit deux ouailles
au molin, et qu'il respendit le feu, qui brusla le
molin, auquel n'estoit creature ; parquoy si la
maison eust esté gardée, pas ne fust bruslée,
dont il s'ensuyt que ceulx qui l'avoyent en garde
doyvent porter dommage. Le disciple fut bien
joyeux, et bailla les vers à son maistre. Quant il
les eut veus, il dist à l'enfant : « Dis-moy qui
les a fais ? — Personne, dist l'enfant, fors moy.
— Si tu ne me dis la verité, dist le maistre, tu
seras batu jusques au sang. » Le disciple luy
compta la verité, parquoy le maistre fut fort dolent de ce qu'il s'estoit donné au dyable, le fist
confesser et revocquer, et, après cela, fut faict
saint homme ; puis mourut en bon estat.

L'exposition sus le propos.

Ce roy est Dieu le createur ; le philosophe le bon
prelat ; et le disciple, le bon enfant à endoctriner.
Le cheval rogneux au pré est l'homme pecheur dedans
ce monde ; les deux ouailles lyées, le corps et l'ame
par baptesme coassemblés pour estre d'une mesme volunté, si que la chair ne contredise sus l'esperit. Mais
le pecheur sonnant au molin d'enfer les traine, dont ils
bruslent pour l'absence des sens entre les vertus, parquoy il portera sa penitence. Tu dois composer, c'est
assavoir assembler et lyer l'ame avec le corps par rectitude de juste vie ; cela ne fais pas par la suggestion
du dyable, mais par l'information du bon esperit et
prelat.

De la perversité du monde.
CHAPITRE CXXXIV [1].

L'on lit dans la vie des Pères que l'ange monstra à ung sainct homme trois hommes labourans en simplesse. Le premier faisoit un fagot de boys, et quant il le vouloit porter, il ne povoit. Il le chargeoit davantage pour le mieux cuyder porter. Le second ne cessoit de mettre de l'eau en ung vaisseau percé et criblé pour le cuyder remplir, et il ne povoit. Le tiers menoit une tronche de boys dedans ung chariot et le vouloit faire passer une petite porte plus estroicte que la tronche ; mais il ne povoit, parquoy il battit tant les chevaulx que l'ung cheut en une fosse. Lors dist l'ange : « Que te semble de ces troys ? » Le sainct homme respondit qu'ils estoient fols.

L'exposition de l'imbecilité des trois hommes.

Par le premier, dist l'ange, notez sont pecheurs, qui de jour en jour pèchent et mettent pechez sus pechez, tellement que ils ne les sauroient plus porter à la fin quant mort viendra. Par le second est entendu celluy qui biens meritoires perpètre ; toutes fois, il ne peult occuper le lieu de merite, car il est plein de peché et des pertuis de transgression, tellement que toutes les operations de charité ne prouffitent pour ce qu'elles sont faictes en peché. Par le tiers sont entendus les riches qui cuydent entrer au royaulme des cieulx par la

1. Chap. 165 de l'édit. de Keller. Swan, t. 2, p. 331.

porte si estroicte que la pompe d'or que elle n'y peult entrer : *Superbité et vanité*, mais enfin tout tombe dedans enfer.

Du jeu des eschects. — CHAPITRE CXXXV [1].

Le jeu des eschects a soixante points divisés par huyt, c'est assavoir l'homme, la femme, les espoux et espouses, les clercs et lais, les povres et les riches. Ce jeu est joué par six hommes. Le premier est le roc et est au double genre, c'est assavoir noir et blanc, le dextre blanc et le senestre noir. La vertu d'icelluy est que quant tous les eschects sont en leurs lieux situés, tant les nobles que les povres, ils ont propres termes et lieux par lesquels ils peuvent passer, et non les rocs, si la voye par les nobles et les povres ne leur est expediée. Son chemin est par le droit costé, et jamais au coin, soit en allant ou retournant; et s'il prend l'autre laterallement, de l'autre party il est nommé larron.

---

1. Chap. 166 de l'édit. de Keller. Swan, t. 2, p. 334. — L'idée développée dans ce chapitre est la même que celle qui a inspiré l'ouvrage de Jacques de Cessoles, si goûté au Moyen-Age, traduit dans presque toutes les langues de l'Europe et imprimé à maintes reprises au XVe et au XVIe siècles sous le titre de *Liber de moribus hominum et officiis nobilium super ludo scacorum*, et de *Jeu des Eschez moralisé*. Quant aux règles qui présidoient à ce jeu à l'époque où furent compilés les *Gesta* et quant à la vogue dont il jouissoit, on consultera l'ouvrage de Massmann, *Geschichte des mittelalterlichen Schachspiels*, Quedlinburg, 1839, in-8.

Exposition sus le propos.

En ceste manière le povre chrestien n'a qu'ung passage de povreté par lequel il passe directement à Nostre Seigneur Jesuchrist, seigneur de tous les povres, et est faicte la Royne près du Roy des roys; mais si en murmurant retrograde de son estat latterallement, il est fait larron, et ne luy chault de son regime. Le second est nommé Alphin, qui court par trois points; car en son propre siege celluy qui est noir est à la dextre du roy colloqué et le blanc à la senestre. Les blancs et les noirs sont dits nompas à la couleur, mais à la situation du lieu. Le dextre qui est noir allant vers la dextre se met en l'espace noire devant le povre vigneron et en vacque lieu; mais le senestre, de sa propre vertu a deux chemins et progressions, l'ung vers le dextre costé à l'espace blanc, et l'autre vers le senestre dedans l'espace blanc et vacque. Les Alphins contre mont et contre val cheminent et signifient les sages du monde, qui ont trois choses, entendement, raison et force; ceulx-cy deussent à Dieu tendre par les œuvres de misericorde contremont, mais ils tendent contre bas par humaine deception et eloquence, courant latterallement au coing par les trois points qui signifient les gloutons, les ravisseurs du bien d'autruy et les orgueilleux en l'affluence de leur beaulté et richesse; ceulx-cy voyant latterallement, et enfin par le dyable d'enfer, signé par le roc, sont perdus. Le tiers est le genre des chevaliers, desquels est blanc le dextre, mais le senestre noir. Le blanc a trois voyes en son propre lieu situées, l'une vers la dextre sus le lieu qui est noir devant le vigneron et en espace noire; le second en vacque devant l'ouvrier en laines; le tiers vers la senestre dedans le lieu du marchant. Quant il est au roy constitué, par six quarrés peult cheminer, mais par huyt lorsqu'il est au milieu. Ainsi est-il du senestre quant le noir contre le roy et le blanc cheminent. Le senestre devant le roy comme le dextre se colloque. Tout ainsi les chevaliers demandent le champ de bataille ; comme fors et puissans doibvent combatre virillement, et le roy en forme de couronne, pour le conserver et deffendre, totallement environner. Nous sommes tous chevaliers, parquoy il fault combattre contre le dyable dedans le champ de cestuy mortel monde pour deffendre nostre roy, c'est l'ame, car le dyable la veult par la suggestion de peché surprendre ; mais nous pouvons resister contre luy en estant fermes en la foy. Le quart genre du jeu est le populaire, desquels l'ung va tout ainsi comme l'autre ; du quatriesme lieu où ils sont situés ils peuvent aller au tiers quant ils sont saillis des termes du roy, contens d'une quarte, toujours directement montent sans retourner en leur borne, si qu'ils courent tousjours, et s'ils sont aydés par les chevaliers, si qu'ils parviennent à la ligne des adversaires. Ils acquièrent par leur vertu ce qui est à la royne concedé par grace. Noter fault que les populaires montans en droit, s'ilz rencontrent quelc'un des nobles ou des populaires contraires aux coings, ils le peuvent prendre, pareillement tuer, ou soit à dextre, soit à senestre. Jamais le populaire ne peult aller oultre la droicte ligne vers la dextre, pareillement la senestre, s'ils n'obtiennent la dignité de la royne ; ces populaires de chascune condition et sexe les hommes signifient, entre lesquels les roys et nobles sont mis pour tout regir, lesquels, s'ils ne regissent bien leurs officiers selon les loix et raison, la vertu de leur noblesse perdent et encourent l'acte de la condition populaire. Nous sommes tous procreés d'ung père, parquoy ceulx qui sont vertueux en leur faict selon Dieu et raison sont nobles, et non autres. Si les populaires et simples gens vivent selon vertu et bon conseil de leurs confesseurs et prelats, et obeissent à l'Eglise, montant la droicte ligne de vertueuse vie, meritoirement pevent acquerir le nom de noblesse par celle perfection de vie celeste, si que ils sont dignes d'estre nommés du nombre des nobles et saincts du paradis. Doncques, ne mesprisons pas les povres, car par leurs vertus aucuns ont esté faicts papes et empereurs qui n'avoient autres tiltres de noblesse fors vertus ; ce sont les vrayes armes de dignité. Le quint genre de ce jeu est la royne, de laquelle le chemin est d'aller et de proceder de blanc en noir; elle est mise près du roy, et quant elle se separe de luy elle est prinse ; laquelle, si elle se meult à sa propre quarre noire là où premièrement elle fut colloquée, plus ne peult proceder que de celle quarre dedans une seulle quarre, voire par les coups soit en procedant ou retournant, soit en prenant ou en estant prinse. Par la royne devons entendre l'ame, qui au ciel seroit royne par ses vertus constituée. Ceste royne si est blanche par la vertu de penitence, pareillement au contraire noire par peché et deturpation de son vice. Près du roy se doit tenir, ou elle sera prinse. Nos ames sont infuses au corps pour estre mises près de Dieu, comme la royne près du roy, en observant ses commandemens, si qu'elle ne soit prinse là bas en enfer. Nonobstant que l'ame ne peult exterieurement batailler, toutesfois elle peult le corps instiger aux œuvres meritoires, car nostre corps doit estre comme le cheval qui est guydé de l'ame vers les vertus et informé de ne passer les limites des commandemens, mais par droicte sente de degré de vertu en vertu ; pourtant ne fault pas qu'elle saulte, mais aille lentement, et en ses propres limites demeure ; nous en avons exemple de Digna, qui follement saillit et transcenda sa bonne renommée, parquoy elle fut defflorée. Le sixième genre de ceulx qui jouent à ce jeu sont les roys, qui sont plus dignes que les autres, à cause de leur gouvernement, parquoy il ne fault pas que le roy se absente trop de son siége ; pourtant, quant il part de sa blanche quarre, la nature suit des rocs à dextre costé et à senestre, tellement toutesfois qu'il ne se peut situer en lieu noir, costé le noir en blanc situé,

mais il se peult mettre dedans le lieu blanc près du roc
dessus dit à la quarrée du coing, là où sont les gardes
de la cité, et là il a la nature d'ung chevalier en telle
progression. Ces deux progressions il choisist par le
moyen de la royne. Ce roy est Jesuchrist, qui sur
tous les roys du ciel et de la terre prend domination,
lequel est seigneur universel manifeste par sa progression, car les anges l'accompaignent et occupent de tous
costez en chascun lieu directement, comme dist le
psalmiste : *Si ascendero in celum, tu illic es*; *si descen-
dero in infernum, ades*. Il maine semblablement avec luy
la royne, c'est la mère de misericorde, par le moyen
de laquelle tient ung chemin de propiciation au populaire, laquelle luy plaise donner à ceulx qui l'ont offencé. *Amen*.

Du bon conseil qui est à tenir.
CHAPITRE CXXXVI[1].

Ung sagittaire print un petit rossignol,
lequel il vouloit tuer; mais le rossignol, par une voix miraculeuse, parla
et luy dist : « Que te profitera de me
tuer? Tu scez bien que de tout mon corps point

1. Chap. 167 de l'édit. de Keller. Swan, t. 2, p. 339.—
Ce récit est emprunté à l'histoire de Barlaam et Josaphat (t.
4, p. 79 des *Anecdota* de M. Boissonnade); de là il a passé
dans le *Dialogus creaturarum* (chap. 100) et dans la *Disciplina clericalis* de Pierre Alphonse (chap. 23). Il rappelle le
Lai de l'Oiselet. V. les Recueils de fabliaux de Barbazan,
t. 3, p 114, et de Legrand d'Aussy, t. 4, p. 26
    Entre autres imitations, on peut signaler les *Rhytmicæ fa-
bulæ* (I 11, p. 33), et une des histoires latines recueillies
par M. Th Wright; le poëte anglois Lydgate, dans un
de ses contes (*The tale of the chorle and the byrd*), le fabu-

n'en seras plus saoullé; mais si tu me laissois aller, je te montrerois trois enseignemens par lesquels tu serois à jamais heureux. — Tu ne mourras point, dist le sagittaire, si ces trois choses me veulx apprendre. » Lors et adonc dist l'oiseau : « Pour le premier, jamais ne te sollicites à comprendre ce qui ne se peult comprendre; pour le second, ne te courrouce jamais d'une chose perdue quand elle est inrecouvrable; pour le tiers, ne crois jamais aux paroles incredibles, et tu en seras heureux. » Le sagittaire lors laissa aller l'oiseau, qui en vollant chantoit doulcement et disoit : « O meschant, tu es bien mauldit de m'avoir perdu; j'ay en mes entrailles une marguerite precieuse qui surmonte l'œuf de l'autruche. » Le sagittaire fut dolent et dist au rossignol : « Viens en ma maison, je te montreray toute doulceur et humanité,

---

liste allemand Boner (*Edelstein*, fab. 92), peuvent aussi être cités ici. Une fable de Marie de France (*Dou Leu et d'un vileins*, fab. 79, t. 2, p. 324, édit. de Roquefort) roule sur un sujet à peu près identique et qu'on a le droit de faire remonter à la même origine.

On a cherché quelque ressemblance entre ce récit et une fable de Bidpai, *le Paysan et le Rossignol* (V. les *Mille et un Jours*, édition de Loiseleur-Deslongchamp, p. 448); on l'a aussi rapproché d'un apologue contenu dans l'*Anvari Soheyli*, poème persan dont nous avons parlé dans notre Introduction. Divers auteurs allemands ont raconté un trait semblable; nous signalerons Hans Sachs, qui a donné à sa composition un titre qu'on peut rendre par : *Les trois bons et utiles renseignemens d'un rossignol* (édit. de Nuremberg, 1560, f. 428), et Wieland, qui a écrit : *Le chant de l'oiseau ou les trois renseignements* (V. les notes de Schmidt sur la *Disciplina clericalis*, p. 151-154). Ce récit ne fait point partie des rédactions angloises des *Gesta*, mais il forme le chap. 73 du texte que M. Madden appelle anglo-latin.

en te traictant à la main, sans enfermer en
cage.» Dist le rossignol : « Je connois bien que
tu es un fol, car de tout ce que j'ay dist tu
n'en as fait un seul point, veu que tu te deuz
d'une chose perdue qui est irrevocable, quant
tu ne me sçaurois plus prendre, toutesfois tu as
tendu les retz. En oultre, tu as creu que j'avois
une marguerite dedans mes boyaux, de la quantité de l'œuf de l'austruche ; fol que tu es, je ne
suis pas si grand que l'oeuf de l'austruche : parquoy je dis que tu n'es qu'un fol et en ta follie
demoureras. » Cela dict, l'oiseau s'envolla et fut
l'archier tout confus.

Exposition sur le propos.

Cestuy sagittaire peult estre dist le bon chrestien
lavé aux fondz du baptesme du peché originel, auquel baptesme Nostre Seigneur print en renonçant au
dyable maling et ses pompes, lequel Jesus chante si
melodieusement qu'il rappaisa l'ire de son père contre
les pechez des humains lors que il pria pour l'humain
lignage ; mais le pecheur miserable veut tuer le Sauveur, toutes fois et quantes qu'il commet peché mortel.
Car, comme dist l'apostre, pescher est de rechief crucifier Jesuchrist. Note que si nous entendons aux
trois commandemens que Dieu nous a donnez, nous
parviendrons à grans biens. Les trois commandemens
sont la credence des trois personnes de la Trinité, qui
est ung seul Dieu par essence, que nous ne povons
comprendre dedans ce mortel monde, veu que nous
voyons seullement par le miroir l'essence divine ; mais
quant nous serons en gloire nous le verrons face à
face.

De l'eternelle dampnation.
CHAPITRE CXXXVII[1].

Barlaam racompte que le pécheur est semblable à l'homme qui, en craignant la licorne, tomba dedans une fosse ; mais en tombant se print aux rameaulx d'un arbre qui estoit en ladicte fosse. Puis il regarda en

1. Chap. 168 de l'édit. de Keller. Swan, t. 2, p. 341.— Un récit analogue est placé dans l'ancienne rédaction angloise des *Gesta* (Madden, chap. 30, p. 99), sous le nom de l'empereur Proas. (V. aussi la seconde partie, chap. 55, p. 419.) L'auteur des *Gesta* est fondé à citer l'histoire de Barlaam et Josaphat, où cet apologue se trouve en effet ; de là il a passé dans divers écrits du Moyen Age ; nous nous bornerons à citer les fables de l'anglois Odo de Ceriton, composées au XIIe siècle (le Musée britannique en possède deux manuscrits), et une pièce de vers du XIIIe siècle, *de l'unicorne et du serpent*, qui se trouve dans divers manuscrits et que M. Jubinal a publiée dans son *Nouveau Recueil de fabliaux*, t. 2. p. 113. On goûta fort chez nos ancêtres cette parabole, qui se retrouve dans la *Légende dorée* et dans les *Vies des Pères*, et dans *le Miroir historial* de Vincent de Beauvais, l. XIV, c. 15. Un littérateur allemand, M. Mone, en a publié une rédaction latine d'après un manuscrit de la bibliothèque d'Arras (*Anzeiger für mittelalterliche Literatur*, 1835, col. 358), et il établit un rapprochement entre cet apologue venu de l'Asie et la tradition scandinave qui nous montre son arbre sacré, le 'rêne Yggdrasil, dont la cîme touche au ciel, et dont la racine est continuellement rongée par Nidhogger, le serpent infernal. Ajoutons que le fond de cette parabole se montre dans d'anciennes productions orientales. Elle fait partie de l'un des chapitres préliminaires de la traduction pehlvi de *Calilah et Dimna*, faite au commencement du VIe siècle ; elle est dans le 4e chapitre de la traduction arabe publiée par M. Silvestre de Sacy, Paris, 1816, dans la version hébraïque de Rabbi Joel, dans la traduction grecque de Siméon Seth et dans le *Directorium humanæ vitæ*.

contre bas et vit ung puys profond et un dragon horrible qui le voulut devorer. Veit aussi deux souris, l'une blanche, l'autre noire, qui ne cessoient de ronger l'arbre pour le faire tomber ; semblablement, quatre vipères blanches pour infester toute la fosse. Quand l'homme leva les yeulx, il apperceut du miel saillir de l'arbre, parquoy il se mist en oubliz, à cause de la doulceur du miel, de tous les dangers qu'il avoit veuz. Son amy luy voulut bailler une echelle, mais tant se delecta au miel, que de l'arbre tomba et cheut en la fosse.

L'exposition moralle sus le propos.

Cest homme n'est autre que le pecheur ; la licorne, la mort, qui toujours ensuit l'homme ; la fosse, si est ce monde ; l'arbre, la vie, qui est consummée par la nuyt, et le tout denotez par la blanche souris et la noire ; les quatre vipères sont les quatre complections de l'homme, qui procèdent du fondement du corps humain, qui de jour en jour se pourrist ; le dragon est le dyable, le puys profond enfer ; la doulceur du miel, la delectation de peché, par laquelle l'homme si est seduit, si qu'il ne considère sa dampnation ; l'amy qui baille l'eschelle, Jesus-Christ, ou le predicateur, l'eschelle penitente, laquelle l'homme refuse. Parquoy il tombe dedans la fosse d'enfer après la mort.

———

De la revocation du pecheur à la voye de penitence.
CHAPITRE CXXXVIII [1].

adis estoit un joueur de dez, qui accourut à saint Bernard, disant : « Père, je veulx avec toy jouer, et veulx mon ame mettre contre ton cheval. » Ce voyant, saint Bernard descendit de cheval et dist : « Si tu gectes plus de points que moy, le cheval sera tien ; et si j'en gecte plus que toy, ton ame sera à moy. » Le jeu fut ainsi confermé. Le joueur gecta huit points avec trois dez. Cela fait, il print la bryde du cheval, disant qu'il seroit à luy. Lors dist saint Bernard : « Cela n'est pas le bout du jeu. » Saint Bernard print les trois dez et fist dix-huit, qui fut dix pointz plus que le joueur, parquoy le joueur, ce voyant, se mit aux pieds de saint Bernard, et luy requist pardon, se convertit et fut sauvé.

L'exposition sus le propos.

Ce joueur de dez est l'homme mondain aux vanitez dedié et subject ; sainct Bernard est le saige prelat ou confesseur qui, en jouant spirituellement, doit monstrer le jeu d'eternelle delectation et joye de l'ame. Son cheval doit en jeu mettre, c'est son cœur et son ame, totallement l'exposer à ce la-

1. Chap. 170 de l'édit. de Keller. Swan, t. 2, p. 346. — Récit emprunté à la vie de saint Bernard, et qui se trouve dans la *Légende dorée*. Swan (t. 2, p. 514) a reproduit le texte de la traduction angloise de Caxton.

beur pour le sauvement de l'homme, le reduisant à la rectitude de salut. Les trois dez sont les trois personnes de la Trinité, qui ont plusieurs pointz, qui sont les joyes infinies qui doivent estre montrées au peuple, comme dit l'Évangille qu'en la maison de Dieu le Père plusieurs mansions sont. Là sont toutes delectations, et tant que on ne les sçauroit penser en cinq cent mille ans : Repos sans labeur, Vie sans mort, Joye sans tristesse, Delectation sans douleur, et toute manière qu'on sçauroit estimer de joye.

De dilection et grande fidelité, et comment verité delivre de la mort. — CHAPITRE CXXXIX[1].

Pierre, dict Alphonse, racompte que deux chevaliers estoient, desquels l'ung demouroit en Egypte, l'autre se tenoit en Baldach, entre lesquels souvent messagiers alloient pour porter les lettres

1. Chap. 171 de l'édit. de Keller. Swan, t. 2, p. 347. — L'ancienne rédaction angloise (Madden, chap. 47, p. 159) raconte la chose comme ayant eu lieu sous l'empereur Eulopius. V. aussi la seconde partie, chap. 28, p. 357.

Ce récit se trouve dans le *Decameron* de Boccace (X, 8); on se rappelle, en le lisant, l'histoire des *Deux bons amis loiax* (Barbazan, t. 2, p. 52). Il a fourni également le sujet du poème d'*Athis et Profilias*, par Alexandre de Paris (V. l'*Histoire littéraire de la France*, t. 15), ainsi que de deux œuvres dramatiques du XVIIe siècle : *Gesippe, ou les deux Amis*, par Hardi; *Gésippe et Tite, ou les bons Amis*, par Chevreau, Paris, 1638.

M. Edelestand Du Méril (*Histoire de la poésie scandinave*, prolégomènes, p. 358) signale diverses pièces angloises et allemandes qui ont également rapport à ce trait célèbre.

On rencontre cette anecdote dans les *Sermones de Sanctis* d'Hérolt (disc. 21), dans les *Nouvelles* de Bandello, dans

qu'ils rescrivoient l'un à l'autre, tellement que amour fidelle fut entre les deux. Un jour le chevalier de Baldach se reposoit en son lict et pensoit que jamais son compaignon d'Egypte ne l'avoit veu, et il luy faisoit si grand signe d'amour. Je le veulx aller veoir, dist-il; ce qu'il fist, et fut honnestement de celluy d'Egypte receu en sa maison et logé. Celluy chevalier d'Egypte lors avoit une belle pucelle dedans sa maison, de laquelle celluy de Baldach fust fort amoureux, dès aussitost que il l'eust veue, si qu'il en fut malade. Ce voyant, le chevalier d'Egypte luy demanda la cause de son mal, qui luy dist que c'estoit l'amour de la pucelle. Lors le chevalier d'Egypte fist venir toutes les femmes

---

celles de Granucci (nov. 5), dans les *Heures de récréation* de Guichardin, et dans plusieurs vieux poëtes. Les conteurs orientaux n'ont point oublié des narrations de ce genre. On peut s'en convaincre en lisant l'histoire d'Attaf le Magnanime (continuation des *Mille et une Nuits*, par Cazotte, *Cabinet des Fées*, t. 38, p. 162, et Caussin de Perceval, *Mille et une Nuits*, Paris, 1806, in 18, t. 9, p. 1), et l'histoire de Naziraddolé, d'Abderrahmane et de la belle Zeyneb (*Mille et un Jours*, édit. de Loiseleur-Deslongchamp, p. 257); cette dernière se trouve aussi, avec quelques petits changements, sous le nom d'histoire de Naz-Ragyar, dans les *Œuvres badines* de Caylus, t. 7, p. 208. V. aussi Cardonne, *Mélanges de littérature orientale*, t. 1, et Scott, *Tales from the persian*, 1800, p. 253. Un récit analogue à celui des *Gesta* se trouve dans la *Disciplina clericalis* (ch. 3, p. 36, de l'édition de Schmidt; fab. 2, p. 16, de l'éd. de Paris). Il a passé dans l'ouvrage de Thomas de Cantimpré : *Liber Apum q i dicitur bonum universale;* dans le *Dialogus creaturarum* (dial. 56); dans la compilation intitulée : *Speculum exemplorum*, Strasbourg, 1487, in-fol. (V. les notes de Schmidt, p. 97, 101). Un écrivain anglois, Lydgate, a raconté cette histoire en indiquant la source où il l'a puisée : *Fabulo duorum mercatorum, de et super Gestis Romanorum.*

de sa maison, fors celle pucelle, car il luy avoit
dict qu'il mourroit s'il ne l'avoit. Quant il eut
toutes les femmes veues, il dit à son compaignon que de toutes celles là il ne se soucioit,
mais qu'il y en avoit bien une plus belle qui le
tenoit en maladie ; tellement que le chevalier
d'Egypte la luy montra enfin. Et quant il l'eut
veue, dit à l'autre que sa mort et sa vie estoient
en celle pucelle. Lors dist le chevalier d'Egypte :
« Mon amy, dès la jeunesse de ceste fille je l'ay
en ma maison nourrie pour estre ma femme.
Toutesfois je t'ayme tant que j'ayme mieulx la te
donner que tu mourusse. Et si veulx que tu ayes
tout son bien, lequel je devois avoir. » Le chevalier fut joyeulx du don de l'autre, la pucelle qui
devoit estre femme de son compaignon espousa,
puis l'emmena en son pays. Cela faict, peu après
le chevalier d'Egypte devint si povre qu'il ne
sçavoit que faire, parquoy il pensa que son compaignon, que tant il aymoit, auroit pitié de sa
necessité, parquoy il vint par eaue en une cité
de Baldach où demouroit son compaignon, sus
la nuyt, et ne se osa pas faire à congnoistre ce
soir à luy, pour ce qu'il estoit mal vestu et sans
serviteur, disant qu'il ne le congnoistroit pas,
pour la mutation de son vestement, jusques au
matin, parquoy il fut contrainct entrer en une
chapelle qui estoit ouverte pour soy herberger.
Comme il vouloit commencer à dormir, il veit
deux hommes qui combattoient, tellement que
l'ung mist l'autre à mort et s'en fuyt par le cy-
metière de l'autre costé. Le bruyt fut de trouver
celluy qui estoit interfecteur et meurtrier de l'autre, parquoy celluy chevalier couché en l'eglise

dist qu'on le print et qu'il estoit celluy, parquoy
il vouloit mourir au gibet; toutesfois il ne l'avoit
pas tué, mais ce disoit de paour ou de tristesse qu'il avoit. Il fut prins et mis en prison
toute la nuyt. Le lendemain, au son de la cam-
pane, le juge le condamna à mourir; mené fut
au gibet, et en le menant, son compagnon le
congneut et dit en soy-mesmes : « Voilà mon
compaignon que m'a baillé en signe d'amour sa
femme, lequel va mourir, et je seray en vie.
Cela à Dieu ne plaise. » Lors il s'ecrya à haulte
voix et dist : « Helas! messeigneurs, qu'esse
que vous faites? laissez cestuy-là et me pendez,
car c'est moy qui ay l'homme tué. » Cela ouy,
les sergens le prindrent et avec l'autre le menèrent au gibet. Quant ils furent au gibet, celluy
qui avoit fait l'homicide de ce cas pensa et dist :
« Ceulx-ci sont innocents, et on les veult faire
mourir. Parquoy j'en seroye cause. Si je les
laisse mourir sans me accuser, Dieu pourra bien
contre moy envoyer sa vengeance, parquoy il
me vault mieulx endurer temporellement que
eternellement et à jamais. » Il se escrya devant
tous et dist : « O Seigneur de justice, vrays citoyens, laissez ces deux aller et me pendez : car,
pour vray, je suis celluy qui ay le cas commis,
et non eulx par conseil ne par fait. » Chascun
fut esbahy. Cestuy là fut prins et mené devant
le juge, qui fut tout estonné et demanda pourquoy
ilz estoient retournez. Chascun compta son cas.
Alors le juge demanda au chevalier d'Egypte
pourquoy il avoit confessé qu'il estoit du meurtre coulpable, qui respondit qu'il l'avoit fait
pour ce qu'il aymoit mieulx mourir que vivre,

pour la cause qu'il estoit devenu si povre que
c'estoit chose ville. Tout son cas compta de
poinct en poinct, et requist qu'on le fist mourir,
car il ne demandoit que la mort. Lors dist au
second, chevalier de Baldach, le juge, pourquoy il avoit dit que il estoit coulpable ; qui respondit et dist toute la manière comment l'autre
l'aymoit tant que il avoit laissé sa femme pour
luy offrir, par quoy, quant il l'a veu en necessité
de mort, il vouloit bien pour luy mourir. « Et
toy ? » dist-il au tiers qui estoit coupable, qui
respondit : « Sire, j'ay dit verité, car j'ay le cas
commis ; et ay pensé que, si je laissois mourir
ceulx cy qui sont innocens, que Dieu m'en pu-
niroit enfin, par quoy je aime mieulx maintenant
mourir en contriction que estre dampné par
faulte de confession. » Dist alors le juge : « Pour
ce que tu as les innocens excusez, tu seras delivré. Amende ta vie piteusement et viz en paix.»
Chascun loua adoncques le juge, qui se monstra
constant, et s'en retourna chascun en sa maison,
et fist le chevalier à l'autre grande feste, solempnité et joye.

L'exposition sus le propos.

Cest empereur est le Père celeste ; les deux chevaliers, Jesus et Adam. Jesus-Christ a demeuré
en Egypte, selon l'Escripture, qui dict : *Ex Egipto
vocavi filium meum ;* et Adam a faict mansion au champ
de Damascène. Ceulx ci estoient en grande amytié.
Adam fut conduyt en la maison de Jesus-Christ, où
il veit la pucelle, l'ame, que tant il desira, et eust comme espouse garnie de toutes richesses ; puis vint Adam
en ce monde. Cela fait, Jesus-Christ fut faict povre

quant il print nostre chair humaine, là où combat-
toit l'esprit et le corps. Jesus-Christ entra au temple
de la Vierge : c'est son digne ventre precieux. La
chair tua l'esprit, et la clameur en fut au ciel et en la
terre. Parquoy Jesus-Christ, qui pas n'avoit occis
l'esprit, voulut estre pugny pour les pechez d'autruy,
disant que on laissast aller Adam, qui avoit fait le
meurtre, car il vouloit mourir pour l'humain genre.
Par le compaignon qui pour Jesus-Christ voulut mourir devons entendre les apostres, qui, pour son amour
et sa foy soubstenir, ont voulu souffrir ; par le tiers
qui se disoit coupable, devons entendre le pecheur,
qui en confession doit dire verité, disant : *Ego sum
qui peccavi, qui male egi.* Si ainsi le faisons, le juge
muera la sentence.

De la constance de l'ame fidelle.
CHAPITRE CXL[1].

Il estoit ung roy en Angleterre qui avoit
deux chevaliers en son royaulme, appelez l'ung Guyon, l'autre Tyrius.
Guyon estoit fort victorieux, et ayma
une belle pucelle ; mais il ne la pouvoit avoir à

---

1. Chap. 172 de l'édit. de Keller. Swan, t. 2, p. 354. —
Cette histoire est une de celles qui, insérées dans le texte
que Madden appelle anglo-latin (chap. 70), ont été exclues
des anciennes rédactions angloises.

Guy de Warwick est un personnage historique dont il est
question dans divers auteurs, tels que Girard de Cornouailles
et Henri de Knighton. Un roman de Guy et de Felice, fille du
comte de Buckingham, fut composé en vers anglois. Il s'en
trouve des extraits dans l'*History of poetry* de Warton (t. 1,
p. 151), et dans le *British bibliographer* d'Egerton Brydges
(t. 4, p. 268) ; rajeuni dans son style, il forme *The Booke of*

femme jusques pour son amour il eust tempté et essayé grandes, ardues et difficiles batailles pour son amour, si qu'en fin il l'eust par ce moyen, et l'espousa en grant honneur. La tierce nuyt, après le chant du cocq, Guyon se leva du lict, et en regardant contre le firmament, veit Jesus-Christ, qui lui deist : « Guyon, Guyon, comme tu as souvent fait les batailles pour l'amour d'une seulle pucelle, maintenant il faut que tu estudies pour l'amour de moy virillement contre mes ennemys combattre. » Cela dict, Jesus-Christ s'esvanouyt. Guyon entendit que la volonté de Dieu le vouloit contre les infidelles conduyre, par quoy il dist à sa femme qu'il vouloit aller en la Terre Saincte, par quoy il la prioit de bien garder son enfant, qu'elle avoit en son ventre jà conceu. Quant la dame congneut ces nouvelles, comme furieuse print ung couteau et deist que elle se tueroit avant. « J'ay, dist elle, longtemps atten-

the most victoryous prince Guy of Warwick, Londres, sans date, in-4.

Au Moyen Age, il y eut aussi en France des épopées dont ce paladin fut le héros : V. l'Histoire littéraire de la France, t. 22, p. 841 et suiv. Elles furent remaniées, mises en prose, et fournirent le sujet d'un roman de chevalerie fort recherché des bibliophiles, et intitulé : Guy de Warwich, qui, en son temps, fit plusieurs prouesses et conquestes en Angleterre, Allemaigne, Ytalie et Dannemarche, et aussi sur les infidelles ennemys de la chrestienté. Paris, 1525, in-fol.; 1550, in-4. Un bel exemplaire de la première édition s'est élevé à 1150 fr. à la vente des livres du prince d'Essling; la seconde édition a atteint 825 fr. à la vente du roi Louis-Philippe. Il y en a une analyse dans les Mélanges tirés d'une grande bibliothèque, t. 10, o. 63. A l'égard d'un manuscrit qui se trouve à la bibliothèque de Wolfenbuttel, voir le Serapeum, publié à Leipzig, t. 3, 1842, p. 353 et 369, et le Bulletin du bibliophile, 1845, p. 25.

du pour estre ta femme, je suis enceinte maintenant, et me veulx tu laisser ? » Guyon lui osta le couteau des mains, et luy dist : « Madame, je me suis voué de aller en la Terre Saincte, par quoy il convient expedier mon voyage, sans attendre que je soye vieulx; et en brief, s'il plaist à Dieu, retourneray. » Elle, confortée, luy bailla ung anneau et luy deist : « Prendz cet anneau, et, toutesfois que tu le regarderas en ton voyage, te souviegne de moy, et je seray chaste, souffrant et attendant ton retour. » Guyon la salua par ung adieu piteux, et s'en alla menant avec luy son compaignon Tyrius. La dame ploroit toujours, et ne la povoit-on consoler. Quand elle fut à terme de faire son enfant, elle fut delivrée d'ung filz, lequel elle nourrit tendrement. Guyon et son compaignon, cependant, passerent et allerent en moult de royaulmes, et par tout le pays de Asye, qui estoit destruict des mauldictz infidelles. Lors dist Guyon à son compaignon : « Mon amy, tu dois te tenir et demourer en ce royaulme pour ayder au roy, qui est trèsbon chrestien, et je m'en iray en Hierusalem et en la terre saincte pour combattre contre les ennemys; et cela faict, je passeray par ces lieux, et en soulas retournerons en Angleterre. Cela feist chascun, et au partir se baisèrent en plorant et gectant grosses douleurs. Guyon entra en la Terre Saincte, là où il fist plusieurs batailles contre les payens, les vaincquant et obtenant victoire D'autre costé, en Dacie, Tirius debella les infidelles et eut victoire, si que la renommée des deux compaignons par tout couroit. Le roy aymoit Tyrius sur tous et le faisoit riche, tout le peuple semblablement. Il y avoit ung tyran cruel et vaillant nommé Plebeus, qui sur Tirius estoit envieulx grandement, tellement que il l'accusa au roy de prodiction, qu'il avoit voulu le roy expulser de son royaulme. Le roy, croyant au traystre, priva Tyrius de tous ses biens et de son honneur merité, si qu'il ne povoit à peine son corps substanter, par quoy il fut moult dolent, et disoit : « Que feray je, meschant et triste ? » Comme ung jour il estoit tout seul en quelque lieu soy espaciant, il rencontra Guyon, son amy, en forme de pelerin, par quoy il ne le cogneut point ; mais Guyon le congneut bien, toutesfois il ne se fist à congnoistre. Guyon luy demanda d'où il estoit. « Je suis, dist Tyrius, de loingtaine region, et ay par long-temps en ces lieux demeuré. J'avois un compaignon qui icy me laissa pour combattre les infidelles et s'en alla ès parties de la Terre Saincte ; mais je ne sçay s'il est mort ou non. » Lors dist Guyon : « Pour l'amour de ton compaignon, laisse moy ung petit en ton giron dormir, car je suis las du chemin. » Ce qu'il feist. Comme il dormoit, Tyrius luy veit saillir une blanche belette de la bouche, qui s'en alla vers une montaigne, laquelle retourna depuis après quelque peu de temps en sa mesme bouche. Guyon s'esveilla, et dist à l'autre qu'il avoit eu ung merveilleux songe, c'est assavoir, saillir une belette de sa bouche, puis rentrer dedans. Dist alors Tyrius que ce qu'il avoit songé il avoit veu de ses yeulx, mais il ne scavoit qu'elle avoit fait à la montaigne. Lors dist Guyon : « Allons à la montaigne, car par adventure trouverons nous quelque chose qui sera utile. » Comme ilz montoient la montaigne, lors ilz trou-

vèrent ung dragon mort qui avoit le ventre plain
d'or, avec ung couteau bien poly, sur lequel estoit
escript que par ce couteau Guyon vainqueroit l'ennemy de Tyrius, par quoy Guyon fut fort joyeulx,
et dist à Tyrius : « Mon amy, je te donne ce tresor,
mais le couteau sera à moy. » Lors dist Tyrius qu'il
n'avoit pas ce tresor merité ; lors dist Guyon qu'il
levast les yeulx et qu'il le regardast, car il estoit
son compaignon Guyon. Tyrius le regarda enten-
tivement, et le congneut, et luy dist qu'il le suffiroit de le voir, et qu'il en estoit tout joyeulx,
et ploroit de joye. « Liève toy, dist Guyon, et je
batailleray contre ton ennemy ; mais garde toy
de dire qui je suis ; puis nous nous en retournerons en Angleterre. » Tous deux s'entrebaisèrent,
et tomba Tyrius sur le col de l'autre. Tyrius porta
son tresor à sa maison, et Guyon s'en alla poul-
ser à la porte du roy, qui luy fut ouverte, quant
il dist qu'il venoit de la saincte terre. Le roy le
fist venir, et quant il fut devant luy, l'adversaire
de Tyrius estoit assis auprès du roy. « Comment,
dist le roy, se porte la saincte terre ? » Guyon
dist au roy qu'elle estoit en bonne paix, et que
plusieurs estoient faicts chrestiens. Lors dist le
roy : « As tu point congneu ung si gentil chevalier
nommé Guyon ? — Ouy, dist ledit Guyon ; je l'ay
veu et mangé avecques luy. » Puis adjousta le
roy : « Est il point question des roys chrestiens ?
— Ouy, sire, de ta personne mesmement, dist
Guyon ; l'on parle fort, dist Guyon, d'ung chevalier nommé Tyrius, qui a fait merveilles de combattre payens et a obtenu victoire ; mais, comme
on dit, vous l'avez, à la persuation d'ung autre,
despouillé de son honneur, qui est fait injuste-

ment : voylà qu'on dit de toy par delà. » Quant
Plebeus le trahistre se veit blasmer, il dist :
« Faux pelerin, que ces mensonges dis, veulx
tu ces choses soubstenir? — Ouy, dist Guyon,
et contre toy, sur la verification de ce, te com-
batray pour Tyrius; et pourtant, sire, donne
moy ceste liberté de combattre pour le droit de
soubstenir mon propos.—J'en suis content, dist le
roy, encores de ce te prie. » Le roy le feist accous-
trer de tout ce qui lui estoit nécessaire, fist preparer le champ, et ordonna le jour du combat; et
doubtant que l'autre ne trahist Guyon, appella sa
fille, luy disant : « Sur ta vie, garde que ce pelerin
n'ayt trahison aucunement; baille tout ce qui luy
est necessaire. » Ce qu'elle fist. Elle mena Guyon
en sa chambre, le fist laver, baigner, et le pourvut
de tout son affaire, si qu'il estoit à son commandement. Quant vint le jour de combattre, Plebeus
vint tout en armes frapper à la porte du palais,
disant : « Où est ce meschant et faulx pellerin?
Fault il que tant il demeure? » Le pelerin saillit
bien armé par les mains de la fille du roy. Les
deux se combattoient si bien que Plebeus cuyda
rendre l'esprit de prime face s'il n'eust beu. Il
demanda congé à Guyon de boire, qui luy donna,
par moyen que s'il avoit necessité, qu'il luy rendroit le plaisir pour cas pareil. Il coureut boire,
puis retourna impetueusement contre Guyon,
et combattoient tous deux virillement, si que
Guyon eut soif. Lors il dist à Plebeus qu'il lui
rendist le plaisir, et qu'il eust congé de boyre ;
mais Plebeus jura et voua à Dieu que point ne
beura qu'en main forte. Guyon se deffendit tousjours, et tant qu'il peust s'approcha de l'eaue,

tellement qu'il saillit dedans l'eaue et beut tout
son saoul; puis saillit sur Plebeus comme ung
lyon rugissant, par si grant cueur que l'autre la
fuyte demanda. Le roy, ce voyant, les fist separer jusques au lendemain. Le pelerin Guyon entra en la chambre de la fille du roy, qui le lava,
abilla ses playes, le fist manger et puis reposer
noblement. Il dormit, car il estoit lassé. Plebeus avoit des enfans au nombre de sept, vail-
lans, ausquels il dist : « Mes enfans, si vous ne
trouvez façon et moyen d'estaindre ce pelerin
ceste nuyt, sachez que demain nombre feray
parmy les morts, car c'est le plus puissant que
je veiz oncques. » Les enfans dirent que celle
nuyt seroit suffocqué. Quant vint la minuyt, ils
entrèrent en la chambre de la fille du roy, qui
estoit sus la mer construicte tellement que l'eaue
passoit par soubz la chambre. « Si nous le tuons,
nous serons enfans de mort; mieulx vault le gecter lict et tout en l'eaue ; par ainsi chascun dira
qu'il s'en est fuyt. » Cela firent, et en la mer le
gectèrent. Le pelerin Guyon dormoit et n'en
sentit oncques riens. En celle nuyt estoit un
pescheur sus mer, qui fut esmeu au bruyt du lict
qui tomba; il y courut à la clarté de la lune.
Quant il fut là, il deist : « Dy moy pour Dieu qui
tu es, si que tu ne te submerges. » Guyon s'esveilla, et, quand il vit la clarté de la lune, pas
ne sçavoit où il estoit ; toutesfois il dist au pescheur qu'il entendit qu'il luy aydast et qu'il en
seroit bien remuneré. « Je suis, dist il, celluy
qui combatiz hier contre Plebeus, mais je ne
sçay comment je suis icy descendu. » Le pescheur, ce voyant, le mist en sa nef et le mena

en sa maison, où il reposa. Plebeus, cuydant par le rapport de ses enfans que le pellerin fust noyé, le matin vint à la porte du roy, et deist au roy qu'il feist armer le pelerin, et qu'il vint jouster pour se venger de ses parolles. Le roy, ce voyant, commanda à sa fille qu'elle feist armer le pellerin. La fille fust au lict du pellerin et point ne le trouva, dont elle fut bien dolente. « Las! disoit elle, que feray je? Qu'est devenu mon tresor? » Le roy le sceut, qui moult se desconforta. Quant on ne trouva point le lict en la chambre, l'on opina diversement : les ungs disoient qu'il avoit esté tué, les autres qu'il s'en estoit fuy. Plebeus continuellement cryoit à la fille du roy qu'elle menast son pelerin et qu'il en vouloit avoir sa teste, car son couteau en avoit envye, comme il disoit, pour au roy presenter. Comme se faisoit question du pelerin, le pescheur vint au roy, qui luy compta qu'il estoit en sa maison, et comment il l'avoit trouvé la nuyt dedans ung lict sur l'eaue. Le roy l'envoya querir pour se preparer, et, quand Plebeus entendit que le pelerin ne estoit pas mort, il eut paour et demanda induces. Le roy ne luy voulut donner oncques une minute d'heure, parquoy ils entrèrent au champ et donnèrent chascun deux coups, mais au tiers coup Guyon luy trancha le bras, puis la teste, qu'il presenta au roy. Le roy fust grandement joyeulx de sa victoire; puis, quant il sceut que les enfans de Plebeus avoient gecté en mer le pelerin, il les fist pendre par le col. Guyon print congé du roy pour s'en retourner, et le roy luy fist promesse de grands biens s'il vouloit avec le roy demourer; mais il dist qu'il ne le pourroit faire; par quoy le roy le fist charger de grans dons, lesquels il donna à son compaignon Tyrius, et le fist remettre plus de devant en l'amour du roy. Ains que partit, le roy le pria qu'il luy dist son nom. « Je suis, dist Guyon, celluy chevalier Guyon duquel tu as tant ouy parler.» Quant le roy le cogneut, il luy promist la moytié de son royaulme, s'il vouloit avec luy demourer; mais il dist qu'il n'estoit pas possible; par quoy il s'en alla en baisant le roy. Quant Guyon fut en Angleterre devant son chasteau, il trouva une grande turbe de povres, devant lesquelz estoit la contesse sa femme, qui leur administroit en habit de pelerine, disant : « Priez pour monseigneur », et tous les jours leur donnant à chascun ung denier. Guyon estoit là personnellement en habit de pelerin. Il advint ce mesme jour que son filz, qui estoit en la beaulté de sept ans, honnestement accoustré, estoit avec sa mère, lequel, oyant recommander Guyon aux povres, dist à sa mère si c'estoit son père que tant elle recommandoit. « Ouy, dist la mère, lequel s'en alla la tierce nuyt après que tu fus engendré, et oncques puis ne le veiz. » Comme l'aumosne la dame faisoit, elle vint à Guyon et luy donna l'aumosne; mais elle ne le congnoissoit point, car il inclinoit la teste contre bas, si qu'elle ne le congneust. Guyon voyant son filz, lequel jamais il n'avoit veu, ne se peust contenir, ains le print et le mist entre ses bras, et le baisoit, disant : «O mon enfant! Dieu te face la grace que tu luy puisses plaire. » Les damoiselles qui le virent baiser l'appellèrent, si qu'il s'en allast et ostast de là, pour paour de quelque maladie des

povres. Guyon s'en alla à sa femme, luy demandant qu'il luy pleust luy conceder ung lieu
en sa forest pour là estre toujours, ce qu'elle
fist pour l'amour de Dieu et de son espoux, et
luy fist faire quelque petite maisonnette, là où il
demoura long-temps. Quant il sentit qu'il devoit
mourir, il appella son famillier et luy dist qu'il
portast à la contesse son anneau, luy disant que,
si elle le vouloit jamais veoir, qu'elle courrust là
legièrement. Le messagier fist son message;
puis, quant la dame veit l'anneau, elle le congneut
et s'escria : « Voicy l'anneau de mon seigneur ! »
Elle fut à la forest, mais, devant qu'elle y fust,
Guyon son mary fut mort et trepassé. Ce voyant,
elle tomba sur son corps, disant : « Helas ! que
dois je faire ? Tout mon espoir est decedé ; mais
où sont les aumosnes lesquelles j'avoys pour
monseigneur faictes ? J'ay mon mary veu, et luy
ay donné comme à povres l'aumosne, toutesfois
point ne l'ay congneu. Helas ! o doulx amy
Guyon, tu as veu ton enfant, tu l'as baisé et
n'en as faict semblant ! O Guyon, que as tu fait ?
jamais je ne te verray. » Son corps mist en sepulture, puis le plora par long-temps.

L'exposition sus le propos.

Par ce chevalier devons entendre le Createur, qui
a fait moult de batailles : premièrement au Ciel,
pour expulser Lucifer et ses sequaces ; puis dedans la
terre, souventes fois, quant il gecta l'ost de Pharaon
en la mer, et le jour du sainct vendredy : le tout pour
l'amour d'une pucelle, qui est l'ame. Depuis mena
avec luy son compaignon, c'est assavoir l'humanité,
qu'il print pour expeller les infidelles et les vices du

royaulme du corps et planter les vertus. Il ordonna Tyrius (c'est Moyse) pour mener son peuple vers la voye de rectitude. Depuis il vint de la terre saincte : c'est quant il descendit de paradis ; et son compaignon, le genre des humains, trouva en douleur et voye de perdition. Il dormit en son giron par l'assumption de nostre chair humaine dedans la Vierge Marie. Saillit la belette, qui est saint Jehan Baptiste, pour monter sur la montaigne de prophetie ; puis retourna à Jesus Christ au baptesme, le baptisant et disant : *Ecce agnus Dei*. Saint Jehan fut precurseur du Christ et de luy prophetiza. Jesus Christ trouva le dragon mort, c'est à dire l'ancienne loy qui couvroit les ceremonies, et là fist invention d'un grant tresor : ce sont les dix commandemens de la loy, lesquels il donna à l'homme, son compaignon, avec le couteau de puissance, lequel il retint, comme il est escript : *Judicium meum alteri non dabo*. De ce couteau il tua Plebeus le Tyrant, qui est le dyable, cause de l'expulsion des biens et honneurs de l'homme, quant il le fist transgresser les commandemens. Ceste mort fut par l'ayde d'une pucelle, la vierge des vierges, qui des armes de nostre chair l'arma en la chambre de son ventre precieux. Les sept enfans le gectèrent en la mer : ce sont les sept pechez mortels, qui furent cause de le faire descendre dedans la mer de ce monde, là où le pescheur, qui est le Saint Esprit, sur luy descendit et fut toujours avec luy, et enfin eut victoire, si que la victoire devant Dieu le père rapporta. Par ce moyen retourna en son pays celeste, nous laissant l'anneau de sa foy, par lequel nous povons avoir l'eternelle vie. Quant il fut en son royaulme des cieux, ses parens le descongneurent : ce sont les anges, qui disoient à son ascention : *Quis est iste qui venit de Edom tinctis vestibus de vostra*. Mais il les congneut bien, et nous aussi, car chascun jour nous baise, comme ses enfans, par la doulceur de misericorde.

*Comment ce que Nature donne l'on ne peult oster du
peché d'ingratitude.* — CHAPITRE CXLI[1].

uelc'un empereur alloit après l'heure
de midy chasser; il trouva ung serpent
que les pasteurs avoient attaché à ung
arbre pendant contre terre, lequel
cryoit horriblement. L'empereur, meu de pitié,

1. Chap. 174 de l'édit. de Keller. Swan, t. 2, p. 376. —
Ce récit se rencontre également dans *la Disciplina clericalis*
de Pierre Alphonse, ch. 7 (p. 44 de l'édit. de Schmidt, fable 4; p. 46 de l'édit. de Paris), mais avec quelques changements; ce n'est pas un philosophe, c'est un renard qui y
figure. Il faut aller chercher la source de cet apologue en
Orient; il se trouve dans les fables de Bidpaï (Voir la reproduction que M. Loiseleur-Deslongchamps en a donnée à la
suite des *Mille et un Jours*, p. 479), et dans l'*Anwari
Soheyli* (Voir le *Livre des lumières*, p. 204). Pareille morale
résulte de l'apologue indien intitulé : *le Brame, le Crocodile,
l'Arbre, la Vache et le Renard*, qui fait partie du *Pantcha
Tantra* (traduit par l'abbé Dubois, Paris, 1826, p. 49-54).
V. aussi le 29e conte de *Tooti nameh*.
    Le fabuliste allemand Boner (*Edelstein*, 71) a suivi le ré-
cit de la *Disciplina*. Un autre faiseur d'apologues que nous
avons déjà mentionné, Stainhœwel, et quelques auteurs
d'outre-Rhin (V. les notes de Schmidt, p. 119) ont traité le
même sujet, qui figure dans un fabliau du Recueil de Legrand
d'Aussy, t. 4, p. 193.
    Observons aussi que les fabulistes grecs ont traité la mê-
me donnée; elle se trouve dans un court apologue de la collection ésopienne : *Le Paysan et le Serpent;* dans Syntipas
(fab. 25, édit. de Matthæi, 1781); dans Babrias, qui l'a fort
abrégée. Phèdre présente un récit semblable (*Homo et colu-
bra*, IV, 18); le serpent tue son bienfaiteur et prétend se
justifier en alléguant qu'il faut apprendre à ne point rendre
service aux méchants. Ce vers : *Ne quis dicat prodesse im-
probis*, mis par l'auteur latin dans la bouche du reptile, a été

le delya, le mist en son seing et l'eschauffa ; puis, quant il fut eschauffé, l'empereur mordit. Alors luy dist l'empereur pourquoy il faisoit cela. « Tu me rendz le mal pour le bien. » Le serpent parla et dist que ce que nature faict on ne le peult oster. « Tu as faict ce qui estoit en toy, et moy selon ma nature : tu avoys du bien en toy, tu me l'as monstré ; et je n'avois que poyson et tout mal, je te l'ay monstré aussi : car je suis et seray toujours ennemy de l'homme, car par luy suis pugny et mauldict. » Comme ilz alterquoient ainsi, ung philosophe fut esleu pour les accorder. Le philosophe dist : « J'entens seulement par parolles, mais, si j'avoys veu comme il en est allé par faict, je jugerois mieulx à la verité ; par quoy je veulx que le serpent soit comme il estoit à l'arbre lyé, puis, quant je l'auray veu au péril où il estoit et comme l'empereur l'a secouru, lors jugeray je pour les deux parties. » Ce qui fut fait ; et, quant le serpent fut lyé, le philosophe luy dist qu'il se delyast : « Je ne sçaurois », dist le serpent. « Tu mourras donc, dist le philosophe, selon droit jugement, car tu as esté subjet, et es toujours à l'homme nuysant, par quoy il te sera maintenant. » Le serpent demoura pendu, et le philosophe dist à l'empereur qu'il ostast le venin de son seing, et que plus il ne se souciast et entremist de si grande fatuité et follie : car le serpent ne peult que faire ce qui est en luy, c'est

blâmé par quelques critiques ; il nous paroît au contraire assez ingénieux d'avoir montré le serpent comme prononçant, après sa mauvaise action, des sentences morales. La fable de La Fontaine : *Le Laboureur et le Serpent* (l. VI, f. 13), n'est pas une de ses meilleures.

envenimer les gens. L'empereur remercia fort le philosophe et s'en alla.

Moralisation sur ceste histoire.

Cest empereur est chascun bon chrestien, ou le bon prelat ecclesiasticque, qui toujours doit aller à la chasse du salut des ames. Il fault qu'il passe par la forest de ce monde, là où il trouve le serpent à l'arbre lyé, qui est le dyable d'enfer attaché à l'arbre de la croix, si qu'il n'a aucune puissance, sans la permission de Dieu, pour les hommes tempter. L'empereur, qui est l'homme, le deslye toutes fois et quantes qu'il va en peché mortel, et est dit le mettre dedans son giron eschauffer quant en son peché se delecte. Que fait le dyable? Lors il luy respand son venin de pesché dedans le cueur. Peché sur peché et cavillation sur cavillation est grand poison et dangier. Plusieurs sont de ce venin affolez, gens de toutes sortes. Les pasteurs qui ce serpent ont lyé sont les prophètes, patriarches, confesseurs et predicateurs, qui de la langue de leur predication le dyable si fort lyent qu'il n'a puissance de mal faire. Les œuvres de misericorde sont bonnes œuvres et oraison, mesmement le *Pater noster* et l'*Ave Maria*, pour le dyable lyer. Quant tu es empoisonné par ce dyable facteur de peché, recours au sage philosophe et confesseur discret, qui sçait discerner entre peché et peché, distinguant la lèpre de la lèpre, lequel ne peult sentencier au vray, si premièrement le dyable n'est lyé par contriction, confession et satisfaction. Lors le confesseur nous donnera bon remède : c'est qu'il ne fault plus pecher. *Vade in pace et amplius noli peccare.*

De la diversité et des choses admirables du monde morallement exposées. — CHAPITRE CXLII[1].

P line racompte qu'il y a des hommes qui ont teste de chien et parlent en aboyant, et sont vestuz de peaulx de bestes : telz signifient les predicateurs, qui doivent prescher et estre vestus de rudes peaulx, c'est assavoir de la severité de penitence, pour aux autres donner bon exemple. Puis dit que au pays de Indie sont les hommes qui ont seullement ung œil sur le nez, au fronc, et usent de chair des hommes : ceulx là signifient qui ont seulement ung œil de raison duquel ilz usent au fronc, et non à la volunté. Item en Libie sont des femmes sans teste qui ont en l'estomach les yeux et la bouche, qui signifient les humbles

1. Chap. 175 de l'édit. de Keller. Swan, t. 2, p. 379.— Ce chapitre est surtout composé de détails empruntés à Pline et à Mandeville. Le naturaliste romain (l. 7, 2) fait mention des hommes fabuleux à tête de chien dont Hérodote (IV, 191) avoit déjà parlé. (V. les commentateurs de ces deux écrivains.) C'est également chez Pline (l. 6, p. 2) que le rédacteur des *Gesta* a puisé ce qu'il dit des hommes n'ayant qu'un œil, de ceux qui n'ont qu'une jambe, des pygmées, etc. Les hommes dépourvus de nez ou ayant des pieds de chèvre se retrouvent dans les récits de Mandeville. L'existence de femmes barbues est attestée par Pline (l. 6, chap. 30) et par Gervais de Tilbury (l. 3, chap. 76). Plusieurs de ces assertions se rencontrent aussi dans les écrivains orientaux; nous nous bornerons à citer les *Contes turcs*, publiés par M. Loiseleur Deslongchamps (*Mille et un Jours*, p. 355 et 361), et nous renverrons, pour toutes ces merveilles, au savant ouvrage de M. Berger de Xivrey que nous avons déjà cité (*Traditions tératologiques*, p. 67-112).

qui veullent obeyr de cueur, si qu'ilz considèrent
en leur penser devant que le faire, parquoy ilz
ont la poictrine non trop legière. Puis dit qu'en
Orient, contre paradis terrestre, sont hommes
qui point ne mangent, car ilz ont la bouche si
petite que ce qu'ilz boivent ilz le prennent avec
une plume; seulement vivent de l'odeur des
pommes et des fleurs, et meurent soubdainement
de mauvais odeur : ceulx là denotent les religieux
et gens sobres, qui n'ont point de bouche quant à
excès de manger, mais vivent de l'odeur des
pommes et des fleurs des commandemens et
bonnes vertus, monstrant aux autres bon exemple. Pareillement ilz prennent avec une plume
leur boire, c'est avec bonne discretion; mais,
s'ilz sentent odeur mauvais de peché, soubdainement ilz meurent en Jesus Christ. Autres sont
sans nez là mesmes, et ont la face plaine ; ce
qu'ilz voyent leur est et semble tout bon : ce sont
les folz sans discretion, si que tout leur semble
bon quant il est selon leur volunté. Autres sont
là qui ont le nez et les lèvres si longz contre bas
qu'ilz mussent toute leur face quant ilz dorment :
telz designent les justes, qui ont les grandes la-
bres de discretion contre bas en considerant les
vanitez de ce monde, detraction et mensonge;
toutes fois, par la lèvre de bonne garde, toutes
leurs vies gardent par continuelle meditation, si
qu'ilz ne dorment en peché. En Scythie sont gens
à si grandes aureilles qu'ils en couvrent tout le
corps : ceux là representent ceux qui dient la parolle de Dieu; parquoy ils peuvent leur propre
corps couvrir contre tout peché. Autres sont qui
cheminent comme bestes, et signifient ceulx qui

ne veulent honorer Dieu ne ses sainctz, mais comme bestes cheminent de peché en peché ; parquoy dist le psalmiste : *Nolite fieri sicut equus et mulus, quibus non est intellectus.* Les autres sont cornuz, ont le nez court et pieds de chièvre : telz sont les orgueilleux, qui en tout lieu monstrent les cornes d'orgueil, et ont les nez de briefve discretion pour leur salut et les piedz de chièvre lascivieuse, courant à la luxure comme boucs puans. En Ethioppie sont autres qui n'ont que ung pied, et toutes fois ilz courent aussi fort que bestes : ce sont ceulx qui ont ung pied de perfection envers Dieu, selon le pied de charité ; tels sont legiers vers le royaulme des cieulx. En Indie sont les pigmées, de deux couldées de hault, chevauchant sur boucz, et guerroient contre les grues, signifiant ceulx qui sont petis en la longitude de bonne vie, commençans et non perseverans, et combatent contre les grues, qui sont les pechés, mais non pas virillement. Autres sont qui ont six mains, nudz et veluz, demourans aux fleuves, qui designent les studieux qui labourent pour obtenir l'eternelle vie ; parquoy dist le psalmiste que toujours est en ses mains son ame. Par les hommes nudz sont les hommes de vertus despouillez entenduz, demourans ès fleuves de ce monde. Femmes sont aussi qui ont la barbe jusques sur la poictrine, mais leur teste si est plaine ; signifiant les justes observans la plaine voie des commandemens de l'Eglise. Sont en Europe les hommes beaulx, mais ils ont le col et la teste longue comme grues, et le bec forche, signifiant les juges, qui doivent avoir, à la manière des grues, le col long, par prudente cogitation comment ilz doivent sentencier devant par penser que par la bouche. Et si ainsi estoient tous les juges, si mauvaises ne seroient les sentences.

De la medecine spirituelle.
CHAPITRE CXLIII [1].

Jadis estoit ung enfant qui estoit divisé depuis le nombril, tellement qu'il avoit deux testes et deux estomacz, et avoit chascun ses propres sens, tellement que quant l'ung veilloit l'autre ne veilloit pas. Après qu'ilz eurent vescu par deux ans, l'ung mourut et l'autre survesquit trois jours. Il estoit ung arbre dedans Indie, duquel les fleurs ont doulx odeur et le fruit bonne saveur, près duquel demeuroit ung serpent nommé Cacorlus, lequel n'amoit point l'odeur de l'arbre; pourtant il empoisonna la racine pour le faire mourir; ce voyant, le jardinier print du tyriacle, lequel il mit à la summité d'une verge, puis le dispersa sur les rameaulx, si que le venin saillit et fut

---

1. Chap. 176 de l'édit. de Keller. Swan, t. 2, p. 382. — Ce traducteur observe que l'idée de cette anecdote se trouve dans les fables de Pogge, où nous ne l'avons pas retrouvée. Dans les *Facetiæ* de ce polygraphe italien, éditées en 1798 par l'abbé Noël, d'érotique mémoire auprès des bibliophiles, on rencontre (t. 1, p. 42) une histoire relative à un monstre marin, mais elle diffère de celle que nous présentent les *Gesta* et que Jules Obsequens (*De prodigiis*, chap. 111) a probablement suggérée. Se rappeler aussi ce que Pline (l. 8, chap. 237) dit du serpent appelé Jaculus.

chassé de la racine, par quoy l'arbre sterille fut
fructueulx.

L'exposition sus le propos.

Par cest enfant est entendu tout homme constitué
de deux, du corps et de l'ame, si que chascune
partie tient ses œuvres propres : car les œuvres de la
chair sont fornication, immundicité, gulosité et luxure;
mais les œuvres de l'ame, joye, paix et amour, lon-
guanimité et pascience. Ces operations sont contraires,
car l'esprit combat contre la chair, et, au contraire,
quant l'ung dort en peché, l'autre veult veiller. Par
ainsi, l'ung vit et l'autre meurt. La chair fait les operations de mort, et l'ame convoite les faictz de la vie.
Par cest arbre peult estre noté l'homme mortel, et par
le fruict les bonnes œuvres : *A fructibus eorum cognos-
cetis eos.* L'homme porte bon fruict devant que pecher; mais le serpent, le dyable, mist le venin à la
racine de l'homme, qui est Adam, si que le fruict fut
nul jusques que le jardinier, le Père celeste, mist au
bout d'une verge le tyriacle salutaire : c'est son Filz
en la Vierge Marie, de laquelle dit Isaias : *Egredietur
virga de radice Jesse.* Par ce tyriacle fut l'arbre sterille
de grace fait fructifiant, et porte le bon fruict de
salut [1].

1. Cette moralisation présente dans le texte latin quatre
vers empruntés à la 4e églogue de Virgile :

> Jam redit et virgo, redeunt saturnia regna.

Le vieux traducteur françois les a supprimés,

De persecution. — CHAPITRE CXLIV [1].

Le roy Assuerus fit ung grant convy à tous les princes et barons de son royaulme. La royne Vasti commanda à y venir pour veoir sa beaulté, mais elle n'y voulut pas aller, parquoy le roy la chassa de son royaulme, si que fut en son lieu mise la dame qui fut Hester nommée. Le roy sublima Aman en son domaine, luy subjuguant tous ses princes ; chascun venant devant luy flexoit le genoul à terre, fors Mardochée, qui estoit oncle d'Esther, parquoy le mauvais Aman, de ce envieulx, determina, par le conseil de son mauvais courage, faire tous les Juifz mourir, et fit faire le gibet pour pendre Mardocheus. Cependant Mardocheus accusa deux proditeurs au roy qui le vouloient faire mourir, lesquels il fit perir et Mardochée monter en honneur, le feist couronner et mener par la cité pour l'honnorer, et Aman mesmement fut contrainct de l'honnorer. Mardochée dit à la royne que le faux Aman avoit juré la mort des Juifs, par quoy elle les fit jeuner et en oraison mettre. La royne jeusna comme eux pour soy humilier envers Dieu, si qu'il eust de son peuple pitié, puis fit la royne le roy inviter à ung convy qu'elle fist expressement, lequel y fut, et là demonstra au roy comment Aman vouloit traicter son peuple, dont le roy fut fort

---

1. Chap. 177 de l'édit. de Keller. Swan, t. 2, p. 384.

marry, et le fist au propre gibet pendre qu'il
avoit fait faire pour les autres. Puis après constitua Mardochée sur le lieu du faulx Aman, et fut
le premier de sa court, et tous les Juifs deli-
vrés de mort.

L'exposition moralle sus le propos.

Ce roy est Jesus-Christ, venu de la racine de Jessé.
Il fist ung convy à ses princes, car son corps et
l'Escripture saincte de jour en jour nous donne pour
manger. Il invita Vasti à ce disner : c'est la vieille sy-
nagogue des Juifs; mais elle n'est point au bancquet
venue, car point n'a creu en la foy d'icelluy, parquoy
elle est du royaulme celeste privée. Mais Hester, qui
est la loy des chrestiens, est en son lieu erigée. Le
traistre Aman, qui est le peuple des Juifs, que Dieu
a exalté en sa sacerdotion et royaulme, quiert la lignée de la royne totallement exturper, c'est assavoir
l'esperit de l'Eglise chrestienne. Les deux qui ont
conspiré contre le roy pour le faire mourir sont le
peuple des Juifs et des gentilz, qui ont de la mort de
Jesus donné conseil, lesquelz Mardochée le chrestien
accuse pour l'improbation de leurs operations. Parquoy ils sont dampnés de Jesus-Christ, et est Mardochée de chascun veneré, car tous les docteurs approu-
vent la loy des chrestiens; et est contrainct Aman
faire l'honneur à Mardochée, car les Juifs, bon gré
ou mal gré, celèbrent aucunes choses des chrestiens,
et les gentilz aussi. La royne le roy au convy appelle, car l'Eglise Jesus-Christ à la solennité de son
sacrement de l'autel invite. Par Aman, qui à Mardochée le gibet prepare, devons entendre l'anthecrist, qui
le peuple chrestien menasse de mort, non corporelle,
mais spirituelle. Mardochée si est seigneur sur tous
constitué, car le peuple fidelle de son Seigneur Jesus-
Christ est vray possesseur de tous ses biens. La semence mauvaise par dampnation est examinée par la

mauvaistié d'Aman ; mais le peuple de la royne salu-
tairement est delivré, car la generation des justes sera
benoiste en paradis.

Du pechê d'adultère. — CHAPITRE CXLV I.

Nous lisons d'ung roy qui avoit un leopard, un lyon et une lionne, lesquels
il aymoit fort. La lionne se forfaisoit
par adultère, quant son lyon n'y estoit
pas, avecques le leopard, et se souloit laver en
une fontaine près du chasteau, si que le lyon ne
sentist la puanteur de sa luxure. Mais ung jour
le roy fist fermer la fontaine, parquoy la lionne
fut deceue. Son masle la sentit avoir offencé, et
la tua comme juge devant tous.

Moralisation sus le propos.

Ce roy est le Père celeste ; le lyon est Jesus-
Christ, de la lignée de Juda ; mais la lionne signifie l'ame, qui souvent par peché avec le dyable,
faulx leopard, adultère. Mais, quant elle se congnoist
pollue, courir doit à la fontaine de confession pour
musser la puantise de son peché ; tout autrement, le
grant lyon, son espoux, la sentencera de mort eternelle.

---

1. Chap. 181 de l'édit. de Keller. Swan, t. 2, p. 397.—
Cette historiette rappelle celle du chap. 80 ; nous ne la trouvons pas dans les écrivains antérieurs à l'époque de la rédaction des *Gesta.* Ni ce chapitre, ni les chapitres 146, 147
et 149, ne figurent dans les rédactions angloises des *Gesta.*

Des femmes adultères et execation d'aucuns prelats.
CHAPITRE CXLVII.

Ung chevalier s'en alla vendanger sa vigne, parquoy sa femme, sperant qu'il demourast plus qu'il ne fit, fit venir son amoureulx. Et comme ils estoient ensemblement couchez, retourna le chevalier,

1. Chap. 122 de l'édit. de Keller. Swan, t. 2, p. 162. — Ce récit se trouve dans la *Disciplina clericalis*, fable 10 (p. 48 de l'édit. de Schmidt; fable 7, p. 58, de l'édit. parisienne). Une multitude de conteurs ont raconté ce trait de la malice féminine. On le rencontre dans les *Fabliaux* de Legrand d'Aussy, t. 3, p. 294; dans les *Cent Nouvelles nouvelles* (nouv. 16, *le Borgne aveugle*), dans l'*Heptameron* de Marguerite de Navarre (Journ. 1, nouv. 6), dans les *Contes* de d'Ouville, t. 2, p. 215, etc. Les conteurs italiens se sont aussi emparés de cette donnée. Voir le *Decameron* de Boccace (7e journée, nouv. 1), les *Novelle* de Celio Malespini (nov. 16), et l'*Arcadia in Brenta* (giorn. 3). Bandello (part. 1, nov. 23) raconte le fait avec une variante : chez lui c'est une jeune personne fort éveillée qui fait évader son amant en le dérobant aux regards d'une duègne borgne. Straparole a donné place dans ses *Facétieuses Nuits* (nuit 5, conte 4) à un conte où une femme fait échapper son amant en employant une ruse qui rappelle à certains égards celle qu'expose notre *Violier* (Voir *les Nuits de Straparole*, édit. Jannet, t. 1, p. 364). Adolphus, au commencement du 14e siècle (fabula tertia, apud Leyser, *Hist. poet. medii a vi*, p. 2011) a mis en vers latins l'historiette des *Gesta ;* La Monnoye l'a racontée avec beaucoup plus d'élégance (V. le conte intitulé *Uxor coclitis*, *OEuvres choisies*, 1770, t. 2, p. 354). Schmidt, dans ses notes sur la *Disciplina clericalis*, p. 123-126, est entré sur ces diverses imitations dans des détails qu'il nous suffira d'indiquer.

Un conte à peu près analogue circuloit chez les Hindous ; il figure dans le recueil connu sous le titre de l'*Hitopadesa*

qui avoit esté frappé en l'oeil d'un ramel d'olive.
Quand il fut entré, il fit appareiller son lict pour
se coucher, pour ce qu'il estoit malade de blessure. Sa femme jà avoit fait musser son amoureulx en la chambre, par adventure derrière l'huis.
La femme, doubtant que son mary ne veist son
paillard, luy dist qu'elle le vouloit medeci-
ner ains que de se poser sur le lict. Elle mist
sa bouche sur l'oeil de son espoux qui estoit
sain et fit signe de la main à son amoureulx
qu'il saillist, ce qu'il fit sans estre veu. Lors dist
la femme : « Maintenant suis asseurée que le
mal de vostre mauvais oeil ne descendra jà sur
le bon ; reposez vous maintenant et allez en vostre lict. »

Moralisation sus le propos.

Ce chevalier est le prelat de l'Eglise, qui a à
garder l'Eglise saincte par le gouvernement de
ses brebis à luy commises ; la femme qui est adultère
est l'ame qui pèche. Le prelat est en l'œil frappé, et
toutes fois et quantes qu'il est aveuglé par dons, par-

ou l'Instruction utile (V. p. 42 de l'édition publiée par M.
Lancereau, Paris, Jannet, 1855 ; la note, p. 217-222, signale divers auteurs qui ont traité le même sujet). Il a amusé
les Orientaux, car il figure dans les Paraboles de Sendabar
et dans le roman arabe des Sept Visirs. Il a été mis plusieurs
fois en vers par des rimeurs modernes ; on le rencontre (p.
106) dans un volume intitulé Contes en vers et quelques poésies fugitives, Paris, 1797, in-12.
Ajoutons que, sortant du domaine de la fiction, ce stratagème auroit été avec succès mis en œuvre afin de dérober
à Monsieur, frère de Louis XIV, l'aspect du comte de Gui-
che surpris dans la société de la séduisante Henriette d'Angleterre. (V. la Correspondance de Madame, duchesse d'Or-
léans, traduite par G. Brunet, Paris, Charpentier, 1855, t.
2, p. 7.)

quoy il fault qu'il entre dedans la chambre de bonne vie pour oster toute cupidité et avarice par le sacrement de penitence; mais, par charnelles affections, l'œil sain par lequel nous deussions Dieu contempler est obfusqué, tellement que le prelat ne congnoist la faulte de ses subjetz et son peril n'advertist.

Comment les jeunes filles et femmes sont par leurs parens à restraindre de leur propre volunté.
CHAPITRE CXLVII 1.

Il estoit ung autre chevalier qui laissa son espouse pour garder à la mère d'icelle. Le mary s'en alla, et ce pendant fut amoureuse sa femme de quelqu'un qu'elle fit venir par le moien de sa mère, qui au cas consentit comme macquerelle. D'aventure vint le chevalier plustost qu'el ne cuydoit, parquoy elle fut contraincte de le musser dedans le lict. Quant le mary fut entré, il commanda qu'on habillast le lict et qu'il se vouloit reposer, car il estoit las. Mais la mère dist à la fille qu'el ne fist pas sitost le lict, et qu'el vouloit avant montrer à son mary le beau linceul qu'el avoit fait pendant son voyage. Ce qui fut fait, et, en montrant le linceul, chascune print

1. Chap. 113 de l'édit. de Keller. Swan, t. 2, p. 160. — Ce nouvel exemple des ruses du sexe a été raconté fréquemment; on le trouve dans la *Disciplina clericalis* de Pierre Alphonse, fab. 11, p. 49 de l'édition de Schmidt, dont on peut consulter les notes, p. 126. V. aussi le *Chastoiement*, fab. 8; les apologues de l'allemand Stainhœwel, f. 108; les Fabliaux de Legrand d'Aussy, t. 3, p. 295.

par ung bout, et tant l'estendirent que l'amoureulx saillit hors de la chambre, parquoy le mary
fut mocqué, et dist alors à la fille la mère : « Maintenant metz sur le lict de ton mary ce linceul,
puisqu'il l'a veu. »

L'exposition sus le propos.

Cestuy chevalier est chascun chrestien qui est en
ce monde comme pelerin, comme dist le psalmiste : *Ego peregrinus sum et filius matris mee*. Mais,
en ceste peregrination, la femme, qui est la chair, adultère par vices et concupiscence. Le chevalier à l'huys
frappe toutes fois qu'il pense qu'il a Dieu delinqué, et
pourtant il doit frapper par bonnes operations et entrer en la chambre de bonne vie vertueuse pour se
reposer; mais la chair, congnoissant qu'en voulant
faire penitence l'homme se dispose totalement, elle
est troublée, car cela luy fait mal. Parquoy incontinent la mère de la chair, qui est ce monde, fait
estendre le linceul, c'est la vanité du monde, si que
l'homme tant se delecte qu'il oublye tout son peril et
ne le congnoist point.

---

*Comment on ne doit aux femmes croire, ne leur declarer
son secret, car elles ne cèlent rien quant elles sont mar-
ries.* — CHAPITRE CXLVIII [1].

Il estoit ung chevalier qui avoit son roy
offensé griefvement. Il envoya autres
chevaliers pour interceder pour luy devant le roy. Il eut l'amitié du roy et fut
à luy reconcilié par telle condition qu'il iroit à luy,

1. Chap. 124 de l'édit. de Keller. Swan, t. 2, p. 164.—

moitié à cheval et moitié à pied ensemblement, et
mèneroit son grant amy loyal et son ennemy desloyal et ung joculateur. Le chevalier pensoit en
douleur comment cela se pourroit faire. Comme
ung jour estoit en sa maison quelque pelerin logé,
il dist à sa femme qu'il falloit le pelerin tuer, et
que par ce moyen son argent seroit à eux. La
femme deist qu'il estoit bon de ce faire. Comme chascun dormoit, le chevalier feit le pelerin
fuyr, incontinent fcist tuer ou lieu du pelerin ung
veau, le mit en ung sac et dist à sa femme que
c'estoit le pelerin, qu'elle le mist en quelque lieu
secret et que personne n'en sceust aucune chose.
« Tant seulement n'est en ce sac que les bras et
la teste, car j'ay mussé tout le demourant et en-
sepvely en l'estable » ; puis luy bailla de l'argent, faignant que c'estoit celluy qu'il avoit osté

Un récit semblable se trouve dans les *Cento Novelle antiche*
(*Firenze*, 1724, p. 105), et dans le *Dolopathos* d'Herbers,
qui fait partie de la Bibliothèque elzevirienne (1856); voir
p. 225 et suiv., l'histoire du jeune Romain qui sauva son
père en le tenant caché pendant des années, et qui fut enfin
trahi par sa femme. Le poëte allemand Hans Sachs composa,
au XVIe siècle, une pièce sur ce sujet. V. les notes qui accompagnent la traduction allemande faite par Schmidt d'un
choix de contes de Straparole, Berlin, 1817, p. 292. La
première fable des *Facétieuses Nuits* de cet Italien expose longuement une narration qui rappelle celle que nous publions.
V. t. 1, p. 16, de l'édition Jannet (1857); la très curieuse
préface de cette même édition signale, p. xiv, quelques origines et imitations.
Une historiette qui est en partie la même que celle-ci
se trouve dans la rédaction angloise des *Gesta*; l'empereur
porte le nom d'Adrien. V. le texte publié par Madden, chap.
14, p. 40. Grimm, dans les notes jointes à son recueil de
contes domestiques (*Haus-Mærchen*, t. 3, 176, édit. 1819),
a signalé quelques imitations de ce récit.

au pelerin. Quant il fut jour, il print ung chien et son filz en son giron, et avec sa femme s'en alla à la cour du roy. Et quant il s'approcha du roy, il mist une cuisse sur le chien, la suspendant en l'air, comme s'il eut esté à cheval, et l'autre mist en terre, cheminant, et ainsi entra devant le roy, qui fut esmerveillé et luy demanda où estoit son amy. Le chevalier tira son espée, puis du tranchant blessa fort son chien, qui en cryant s'en fuyt, mais il l'appela et revint; puis dist au roy: « Sire, voilà mon grant amy. » Il est vray, dist le roy; mais où est ton joculateur? » Il luy montra son petit filz, qui jouoit devant luy et luy faisoit chière. Le roy s'en contenta. « Or çà, dist le roy, où est ton grand ennemi? » Lors il frappa sa femme sur le visage, luy disant: « Pourquoy regarde-tu monseigneur le roy si impudiquement? » Lors s'ecria la femme: « O traistre, meurtrier, pourquoy me frappe-tu? As-tu pas perpetré en ta maison trop detestable meurtre? pour un peu d'argent, tu as le pelerin tué. » De rechief le chevalier luy bailla sur la joue, disant: « O meschante femme, pourquoy ne crains-tu faire cryer ton enfant, quant tu plores? — Venez, venez, dist-elle, car je vous montreray le sac où est le pelerin mort et son corps ensevely. » Le roy envoya en la maison, et lors fut trouvé que c'estoit seulement ung veau que le chevalier avoit occis. Parquoy chascun loua ledit chevalier de son astuce, qui fut en l'amour du roy et de chascun.

Moralisation sus le propos.

Ce chevalier qui a la grace de son Seigneur perdue peult estre le pescheur, lequel, pour la récuperer, transmet ses intercesseurs; mais il fault qu'il aille moytié à pied, moytié à cheval. Moytié à pied aller est conculquer les choses terrestres et corporelles, et moytié à cheval est contempler les choses celestes. Il fault mener son amy à sa dextre : c'est son bon ange qui le regit, ou son bon prestre qui a en garde son ame, lequel, non pourtant que souvent soit du couteau de ses pechez blessé, toutes fois fidellement il retourne pour le secourir. Le joculateur est sa propre conscience, qui est bien reillée pour le delecter. Son ennemy est sa femme, c'est assavoir sa propre chair et volupté charnelle, qui l'accusera devant le roy celeste lors à l'heure de la mort, et devant toute la turbe des anges, sainctz et sainctes de paradis. Mais le chevalier et pecheur sera excusé et trouvé non pas homicide, car il doit semblablement tuer ung veau, c'est mortifier et macter son corps par jeusnes, oraisons et autres bonnes œuvres, et non pas son ame meurtrir, tellement qu'il en puisse l'amour du Roy des roys recouvrer.

Comment les femmes mentent souvent, oultre ce qu'elles ne peuvent tenir leur secret.
CHAPITRE CXLIX [1].

Jadis estoient deux frères, l'un clerc, l'autre lay. Le lay avoit ouy dire souvent à son frère que les femmes ne pouvoient celer aucune chose, parquoy il voulut le vray experimenter. Il dist une nuyt·

1. Chap. 125 de l'édit. de Keller. Swan, t. 2, p. 168.—

à sa femme que s'elle vouloit tenir son cas secret, qu'il luy diroit merveilles; mais au contraire,
qu'elle le feroit confuz et infame. « Ne crains
point, dist la femme, car tu scez bien que toy
et moy ne sommes qu'ung corps. Jamais ton secret ne revelleray. » Parquoy il luy dist que en
allant à son secret de nature, luy estoit de la
partie posterieure sailly ung corbeau noir comme
ung dyable, dont il estoit dolent. « Tu en dois estre
joyeulx, dist sa femme, puisque tu es de telle passion delivré. » Le lendemain, sa femme s'en alla
à sa voisine luy denuncer comment du derrière
de son mary estoient saillis et vollez deux corbeaulx. Desjà elle mettoit en double sorte, car
son mary ne luy avoit parlé que d'ung corbeau,
encore n'estoit-il pas vray. Celle voisine fist
encore plus, car elle dist à l'autre que le mary

Une histoire semblable fait partie de la vieille rédaction al-
lemande des *Gesta;* Græsse l'a reproduite (t. 2, p. 145).
Un poëte anglois, Byron (qu'il ne faut nullement confon-
dre avec lord Byron), a imité ce récit dans son conte des
Trois Corbeaux noirs (*The Three black Crows*) inséré dans ses
Miscellaneous poems, t. 1, p. 31, et que Swan a placé
dans ses notes, t. 2, p. 444.
　On reconnoît dans ce récit le germe d'un des apologues de
La Fontaine, *les Femmes et le secret*. Des narrations analogues, sauf quelques différences de détail, se retrouvent dans
divers auteurs que signale M. Robert (*Fables inédites des
XIIe, XIIIe et XIV siècles*, 1825, t. 2, p. 127); nous nous
bornerons à mentionner le *Chevalier de Latour Landry* (chap.
74, p. 151, de l'édition de la Bibliothèque elzevirienne, 1854),
et nous n'oublierons pas dans Rabelais (l. 3, ch. 34) l'histoire de la linotte du pape Jean XXII et des religieuses de
Fontevrault (ou de l'abbaye de Cogne-au-fonds, selon d'autres éditions), anecdote que Grécourt a versifiée et que l'auteur de Pantagruel avoit empruntée aux *Controverses des
sexes masculin et féminin*, par Gratien du Pont, ou aux *Sermones Discipuli de tempore* (Serm. 50).

de telle pour vray avoit fait trois corbeaulx, et ainsi celle-là à l'autre de quatre, tellement que le bruyt fut que cestuy homme diffamé avoit fait quarante corbeaulx. Celluy appella le peuple, luy comptant toute la verité, comment il avoit experimenté le mensonge des femmes ; puis sa femme mourut, et il se fist moine, lequel aprint trois lettres, l'une noire, l'autre rouge, l'autre blanche.

Moralisation sus le propos.

Cestuy que esprouve la malice des femmes est l'homme mondain, qui travaille de son cueur aux biens acquerir ; mais, quant il cuide sans offenser evader, il tombe souvent en plusieurs pechez et deffaulx, et cela est saillir et voller du derrière le noir corbeau, c'est assavoir peché en effect ; et aussi l'homme jà est diffamé, non seulement par sa femme, qui est la chair, mais par les voisines, qui sont les cinq sens de nature. Fais donc comme feist l'homme devant dit : convocque le peuple, c'est à noter tous les pechez passez et presens, et te confesse ; puis tu entreras au monastère de saincte vie, là apprenant trois lettres salutaires. La première si est noire, c'est la recordation de tes pechez ; la seconde, rouge, c'est la memoire du rouge sang de ton Createur, qui pour toy mourut en la croix ; la tierce, blanche, signifiant la recordation et le desir d'acquerir paradis : car ceulx qui le veullent posseder doivent estre de blanc vestus, c'est estre netz par pureté de conscience : *Sequuntur agnum Dei in albis quocumque ierit.* Se ces trois lettres nous retenons en noz cueurs, sans faulte nous aurons paradis, lequel nous vueille donner le Père, le Filz et le Sainct Esperit.

Cy finist le Violier des Histoires rommaines moraliseez.

ADDITIONS.

En relisant les épreuves, nous nous sommes aperçu que quelques notes pouvoient recevoir des développements fort succincts, mais utiles pour compléter les détails que nous avons réunis. C'est ce qui nous détermine à mettre sous les yeux du lecteur les lignes suivantes :

Chap. 11, p. 28. Une femme nourrie de substances vénéneuses et donnant la mort à ceux qui l'approchent forme le sujet d'un conte sorti de la plume du romancier américain Hawthorne. Il en a paru une traduction françoise dans le *Moniteur* du 14 septembre 1857. Ceci rappelle les tentatives d'un écrivain anglois mort en 1663, Kenelm Digby, qui, époux d'une femme remarquablement belle, eut recours, pour qu'elle conservât ses charmes, à de nombreuses et étranges expériences ; il ne lui laissa manger, pendant un certain temps, que des chapons nourris uniquement avec des vipères.

Même Chapitre. Nous pouvons ajouter, au sujet du *Secretum secretorum* attribué à Aristote, qu'une traduction latine annoncée comme l'œuvre d'un nommé Jean et faite sur un texte grec, translatée ensuite en arabe, a été imprimée à Bologne en 1501, à Venise en 1516, à Paris en 1520, à Naples en 1555. Il en existe des manuscrits nombreux. Celui de la Bibliothèque impériale, à Paris (no 8,501, quatorzième siècle), dit qu'Aristote composa cet ouvrage dans sa vieillesse, qu'il fit beaucoup de prodiges dont le récit seroit trop long, et qu'il monta au ciel dans une colonne de feu.

La rapsodie des *Secrets* eut toute.la vogue que ne pouvoit manquer d'obtenir un livre de ce genre ; elle fut traduite en hébreu , en italien, en anglois, en flamand, en françois ; Pierre de Vernon la mit en vers au douzième siècle. V. De la Rue, *Recherches sur les bardes*, t. 2, p. 359-362.

Chap. 35, p. 93. La manière dont Alexandre dompte Bucéphale est racontée dans l'ouvrage de Jules Valerius, *Res gestæ Alexandri magni*, composé vers le IVe siècle et publié pour la première fois à Milan, en 1817, par le savant Angelo Mai. (V. sur cette production, remplie de fables et d'anachronismes, Letronne, *Journal des Savants*, 1818, et les recherches déjà citées de M. G. Favre sur les histoires fabuleuses d'Alexandre, *Bibliothèque universelle de Genève*, mars 1818, et *Mélanges d'histoire littéraire*, Genève, 1856, t. 2, p. 52 et suiv.) Bucéphale étoit ainsi nommé parce qu'il portoit l'empreinte d'une tête de bœuf : l'usage étoit alors d'imprimer aux chevaux des marques avec un fer chauffé. (V. Saumaise, *Plinianæ dissertationes*, p. 627.) Selon Sainte-Croix (*Examen des historiens d'Alexandre*, p. 215), ce coursier célèbre étoit un jumart ; mais M. Favre observe que le jumart n'existe pas.

Chap. 97, p. 253. Il existe une *tragédie* peu connue *sur la vie et le martyre de saint Eustache*, composée par Pierre Bello, recteur de la chapelle Saint-Laurent à Dinan. Cette pièce, imprimée à Liége en 1632, est sans doute bien rare, car elle manquoit dans la vaste collection dramatique du duc de La Vallière, laquelle a servi de base à la *Bibliothèque du Théâtre françois*, publiée en 1768. Il s'en trouvoit un exemplaire dans la bibliothèque dramatique de M. de Soleinne (t. 1 du *Catalogue*, 1843, n° 1089).

Chap. 116, p. 310. Nous n'avons pas rencontré

cette anecdote racontée tout à fait de la même manière dans les nombreux ouvrages écrits en tant de langues au sujet de l'histoire fabuleuse d'Alexandre ; en revanche, ils contiennent de longs détails sur les combats que l'armée macédonienne eut à soutenir contre des serpents à cornes, contre des monstres lançant des flammes par la bouche, contre des coqs qui vomissoient du feu, contre des serpents gros comme des colonnes, contre des lions plus grands que des taureaux, contre des onagres à six yeux, etc.

Chap. 132, p. 375. Un lieu qui sert de séjour aux démons et qui bouillonne dès qu'on y jette une pierre se trouve également en Suisse, s'il faut en croire les divers écrivains du moyen âge. On l'appelle le lac de Pilate. Un ouvrage imprimé plusieurs fois, au commencement du seizième siècle, *la Vie de Jésus-Christ, avec sa Passion*, raconte de semblables merveilles d'un endroit dans le Rhône où fut précipité le célèbre proconsul de la Judée.

Chap. 135, p. 382. La Bibliothèque impériale à Paris possède un manuscrit intitulé *Le Jus des Es-qiés*. C'est un petit poème du treizième siècle, comprenant 298 vers de huit syllabes. On peut le regarder comme le plus affecté, le plus obscur, de tous ces enseignements où le jeu d'échecs est moralisé. (*Hist. litt. de la France*, t. 23, p. 291.)

ERRATA.

Malgré tous nos soins, quelques fautes d'impression n'ont pu être corrigées à temps. Nous en signalons plusieurs; d'autres existent peut-être, mais nous nous flattons qu'elles sont en petit nombre.

P. 198, note, ligne 5, Lazarche, *lisez* Luzarche.

P. 234, note, ligne 12, Vierge de Judas, *lisez* verge de Judas.

P. 253, note, ligne 22, tragegie, *lisez* tragédie.

P. 324, ligne 21, commune, *lisez* commuée.

TABLE DES MATIÈRES

CONTENUES DANS CE VOLUME.

Violier.   28

FIN DE LA TABLE.